Fabian Kessl · Melanie Plößer (Hrsg.)

Differenzierung, Normalisierung, Andersheit

Fabian Kessl
Melanie Plößer (Hrsg.)

Differenzierung, Normalisierung, Andersheit

Soziale Arbeit als Arbeit mit den Anderen

VS VERLAG FÜR SOZIALWISSENSCHAFTEN

Bibliografische Information der Deutschen Nationalbibliothek
Die Deutsche Nationalbibliothek verzeichnet diese Publikation in der
Deutschen Nationalbibliografie; detaillierte bibliografische Daten sind im Internet über
<http://dnb.d-nb.de> abrufbar.

1. Auflage 2010

Alle Rechte vorbehalten
© VS Verlag für Sozialwissenschaften | GWV Fachverlage GmbH, Wiesbaden 2010

Lektorat: Stefanie Laux

VS Verlag für Sozialwissenschaften ist Teil der Fachverlagsgruppe
Springer Science+Business Media.
www.vs-verlag.de

Das Werk einschließlich aller seiner Teile ist urheberrechtlich geschützt. Jede Verwertung außerhalb der engen Grenzen des Urheberrechtsgesetzes ist ohne Zustimmung des Verlags unzulässig und strafbar. Das gilt insbesondere für Vervielfältigungen, Übersetzungen, Mikroverfilmungen und die Einspeicherung und Verarbeitung in elektronischen Systemen.

Die Wiedergabe von Gebrauchsnamen, Handelsnamen, Warenbezeichnungen usw. in diesem Werk berechtigt auch ohne besondere Kennzeichnung nicht zu der Annahme, dass solche Namen im Sinne der Warenzeichen- und Markenschutz-Gesetzgebung als frei zu betrachten wären und daher von jedermann benutzt werden dürften.

Umschlaggestaltung: KünkelLopka Medienentwicklung, Heidelberg
Druck und buchbinderische Verarbeitung: Ten Brink, Meppel
Gedruckt auf säurefreiem und chlorfrei gebleichtem Papier
Printed in the Netherlands

ISBN 978-3-531-16371-0

Inhalt

Fabian Kessl & Melanie Plößer
Differenzierung, Normalisierung, Andersheit.
Soziale Arbeit als Arbeit mit den Anderen – eine Einleitung 7

Vorab: Ein Lesehinweis
Arbeitsgruppe Inter Kultur: Es macht einen Unterschied –
eine Differenz thematisierende, (de)konstruierende Lesehilfe 17

I. Differenzierungs- und Normalisierungspraktiken im Feld Sozialer Arbeit

Martina Richter
Zur Adressierung von Eltern in Ganztägigen Bildungssettings 25

Melanie Groß
„Wir sind die Unterschicht" –
Jugendkulturelle Differenzartikulationen aus intersektionaler Perspektive 34

Doron Kiesel
Differenz und Erfahrung. Zum Integrationsprozess
jüdischer Einwanderer aus der ehemaligen Sowjetunion
in Jüdischen Gemeinden in Deutschland 49

II. Profession Sozialer Arbeit als Differenzierungspraxis

Christian Schütte-Bäumner
Queer Professionals als Reflexionskategorie für die Soziale Arbeit 77

Thomas Eppenstein
Professionelles soziales Handeln in Orientierung auf kulturell Andere 96

Paul Mecheril & Claus Melter
Differenz und Soziale Arbeit.
Historische Schlaglichter und systematische Zusammenhänge 117

III. Soziale Arbeit, Andersheit und Normalisierung. Überlegungen zu einem differenten Verhältnis

Michaela Ralser
Anschlussfähiges Normalisierungswissen.
Untersuchungen im medico-pädagogischen Feld 135

Fabian Kessl & Susanne Maurer
Praktiken der Differenzierung als Praktiken der Grenzbearbeitung.
Überlegungen zur Bestimmung Sozialer Arbeit als Grenzbearbeiterin 154

Markus Dederich
Behinderung, Norm, Differenz – Die Perspektive der Disability Studies 170

IV. Perspektiven für den Umgang Sozialer Arbeit mit Andersheit

Catrin Heite
Anerkennung von Differenz in der Sozialen Arbeit.
Zur professionellen Konstruktion des Anderen 187

Fabian Lamp
Differenzsensible Soziale Arbeit –
Differenz als Ausgangspunkt sozialpädagogischer Fallbetrachtung 201

Melanie Plößer
Differenz performativ gedacht.
Dekonstruktive Perspektiven auf und für den Umgang mit Differenzen 218

Susann Fegter, Karen Geipel & Janina Horstbrink
Dekonstruktion als Haltung
in sozialpädagogischen Handlungszusammenhängen 233

María do Mar Castro Varela
Un-Sinn: Postkoloniale Theorie und Diversity 249

Autorinnen und Autoren 263

Differenzierung, Normalisierung, Andersheit. Soziale Arbeit als Arbeit mit den Anderen – eine Einleitung

Fabian Kessl & Melanie Plößer

Überlegungen zum Umgang mit Differenz und Andersheit (*Otherness*) markieren eine ebenso grundlegende wie fachlich und politisch hochaktuelle Aufgabenstellung Sozialer Arbeit. Die Thematik ist *grundlegend*, weil die Thematisierung von Differenz(en) – in Form von Armut, Desintegration oder abweichendem Verhalten – überhaupt erst den Katalysator bereitgestellt hat für die institutionelle Etablierung Sozialer Arbeit seit dem 19. Jahrhundert (vgl. Maurer 2001; Rommelspacher 2003; Peukert 1986; Dollinger 2006). Die Thematisierung von Differenz verweist nämlich auf die Annahme, dass sozialpädagogische Intervention bisher immer als Normalitätsermöglichung *und* Normalisierung verstanden und in diesem Sinne das Klientenverhalten entlang eines, mindestens im nationalstaatlichen Kontext gültigen, Normalitätsmodells identifiziert wurde (vgl. Kessl 2005, 2007; Schütte-Bäumner 2007). Potenzielle Klient_innen sozialpädagogischer Angebote waren diejenigen Personen oder Gruppen, deren Verhalten als von diesen Verhaltensstandards abweichend kategorisierbar war.

Die fachliche Thematisierung von Differenz ist aber auch von *hochaktuellem* Interesse, weil damit eine methodisch-fachliche Neuorientierung und eine damit verbundene methodologisch-sozialwissenschaftliche Fokusverlagerung der vergangenen Jahrzehnte in den Blick kommt (vgl. Lamp 2007; Melter 2006; zum Überblick Eppenstein/Kiesel 2006). Im Rahmen dieser Neuorientierungen wird die Annahme natürlicher und binärer Differenz-Ordnungen durch differenztheoretische, dekonstruktive und intersektionale Ansätze in Frage gestellt (vgl. Hall 2000; Butler 1991; Degele/Winker 2009). Differenzen werden nun als sozial produziert verstanden und das „doing difference" (West/Fenstermaker 1995), das heißt die interaktive Differenzpraxis der Akteur_innen im Feld der Sozialen Arbeit wird in den Fokus gerückt. Gleichwohl scheint Differenz als Ausgangspunkt (sozial)pädagogischer Interventionsmuster weiterhin unhintergehbar.

Für die Soziale Arbeit stellt sich deshalb aktuell die Frage nach einem fachlich verantworteten Umgang mit Differenz und Andersheit, im Zuge dessen die Differenzierungspraktiken der Adressat_innen Sozialer Arbeit wie auch der im Feld der Sozialen Arbeit professionell Tätigen zugleich reflektiert werden. In Profession wie Disziplin gilt es daher Konzepte zu profilieren, in denen die Relevanz und Unhintergehbarkeit von Differenzkategorien ebenso Berücksichtigung finden, wie die machtvollen Praktiken der Ausgrenzung, der Normalisierung und Stigmatisierung entlang von Differenzen zu vermeiden gesucht werden und über diese aufgeklärt wird (vgl. Castro-Varela 2009/i.E.; Dederich 2007; Groß 2008; Plößer 2005). Gesellschaftspolitisch verweist die Rede von der Differenz und Andersheit in der Sozialen Arbeit auf die biopolitische Markierung der Verschränkung von Individual- und nationalem Bevölkerungskörper: Wohlfahrtsstaatliche Normalisierungsarbeit ermöglicht einen Grad an sozialer Integration des Einzelnen in die nationalstaatliche Bevölkerungsgruppe (vgl. Foucault 2004). Aber erst die Differenzierung von unterschiedlichen nationalen Bevölkerungskörpern macht die Zuweisung einzelner Gruppen in diese spezifischen national- und wohlfahrtsstaatlich verfassten Einheiten möglich. Dieser Zusammenhang verweist somit auf ein konstitutives Dilemma Sozialer Arbeit: Als Instanz zur Bearbeitung von Differenz und Andersheit kann Soziale Arbeit Gesellschaftsmitgliedern oder Bevölkerungsgruppen im Fall einer erfolgreichen Intervention helfen, in Relation zur Gesamtbevölkerung weniger „anders" zu sein (*Integration*). Diese Form der sozialarbeiterischen Bearbeitung von Differenz(en) erweist sich aber im selben Moment immer auch als „Normalisierungsmacht" (Maurer 2001: 125) in Bezug auf die dominanten Verhaltensmuster, die zu einem historisch-spezifischen Zeitpunkt in einer nationalstaatlichen Bevölkerungseinheit als gültig erachtet werden (*Normalität*). Soziale Arbeit passt „die Anderen" in diesem Sinne an die bestehenden Normen an oder produziert die Nutzer_innen durch die fachliche Fallmarkierung überhaupt erst als „Andere" (mit). Das wohlfahrtsstaatliche Integrationsprogramm lässt sich daher in der Formel einer „Differenz als Ungleichheit" bestimmen. Wohlfahrtsstaatlich stellt die Andersheit von Personen die zu bearbeitende Problematik für sozialpädagogische Organisationen wie Fachkräfte – aber auch andere sozialpolitische Akteur_innen insgesamt – dar. Die Kritik an dieser wohlfahrtsstaatlichen Normalisierungslogik, vor allem aus den Reihen der sozialen Bewegungen, hat seit dem letzten Drittel des 20. Jahrhunderts zu einer verstärkten Differenzorientierung geführt (vgl. Lutz/Wenning 2001; Maurer 2006). Doch diese neue „Freiheit der Differenz" führt häufig, selbst wenn die damit verbundene politische wie fachliche Haltung einem egalitären Anspruch entspringt, zu erneuten Ungleichbehandlungen, schreibt Ungleichheiten fort und (re-)produziert damit wiederum Normierungen (vgl. Kalpaka 2007; Mecheril 2004). Darauf weisen beispielsweise feministische und anti-rassistische (vgl. Hamzhei/Castro Varela 1996), aber auch machtanalytische (vgl. Richter 2004) und ungleichheitstheoretische (vgl. Landhäußer/Otto/Ziegler 2005) Perspektiven immer wieder hin. Anerkennungstheoretisch orientierte Ansätze oder Ansätze zur Realisierung einer komplexen Gleichheit suchen daher der Bedeutsamkeit von Differenzen angemessener Rechnung zu tragen und fordern eine höhere Sensibilität gegenüber den unterschiedlichen Deutungs-, und Handlungsmustern der Adressat_innen sowie deren je unterschiedlichen Dispositionen und Ressourcen (vgl. Heite 2008; Mecheril 2003).

In jüngster Zeit drohen solche kritischen Hinweise allerdings nicht zuletzt dadurch wieder aus dem Blick zu geraten, dass gleichstellungspolitische oder interkulturelle Perspektiven zunehmend „gemainstreamt" werden (vgl. Rose 2004). Im Zuge dieser Entwicklung scheinen die impliziten macht- und ungleichheitskritischen Anliegen feministischer oder antirassistischer Ansätze einer affirmativen Bestätigung oder auch Aufwertung von Differenzen zu weichen.

Damit ist unseres Erachtens eine mindestens dreifache Gefahr verbunden: erstens die tendenzielle Vernachlässigung einer systematischen Reflexion gesellschaftlicher Macht- und Herrschaftsstrukturen und damit das Ausbleiben von deren systematischen Einbezug in die (Aus)Gestaltung der alltäglichen professionellen Tätigkeiten; zweitens die Diffusion einer politischen Legitimität von sozialpädagogischen Angeboten, die nicht nur differenzorientiert gestaltet werden, sondern den mit Differenzverhältnissen immer auch einhergehenden Erfahrungen von Gewalt, Diskriminierung, Ausgrenzung und Abwertung Rechnung zu tragen suchen (z.b. Frauenhäuser, Antidiskriminierungsbüros, antirassistische Projekte oder Mädchentreffs). Derartige Angebote drohen durch die Normalisierung von Differenz und Andersheit, beispielsweise durch allgemeine Mainstreaming-Prozesse, als überflüssig markiert zu werden; und drittens die Tendenz, dass die Differenz-Anerkennung mehr und mehr von der Übernahme subjektiver Lebensgestaltungsverantwortung abhängig gemacht wird. Das heißt, dass die Bedingungen der Möglichkeit, einen differenten Lebensentwurf zu realisieren, nicht nur vernachlässigt zu werden drohen (vgl. Fegter/Andresen 2009/i.E.), sondern von der Konsumkraft des Einzelnen abhängig gemacht werden: Differente Lebensstile werden als angeblich universell zugänglich präsentiert, das ist die „notwendige Bedingung ihrer Verführungskraft", wie Zygmunt Bauman (2000: 289) deutlich macht: „Diese Form der Präsentation (…) suggeriert die Gleichheit der Konsumenten" und gibt damit vor, „sie hätten die gleiche Wahlfreiheit und könnten ihren sozialen Statuts selbst bestimmen".

Gegenwärtig steht also nicht mehr die institutionelle Absicherung eines öffentlich verfassten Normalisierungssystems im Zentrum des Steuerungs- und Regulierungsinteresses, sondern die Ermöglichung individuellen Wahlverhaltens: Das wohlfahrtsstaatliche Modell des Staatsbürgersubjektes wird vom Modell des „Citizen as Consumer"-Subjekts abgelöst (Rose 1999: 166). Dieses Programm einer „Gleichheit der Differenz" wird an die Stelle des bisherigen Programms einer „Differenz als Ungleichheit" gerückt.

Was geschieht auf der Ebene sozialpädagogischer Praktiken und Konzepte, wenn in dieser Weise Differenz und Andersheit zum Ausgangs- *und* Zielpunkt Sozialer Arbeit gemacht werden? Wie realisiert sich gegenwärtig dieses Programm einer Normalisierung von Differenz? Welche Effekte produzieren sozialpädagogische Akteure aktuell in unterschiedlichen Arbeitsfeldern im Umgang mit Differenz und Andersheit? Welche Möglichkeiten aber auch welche Widersprüche, Ambivalenzen und Konfliktlinien kennzeichnen die entsprechenden sozialpolitischen und sozialpädagogischen Strategien und Taktiken? An welche Grenzen stoßen dabei explizit differenzbezogene Angebote? Verweisen derartige differenzorientierte Ansätze auf spezifische und zunehmend differente Normalisierungsmuster oder wird auch hier Differenz selbst zur gegebenen Normalität erklärt? Inwiefern kann die Arbeit an und mit Differenz und Andersheit überhaupt als konstitutives Moment Sozialer Arbeit verstanden werden? Welche Differenzierungspraktiken werden in der Profession Sozialer Arbeit realisiert, welche in der Disziplin gedacht? Und wie wird Differenz, Andersheit und Normalität durch die Adressat_innen Sozialer Arbeit (re)produziert oder in Frage gestellt? Schließlich: Welche Umgangsweisen sind zu profilieren, um sozialpädagogische Organisationen und Fachkräfte weniger normierend im Umgang mit „den Anderen" auszurichten?

Diese und verwandte Fragen stehen im Mittelpunkt der Beiträge des vorliegenden Bandes. Der Zusammenhang von *Differenz, Normalisierung und Andersheit* im Kontext Sozialer Arbeit wird dabei von den Autor_innen entlang von vier zentralen Thematisierungsweisen in den Blick genommen.

Im ersten Zugang steht die Inblicknahme von Differenzpraktiken in den Feldern Sozialer Arbeit im Mittelpunkt des Interesses. Martina Richter (Bielefeld) zeigt in ihrem Beitrag, dass mit der gegenwärtig hoch gehandelten Etablierung ganztätiger Bildungssettings bisher nur wenig beachtete Praktiken der Differenzierung und Normalisierung verbunden sind. Eltern und vor allem Mütter von Schulkindern sehen sich in diesem Zusammenhang, so zeigt Richter an einem Fallbeispiel auf, von den (sozial)pädagogischen Fachkräften als different adressiert: Ihre Erziehungskompetenz wird als unzureichend markiert. Doch diese Adressierung durch die Institution Schule bleibt nicht unbeantwortet, sondern wird mit Selbst-Differenzierungen z.B. gegenüber den als inkompetent beschriebenen (sozial)pädagogischen Fachkräften gekontert. Die Perspektive der Adressat_innen nimmt auch Melanie Groß (Kiel) in ihrem Beitrag ein, in dem sie mittels einer intersektionalen Analyse deutlich macht, wie in jüngster Zeit Jugend mit Rückgriff auf die Differenzkategorien von Geschlecht und Nationalität medial als Problem konstruiert wird. Jugend dient – mal wieder, so ließe sich mit Blick auf historische Beispiele, wie die Halbstarken-Bewegung der 1920er Jahre oder die Studentenbewegung der 1960er Jahre sagen – als Projektionsfläche für generelle gesellschaftliche Probleme. Groß wendet diese Perspektive und deutet jugendkulturelle Umgangsweisen mit Fremdbildern als Bewältigungsprozesse solcher Differenzkonstruktionen. Diese sollten ihres Erachtens daher als Ausgangspunkt weiterer intersektionaler Analysen und nicht als Brennpunkt gesellschaftlicher Probleme gelesen werden. Auf Basis einer aktuellen Studie zur Integration jüdischer Einwander_innen aus der ehemaligen Sowjetunion befragt Doron Kiesel (Erfurt) in seinem Beitrag bisherige Differenzannahmen der Migrationspädagogik kritisch. Mit Blick auf die Migration von etwa 220.000 ehemaligen Sowjetbürger_innen in den vergangenen zehn Jahren macht Kiesel deutlich, dass in Folge des damit verbundenen deutlichen Anwachsen der Jüdischen Gemeinden nicht nur das bisherige Selbstverständnis der Jüdischen Gemeinschaft in Deutschland grundlegend in Frage gestellt wird, sondern auch eine Neujustierung der bestehenden migrations- und integrationspädagogischen Konzepte erforderlich ist. Als zentrale Gründe sieht er einerseits die im Vergleich zu anderen Migrant_innengruppen deutlich veränderte Sozialstruktur dieser Einwanderer_innen und andererseits die differente Identitätskonstruktion an, die diese Gruppe im bundesdeutschen Zusammenhang als religiös adressierte Gruppe nun erfährt.

Der Frage, inwieweit professionelles sozialpädagogisches Handeln immer auch selbst als eine Differenzierungs- und Normalisierungspraxis verstanden werden sollte, widmen sich die folgenden drei Beiträge. Im Sinne dieses zweiten Zugangs zu *Differenz, Normalisierung und Andersheit* im Kontext Sozialer Arbeit weist Christian Schütte-Bäumner (Frankfurt a.M.) am Beispiel der Aids-Hilfen zunächst darauf hin, dass Soziale Arbeit hinsichtlich ihres grundlegenden Selbstverständnisses als soziale Unterstützungsinstanz Identitäten und Differenzen auf Seiten der Adressat_innen immer schon voraussetzt. Mit der Reflexionsperspektive „Queer" schlägt Schütte-Bäumner demgegenüber eine alternative professionelle Haltung vor, die auf der kritisch-reflexiven Infragestellung der zumeist unhinterfragten Normalisierungspraxen und normativen Identitätskonstruktionen basiert. Diese alternative Professionalität verankert Schütte-Bäumner in seinem Modell der „Queer Professionals" als Modus reflexiven Nachdenkens, genauen Hinsehens und damit einer Profession, die sich „nicht dumm machen" lässt. Thomas Eppenstein (Bochum) reflektiert in seinem anschließenden Beitrag die unterschiedlichen Bezugnahmen der Sozialen Arbeit auf die Differenzkategorie „Kultur". Im Gegensatz zu einer affirmativen Orientierung auf kulturell „Andere" fordert Eppenstein die sozialpädagogischen Akteur_innen dazu auf, in den jeweils differenten Auffassungen von „Kultur" und „Differenz" wählbare Alternativen zu erkennen. Ein solchermaßen interkulturell kompetentes Deutungshandeln hätte daher nicht Kulturen zu dechiffrieren, wie dies interkulturelle Bildungs- und Erziehungskonzepte vielfach vorschlagen, sondern zu „interkultivieren", wie Eppenstein den Prozess professioneller Deutungsversuche umzuschreiben sucht. Dieser habe nach erkennbaren gleichen Grundmotiven zu schauen, ohne die Vielfalt kultureller Äußerungen zu ignorieren. In ihrem, den zweiten Zugang abschließenden Beitrag, machen Paul Mecheril und Claus Melter (Innsbruck) anhand einzelner historischer Schlaglichter deutlich, in welchen Argumentationsfiguren Soziale Arbeit seit Beginn ihrer Institutionalisierung und Professionalisierung immer schon soziale Differenzierungen benutzt und bestärkt, aber auch zu verändern gesucht hat. Den historisch wechselnden Fokussierungen staatlicher und sozialpädagogischer Aufmerksamkeit auf bestimmte „Andere" unterliegt, so Mecheril und Melter, allerdings die generelle Perspektive auf Normabweichungen und Non-Konformitäten, die Soziale Arbeit als zu bearbeiten betrachtet.

In einem dritten Zugang nehmen sich drei Beiträge der Thematisierung des Verhältnisses von Andersheit und Normalisierung an. Michaela Ralser (Innsbruck) stellt in ihrem Beitrag den historischen Wandel der „sozialen Frage" in das Deutungsmuster „soziale Pathologie" am Beispiel einer Fallstudie zur Universitätsklinik Innsbruck dar. An der Wende vom 19. zum 20. Jahrhundert etabliert sich ein für die Bereiche der Medizin, der Psychiatrie, der Erziehung und der Fürsorge höchst einflussreiches „medico-pädagogisches Feld". An den Prozessen wie der Etablierung heilpädagogischer und pädagogisch-diagnostischer Deutungsmuster in diesen Jahren zeigt Ralser, dass auch derartige Positionierungen nur in grundlegender Abhängigkeit von den wirkmächtigen Interpretationen der Medizin und Psychiatrie entstehen konnten. Psychopathologische Thematisierungsweisen wurden damit um 1900 zu umfassenden Deutungsmustern für die Bereiche der öffentlichen Gesundheit und Erziehung – eine historische Markierung, die Ralser auch zur Aufklärung über gegenwärtige Biologisierungstendenzen sinnvoll erscheint. Fabian Kessl (Essen) und Susanne Maurer (Marburg) schließen in ihrem Beitrag an eine solche kritische Perspektive auf Differenzierungspraktiken an, nehmen diese allerdings in einem spezifischen Muster in den Blick: Differenzierungspraktiken als sozialpädagogische Praktiken der Grenzbearbeitung. Im Anschluss an jüngste Arbeiten aus dem Bereich der Transmigrationsforschung, die Migration nicht nur als Reaktion auf bestehende Grenzen verstehen, sondern als aktive Praxis der Grenzbearbeitung, bestimmen Kessl und Maurer auch die Soziale Arbeit als Grenzbearbeiterin. Eine solchermaßen grenzanalytisch sensible Soziale Arbeit rückt damit die Perspektive auf die (Re)Produktionspraktiken scheinbar gegebener Unterscheidungen selbst in den Blick, also die Praktiken der Grenzziehung, -überschreitung oder -verschiebung. Damit wende sich die Soziale Arbeit von einem differenzorientierten Verständnis ab, das eine bestimmte Andersheit, wie die ethnische Herkunft oder die Geschlechterzuordnung, nicht nur voraussetzt, sondern auch konzeptionell seziert, um möglichst detailgenau darauf reagieren zu können. Vielmehr muss es nach Kessl und Maurer darum gehen, eine differenzsensible Haltung anzuregen, die Differenz und Andersheit strukturell anerkennt. Auf welche Weise sozialpädagogische Akteur_innen selbst an der Konstruktion von Differenzierungen beteiligt sind, ist das Thema des daran anschließenden Beitrages von Markus Dederich (Dortmund). Aus Sicht der in den vergangenen Jahren auch innerhalb der deutschsprachigen Debatten zunehmend implementierten Perspektive der *Disability Studies* erweist sich Soziale Arbeit als beteiligt am Prozess der negativen Aufladung von Behinderung als Differenzkategorie. Dieses geschieht durch kontinuierliche Normierungs- und Normalisierungsprozesse, die sich in der sozialpädagogischen Praxis immer wieder nachzeichnen lassen. Erst die bewusste Aufklärung über diesen Prozess, in dem Behinderung als sozialer und gesellschaftlicher Sachverhalt überhaupt erst hervorgebracht wird, so Dederich, eröffne den Horizont für eine dringend erforderliche emanzipatorische Bildungsarbeit.

Anschließend an diese Auseinandersetzungen um eine alternative Bestimmungs- und Orientierungsmöglichkeit Sozialer Arbeit in Bezug auf Differenzierung, Normalisierung und Andersheit, diskutieren die Beiträge im letzten Teil des Buches mögliche Perspektiven für den Umgang Sozialer Arbeit mit Andersheit. Im Sinne dieses vierten Zugangs stellt zunächst Catrin Heite (Münster) in ihrem Beitrag mögliche Potenziale einer anerkennungstheoretischen Konzipierung Sozialer Arbeit dar. Die Anerkennung der Andersheit von sowohl subjektiven als auch kollektiven Akteur_innen stellt für sie dabei den konzeptionellen Ausgangspunkt dar. Allerdings dürfe diese Anerkennung nicht als prinzipielle Hinnahme differenter Lebensentwürfe verstanden werden, sondern müsse Differenzen als machtvolle Zuschreibungspraxen und Benachteiligungsmuster ungleichheits(re)produzierender Strukturen erfassen. Erst auf Basis einer solchen machtanalytisch gerüsteten Perspektive sei die politische Aufgabe zu realisieren, die jeweiligen spezifischen, aber eben auch zueinander in Widerspruch stehenden Entwürfe fachlich anzuerkennen. Auch Fabian Lamp (Kiel) wählt einen anerkennungstheoretischen Ankerpunkt für seine Überlegungen zu einer differenzsensiblen Sozialen Arbeit. Ausgehend von einer gerechtigkeitstheoretischen Perspektive argumentiert er in seinem Beitrag zum einen dafür, Differenzen systematisch wie auch kritisch in die sozialpädagogische Fallbetrachtung einzubeziehen. Zum anderen sei dafür aber eine veränderte gerechtigkeitstheoretische Fokussierung vonnöten, die sich nicht mehr nur auf die Verteilungsgerechtigkeitsdimension richte, sondern auch die Dimension der Anerkennungsgerechtigkeit systematisch einbeziehe. Erst dadurch könne Soziale Arbeit, so Lamp, angemessen fallbezogen tätig werden, das heißt mit den lebensweltlichen Denkweisen und Handlungsweisen umgehen und damit individuelle Entwicklungsprozesse unterstützen. Anhand einer Sequenz aus der Jugendarbeit zeichnet Melanie Plößer (Kiel) in ihrem Beitrag nach, wie Differenzen in der Sozialen Arbeit performativ erzeugt werden. Dabei weist sie insbesondere auf zwei machtvolle Effekte hin: die Erzeugung sozialer Unterscheidungen entlang gegebener Normen und die stratifizierte und binär verfasste Ausblendung von Subjektpositionen. Gegenüber solchen sozialpädagogischen Strategien betont Plößer die Möglichkeiten dekonstruktiver Ansätze. Diesen liege ein perfomatives Differenzverständnis zugrunde, das heißt eine reflexive sozialpädagogische Haltung, die die normierenden und exkludierenden Effekte der performativen Differenz(re)produktion konstitutiv in ihre Fachlichkeit einbezieht. Wie die Dekonstruktion als eine solche reflexive Haltung für sozialpädagogische Handlungszusammenhänge konkretisiert werden kann, steht im Zentrum des nachfolgenden Beitrags von Susann Fegter, Karen Geipel und Janina Horstbrink (Bielefeld). In diesem unterziehen die drei Autorinnen den pädagogischen Haltungsbegriff einer dekonstruktiven Relektüre und entwerfen das Konzept einer ethisch motivierten sozialpädagogischen Praxis, in der sich die entsprechenden Werte und Normen performativ vollziehen. Facetten einer dekonstruktiven Haltung „en passant" werden von Fegter, Geipel und Horstbrink in der Zurückhaltung gegenüber einer vorschnellen Identifizierung des Klientels, der Eröffnung von anderen Räumen sowie einer Einsicht in die Grenzen des professionellen Wissens und Verstehens erkannt. Ergänzt werden diese Merkmale einer dekonstruktiven Haltung über Denkbewegungen und Fragen, mittels derer die sozialpädagogische Praxis nachträglich kritisch reflektiert werden kann. In einem abschließenden Beitrag werden von María do Mar Castro Varela (Berlin) die im Feld der Sozialen Arbeit zunehmend angesagten Diversity-Ansätze gegen den Strich gebürstet. Die machttheoretische Perspektive der Postcolonial Studies nutzend, unterzieht Castro Varela Diversity einer kritischen Analyse und verweist auf die machtvollen und problematischen Aspekte dieses Konzepts. Vor dem Hintergrund ihrer postkolonial motivierten Relektüre entwirft Castro Varela ein „politisch-utopisches" Diversity-Modell, das transnationale Ausbeutungs- und Machtverhältnisse und Ungleichheiten ebenso in den Blick zu nehmen, wie Veränderungen im Hinblick auf ein „Mehr" an Gerechtigkeit kritisch zu denken sucht.

Differenztheoretische Perspektiven werden im vorliegenden Band in unterschiedlicher Weise eingenommen, unterstützt oder kritisch weiterentwickelt. Die allen Beiträgen gemeinsame Bewegung ist die Inblicknahme von Kategorien, Konzepten und Programmen der Differenzierung, der Andersheit und der Normalisierung und der Fokus auf die verschiedenen Differenzierungs- und Normalisierungspraxen im Kontext Sozialer Arbeit. Dadurch gelingt es allen Beiträgen sowohl auf Merkmale, Dilemmata und Verstrickungen als auch auf grundlegende wie allgemeine Fragen Sozialer Arbeit zu verweisen.

Zur Explikation ihrer eigenen Sprechposition erläutern alle beteiligten Autor_innen eine ihren Überlegungen zu Grunde liegende Bestimmung von Differenz. Entlang dieser Bestimmungen lassen sich die vorliegenden Beiträge also auch quer lesen und zueinander in Korrespondenz bringen. Zugleich eröffnen die Autor_innen den Leser_innen damit einen Überblick über aktuelle differenztheoretische Perspektiven. Ergänzt wird dieses Orientierungsangebot in jedem Beitrag durch die Hervorhebung von drei weiterführenden Literaturangaben zum Thema.

Trotz dieser zusätzlichen Orientierungs- und Reflexionsangebote macht der Versuch einer expliziten differenzorientierten Betrachtung Sozialer Arbeit, wie wir ihn mit dem vorliegenden Band unternommen haben – das wurde uns im Laufe des Produktionsprozesses immer deutlicher – auch eine selbstreflexive Wendung auf die hier versammelten Positionierungen und Deutungen notwendig. Um den Leser_innen eine solche Identifizierung und damit verbundene Unterscheidung der in den vorliegenden Beiträgen gewählten Lesarten zur Bestimmung des Verhältnisses von Sozialer Arbeit und Differenz, Andersheit und Normalisierung zu erleichtern, haben wir die Mitglieder des interdisziplinären und interuniversitären Foschungskolloquiums *Inter Kultur* eingeladen, eine Lesehilfe in Form zentraler Fragen für unseren Band zu formulieren. Inter Kultur bietet den Leser_innen diese Fragen an, um diese an einzelne Beiträge zu stellen und damit auch deren Positionierungen wiederum in die Reflexion zu führen. Schließlich (re-)produziert auch das Schreiben über das Verhältnis von Sozialer Arbeit und Andersheit Differenzen, rückt bestimmte Differenzen in den Fokus, blendet andere aus, kritisiert und normiert – darauf kann eine durch die Lesehilfe angeregte Lektüre aufmerksam machen.

Vor dem Hintergrund der Annahme, dass sowohl im Verhältnis Soziale Arbeit, Differenz, Andersheit und Normalisierung als auch im Rahmen der Thematisierung und Reflexion dieses Verhältnisses „Schwierigkeiten unvermeidlich sind" (Butler 1991:7) sehen wir die hier versammelten Beiträge als Versuche „herauszufinden, wie man am besten mit ihnen umgeht, welches der beste (oder zumindest der „bessere" Weg; Anmerkung F.K; M.P) Weg ist, in Schwierigkeiten" zu sein." (ebenda).

In diesem Sinne wünschen wir allen Leser_innen eine anregend-inspirierende Lektüre.

Essen & Kiel im September 2009   Fabian Kessl & Melanie Plößer

Literatur

Anhorn, Roland/Bettinger, Frank/Stehr, Johannes (Hrsg.) (2007): Foucaults Machtanalytik und Soziale Arbeit. Ein kritische Einführung und Bestandaufnahme. Wiesbaden: VS
Bauman, Zygmunt: Vom Nutzen der Soziologie. Frankfurt a.M.: Suhrkamp
Castro-Varela, María do Mar (2009/i.E.): Soziale (Un)Gerechtigkeit. Kritische Perspektiven auf Diversity, Intersektionalität und Antidiskriminierung. Münster: Lit
Dederich, Markus (2007): Körper, Kultur und Behinderung: Eine Einführung in die Disability Studies. Bielefeld: Transcript
Degele, Nina/Winker, Gabriele (2009): Intersektionalität. Bielefeld: Transcript
Dollinger, Bernd (2006): Die Pädagogik der sozialen Frage. (Sozial-)Pädagogische Theorie vom Beginn des 19. Jahrhunderts bis zum Ende der Weimarer Republik. Wiesbaden: VS
Eppenstein, Thomas/Kiesel, Doron (2006): Soziale Arbeit interkulturell. Stuttgart: Kohlhammer
Fegter, Susann/Andresen, Sabine (2009): Entgrenzung. In: Otto/Coelen (2009): 832-840
Groß, Melanie (2008): Geschlecht und Widerstand. post.. | queer.. | linksradikal.. Königstein: Ulrike Helmer
Stuart Hall (2000): Rassismus und kulturelle Identität. Hamburg: Argument
Hamzhei, Modjgan/Castro Varela, María do Mar (1996): Raus aus der Opferrolle. Ein Bildungsansatz zur Überwindung von verinnerlichtem Rassismus. Köln: Agisra e.V.
Heite, Catrin (2008): Soziale Arbeit im Kampf um Anerkennung. Weinheim/München: Juventa
Kalpaka, Annita (2007): Unterschiede machen – Subjektbezogene Erforschung von Differenzproduktion. Einblick in methodische Herangehensweisen. In: Widersprüche, 27. Jg., Heft 104: 63-83

Krasmann, Susanne/Wehrheim, Jan (2006): Folter und die Grenzen des Rechtsstaats. In: Monatsschrift für Kriminologie und. Strafrechtsreform. 89. Jg., Heft 4: 265-275

Kessl, Fabian (2005): Der Gebrauch der eigenen Kräfte: eine Gouvernementalität Sozialer Arbeit. Weinheim/München: Juventa

Kessl, Fabian (2007): Wozu Studien zur Gouvernementalität in der Sozialen Arbeit? Von der Etablierung einer Forschungsperspektive. In: Anhorn et al. (2007): 203-225

Kleve, Heiko/Koch, Gerd/Müller, Matthias (Hrsg.) (2003): Differenz und Soziale Arbeit. Sensibilität im Umgang mit dem Unterschiedlichen. Berlin: Schibri

Lamp, Fabian (2007): Soziale Arbeit zwischen Umverteilung und Anerkennung. Der Umgang mit Differenz in der sozialpädagogischen Theorie und Praxis. Bielefeld: Transcript

Landhäußer, Sandra/Otto, Hans-Uwe/Ziegler, Holger (2005): Informelle Bildung in benachteiligten Stadtteilen. In: Regiestelle E&C (Hrsg.): Orte der Bildung im Stadtteil. 16. und 17.Juni 2005, Berlin. http://www.eundc.de/pdf/36002.pdf [Stand: 24. August 2009]

Lutz, Helma/Wenning, Norbert (2001): Differenzen über Differenz – Einführung in die Debatten. In: dies. (2001): 11-24

Lutz, Helma/Wenning, Norbert (Hrsg.) (2001): Unterschiedlich verschieden. Differenz in der Erziehungswissenschaft. Opladen: Leske und Budrich

Maurer, Susanne (2001): Das Soziale und die Differenz. Zur (De-)Thematisierung von Differenz in der Sozialpädagogik. In: Lutz/Wenning (2001): 125-142

Maurer, Susanne (2006): Gouvernementalität von „von unten" her denken. Soziale Arbeit und Soziale Bewegungen als (kollektive) Akteure „beweglicher Ordnungen". In: Maurer/Weber (2006): 233-252

Maurer, Susanne/Weber, Susanne (Hrsg.) (2006): Gouvernementalität und Erziehungswissenschaft. Wissen – Macht – Transformation. Wiesbaden: VS

Mecheril, Paul (2003): Prekäre Verhältnisse: Über natio-ethno-kulturelle (Mehrfach-)Zugehörigkeit. Münster: Waxmann

Mecheril, Paul (2004): Einführung in die Migrationspädagogik. Weinheim: Beltz

Melter, Claus (2006): Rassismuserfahrungen in der Jugendhilfe. Eine empirische Studie zu Kommunikationspraxen in der Sozialen Arbeit. Münster: Waxmann

Otto, Hans-Uwe/Coelen, Thomas (Hrsg.) (2009): Grundbegriffe der Ganztagsbildung. Das Handbuch. Wiesbaden: VS

Peukert, Detlev (1986): Grenzen der Sozialdisziplinierung. Aufstieg und Krise der deutschen Jugendfürsorge von 1878 bis 1932. Köln: Bund

Plößer, Melanie (2005): Dekonstruktion – Feminismus – Pädagogik. Vermittlungsansätze zwischen Theorie und Praxis. Königstein: Ulrike Helmer

Richter, Martina (2004): Zur (Neu)Ordnung des Familialen. In: Widersprüche, 24. Jg., Heft 92: 7-16

Rommelspacher, Birgit (2003): Zum Umgang mit Differenz und Macht. Sozialarbeit als Menschenrechtsprofession. In: Kleve et al. (2003): 70-86

Rose, Lotte (2004): Gender Mainstreaming in der Kinder- und Jugendarbeit. Weinheim/München: Juventa

Rose, Nikolas (1999): Powers of Freedom: Reframing Political Thought. Cambridge: Cambridge University Press

Schütte-Bäumner, Christian (2007): Que(e)r durch die Soziale Arbeit. Professionelle Praxis in den AIDS-Hilfen. Bielefeld: Transcript

West, Candace/Fenstermaker, Sarah (1995): Gender & Society, Vol. 9, No. 1: 8-37

Es macht einen Unterschied – eine Differenz thematisierende, (de)konstruierende Lesehilfe

Arbeitsgruppe Inter Kultur

Einstieg

Differenzen werden – alltäglich wie wissenschaftlich – auf vielfältige Arten relevant (gemacht), so auch in dem vorliegenden Band. Die Verwendung des Begriffs Differenz suggeriert geteiltes Wissen über seine Bedeutung. Oft genug aber finden sich höchst unterschiedliche und nicht immer kompatible Bedeutungszuweisungen. Denn auch was „Differenz" bedeutet und bezeichnet, wird diskursiv verhandelt. Das Sprechen über Differenz ist somit gewinnbringend, aber auch unvermeidbar dilemmatisch: Gewinnbringend, weil es Differenzverständnisse und Differenzkategorien auf ihre Entstehungsbedingungen, Implikationen, blinden Flecken oder Konsequenzen befragen kann; dilemmatisch, weil dabei Differenzkategorien (re)produziert werden und neue Ausschlüsse und blinde Flecken entstehen. Deswegen bleibt es ratsam, das Risiko und Potenzial, welches sich im Sprechen über Differenz entwickelt, zu nutzen, indem man den Begriff selbst ebenso wie seine Wendungen und Verwendbarkeiten, Deutungen und Bedeutungen stets wieder in Frage stellt.

Die folgende Lesehilfe versteht sich daher als kleines Portfolio von Fragen, mit denen sich die in dem vorliegenden Band versammelten Texte re- und dekonstruktiv bearbeiten lassen. Sie soll die LeserInnen dazu einladen, sich einige der Fragen selbst anzueignen, mit ihnen zu experimentieren und vor allem: weitere eigene Fragen zu entwickeln.

I. Wie wird die Differenz „AutorInnen und LeserInnen" verhandelt?
Margarete Menz

Differenzsensible Forschung versucht naiven Essenzialisierungen zu entgehen. Vielmehr sollen Herstellungsprozesse von machtvollen Verhältnissen nachvollzogen, kritisch hinterfragt und widerständige Praxen sichtbar gemacht werden. Im Wissenschaftsfeld und im vorliegenden Band geschieht dies vor allem durch das Schreiben über die Konstruktion/Rekonstruktion/Dekonstruktion von Differenzverhältnissen. In diesem Schreiben findet ein gleichzeitiger Prozess von *Inkludierung* und *Exkludierung* der LeserInnen statt. Das *Inklusionsangebot* kann sich beispielsweise auf die Ebene des Nachvollzugs dekonstruktiver Analysen beziehen, auf die Zugänglichkeit des Feldes oder auf die sprachliche Angemessenheit und Differenziertheit der Analyse. Der *Exklusionsprozess* kann sich aber auch, und um das soll es hier nun gehen, auf die sprachliche Angemessenheit beziehen.

Angemessenheit beschreibt ein Dilemma differenztheoretischer Forschung. Denn es fällt deutlich leichter, holzschnittartig Essenzialisierungen wiederzugeben, und homogene, auf den ersten Blick „eindeutige" Konzepte und Lösungen darstellend zu vermitteln, als differenziert und kritisch Zuschreibungsprozesse zu klären – zumal dabei Ambivalenzen nicht aus dem Weg gegangen werden kann und die eigene Verstrickung in Produktionsprozesse zu reflektieren ist. Im Versuch, solchen Ansprüchen *gerechter* zu werden, bildet sich sprachlich ein hierarchisiertes Differenzverhältnis zwischen dem/der AutorIn und dem/der LeserIn aus. Insbesondere für Texte, deren imaginierte LeserInnenschaft noch ungeübt im Dechiffrieren differenztheoretischer Texte ist, stellt sich daher die Frage, welche Zugänge hilfreich sein könnten, um Differenzen zu minimieren? Wie wird die Balance zwischen der Zugänglichkeit des Textes und der Differenziertheit der Analysen gelöst? Oder wiederholen sich Differenzkonstruktionen in der sprachlichen Verfasstheit, die dadurch sozusagen als gatekeeper den Exklusivitätsanspruch des theoretischen Zugangs organisiert?

II. *Wie* wird die Annahme der Konstruiertheit von Differenz im Sprechen und Forschen *über* Differenz eingelöst? Oder anders gefragt: *Wie* wird die Nicht-Präsenz von Differenz im Sprechen und Forschen *über* Differenz berücksichtigt?
Britta Hoffarth & Claudia Machold

Ob sozialkonstruktivistisch oder poststrukturalistisch inspiriert, das Sprechen und Forschen über Differenz hat sich in der Erziehungswissenschaft und der Sozialen Arbeit weitgehend von explizit essenzialistischen Annahmen – wie Geschlecht, Generation, Rasse, Ethnizität, Klasse – verabschiedet. Im Mittelpunkt stehen stattdessen immer häufiger Fragen nach den Herstellungsprozessen von Differenz (*Differenzpraxen*) und ihrer Wirkmächtigkeit für soziale Realitäten, wie (sozial)pädagogische Erbringungssituationen.

Diese wissenschaftliche Beschäftigung mit Differenz möchten wir aber auch selbst als Unterscheidungspraxis verstehen. Bei der Analyse von Differenz als Gegenstand muss diese, so unsere Überzeugung, auch analytisch immer erst benannt und insofern sprachlich erzeugt werden. Poststrukturalistisch gedacht, stellt dieser Prozess der Differenzkonstruktion einen Wiederholungsvorgang dar: Etwas bereits Vorhandenes wird – in gleicher oder veränderter Weise – also zitiert. Wenn nun davon ausgegangen wird, dass jede Wiederholung nicht die Kopie eines vorhergehenden (gar essenzialistischen) Originals ist, dann liegt in jedem Sprechen und Forschen über Differenz sowohl *Ermöglichendes* als auch *Verunmöglichendes*. Ermöglichendes dann, wenn das Sprechen über Erkenntnisse zu einer subversiven Praxis wird, zu einer Praxis, die hegemoniale Wissensbestände nicht einfach abbildet, sondern zu ihrer Dekonstruktion und Rekonstruktion im Sinne einer gerechteren Welt, beiträgt. Verunmöglichendes, wenn all zu bekanntes Wissen noch einmal gesprochen wird. Erkenntnispolitisch und methodologisch ließe sich deshalb fragen, *wie* die Annahme der Konstruiertheit des Gegenstandes im eigenen Sprechen und Forschen über diesen Gegenstand eingelöst wird? Oder eben anders gefragt: *Wie wird* die Nicht-Präsenz von Differenz im Sprechen und Forschen über Differenz berücksichtigt? *Wie* wird Differenz wiederholt und welche *ermöglichenden* und/oder *verunmöglichenden* Effekte lassen sich re-konstruieren?

III. Frage: Welche Differenzkonstruktionen nehmen die Texte vor?
Birte Klingler

Wenn in diesem Band von „Differenz" oder von „den Anderen" die Rede ist, so wird dabei zumeist auf die soziale Konstruiertheit von Differenz verwiesen. Differenz wird somit als eine wirkmächtige Konstruktion verstanden, die „die Anderen", mit denen Soziale Arbeit befasst ist, erst zu „Anderen" macht. Die Thematisierung von Differenz geschieht anhand von Differenzkategorien bzw. Differenzverständnissen in der Sozialen Arbeit, die in den Beiträgen diskutiert, problematisiert und in Frage gestellt werden. Die Kritik an Differenzkategorien wird somit als eine Kritik an deren als problematisch erachteten Konsequenzen formuliert.

Da Differenzsetzungen jedoch unhintergehbar sind, gehen auch „kritische" oder „dekonstruktive" Bezüge auf Differenz unweigerlich mit (Differenz)Konstruktionen einher – schon das Selbstverständnis eines Textes oder einer Position als „kritisch" markiert eine Differenz und Absetzung von den als „unkritisch" verworfenen. Daher erscheint es uns im Sinne eines machtsensiblen Verständnisses von Differenz naheliegend und erforderlich, auch nach den Konstruktionen zu fragen, die die Texte selbst vornehmen, also danach, welche Differenzen (neu) produziert werden.

Wenn Differenz immer auch anders gedacht werden kann, so lässt sich an die Texte die Frage stellen, warum bestimmte Differenzen in den Blick geraten und kritisierbar werden und aufgrund welcher Differenzierungen und zugunsten welcher neuen Differenzsetzungen dies geschieht. Wie wird also in den Texten selbst differenziert, welche Differenzen werden dabei kritisiert, welche bevorzugt, und welche als selbstverständlich vorausgesetzt? Und mit welchen Begründungen werden Differenzkategorien legitimiert oder delegitimiert?

IV. Wer spricht für und über wen und welches Problem der Repräsentation entsteht?
Claudia Machold & Britta Hoffarth

Repräsentationsverhältnisse sind ein zentrales Thema differenzsensibler Sozial- und Kulturwissenschaften. Repräsentation kann verschiedene Bedeutungen haben, von denen uns zwei in Bezug auf die im vorliegenden Band versammelten Texte besonders relevant erscheinen. Der Begriff kann zum einen *Darstellungsverhältnisse* beschreiben. Etwa wenn es um die (wissenschaftliche) Darstellung von differenztheoretischem Wissen oder von theoretischen Zugängen zum Phänomen Differenz geht, wie das in dem vorliegenden Band geschieht.

Zum anderen, und diesen Gedanken wollen wir hier etwas ausführlicher entwickeln, kann Repräsentation *Vertretungsverhältnisse* beschreiben. In diesem Sinne kann der Begriff etwa die Stellvertretung von Subjekten beschreiben, die sich nicht selbst vertreten können oder von denen angenommen wird, dass sie sich nicht selbst vertreten können. Ein entsprechendes wissenschaftliches Analysieren von Differenzverhältnissen kann unter dieser Perspektive zu einem Sprechen für Subjekte werden, von denen geglaubt wird, dass sie nicht (für sich) selbst sprechen können.

Das stellvertretende „Sprechen für" wird somit zu einem „Sprechen über", in welchem sich eine bedeutsame Differenz zwischen dem legitim Sprechenden und dem dadurch konstituierten Subjekt artikuliert. Dieses Sprechen steckt in einem Dilemma, denn sobald es erklingt, macht es unsichtbare Subjekte sichtbar, sobald es erklingt, lässt es die Subjekte, die es herstellt, aber auch verstummen. Das Dilemma ist also, dass es zugleich notwendig und unmöglich erscheint, angemessene Repräsentationsverhältnisse zu erzeugen.

Wenn man sich allerdings der gleichzeitigen Notwendigkeit *und* Unmöglichkeit angemessener Repräsentationsverhältnisse gewiss ist, wird ein Horizont von Fragen sichtbar, der zur Orientierung dienen kann: Wer spricht eigentlich für und über wen und welches Problem der Repräsentation entsteht? Geschieht Repräsentation als Vertretung und erscheint das angemessen? Was könnte Angemessenheit heißen? Wenn angemessene Repräsentationsverhältnisse unmöglich sind, wie wird damit – beispielsweise in den Texten im vorliegenden Band – umgegangen?

V. Frage: Was wird gesagt und was wird nicht gesagt?
Susann Fegter

In einer diskurstheoretischen Perspektive werden mit jeder Thematisierung bestimmte Fragestellungen, Zusammenhänge und Gegenstände wichtig gemacht und mit Aufmerksamkeit versehen. Andere wiederum geraten genau dadurch aus dem

Blick. Häufig folgen solche thematischen Entscheidungen einer dominanten Ordnung und bedienen auf diese Weise bestehende Ökonomien der Aufmerksamkeit. Den vorliegenden Sammelband zeichnet aus, dass er verschiedene Zugänge zu Differenz und verschiedene sozial relevante Differenzkategorien benennt und für entsprechende Perspektiven sensibilisiert. Dennoch greifen auch hier diskursive Prozesse des Ein- und Ausschlusses: Was also ist das Ungesagte, das möglicherweise auch hätte gesagt werden können? Welche Differenzkategorien haben (wieder einmal?) Aufmerksamkeit erfahren und welche (wieder einmal?) nicht? Welche Logiken und Ordnungen wurden auf diese Weise gestützt, bestätigt (oder doch verändert)? Und gibt es generelle Unsagbarkeiten, die ein Schreiben wie dieses über Differenz erzeugt und worin liegt deren soziale Relevanz?

VI. Frage: Welche Wertigkeiten (Normen) werden hier als wünschenswert markiert? Was wird dabei implizit als problematisch ausgewiesen?
Nadine Rose

Ein Buch, das sich mit Differenzierung, Normalisierung und Andersheit in der Sozialen Arbeit beschäftigt, wendet sich in einem eher (selbst-)kritischen Gestus dem Feld der Sozialen Arbeit zu. Ein solches Buchprojekt wirft damit die Frage nach den eigenen Normen oder Wertigkeiten, die in diesen Texten prozessiert werden, auf. Doch warum ist eine solche Frage überhaupt relevant? Und macht diese Frage die ganze – ohnehin schon komplizierte – Sache der Differenz, Normalisierung und Andersheit nicht noch komplizierter? Vermutlich. Dennoch.

Wie einige der dekonstruktiv orientierten Beiträge dieses Bandes verdeutlichen, ist der Rekurs auf Differenz(en) kein unschuldiges Unterfangen, kein außerhalb von Normen stehendes Zitieren, sondern vielmehr ein machtvolles: Der Rekurs auf Differenz(en) produziert Ausschlüsse und richtet damit ein System hierarchisierter Wertigkeiten ein oder immer wieder auf – Wertigkeiten, in denen das Differente als das Minder-Wertige, das Abqualifizierte und Abweichende erscheint. Insofern stabilisiert ein solcher Rekurs auf Differenz immer auch die Normalität des Bestehenden, also diejenigen Normen, die den Raum dessen konstituieren, was als gesellschaftlich angemessen gilt.

Wo aber Soziale Arbeit in dieser Weise als „Normalisierungmacht", um mit Susanne Maurer zu sprechen, betrachtet und kritisch befragt wird, scheint beispielsweise eine weniger normalisierende Zurichtung der Klientel durch professionell sozialarbeiterisch Handelnde eine adäquate Bearbeitung der markierten und reflektierten Differenzproblematik zu versprechen. Gleichwohl agieren die Schreibenden auch im Aufdecken und in der Analyse jener Normalisierungsmacht Sozialer Arbeit keineswegs vollständig außerhalb desjenigen normativen Rahmens, gegen den sich ihre Analyse richten will. Im Sinne Michel Foucaults kann sich eine derartige Kritik daher also – ganz bescheiden – nur darauf beschränken, über die Möglichkeiten eines „Nicht-derartig-regiert-Werdens" bei gleichzeitigem „Nicht-derartig-an-der-Regierung-der-Anderen-Beteiligens" für AkteurInnen der Sozialen Arbeit zu verständigen.

Eine solche Kritikperspektive affirmiert sicherlich nicht einfach herrschende Normen, kann sich aber eben auch nicht außerhalb von Normen oder Macht stehend entwerfen, weil sie sonst Gefahr läuft, ihren eigenen kritischen Standpunkt als unschuldig zu imaginieren. So erinnert uns Judith Butler daran, dass unschuldige Deskriptionen nicht zu haben sind, weil der Bereich des Sprechens normiert ist und diese Norm dem Sprechen voraus geht. Im Sinne dieser Perspektive bleibt Handlungsmacht oder Kritik notwendig in Macht verstrickt und muss beständig selbst auf ihre eigene Normativität hin befragt werden. So ließe sich beispielsweise fragen: Welche Normen bestätigt auch diese Kritik der Normalisierung? Mit der Macht welcher zitierten Normen können die AutorInnen überhaupt sprechen?

Abschluss

Die von uns aufgeworfenen Fragen verfolgen nicht das Ziel, einen bestimmten Stil, Differenz zu thematisieren, als den richtigen zu markieren. Ihr Ziel liegt vielmehr darin, der Forderung Ausdruck zu verleihen, „das Kritische" stets noch einmal kritisch zu lesen. Doch: Darf diese Forderung normativ sein, wenn der eigene Standpunkt doch immer zur Diskussion steht? Erweist es sich also als problematisch, nicht-essenzialistisch und normativ zugleich zu sein? Eine Antwort hierauf könnte lauten, dass eine dekonstruktive Haltung, eine Kritik an der Kritik nur dadurch möglich wird, dass wir uns – vorübergehend – (auch) auf normative Standpunkte einlassen.

Nachdem wir also vorangehend verschiedene Fragen in Bezug auf den Umgang mit Differenz, Normalisierung und Andersheit in Bezug auf die Beiträge in dem vorliegenden Band aufgeworfen haben, möchten wir daher abschließend nochmals deutlich machen, dass auch diese Fragen nicht zu Antworten, sondern nur zu weiteren (In)Fragestellungen führen können. Differenz zu thematisieren, kann, so unser vorläufiges Fazit, scheinbar nicht bedeuten, zur Ruhe zu kommen, sondern eher ruhelos weiter nach Lücken, blinden Flecken oder unbehaglichen Schatten zu fahnden.

In diesem Sinne wünscht *Inter Kultur* den Leserinnen eine fruchtbare Lektüre.

I. Differenzierungs- und Normalisierungspraktiken im Feld Sozialer Arbeit

Zur Adressierung von Eltern in Ganztägigen Bildungssettings

Martina Richter

„Aber uns Eltern denn immer Vorwürfe machen
wenn sie mal einen Tag ihr Brot vergessen haben"
(Interview Frau Holzer, Z. 146-147 i.O.)

Abstract
Mit dem Beitrag werden institutionelle bzw. professionelle Differenzkonstruktionen von Eltern im Kontext Ganztägiger Bildungssettings in den Blick genommen. Die Fallrekonstruktion von Frau Holzer zeigt exemplarisch die defizitäre Adressierung einer Mutter und ihren Umgang damit, der zwischen Widerständigkeit und einem Kampf um soziale Anerkennung changiert. Eine theoretische Verortung dieser empirischen Hinweise auf eine Differenzmarkierung von Eltern bzw. Müttern wird über einen gegenwärtigen Diskurs um eine Erosion des Familialen angeboten, der die aktuelle Diskussion um Ganztägige Bildungssettings prägt und die öffentliche Aufmerksamkeit verstärkt auf Eltern bzw. Mütter und ihre Erziehungs- und Bildungsverantwortung lenkt, der sie vermeintlich zunehmend weniger bereit wären nachzukommen.

1. Ausgangspunkt: Frau Holzer[1]

„ja dann mutt du auch so erziehen und so und so und so und da sag ich 'Frau Engel (.) Sie regen mich auf Sie reden und reden und reden ich sag 'ham Sie früher auch bei Ihren drei Kindern jemand gehabt der immer so mit den geredet hat' nä (.) 'nö' ich sag 'dann lassen Sie mich bitte in Ruhe ich weiß wie ich was zu machen hab" (Interview Frau Holzer, Z. 495-499 i.O.).

Die hier zitierte Äußerung von Frau Holzer eröffnet einen ersten Zugang auf die Frage der Adressierung einer Mutter durch Professionelle im institutionell strukturierten Ganztagsetting. Frau Holzer sieht sich mit einer nach ihrer Einschätzung

---

[1] In dem vorliegenden Beitrag wird auf Datenmaterial aus dem BMBF-Forschungsprojekt *Familien als Akteure in der Ganztagsgrundschule* der Universität Bielefeld, Fakultät für Erziehungswissenschaft, zurückgegriffen. Die Interpretationen zu dem Fall Frau Holzer sind gemeinsam entstanden. Dem Forschungsprojekt gehören Sabine Andresen, Lena Blomenkamp, Daniela Kloss, Nicole Koch, Constanze Lerch, Maike Lippelt, Hans-Uwe Otto, Florian Rühle, Anne-Dorothee Wolf und Kathrin Wrobel an. Der Name der Mutter, ihres Sohnes und der Professionellen wurden verändert, um die Anonymität zu gewährleisten.

ungerechtfertigten Differenzkonstruktion als „defizitäre Mutter" konfrontiert. Das „ewige Reden" von Frau Engel, der pädagogischen Fachkraft, beschreibt Frau Holzer als grenzüberschreitenden Einmischungsversuch in ihr Erziehungsverhalten, den sie nicht akzeptiert. Sie fühlt sich von Frau Engel als überforderte, hilfsbedürftige Mutter adressiert, der man Schritt für Schritt in „Kindersprache" erklärt, wie sie ihre Kinder richtig zu erziehen habe. Und nicht nur das: In dieser Adressierung wird sie selbst als jemand adressiert, die erzogen werden muss.

Diesen von ihr als paternalistisch erlebten Zugriff weist Frau Holzer ebenso zurück, wie den aus ihrer Perspektive als illegitim und unerbeten erlebten Einmischungsversuch der Professionellen insgesamt.

Differenztheoretisch lässt sich diese Adressierung als „Normalitäts-Zumutung" (Maurer 2001: 126) fassen, indem „ausschließende Kategorisierungen" (ebd.) wirkmächtig entworfen werden. Die Adressierung als Mutter, die vorgeblich nicht wisse, wie sie was zu machen habe, entzieht ihr die Zugehörigkeit zu den „guten" Eltern bzw. „guten" Müttern – eine ausschließende Kategorisierung, die zudem von Seiten der Professionellen und damit aus deutungsmächtiger, institutionalisierter SprecherInnenposition vorgenommen wird.

Im weiteren Verlauf des Gesprächs entfaltet Frau Holzer ihr subjektives Erleben in Differenz zu dieser Adressierung. Frau Holzer changiert dabei zwischen Selbstpositionierung und der Reaktion auf die Fremdpositionierung durch die Repräsentanten der sie umgebenden sozialen und strukturellen Verhältnisse (vgl. Supik 2005). Die Rekonstruktion des Gesprächs macht deutlich, dass Frau Holzer aktive Widerständigkeit gegen diesen als paternalistisch erlebten Zugriff durch Professionelle und damit gegen deren Versuche einer „Erziehung von Eltern bzw. Müttern" an den Tag legt. Zugleich bringt sie dieser Widerstand auch in ein grundlegendes Dilemma, da sie sich damit in Differenz zu den einflussmächtigen Platzierungslogiken des institutionellen Settings der Schule bringt. Schule entscheidet aber über die Vergabe und die Ausgestaltung der Bildungszertifikate und vollzieht damit eine soziale Platzierung – eben *nicht nur* des Kindes, sondern, zumindest indirekt, auch von deren Eltern bzw. Müttern. Insofern steht Frau Holzer mitten in einem „Kampf um Anerkennung", der im Sinne der vorherrschenden Logiken eher ein Anschmiegen an die antizipierten Norm(al)ierungserwartungen von Frau Holzer erwarten würde. Ihre Widerständigkeit ist somit mit der Gefahr verbunden, in diesem Kampf Anerkennung zu verlieren.

Bevor auf diesen Zusammenhang im weiteren Text detaillierter eingegangen wird, soll hier zunächst eine Kontextualisierung des Falles in Bezug auf aktuelle Thematisierungen des Verhältnisses von Ganztagsschule und Familie angeboten werden.

2. Kontextualisierung

In der gegenwärtigen öffentlichen Rede wird die Ganztagsschule als zeitgemäße Antwort auf veränderte gesellschaftliche und hierbei insbesondere familiale Bedarfe thematisiert. Der Auf- und Ausbau Ganztägiger Bildungssettings stellt demnach eine längst überfällige Konsequenz angesichts der Zunahme von Frauenerwerbstätigkeit, eines Brüchigwerdens der traditionalen Geschlechterordnung und einer Pluralisierung sowie Prekarisierung familialer Lebensführungsweisen dar (vgl. z.B. BMFSFJ 2005; Holtappels et al. 2007).

Zugrunde liegt derartigen Einschätzungen zumeist die Annahme einer notwendigen Re-Formulierung des Verhältnisses von Familie und öffentlicher Erziehung. Es gehe um die Frage einer Neuorientierung von Aufgabenzuweisungen, die in diesem Zusammenhang auch als „Grenzverschiebung" (Kolbe et al. 2009; Züchner 2007) oder auch als „Entgrenzung" von Zuständigkeiten auf der Ebene von Bildungs-, Betreuungs- und Erziehungsinstitutionen debattiert werden (Fegter/ Andresen 2008). Schließlich ende doch die Arbeitsteilung zwischen Schulen und Familien in (West-)Deutschland traditionell vor dem Mittagessen.

Gegenwärtige Deutungen verlaufen dann auch zumeist dahingehend, dass aus diesen Grenzverschiebung geschlussfolgert wird, Zuständigkeiten verlagerten sich zunehmend von den Familien in Richtung Schule (vgl. Züchner 2007): Während Familien von alltäglichen Anforderungen, wie der Zubereitung des Mittagessens, der Beaufsichtigung der Hausaufgaben sowie durchaus auch von Erziehungsaufgaben entlastet würden und damit von dieser veränderten Aufgabenverteilung zwischen Familien und Schulen profitieren könnten, zeigten sich diese Aspekte in den Ganztagsschulen als zusätzliche Aufgaben und Anforderungen, die eben „klassischerweise in der Hand der Familien lagen und für die Schule nicht die alleinige Zuständigkeit übernehmen kann und will" (ebd.: 314).

Während also Familien Zuständigkeiten in erster Linie abgäben und darüber eine Entlastung erführen, werde den Ganztagsschulen vor allem Neues und ein Mehr an Aufgaben zugemutet. Im Anschluss an diese vorherrschende Einschätzung ist es dann nur konsequent, dass verstärkt elterliche – und insbesondere mütterliche – Erziehungs- und Bildungsleistungen in den Fokus der (Fach)Öffentlichkeit geraten. Ein zentraler Aspekt ist dabei die Frage nach der elterlichen Bereitschaft einer stärkeren Verantwortungsübernahme für ihre Kinder, da diese, so die Annahme, zunehmend zur Disposition stünde: Eltern bzw. Mütter kämen *nicht mehr bzw. zunehmend weniger* in „gemeinwohlkompatibler" Weise ihrer Verantwortung nach, da sie – und hier wird häufig gerade auf Mütter und Väter in prekären Lebenslagen abgestellt – „wegen ihrer Selbstbezogenheit und ihrer abweichenden kulturellen Einbindung" (Chassé 2008: 72) ihren Kindern nicht das zukommen ließen, was diese eigentlich bräuchten und sie stattdessen ihre Verantwortung vielfach einfach nur vor den Türen öffentlicher Bildungsinstitutionen ablegten (vgl. kritisch dazu Böllert 2008; Andresen 2009). Der Diskurs um Ganztägige Bildungssettings ist in diesem Sinne als ein Strang einer zunehmenden „Ver-Öffentlichung" des Familialen zu verstehen (vgl. Richter et al. 2009), die ihren Ausdruck beispielsweise in der medialen Inszenierung von ExpertInnenmeinungen zu Familienerziehung findet und mit der zumindest tendenziell die Anforderung nach einer „Professionalisierung der Elternrolle" (vgl. Buchinger 2001) verbunden wird (vgl. Der Spiegel vom 03. August 2009 und Die Zeit Nr. 32/2009).

Die aktuelle Debatte um die weitere Implementierung und bildungspolitische Relevanz der Ganztagsschule lässt sich somit im Kontext einer Debatte um die Erosion des Familialen verorten. Im Zentrum dieser Diskussionen steht die Anrufung von Eltern als unprofessionelle und defizitäre Erziehungs- und Bildungsverantwortliche. Familialität wird damit in Differenz zur professionellen und öffentlichen Instanz „Schule" konstruiert. Ganztagsschulen beziehen aus dieser Differenzmarkierung – und dies schließt an die schultheoretische Argumentation von Bettina Fritzsche und Kerstin Rabenstein (2009) an – einen nicht unbeachtlichen Teil ihrer bildungspolitischen und fachlichen Legitimation, indem sie als Ort der Kompensation elterlichen Versagens charakterisiert werden. Fritzsche und Rabenstein (2009: 183) zeigen in ihren Schulstudien, dass Professionelle in ihren Narrationen über ein vermeintliches „Versagen der Erziehungsinstitution Familie" die Notwendigkeit von Ganztagsschulen begründen und damit einen kompensatorischen Auftrag des Ganztags gegenüber Familien maßgeblich zugrunde legen (vgl. hierzu auch Popp 2009). Als ideologische Orientierung scheint die Messlatte „klassisches" Familienverständnis zu dienen bzw. eine „nostalgische Verklärung der Vergangenheit, die bei der Untersuchung jeweils konkreter Familienverhältnisse notwendig zu einer Perspektive des Verfalls führt" (Rosenbaum/Timm 2008: 9). Klassische Familienvorstellungen scheinen nicht an Bedeutung eingebüßt zu haben, weshalb Andreas Lange und Christian Alt (2009) auch von einer (un)heimlichen Renaissance der Familie im 21. Jahrhundert sprechen.

Vor diesem Hintergrund richtet sich die analytische Aufmerksamkeit in der folgenden Fallrekonstruktion auf die Perspektiven der Eltern bzw. einer Mutter. Anhand weiterer Auszüge aus dem Gespräch mit Frau Holzer wird argumentiert, dass Eltern bzw. Mütter sich mit Blick auf die Verschiebungen im Verhältnis von Familien und Schulen, wie es sich als Kontext der Ganztagsschulen manifestiert hat, immer wieder als different konstruiert erleben, das heißt sich in ihrer Identität als Eltern bzw. als Mutter angefragt sehen, insbesondere im Hinblick auf ihre Erziehungs- und Bildungsleistungen, denen sie vermeintlich weniger nachkämen oder zu denen sie nicht in der Lage seien. Es zeigt sich weiterhin, dass bestimmte Normalitätsannahmen auf Seiten der pädagogischen Fachkräfte im Ganztag Differenzen und Differenzvorstellungen erzeugen, wodurch soziale Schließungen (re)produziert werden. Frau Holzer als beteiligte Mutter weist im vorliegenden Fall derartige Normalitätszumutungen der Professionellen zurück und etabliert in der Folge zugleich neue Differenzen gegenüber „den anderen Eltern", von denen sie sich abzugrenzen versucht – von diesen „asozialen Nachbarn" in ihrem Stadtteil. Mit der Thematisierung von Normalität ist damit auf beiden Seiten – auf Seiten der Eltern wie der pädagogischen Fachkräfte – immer auch die Frage nach Zugehörigkeit und Nichtzugehörigkeit verbunden (vgl. Wenning 2001).

3. Frau Holzer als Adressierte und als Adressierende

In dem Interview mit Frau Holzer stellt sie sich als Hausfrau und Mutter vor. Sie lebt gegenwärtig mit ihren fünf Kindern und ihrem berufstägigen Lebensgefährten in einer gemeinsamen Wohnung. Manuel ist das zweitälteste Kind und besucht die dritte Klasse einer Ganztagsgrundschule. Frau Holzer lebt in einer Stadt mit rund 500.000 Einwohnern, der Stadtteil, in dem sie lebt, wird von institutioneller Seite als so genannter „sozialer Brennpunkt" markiert. Auch Frau Holzer problematisiert ihren Stadtteil, wie bereits angedeutet, und zwar mit Verweis auf zu viele „Asoziale" und zu viele „Ausländer", wie sie formuliert.

Wie zu Beginn bereits skizziert, wird die subjektiv erlebte institutionelle bzw. professionelle Adressierung von Frau Holzer als wesentliche Orientierung innerhalb des Gesprächs mit ihr verstanden. So berichtet Frau Holzer davon, dass ihr Sohn mit einer Professionellen im Ganztag Probleme gehabt hätte. Sie hätte deswegen ein Jahr lang Diskussionen in der Schule geführt und habe zweimal die Woche in die Schule kommen müssen, weil die Situation so schwierig gewesen sei:

> „und dann (.) ließ sie [Frau Engel] das irgendwie keine Ruhe (.) sie hat wohl gedacht (.) ich bin irgendwie ja ich will jetzt nich asozial sagen aber weil da die Wohnung schlüdern lässt sich nich um die Kinder kümmert so hat sie glaub ich gedacht nä und da ist mir der Kragen geplatzt da hab ich gesagt so ich soll da irgend 'n Zettel noch unterschreiben für seine Sprachnachförderungshilfe da nä 'ja' ich sag 'dann kommen Sie doch einfach mit Frau Meis vorbei (.) gucken Sie sich das an dann können Sie immer noch 'n Urteil über mich bilden ja dann kamen die ja und da ham sie doof geguckt nä und seitdem lassen sie mich auch in Ruhe" (Frau Holzer, Z. 499 – 506 i.O.).

In dieser Sequenz führt Frau Holzer die erlebte Adressierung weiter aus und formuliert ihre Annahme mit Blick auf die Professionelle, von der sie als „asozial" wahrgenommen werde: Sie werde als Mutter angesprochen, die ihre Alltagsorganisation nicht in den Griff bekäme und den Bedürfnissen ihrer Kinder nur in unzureichender Weise gerecht werde bzw. diese sogar vernachlässige. Die angebotene Sprachnachförderung für ihren Sohn wehrt sie in diesem Zusammenhang daher auch vehement ab: Eine Inanspruchnahme des Förderangebots käme einem „Eingeständnis" nahezu gleich und würde ihre Hilfsbedürftigkeit bestätigen. Das Sprachförderungsangebot wird von ihr somit als Urteil über sie als Mutter begriffen und im Lichte der institutionellen Adressierung als Ausdruck einer angenommenen defizitären Familienerziehung und bedenklichen Familienkonstellation gedeutet. Mögliche Sprachschwierigkeiten des Sohnes werden damit, so ihre Deutung, fast ausschließlich ihr als Mutter individuell überantwortet. Um diese Zuschreibung abzuwehren, erscheint es in der Perspektive von Frau Holzer plausibel, das entsprechende Angebot der Ganztagsgrundschule abzulehnen.

Auch wenn dieses Unterstützungsangebot von ihr zurückgewiesen wird, fordert sie die Professionellen zugleich auf doch „gucken zu kommen", sie zuhause zu besuchen, um auf diesem Weg der Defizitadressierung und damit der Konstruktion als different zu begegnen. Die Offenlegung ihrer privaten Verhältnisse gegenüber den pädagogischen Fachkräften scheinen ihr die Chance, sich in ihrer beschädigten Identität als Mutter zu rehabilitieren und sich die soziale Anerkennung von deutungsmächtiger institutioneller Seite (wieder) einzuholen bzw. (neu) zu erkämpfen. An dieser Stelle kommt somit erneut die Frage des Kampfes um Anerkennung in den Blick, denn für Frau Holzer scheint es keine Handlungsoption, sich der sozialen Platzierung durch die Instanz Schule komplett zu entziehen. Die Anerkennung erfährt sowohl ihr Sohn, aber auch sie als Mutter letztlich nur über den, wenn man so will, „gemeinsamen" Bildungserfolg.

Allerdings unterwirft sich Frau Holzer dabei keineswegs der institutionellen Deutungsmacht von Schule, sondern markiert, gerade hinsichtlich der Zuschreibung von Verantwortung durch die Professionellen, ihre Position, indem sie nun auf deren Seite pädagogische Defizite diagnostiziert:

> „mit Manuel hab ich am Anfang auch voll die Probleme gehabt er hatte keinen Respekt vor den Lehrern (.) so was machen die rufen mich den ganzen Tag an 'ja wir schicken ihn jetzt nach Hause' (.) ich sach 'ja toll und was soll ich jetzt machen' (..) 'ja sollen Sie wie Sie ihn eben halt bestrafen wollen' so nä" (Interview Frau Holzer, Z. 95-98 i.O.)

Insgesamt lässt sich festhalten, dass Frau Holzer die Ganztagsgrundschule als negatives „Gegenstück" zur Familie konstruiert – und damit quasi umgekehrt zur vorherrschenden Bestimmung das Verhältnis von Familien und Schulen markiert. Diese Defizitzuschreibung in Richtung Schule dient ihr als soziale Abgrenzung. Ihre Deutung, dass der Konflikt ihres Sohnes offensichtlich nicht im schulischen Setting geregelt wird bzw. die dort verantwortlichen Professionellen ihrem Verständnis nach nicht dazu in der Lage sind, das Problem zu lösen, obwohl dieses offensichtlich dort seine Quelle hat, führt dazu, dass sie die telefonische Aufforderung der Schule, ihren Sohn nun zu bestrafen als unzulässige „Elternaufgabe" zurückweist. Probleme, die im institutionellen Setting entstehen, sollten ihrer Ansicht nach auch dort entsprechend von den Professionellen bearbeitet und gelöst werden.

"Aber ich mein wenn die nich richtig hart durchgreifen dann müssen sie sich auch nicht wundern dass die Kinder in der heutigen Zeit denen auf der Nase rumtanzen nä" (Frau Holzer, Z. 171-172 i.O.)

Demgegenüber scheinen sie die pädagogischen Fachkräfte als Vertreter/innen der Ganztagsgrundschule in dieser Situation dazu veranlassen zu wollen, erzieherisch tätig zu werden und ihren Sohn zu bestrafen. Die Verantwortung für den mangelnden Respekt von Manuel gegenüber den Professionellen sieht sie jedoch nicht auf ihrer Seite, sondern bei den Professionellen selbst. Es fehle den Professionellen eben an Disziplin und Konsequenz. Den pädagogischen Fachkräften spricht sie also die erforderlichen Fähigkeiten im Umgang mit ihrem Sohn ab. Damit kommt ihnen aus der Perspektive von Frau Holzer nicht die SprecherInnenposition zu, sich in „ihre Erziehungs-Angelegenheiten" einzumischen.

4. Abschließende Bemerkung

Im Kontext des Diskurses um Ganztägige Bildungssettings – und dies sollte hier deutlich geworden sein – kommt gerade den Eltern bzw. Müttern eine besondere öffentliche Aufmerksamkeit zu. Vor dem Hintergrund gesellschaftlicher Transformationsprozesse deuten sich Verschiebungen in den traditionellen Zuschreibungen von Verantwortlichkeiten und institutionellen Ordnungen an, denen, so die zumeist vertretene Annahme, im Rahmen des Ganztags begegnet werden könne.

Zur Verhandlung steht somit auf der Agenda „Ganztagsschule" die Frage nach dem Verhältnis von Familien und öffentlicher Erziehung sowie den differenten Zuständigkeiten, wie sich am empirischen Beispiel analysieren lässt.

Am vorliegenden Fallbeispiel wurde gezeigt, in welcher Weise sich die dem Auf- und Ausbau der Ganztagsschulen zugrunde gelegte Annahme eines Versagens der Erziehungsinstitution Familie in den alltäglichen Praktiken niederschlägt – eine Annahme, die nicht zuletzt der bildungspolitischen und fachlichen Legitimierung der Einführung von Ganztägigen Bildungssettings dient. Der Fall Frau Holzer kann somit exemplarisch erste Erkenntnisse mit Blick auf die defizitäre Adressierung von Eltern bzw. Müttern bringen und dadurch Hinweise liefern, in welchen Dilemmata sich die (sozial)pädagogischen Handlungsvollzüge in den Ganztätigen Bildungssettings aktuell befinden: Beispielsweise können derartige Defizitkonstruktionen als wirkmächtige Orientierungsmuster die potenzielle Inanspruchnahme von Angeboten immens erschweren. Zugleich kann der Fall Frau Holzer auch eine kritische Reflexionsfolie anbieten. Offenkundig wird, dass vor allem Ganztägige Bildungssettings durch ihren Anspruch, ihren Bildungsauftrag um die Perspektive von Müttern und Vätern zu erweitern und sich als Orte mit „familienunterstützender Wirkung" zu etablieren (Wissenschaftlicher Beirat für Familienfragen 2006: 10), eher als „Orte der Erziehung von Eltern bzw. Müttern" verstärkt konstruiert werden.

Literatur

Andresen, Sabine (2009): Strukturelle Gefährdungen der Familie im Blick der Forschung zu Beginn des 20. Jahrhunderts. In: Ecarius et al. (2009): 203-220

Beckmann, Christof/Otto, Hans-Uwe/Richter, Martina/Schrödter, Mark (Hrsg.) (2009): Neue Familialität als Herausforderung der Jugendhilfe. Sonderheft Nr. 9

Bier-Fleiter, Claudia (Hrsg.) (2001): Familie und öffentliche Erziehung. Aufgaben, Abhängigkeiten und gegenseitige Ansprüche. Opladen: Leske und Budrich

Böllert, Karin (2008): Bildung ist mehr als Schule – Zum kooperativen Bildungsauftrag von Familie, Schule, Kinder- und Jugendhilfe. In: Böllert (2008): 7-31

Böllert, Karin (Hrsg.) (2008): Von der Delegation zur Kooperation. Bildung in Familie, Schule, Kinder- und Jugendhilfe. Wiesbaden: VS

Buchinger, Kurt (2001): Zur Professionalisierung der Elternrolle. In: Bier-Fleiter (2001): 35-50

Bundesministerium für Familie, Senioren, Frauen und Jugend (BMFSFJ) (2005): Zwölfter Kinder- und Jugendbericht. Bericht über die Lebenssituation junger Menschen und die Leistungen der Kinder- und Jugendhilfe in Deutschland: Bildung, Betreuung und Erziehung vor und neben der Schule. Berlin

Chassé, Karl-August (2008): Wandel der Lebenslagen und Kinderschutz. Die Verdüsterung der unteren Lebenslagen. In: Widersprüche, 28. Jg., Heft 109: 71-83

Coelen, Thomas/Otto, Hans-Uwe (Hrsg.) (2008): Grundbegriffe Ganztagsbildung. Das Handbuch. Wiesbaden: VS

Ecarius, Jutta/Groppe, Carola/Malmede, Hans (Hrsg.) (2009): Familie und öffentliche Erziehung. Theoretische Konzeptionen, historische und aktuelle Analysen. Wiesbaden: VS

Fegter, Susann/Andresen, Sabine (2008): Entgrenzung. In: Coelen et al. (2008): 832-840

Fritzsche, Bettina/Rabenstein, Kerstin (2009): „Häusliches Elend" und „Familienersatz": Symbolische Konstruktionen in Legitimationsdiskursen von Ganztagsschulen in der Gegenwart. In: Ecarius et al. (2009): 183-200

Holtappels, Heinz-Günter/Klieme, Eckhard/Rauschenbach, Thomas/Stecher, Ludwig (Hrsg.) (2007): Ganztagsschule in Deutschland. Weinheim/München: Juventa

Kolbe, Fritz-Ulrich/Reh, Sabine/Fritzsche, Bettina/Idel, Till-Sebastian/Rabenstein, Kerstin (Hrsg.) (2009): Ganztagsschule als symbolische Konstruktion. Fallanalysen zu Legitimationsdiskursen in schultheoretischer Perspektive. Wiesbaden: VS

Lange, Andreas/Alt, Christian (2009): Die (un)heimliche Renaissance von Familie im 21. Jahrhundert. Familienrhetorik versus „doing family". In: Beckmann et al. (2009): 31-38

Lutz, Helma/Wenning, Norbert (Hrsg.) (2001): Unterschiedlich verschieden. Differenz in der Erziehungswissenschaft. Opladen: Leske und Budrich

Maurer, Susanne (2001): Das Soziale und die Differenz. Zur (De-)Thematisierung von Differenz in der Sozialpädagogik. In: Lutz/Wenning (2001): 125-142

Popp, Ulrike (2009): Das hegemoniale Familienleitbild zwischen anachronistisch-restaurativen Tendenzen und gegenwärtigen Familienrealitäten – Über Paradoxien in Medien und Alltagsdiskursen. In: Villa/ Thiessen (2009): 90-106

Richter, Martina/Beckmann, Christof/Otto, Hans-Uwe/Schrödter, Mark (2009): Neue Familialität als Herausforderung der Jugendhilfe. In: Beckmann et al. (2009): 1-14

Rosenbaum, Heidi/Timm, Elisabeth (2008): Private Netzwerke im Wohlfahrtsstaat. Familie, Verwandtschaft und soziale Sicherheit im Deutschland des 20. Jahrhunderts. Konstanz: UVK

Supik, Linda (2005): Dezentrierte Positionierung. Stuart Halls Konzept der Identitätspolitiken. Bielefeld: Transkript

Wenning, Norbert (2001): Differenz durch Normalisierung. In: Lutz et al. (2001): 275-295

Wissenschaftlicher Beirat für Familienfragen (2006): Ganztagsschule – eine Chance für Familien. Wiesbaden: VS

Villa, Paula/Thiessen, Barbara (Hrsg.) (2009): Mütter – Väter: Diskurse Medien Praxen. Münster: Westfälisches Dampfboot

Züchner, Ivo (2007): Ganztagsschule und Familie. In: Holtappels et al. (2007): 314-332

„Wir sind die Unterschicht" – Jugendkulturelle Differenzartikulationen aus intersektionaler Perspektive

Melanie Groß

Abstract

JugendforscherInnen verweisen immer wieder darauf, dass Diskurse über Jugend „Projektionsgeschichte(n)" (Baacke 2007: 228) sind. Solche Erzählungen über ‚die Jugend' homogenisieren eine Generation durch populäre Etiketten, die Jugend erst produziert. Bei den Bildern, mit denen Jugend repräsentiert wird, erlangen aktuell insbesondere solche Bilder an Wirkmächtigkeit, die Jugend als Problem erscheinen lassen und durch Differenzkategorien wie Geschlecht und Nationalität strukturiert sind. Durch die Konstruktion der Jugend als Problem werden zum einen gesamtgesellschaftliche Probleme stellvertretend als Jugendprobleme verhandelt und zum anderen strukturelle Verhältnisse, die Jugendlich-Sein heute zunehmend zum Problem werden lassen, tendenziell ausgeblendet. Für die Soziale Arbeit ist es notwendig, jugendliche Selbstkonstruktionen zu dechiffrieren und in Beziehung mit sozialen Strukturen und symbolischen Repräsentationsweisen zu setzen, um sozialpolitisch formulierten Kontrollaufträgen konkrete Unterstützungsbedarfe entgegen setzen zu können. Welchen Einfluss populäre Bilder über Jugendliche auf deren identitäre Selbstkonstruktionen haben können, kann mit der intersektionalen Mehrebenenanalyse (Winker/Degele 2009) zweier Beispiele gezeigt werden.

1. Einleitung

„Die Jugend gibt es nicht" (Scheuch 1975) – das ist keine Neuigkeit in sozialwissenschaftlichen Analysen über die Lebensphase Jugend, Jugendkulturen und Jugendszenen. Dennoch erlangen wissenschaftliche, journalistische und populärwissenschaftliche Repräsentationen von Jugendlichen Aufmerksamkeit, die das Bild einer homogenen Jugend zeichnen: Die „skeptische Jugend" (Schelsky 1960) oder die „pragmatische" Jugend (Shell Deutschland Holding 2006) u.ä. Komplexitätsreduktionen begleiten das Reden über die Jugend seit dem „Jahrhundert der Jugend" (Sander 2000). Dabei sind die Bilder von der Jugend in der Regel aus einer besorgten Perspektive gezeichnet – die nachwachsende Generation wird besonders beäugt, schließlich wird ihr die Aufgabe zugewiesen, die gesellschaftlichen Errungenschaften zu erhalten bzw. fortschrittlich zu transformieren.

Unter gegenwärtigen strukturellen Entwicklungen des Abbaus von Sozialleistungen bei gleichzeitigem Ansteigen von Armut, Erwerbslosigkeit sowie prekärer Beschäftigung und den damit einhergehenden erschwerten Zugängen zu gesellschaftlicher Teilhabe insbesondere für junge Menschen geraten jugendliche Artikulationsweisen zunehmend als Problem in den Blick. Sie werden – so scheint es – in dem Maße abgewertet, wie Jugendliche zunehmend von gesellschaftlicher Teilhabe ausgegrenzt werden. In diesem Beitrag werde ich im Sinne einer intersektionalen Mehrebenenanalyse nach Gabriele Winker und Nina Degele (2008, 2009) zeigen, welche Umgangsweisen mit diesen strukturellen Ungleichheitsverhältnissen und symbolischen Fremdrepräsentationen sich in jugendlichen Artikulationsweisen finden lassen. Mit Hilfe dieses Ansatzes gelingt es, jugendliches Handeln als eingebettet in soziale Strukturen und hegemoniale symbolische Repräsentationen zu verstehen: Strukturen und Repräsentationen bilden den Kontext subjektiver Selbstpositionierungen, die stets in Wechselwirkungen mit Differenzkategorien wie Geschlecht oder Körper stehen (Abschnitt 2). Daran anschließend schlage ich vor, jugendliche Selbstinszenierungen wie den Slogan „Wir sind die Unterschicht" (Name eines Berliner HipHop Labels) oder „Die Überflüssigen" (Politische AktivistInnengruppe) als kreativen und provokativen Umgang mit Fremdzuschreibungen und strukturellen Ausgrenzungstendenzen zu verstehen (Abschnitt 3). Im Fazit werde ich schließlich auf die Bedeutung solcher Formen der Selbstermächtigungen von Jugendlichen als Adressaten Sozialer Arbeit eingehen (Abschnitt 4).

2. Intersektionale Perspektiven auf Differenz: Soziale Strukturen, symbolische Repräsentationen und Identitätskonstruktionen

Aus Perspektive der Gender und Queer Studies ist der Ansatz der Intersektionalität gewinnbringend, um zu tragfähigen Aussagen über jugendliche Lebenswelten und Lebenslagen zu kommen. Intersektionalität kann als ein neues Paradigma der Gender und Queer Studies bezeichnet werden, das insbesondere aus der Kritik von Black Feminists und Feministischen Migrantinnen an feministischen Analysen von Ungleichheit entwickelt wurde (u.a. Gümen 1996). Mit dem auf Kimberlé Crenshaw (1994) zurückgehenden Begriff der *intersections* sind Überschneidungen und Wechselwirkungen zwischen Differenzkategorien gemeint, die sich einer rein additiven Verknüpfung entziehen. So wurde inzwischen mehrfach darauf verwiesen, dass Subjektpositionen, die sich im Schnittpunkt mehrerer Kategorien befinden, wie beispielsweise der Kategorie Frau und der Kategorie Ethnie/Nationalität, jeweils spezifischen gesellschaftlichen Markierungs- und Dominanzverhältnissen unterworfen sind, die nicht in einer einfachen Addition „Frau plus Deutsche" aufgehen (vgl. Schultz 1990; ausführlicher Groß 2008: 59ff.). Eine additive Vorgehensweise birgt zudem das Problem, dass eine Kategorie quasi als Metakategorie eingesetzt wird und eine weitere zu dieser lediglich hinzugefügt wird. Mit Intersektionalität wird hingegen versucht, die Unterschiede beispielsweise innerhalb der Gruppe der Mädchen oder Jungen stärker zu fokussieren. Dabei werden Verstärkungen, Relativierungen und Ausdifferenzierungen zwischen verschiedenen ungleichheitsgenerierenden Kategorien in den Blick genommen und damit Differenzkategorien in ihren Wechselwirkungen betrachtet (vgl. Lutz 2001; Klinger/Knapp 2008).

Die Perspektive der Intersektionalität wurde von Nina Degele und Gabriele Winker (Degele/Winker 2008; Winker/Degele 2009) in jüngster Zeit durch die Differenzierung von drei verschiedenen Ebenen, auf denen Differenzkategorien angesiedelt sind, maßgeblich erweitert:

1. Ebene der sozialen Strukturen,
2. Ebene der symbolischen Repräsentationen und
3. Ebene der Identitätskonstruktionen.

Mit diesem Ansatz der Intersektionalität als Mehrebenenanalyse liegen eine Theorie, Methodologie und Methode zur Analyse sozialer Ungleichheit vor, mit der der Zusammenhang unterschiedlicher Differenzkategorien und Ebenen sichtbar wird.

Diese Differenzierungsebenen stehen zwar in einem engen Wechselverhältnis, werden analytisch jedoch unterschieden. Der große Gewinn einer solchen theoretischen und methodologischen Herangehensweise liegt in der nun möglichen Verbindung und gleichsam analytischen Trennung zwischen sozio-kulturellen (Ebene der symbolischen Repräsentationen und Ebene der Identitätskonstruktionen) und sozio-ökonomischen (Ebene der sozialen Strukturen) Perspektiven auf gesellschaftliche Positionierungen. So kann die Zugehörigkeit zur Gruppe männlicher (Kategorie Geschlecht) Jugendlicher (Kategorie Alter) beispielsweise auf der Ebene der sozialen Strukturen eher die Zugehörigkeit zur dominanten gesellschaftlichen Positionierungen bedeuten, in der Kombination mit der Ebene der symbolischen Repräsentationen und einem Migrationshintergrund (Kategorie Ethnie/Nationalität) verschiebt sich die gesellschaftliche Position insgesamt jedoch entscheidend.

Unter Differenz verstehe ich vor diesem Hintergrund zweierlei: Differenz meint zum einen die Unterscheidung und Distinktion von Menschen und Gruppen durch Differenzkonstruktionen wie *Ich – die Anderen* und *Wir – die Anderen*, die bewusst vollzogen werden, um Zugehörigkeit und Andersheit herzustellen. Diese Differenzierung ist für die Selbstkonstruktion notwendig. Zum anderen meint Differenz die strukturell verankerte und messbare Unterscheidung zwischen Gruppen, die durch Kategorien wie Geschlecht, Klasse, Ethnie/Nationalität oder Körper markiert sind.

Im Folgenden wird entsprechend der intersektionalen Mehrebenenanalyse gezeigt, welche symbolischen Repräsentationen und sozialen Strukturen heute von Jugendlichen in ihrer Identität verarbeitet und bewältigt werden müssen. Dabei wird das hegemonial gewordene Bild von Jugend als Problem als dominante Repräsentationsweise fokussiert und der Zusammenhang sowohl mit den Ebenen der sozialen Strukturen und der Identitätskonstruktionen als auch mit Differenzkategorien herausgearbeitet.

2.1 Repräsentation: Jugend als Problem

Mit dem Begriff der „Jugendbilder" verweist Benno Hafeneger (1995) auf den Konstruktionscharakter der Jugend, welche stets mehr in Repräsentationen existiert als in realen Lebensweisen. Er hat vier dominante Jugendbilder benannt: Jugend als Hoffnungsträger, Jugend als Gefahr und Gefährdung, Jugend als Erziehungsobjekt und Jugend als Partner. In den letzten Jahren haben wir es zumindest massenmedial zunehmend mit dem bereits seit den 1970er Jahren immer wieder durchscheinenden Jugendbild der Gefahr und Gefährdung zu tun. So halten Hartmut Griese und Jürgen Mansel (2003: 24) fest: „Jugendforschung unterliegt periodisch bzw. zyklisch ablaufenden Konjunkturen, die überwiegend durch die jeweils öffentlich-politisch-medial inszenierten Debatten um Jugend („als Problem") bestimmt werden, denen sich die Jugendtheorie nicht entziehen kann. Die Beispiele für solche Inszenierungen sind vielfältig und werden hier nur skizzenhaft aufgegriffen. So schreibt etwa das Hamburger Abendblatt „Sie posieren mit Messern, doppelläufigen Flinten, Pistolen: Im Internet werfen die Jungs, manche wohl gerade zehn oder elf Jahre alt, sich in Posen, die sie für extrem stark und männlich halten. Es sind Jugendliche aus der Lenzsiedlung in Eimsbüttel" (Hamburger Abendblatt, 24.10.2007). So und ähnlich lauten zahlreiche Presseberichte, die aufmerksam machen wollen auf das Phänomen der Jugendgewalt – oder genauer: der Jungengewalt, die in sozial benachteiligten Stadtteilen zu eskalieren drohe.

Die Situation erscheint verheerend, wenn man der medialen Probleminszenierung Glauben schenkt: In Berlin-Neukölln patrouillieren nach dem Skandal um die Rütli-Schule im März 2006 und eines Angriffs auf einen Lehrer im Juni 2007 private Sicherheitsdienste auf dreizehn Schulhöfen. LehrerInnen und SchülerInnen sollen auf diese Weise nunmehr seit Dezember 2007 vor den gewaltbereiten Jugendlichen aus der Nachbarschaft geschützt werden. „Der Schritt ist unausweichlich" wird der Berliner Bezirksbürgermeister Heinz Buschkowsky (SPD) in diesem Zusammenhang zitiert: „Wir können den Eltern sonst den Schutz und die Sicherheit ihrer Kinder nicht mehr garantieren" (Quelle: RP online, 29.06.2007[1]). Dass es sich bei den gewalttätigen männlichen Jugendlichen zumeist um solche mit Migrationshin-

---

[1] http://www.rp-online.de/public/article/panorama/deutschland/453692/Wachdienste-sollen-Gewalt-an-Schulen-verhindern.html [Stand: 13. April 2009].

tergrund handeln solle, scheint in den Presseberichten unisono als Fakt. Aber nicht nur die Presse, sondern auch Filme komplettieren das Bild von der Jugend als Problem: Der preisgekrönte Kinofilm *Knallhart* (2006) von Detlev Buck beispielsweise greift mediale Skandalberichterstattungen auf und setzt sie in Szene: Der 15jährige Michael zieht mit seiner Mutter aus dem Berliner Stadtteil Zehlendorf nach Neukölln und wird dort zum Opfer „einer türkischen Gang" (OT des DVD Covers). Dieser Gewalt kann er entfliehen, indem er als Drogenkurier für den aus Afghanistan stammenden Hamal anheuert und dadurch den Schutz des Drogenkartells erhält. Der Film gilt als besonders realistisch – der rassistische Tenor wird in entsprechenden Rezensionen allerdings kaum in Frage gestellt.

Weitere populäre Diskurse rund um das Jugendbild „Jugend als Problem" sind derzeit auch die Themen „Koma-Saufen" und Jugendarbeitslosigkeit. Auch hier spielen vor allem die Differenzkategorien Geschlecht und Nationalität/Ethnie eine herausragende Rolle: Das medial gezeichnete Bild von der Jugend als Problem ist ein Jugendbild, das vor allem männlich konnotiert ist und zudem immer häufiger mit einer rassistischen Argumentationsweise gekoppelt wird. Es sind männliche Jugendliche mit Migrationshintergrund, die als besonders problematisch stilisiert werden. Vor dem Hintergrund solcher hegemonialen Bilder werden nun der Sozialen Arbeit sozialpolitische Aufträge zugewiesen. So wird – wie etwa im hessischen Wahlkampf 2007 – gefordert, dass Soziale Arbeit die Rolle übernehmen solle, als staatliches Frühwarn-, Kontroll- und Sanktionssystem die Gesellschaft vor dieser problematischen Jugend zu schützen. Die Forderung nach staatlichen Interventionen erschöpft sich insgesamt zunehmend in der Forderung nach ordnungspolitischen Maßnahmen, während sozialpädagogische Hilfeangebote in den Hintergrund geraten (Reutlinger 2005: 82). Die Debatte um eine „neue Unterschicht" und „gefährliche Klassen", die es sozialräumlich zu beobachten und sozialpädagogisch zu aktivieren gelte, lassen sich ebenfalls in dieses Bild der Jugend als Problem einordnen (vgl. dazu ausführlicher Kessl 2005).

Insbesondere auf die Verbindung des Bildes Jugend als Hoffnungsträger einerseits und Jugend als Problem andererseits hat bereits Jens Luedtke (2003) hingewiesen. Denn die „besondere Illegitimität" (ebd.), die Jugendgewalt zugeschrieben wird, speist sich seiner Analyse zufolge unter anderem aus der Projektion von Jugend als Zukunfts- und Hoffnungsträger sozialen Wandels. Die nachwachsende Generation erhält demnach eine besondere gesellschaftliche Aufmerksamkeit, weil ihr Handeln in direktem Zusammenhang mit dem Fortschritt und dem Bestand gesellschaftlicher Errungenschaften, Normen und Werten steht. Allerdings wird weniger die problematische Seite des sozialen Wandels und die damit verbundenen und Jugendliche betreffenden Ausgrenzungstendenzen in den Blick genommen. Die nachwachsende Generation wird unter der Perspektive der Hoffnungsträger also kritischer beäugt als andere Generationen – nicht normkonformes Handeln wird skandalisiert, auch wenn es sich nicht wirklich von dem Erwachsener unterscheidet. Jugendliches

Verhalten wird auch nicht als Bewältigungshandeln verstanden, das erstmal analysiert werden müsste, sondern vielmehr werden Jugendliche zum „Sicherheitsrisiko erklärt", womit „die Erwachsenengesellschaft berechtigte Ansprüche der Jugend an die Zukunft ab(wertet)" (Luedtke 2003: 162f.). Die Repräsentation von Jugend als das Andere der Gesellschaft erweist sich damit als eine Differenzkonstruktion der Erwachsenengesellschaft, die über die Abwertung jugendlicher Teilhabeansprüche funktioniert. Dabei wird ein Bild gezeichnet, das insbesondere männliche Jugendliche mit Migrationshintergrund, die in sozial benachteiligten Verhältnissen aufwachsen als Prototyp des Problems stilisiert. Dieses Bild funktioniert in mehrere Richtungen: Zum einen erhöht es den „Mithaltedruck" (Reutlinger 2003: 404) auf alle jungen Menschen, zum anderen ermöglicht es aber auch innerhalb der Gruppe der Jugendlichen Differenzen als Abwertungs- und Distinktionslinien zu fördern und zu stabilisieren, denn gefährlich sind immer „die Anderen". Insbesondere die Kategorie Nationalität/Ethnie ist hier besonders bedeutsam: Durch rassistische Zuschreibungen wird ein gesellschaftliches Deutungsmuster reproduziert, nach dem jugendliches Handeln, das als abweichend definiert wird, quasi ein externes Problem sei – eines das nichts mit der deutschen Gesellschaft zu tun habe, sondern vielmehr importiert werde.

2.2 Soziale Strukturen: Gefährdete statt gefährliche Jugend

Der Diskurs über Jugend als Problem überblendet die strukturelle Bedingungslage, dass Jugend weniger ein Problem ist, sondern vielmehr ein massives Problem hat: Jedes sechste Kind in Deutschland wächst laut Unicef-Bericht 2008 in Armut auf (vgl. Bertram 2008). Das heißt etwa 2,5 Millionen Kinder leben in Familien, die höchstens über ein Haushaltseinkommen von 60% des bundesweiten Durchschnitts verfügen. Die Nationale Armutskonferenz[2] sprach 2007 sogar von einer Dunkelziffer von insgesamt 3 Millionen in Armut lebenden Kindern.

Die Chance auf Teilhabe an gesellschaftlichen Prozessen wird in der Gegenwartsgesellschaft zunehmend brüchiger. Auch Berufsgruppen, in denen vormals die berufliche Position gesichert schien, werden inzwischen von Ausgrenzungsprozessen und Prekarisierung erreicht: „In Zeiten rapiden Wandels driften die gesellschaftlichen Teilbereiche auseinander, aus Karriereschritten können -sprünge oder -abstürze werden. Aus den Gräben schaut das Gespenst der Überflüssigkeit hervor" (Bude/Willisch 2008: 15). Prozesse der Degradierung auf dem Arbeitsmarkt können heute im Prinzip jeden treffen – gleichzeitig verschärft und verfestigt sich der Status marginalisierter Gruppen. Die Anzahl derer, die von sozialstaatlichen Umverteilungen abhängig sind, steigt ebenso wie die materielle und soziale Verarmung der Betroffenen (vgl. BMAS 2008). Dynamisch und flexibel verlaufende Prozesse des „Überflüssigwerdens" lassen sich schlecht mit relativ statischen Begriffen wie Ex-

---

[2] http://www.nationale-armutskonferenz.de [Stand: 13. April 2009]

klusion oder deren US-amerikanischer Variante *underclass* fassen, da solche Begriffe ein tatsächliches, absolutes Außen der Gesellschaft suggerieren (Kronauer 2001: 32ff). Entgegen einer solchen „Innen-Außen-Annahme" ist davon auszugehen, dass die als Außen markierten gesellschaftlichen Positionen konstitutiv für das durch sie markierte Innen sind. In dieser Weise argumentiert beispielsweise Robert Castel in seinen Analysen von Ausgrenzungsprozessen in Frankreich, für die symptomatisch die Armut in den Vorstädten, den Banlieus, steht: „Niemand, nicht einmal der ‚sozial Ausgegrenzte', existiert jedoch außerhalb der Gesellschaft. Die Entkollektivierung ist eine kollektive Situation" (Castel 2005: 66; Hervorh. i. O.). Eine immer größer werdende Anzahl von Menschen wird also in den Gegenwartsgesellschaften für „überflüssig" erklärt (Bauman 2005: 21) und von gesellschaftlicher Teilhabe materiell, sozial, rechtlich und kulturell ausgegrenzt. Dadurch erhöht sich der Druck auf diejenigen, die noch etwas zu verlieren haben.

Der gegenwärtige Anstieg der Erwerbslosigkeit und der Armutspopulationen stellt insofern eine „Gefährdung des Sozialen" (Kronauer 2002: 17) auf zwei Ebenen dar: Gesellschaftlich bedeuten sie den zunehmenden Verlust der Stabilisierung und Gewährleistung demokratischer Grundlagen. Subjektiv bedeuten sie den Verlust an gesellschaftlichen Standards von Konsummöglichkeiten, Sicherheitsgefühlen, Anerkennung und Bedeutsamkeit. Diese Erkenntnis ist für diejenigen Kinder und Jugendlichen, denen bereits der Zugang zu Erwerbsarbeit verweigert wird, dramatisch. Ihre Herkunft entscheidet maßgeblich über ihre Zukunftschancen. Das Bildungssystem scheint wenig in der Lage zu sein, den Mechanismus der sozialen Vererbung von Armut und Ausgrenzung auszuhebeln – das ist spätestens seit den PISA-Studien (u.a. Prenzel et al. 2004) bekannt. So räumt sogar das BMBF ein: „Der Zusammenhang zwischen sozialer Herkunft und Bildungserfolg ist in Deutschland dramatisch und höher als in jedem anderen vergleichbaren Land" (Presseerklärung BMBF 2005).[3] Das ökonomische, kulturelle und soziale Kapital der Eltern hat also maßgeblichen Einfluss auf die Chancen der Kinder. Ob die Eltern die Ressourcen ihrer Kinder fördern können und über genügend Mittel verfügen, um Bildungsangebote neben der Schule finanzieren zu können steht in engem Zusammenhang mit den Zukunftschancen der Kinder und Jugendlichen. Eine aktuelle Studie aus Mainz bestätigt zudem wieder einmal, dass Kinder mit den gleichen Schulnoten je nach sozialer Herkunft unterschiedliche Schulempfehlungen für die weiterführenden Schulen erhalten (Schulze et al. 2008: 6): „Kinder aus hohen Sozialschichten realisieren aber auch bei gleiche(m) Leistungsniveau (Deutsch- und Mathematiknote) höhere Bildungsempfehlungen und Bildungsübergänge als Kinder aus niedrigeren Schichten." Kinder von AkademikerInnen sind entsprechend selten auf der Hauptschule anzutreffen, wobei Kindern aus Familien mit Migrationshin-

---

[3] http://www.bmbf.de/press/1517.php [Stand: 13. April 2009]

tergrund bei gleichen schulischen Leistungen der Zugang zum Gymnasium häufiger verwehrt wird. Die Differenzkategorien Ethnie/Nationalität und Klasse bilden damit offensichtlich die zentralen Kategorien, die über den Zugang zu Bildung, Arbeitsmarkt und gesellschaftlicher Teilhabe entscheiden. Zunehmend wichtiger wird zudem die Differenzkategorie Körper, mit der Winker und Degele (2009: 37ff.) die drei klassischen sozialstrukturell relevanten Kategorien Geschlecht, Klasse und Race ergänzen. Leistungsfähigkeit, Sportlichkeit, Gesundheit und dem Schönheitsideal entsprechende Merkmale entscheiden zusätzlich über Chancen und können zugleich – wenn diese als in einem nicht-hinreichenden Maß vorhanden erklärt werden – zum Ausdruck des Überflüssig-Seins werden. Die Kategorie Geschlecht erscheint gleichsam unsichtbarer, ist aber nach wie vor hochgradig relevant, wenn es beispielsweise um jugendliches Berufswahlverhalten und die damit verbundenen Lohndifferenzen zwischen jungen Frauen und Männern geht, wenn es um Armutsrisiken Alleinerziehender geht oder generell um die Frage, inwieweit Elternschaft heute ökonomisch leistbar und zeitlich oder biographisch integrierbar ist und diese Fragen nach wie vor regelmäßig zu Ungunsten junger Frauen entschieden werden.

2.3 Identitätskonstruktionen: Differenz und Distinktion

Jugendliche stehen vor der Aufgabe, ihre soziale Positionierung mit den gesellschaftlichen Anforderungen wie auch drohenden Ausgrenzungen und Abwertungen in ihrer Identität zu verarbeiten. Das Sich-in-Differenz-Setzen, also die Differenzartikulation und Distinktion dienen als Mittel der Abgrenzung von Anderen und damit zur Schaffung und wiederholten Vergewisserung der eigenen Identitätskonstruktion. Diese Differenzartikulationen finden immer im Kontext und in Wechselwirkung mit strukturellen Verhältnissen und symbolischen Repräsentationen statt. Die Anforderungen darüber, was als normal oder anders gilt und welche ökonomischen Chancen oder Risiken jeweils vorhanden sind, müssen identitär verarbeitet werden. Gender und Queer Studies verweisen darauf, dass die eigene Selbstpositionierung als dynamisch und performativ zu denken ist. Das bedeutet, dass Identitäten als prinzipiell offen, nie abgeschlossen und damit als flexibel gedacht werden (Rose 2005). Mit dem von Judith Butler geprägten Begriff der Performativität von Geschlecht wird gezeigt, das Geschlecht eine substanzlose Wiederholung ist, die immer wieder zitiert, was als weiblich oder männlich gilt und damit zugleich die Bilder von Weiblichkeit und Männlichkeit mitproduziert (Butler 1991). Identitätskonstruktionen funktionieren dabei über das Verwerfen und Abgrenzen von anderen Subjektpositionen und können als differenzielle Verweisungen verstanden werden: In Bezug auf die Kategorie Geschlecht heißt das beispielsweise: Mädchen werden nur deshalb Mädchen, weil es Jungen gibt – ansonsten würde diese Selbstkategorisierung keinen Sinn ergeben. Die Spur des Anderen (des Jungen) ist dementsprechend auch ein Teil der eigenen Identität („Nicht-Junge-Sein") und muss immer wieder neu hergestellt werden. Identitätskonstruktionen sind somit stets

abhängig von den Kontexten, innerhalb derer sie sich artikulieren, weshalb differenzsensible Ansätze eine „Achtsamkeit gegenüber strukturellen Ungleichheiten, ungleichen Partizipationsmöglichkeiten sowie ungleichen Rechten und Ressourcen" (Plößer 2009)
Bedeutsam für Jugendliche sind v.a. Kontexte wie Cliquen, Peer-Groups und jugendkulturelle Szenen, mit denen sie sich sowohl von anderen Jugendlichen als auch von Erwachsenen abgrenzen. Durch Stilbildung und jugendkulturelle Sprache wird dabei identitäre Zugehörigkeit und gleichzeitig eine Abgrenzung von den Nicht-Zugehörigen geschaffen (vgl. u.a. Baacke 2007; Farin 2006). Erst die Selbststilisierung durch bestimmte Stilelemente schafft die Identität als SprayerIn, Antifa oder Skin. Bei diesen Artikulationen von Identität spielen Differenzkategorien wie Geschlecht, Körper, Ethnie und Klasse eine wichtige Rolle. Allerdings sind diese Kategorien längst nicht die einzigen, mit denen Jugendliche sich verorten. Winker und Degele (2009: 60ff.) verweisen darauf, dass die Abgrenzung vom Anderen auf der identitären Ebene der Reduktion von Unsicherheit und Schaffung von Sicherheit dient:

> „Dabei gehen wir von der Analyse aus, dass in der Spätmoderne und noch zugespitzter unter derzeitigen neoliberalen Vorzeichen fixe Zuordnungen an Stabilität verlieren und unterschiedlichste Brüche und Widersprüche zu beobachten sind. In dieser Situation versuchen Individuen, mit verstärkten Rückgriffen auf traditionelle und/oder neuartige Differenzierungslinien durch Abgrenzung von Anderen Unsicherheiten zu vermindern und eigene Sicherheiten zu erhöhen" (Winker/Degele 2009: 60).

Individuen schaffen dabei unendlich viele Abgrenzungslinien, um das eigene Selbst zu positionieren: Sie sind, weil sie anders sind als die Anderen. Mit diesen Konstruktionen wird nicht nur das eigene Selbst, sondern auch ein mögliches Wir und die Anderen konstruiert: Wenn Jugend als Problem verhandelt wird, heißt das auch, dass es ein besonderes Problem ist, das in der Erwachsenenwelt so nicht existiert. Gleichzeitig werden Jugendliche mit dieser Abwertung konfrontiert und müssen sich irgendwie zu dieser Art des Konstruiert-Werdens verhalten. Der Umgang mit und die Integration von tendenziell abwertenden Fremdkonstruktionen in die eigene Selbstkonstruktion kann als spezifisch jugendliche Bewältigungsaufgabe bezeichnet werden. Jugendliche stehen dabei vor einer zweifelhaften Wahl: Entweder sie betonen Binnendifferenzen: „Gefährlich sind die anderen – die Ausländer, die aus Stadtteil X, die von Schule Y, die aus der Sprayer-Szene usw.", oder sie nehmen die Stigmatisierungen an und integrieren sie in das eigene Selbst. Die Spuren der Fremdzuschreibung bleiben dabei – egal wie sie ein- und umgearbeitet werden – Teil der Selbstkonstruktion. Im folgenden Abschnitt werden solche Konstruktionen in den Blick genommen, die die Stigmatisierung annehmen und gleichzeitig kreativ umarbeiten. Beispielhaft gehe ich dabei auf die AktivistInnengruppe „*Die Überflüssigen*"[4] und das Chemnitzer Label „*Unterschichtrecordz*"[5] ein.

3. Selbstermächtigungen: *Die Überflüssigen* und *Unterschichtrecordz*

Die Gruppe *Die Überflüssigen* taucht seit einigen Jahren auf Demonstrationen auf und macht durch provokative Aktionen auf sich aufmerksam. Mit weißen Masken und roten Pullovern mit der Aufschrift „Die Überflüssigen" machen sie gesellschaftlich an den Rand gedrängte Positionen sichtbar. Auf einer Internetseite verweisen sie darauf, dass die vielfältigen Differenzen innerhalb der Gruppe derer, die gesellschaftlich überflüssig gemacht werden, als Mittel der Konkurrenz funktionalisiert werden.

> „Die Überflüssigen setzen sich, wie viele kämpfende AktivistInnen weltweit, weiße Masken auf. Sie greifen die Barbarei des Kapitalismus an, in der Menschen nicht als Menschen, sondern als gesichtsloser auszubeutender Rohstoff vorkommen und ihre Vielfalt für rassistische und sexistische Unterdrückung instrumentalisiert wird. Ihr Respekt und ihre Verbundenheit gelten den Sans Papiers, Piqueteros, streikenden Frauen in Weltmarktfabriken, Landlosen, Prekarisierten, Unsichtbaren." (Website Die Überflüssigen)[6]

Damit greifen sie das zentrale Problem der Schwierigkeit von Solidarität an den Rändern der Gesellschaft auf und verbünden sich unter dem Label der *Überflüssigen*. Die entsprechende Maskierung kann zum einen als Versuch der Kollektivierung verstanden werden und ist zum anderen eine Form der Aneignung gesellschaftlicher Ausgrenzungstendenzen. Die Annahme des Labels des Überflüssig-Seins greift genau diesen Mechanismus auf und wird dadurch sichtbar. Zudem eignen sich die AktivistInnen Figuren und Bedeutungshorizonte an, die in deutlichem Gegensatz zur Überflüssigkeit stehen und mit heroischen Positionen verbunden sind: Mediale Aufmerksamkeit erhielten sie besonders mit einer Aktion im Jahre 2006 in Hamburg, als eine Gruppe ein Delikatessengeschäft betrat und Waren im Wert von mehreren hundert Euro stahl und diese dann nach eigenen Angaben an „Praktikan-

---

[4] Vgl. http://die-ueberfluessigen.net [Stand: 13.April 2009]. Die AktivistInnen aus dem Umfeld der *Überflüssigen* sind durchaus heterogen und gehen nicht gänzlich in dem Begriff „Jugend" auf. Vor dem Hintergrund der Entstrukturierung der Jugendphase spreche ich hier dennoch von der sich artikulierenden nachwachsenden Generation auch wenn einige AktivistInnen zum Teil bereits um die 30 Jahre alt sind.
[5] Vgl. http://www.myspace.com/unterschichtrecordz [Stand: 13. April 2009]
[6] Vgl. http://die-ueberfluessigen.net/Home [Stand: 13. April 2009]

ten, Putzfrauen und Ein-Euro-Jobber" verteilte.[7] Für diesen Zweck verkleidete die Gruppe sich als „prekäre Superhelden"[8], die Reichtum umverteilen.

Ein weiteres Beispiel ist das HipHop-Label *Unterschichtrecordz*, das auch exemplarisch für eine jugendkulturelle Umarbeitung, Aneignung und Selbststilisierung gesellschaftlicher Stigmatisierungen gelesen werden kann. Ganz im Stile der Hip-Hop Kultur, deren Ursprung immer wieder an den Randpositionen der US-amerikanischen Gesellschaft gesucht wird, wird das Merkmal des Ausgegrenzt-Werdens hier zum Markenzeichen erhoben. Obwohl HipHop heute massenkompatibel geworden ist, funktioniert die Selbststilisierung als abweichend, als Gang, als Gangsta in keiner Jugendkultur so nachhaltig, wie in der des HipHops. Insofern ist es auch wenig verwunderlich, dass Bands und Labels Stigmatisierungen, wie den Begriff der „Unterschicht", aufnehmen und in die eigenen Stilisierungen einbinden.

Beide Beispiele zeigen, dass die Ebene der Identitätskonstruktion mit den Ebenen der symbolischen Repräsentation und der sozialen Struktur in einem Wechselverhältnis steht. Sich selbst als „überflüssig" oder als „die Unterschicht" zu verorten, bezieht strukturelle Verhältnisse des Ausgeschlossen-Seins in die Selbstkonstruktion mit ein und verweist zugleich auf genau diejenigen Fremdrepräsentationen, die weniger strukturelle Verhältnisse skandalisieren als Jugend zum Problem erklären. Gleichzeitig greifen die AkteurInnen in beiden Beispielen Differenzkonstruktionen auf und arbeiten diese um, sodass Stigmatisierungen ihrer diffamierenden Kraft beraubt werden und als Stigmatisierungen sichtbar werden. So werden die Überflüssigen zu Superhelden und die Unterschicht zu HipHop-Künstlern.

4. Fazit

Jugendkulturelle Umgangsweisen mit Fremdbildern können meines Erachtens als identitäre Prozesse der Bewältigung drohender oder bereits bestehender Ungleichheit sowie von Differenzkonstruktionen aus der Erwachsenengesellschaft verstanden werden. Es sind Formen der Widersetzung gegen stigmatisierende Zuschreibungen und strukturelle Verhältnisse, die künftig weiter erforscht werden müssen, um jugendliche Lebenswelten und Lebensstile besser verstehen zu können.[9] Dabei ist es erforderlich, gerade auch die Differenzkonstruktion der Erwachsenengesellschaft in die Analysen mit einzubeziehen, da diese vor dem Hintergrund der Aufga-

---

[7] Eine Studentin musste sich inzwischen vor Gericht wegen Diebstahls verantworten und wurde mit einer Geldstrafe bestraft. Laut dem Hamburger Abendblatt wurde der Fall international mit Aufmerksamkeit bedacht: Sogar in der japanischen Presse wurde von dem Diebstahl berichtet http://www.abendblatt.de/daten/2007/01/02/661880.html [Stand: 13. April 2009].
[8] Hintergrundinformationen und Fotos publizierte die Gruppe auf Idymedia http://de.indymedia.org/2006/04/145010.shtml [Stand: 13. April 2009]
[9] Weitere intersektional analysierte Beispiele von Widersetzungen in Groß/Winker 2009.

benzuschreibung an die Soziale Arbeit von besonderer Bedeutung sind. Den hegemonial gewordenen Bildern über Jugendliche als AdressatInnen, die Probleme machen und ordnungspolitisch kontrolliert werden sollen, müssen Analysen von jugendlichen Praktiken entgegengesetzt werden. Damit kann jugendliches Handeln als Bewältigungs- und Widersetzungshandeln verstanden und ordnungspolitischen Aufträgen sozialpädagogische und politische Unterstützungsnotwendigkeiten entgegen gesetzt werden.

Die enge Verknüpfung der Ebenen der Identitätskonstruktion mit der Ebene der strukturellen Verhältnisse gilt in Theorien Sozialer Arbeit schon lange als zentrale Grundlage, die sich im Begriff der Lebensweltorientierung (vgl. Thiersch 2000) als Paradigma Sozialer Arbeit und insbesondere der Jugendhilfe niedergeschlagen hat. Auch Fabian Kessl und Hans-Uwe Otto (2010: 1079) verweisen auf das Ineinandergreifen verschiedener Ebenen, wenn sie den Gegenstand Sozialer Arbeit als „organisierte Prozesse einer aktiven Unterstützung von Subjektivierungsweisen, die als sozial problematisch markiert werden" beschreiben. Mit einer intersektionalen Herangehensweise gelingt eine systematische Verknüpfung der Ebenen und deren Verbindung mit Sinn- und Bedeutungskonstruktionen, die durch Differenzkategorien und Differenzkonstruktionen gekennzeichnet sind. Für das Verständnis von jugendlichen Artikulationsweisen, Stilbildungen und Ermächtigungen müssen diese im Kontext konkreter gesellschaftlicher Verhältnisse analysiert werden. Gerade die Selbstkonstruktionen, mit denen Selbstermächtigungen verbunden sind, müssen als Prozesse anerkannt werden, mit denen Individuen eine Position in der Gesellschaft suchen und zugleich die gesellschaftlichen Verhältnisse kritisch verarbeiten.

Literatur

Albrecht, Günter/Grönemeyer, Axel (Hrsg.) (2009/i.E.): Handbuch Soziale Probleme. Wiesbaden: VS (2. Aufl.)

Althoff, Martina/Cremer-Schäfer, Helga/Löschper, Gabriele/Reinke, Herbert/Smaus, Gerlinda (Hrsg.) (1999): Integration und Ausschließung. Kriminalpolitik und Kriminalität in Zeiten gesellschaftlicher Transformationen. Baden-Baden: Nomos

Aulenbacher, Brigitte/Riegraf, Birgit (Hrsg.) (2009): Erkenntnis und Methode. Geschlechterforschung in Zeiten des Umbruchs. Wiesbaden: VS

Baacke, Dieter (2007): Jugend und Jugendkulturen. Darstellung und Deutung. Weinheim/München: Juventa (5.Aufl.)

Bauman, Zygmunt (2005): Verworfenes Leben. Die Ausgegrenzten der Moderne. Bonn: Bundeszentrale für politische Bildung

Berger, Peter A./Vester, Michael (Hrsg.) (1998): Alte Ungleichheiten – Neue Spaltungen. Opladen: Leske und Budrich

Bertram, Hans (Hrsg.) (2008): Mittelmaß für Kinder. Der Unicef-Bericht zur Lage der Kinder in Deutschland. München: Beck

Bude, Heinz/Willisch, Andreas (2008): Die Debatte über die „Überflüssigen". In: Bude/Willisch (2008): 9-30
Bude, Heinz/Willisch, Andreas (Hrsg.) (2008): Exklusion. Die Debatte über die „Überflüssigen". Frankfurt a.M.: Suhrkamp
BMAS (Bundesministerium für Arbeit und Soziales) (2008) (Hrsg.): Lebenslagen in Deutschland. Der 3. Armuts- und Reichtumsbericht der Bundesregierung. Berlin: Bundesanzeiger, http://www.bmas.de/coremedia/generator/26742/property=pdf/ dritter_ armuts_und_reichtumsbericht.pdf [Stand: 10. April 2009]
Castel, Robert (2005): Die Stärkung des Sozialen. Leben im neuen Wohlfahrtsstaat. Hamburg: Hamburger Edition
Crenshaw, Kimberlé (1994): Mapping the Margins: Intersectionality, Identity Politics, and Violence Against Women of Color. In: Fineman/Mykitiuk (1994): 93-118
Deinet, Ulrich (Hrsg.) (2005): Sozialräumliche Jugendarbeit. Grundlagen, Methoden und Praxiskonzepte. Wiesbaden: VS (2. Aufl.)
Deinet, Ulrich/Sturzenhecker, Benedikt (Hrsg.) (2005): Handbuch Offene Kinder- und Jugendarbeit. Wiesbaden: VS (3. Aufl.)
Degele, Nina/Winker, Gabriele (2008): Praxeologisch differenzieren. In: Klinger/Knapp (2008): 194-209
Farin, Klaus (2006): Jugendkulturen in Deutschland 1990-2005. Bonn: Bundeszentrale für politische Bildung
Fineman, Martha/Mykitiuk, Rixanne (eds.) (1994): The Public Nature of Private Violence. New York: Routledge
Griese, Hartmut M./Mansel, Jürgen (2003): Jugendtheoretische Diskurse. In: Mansel et al. (2003): 41-48
Groß, Melanie (2007): riot grrrls und ladyfeste – Angriffe auf die heterosexuelle Matrix. In: Rohmann (2007): 71-81
Groß, Melanie (2008): Geschlecht und Widerstand. Post.. | queer.. | linksradikal.. Königstein/Ts: Ulrike Helmer
Groß, Melanie/Winker, Gabriele (2009): Queer-|Feministische Praxen in Bewegung. In: Aulenbacher/Riegraf (2009): 49-62
Hafeneger, Benno (1995): Jugendbilder. Zwischen Hoffnung, Kontrolle, Erziehung und Dialog. Opladen: Leske und Budrich
Hentig, Hartmut v./Lübbe, Hermann/Scheuch, Erwin K./Mühlmann, Wilhelm E./Rassem, Mohammed/Hofstätter, Peter R./Scherf, Walter/Golowin, Sergius (1975): Jugend in der Gesellschaft. Ein Symposium. München: dtv
Kessl, Fabian (2005): Das wahre Elend? Zur Rede von der „neuen Unterschicht". In: Widersprüche. Zeitschrift für sozialistische Politik im Bildungs-, Gesundheits- und Sozialbereich, 25. Jg., Heft 98: 29-42
Kessl, Fabian/Otto, Hans-Uwe (2010): Soziale Arbeit. In: Albrecht/Grönemeyer (2010: 1079-1106)
Klinger, Cornelia/Knapp, Gudrun-Axeli (Hrsg.) (2008): ÜberKreuzungen. Fremdheit, Ungleichheit, Differenz. Münster: Westfälisches Dampfboot
Kronauer, Martin (2001): Die Innen-Außen Spaltung der Gesellschaft. Zu den Begriffen „Exklusion" und „Underclass". In: Althoff et al. (2001): 29-41
Kronauer, Martin (2002): Exklusion. Die Gefährdung des Sozialen im hoch entwickelten Kapitalismus. Frankfurt a.M.: Campus

Luedtke, Jens (2003): Zur „besonderen" Illegitimität von Jugendgewalt. In: Mansel et al. (2003): 157-173
Lutz, Helma (2001): Differenz als Rechenaufgabe: über die Relevanz der Kategorien Race, Class und Gender. In: Lutz/Wenning (2001): 215-230
Lutz, Helma/Wenning, Norbert (Hrsg.) (2001): Unterschiedlich verschieden. Differenz in der Erziehungswissenschaft. Opladen: Leske und Budrich
Mansel, Jürgen/Griese, Hartmut M./Scherr, Albert (Hrsg.) (2003): Theoriedefizite in der Jugendforschung. Standortbestimmungen und Perspektiven. Weinheim/München: Juventa
Müller, Siegfried/Sünker, Heinz/Olk, Thomas/Böllert, Karin (Hrsg.) (2000): Soziale Arbeit. Gesellschaftliche Bedingungen und professionelle Perspektiven. Neuwied: Luchterhand
Plößer, Melanie (2009): Feministische Pädagogik in 3D – Feministische Umgangsweisen mit der Geschlechterdifferenz, http://www.feministisches-institut.de/paedagogik1.html [Stand: 28. Juni 2009]
Prenzel, Manfred/Baumert, Jürgen/Blum, Werner/Lehmann, Rainer/Leutner, Detlev/Neubrand, Michael/Pekrun, Reinhard/Rolff, Hans-Günter/Rost, Jürgen/Schiefele, Ulrich (Hrsg.) (2004): PISA 2003: Der Bildungsstand der Jugendlichen in Deutschland – Ergebnisse des zweiten internationalen Vergleiches. Münster: Waxmann
Reutlinger, Christian (2003): Jugend, Stadt und Raum. Sozialgeographische Grundlagen einer Sozialpädagogik des Jugendalters. Opladen: Leske und Budrich
Reutlinger, Christian (2005): Sozialraumorientierung in der Kinder- und Jugendhilfe – sozialgeographische Konkretisierungen. In: Deinet (2005): 75-92
Rohmann, Gabriele (Hrsg.) (2007): Krasse Töchter. Mädchen in Jugendkulturen. Berlin: Archiv der Jugendkulturen
Rose, Lotte (2005): Geschlechtsidentität entwickeln. In: Deinet/Sturzenhecker (2005): 151-157
Schultz, Dagmar (1990): Unterschiede zwischen Frauen – ein kritischer Blick auf den Umgang mit „den Anderen" in der feministischen Forschung weißer Frauen. In: beiträge zur feministischen theorie und praxis: Geteilter Feminismus: Rassismus – Antisemitismus – Fremdenhaß, Heft 27: 45-58
Schulze, Alexander/Unger, Rainer/Hradil, Stefan (2008): Bildungschancen und Lernbedingungen an Wiesbadener Grundschulen am Übergang zur Sekundarstufe I. Projekt- und Ergebnisbericht zur Vollerhebung der GrundschülerInnen der 4. Klasse im Schuljahr 2006/07. Herausgegeben von: Projektgruppe Sozialbericht zur Bildungsbeteiligung, Amt für Soziale Arbeit, Abteilung Grundsatz und Planung, Landeshauptstadt Wiesbaden
Sander, Uwe (2000): 100 Jahre Jugend in Deutschland. In: Aus Politik und Zeitgeschichte, B 19-20/2000, http://www.bpb.de/publikationen/U0O261,0,100_Jahre_Jugend_in_Deutschland.html [Stand: 28.06.09]
Schelsky, Helmut (1960): Die skeptische Generation. Eine Soziologie der deutschen Jugend. Düsseldorf/Köln: Eugen Diederichs (4. Aufl.)
Scheuch, Erwin K. (1975): Die Jugend gibt es nicht. Zur Differenziertheit der Jugend in heutigen Industriegesellschaften. In: Hentig et al. (1975): 54-78
Shell Deutschland Holding (Hrsg.) (2006): Jugend 2006. Eine pragmatische Generation unter Druck. Frankfurt a.M.: Fischer Taschenbuch

Thiersch, Hans (2000): Lebensweltorientierung in der Sozialen Arbeit – ein radikalisiertes Programm. In: Müller et al. (2000): 529-545

Winker, Gabriele/Degele, Nina (2009): Intersektionalität. Zur Analyse sozialer Ungleichheit. Bielefeld: Transcript

Differenz und Erfahrung.
Zum Integrationsprozess jüdischer Einwanderer aus der ehemaligen Sowjetunion in Jüdischen Gemeinden in Deutschland

Doron Kiesel

Abstract

Die Migration russischsprachiger Juden nach Deutschland seit Beginn der 1990er Jahre hat zu großen Veränderungen in der hiesigen jüdischen Gemeinschaft geführt, die sich auch und gerade in den jüdischen Gemeinden niederschlagen. Im zweiten Jahrzehnt der Einwanderung ist die anfängliche Euphorie einer wechselseitigen Ernüchterung gewichen. Während mancherorts Distanz und Resignation zwischen „Alteingesessenen" und „neu Zugewanderten" überwiegen, lassen sich bisweilen auch neue Formen des Miteinanders beobachten.

Der folgende Beitrag nimmt Bezug auf die Ergebnisse eines Forschungsprojekts, in dem neben der Beschreibung des Wandels der Jüdischen Gemeinden der Frage nachgegangen wird, welche Folgen die Integration der jüdischen Zuwanderer für das Selbstverständnis der Jüdischen Gemeinschaft in Deutschland hat. Dabei werden Aufgaben und Herausforderungen an die interkulturelle Soziale Arbeit und die interkulturelle Pädagogik im Prozess der Eingliederung der jüdischen Zuwanderer in die Jüdischen Gemeinden und die deutsche Gesellschaft beleuchtet.

1. Die Bundesrepublik Deutschland – eine Einwanderungsgesellschaft

Die Bundesrepublik Deutschland gehört seit Ende des Zweiten Weltkriegs zu den Industriestaaten, die die höchsten Einwanderungsquoten aufweisen. Für den größten Teil der Einwanderer hat sich der zunächst auf eine absehbare Zeit befristete Aufenthalt zu einem Aufenthalt mit unbestimmter Dauer verwandelt. Anders jedoch als in klassischen Einwanderungsländern treffen die Migranten und ihre nachfolgenden Generationen auf restriktive rechtliche und politische Bedingungen, die ihrer gesellschaftlichen Eingliederung im Wege stehen oder sie zumindest erschweren. Obwohl sich die demografische Zusammensetzung der Gesellschaft verändert, die Fiktion des ethnisch homogenen Kollektivs also unwiderruflich durch eine multikulturelle Realität verdrängt wird, nehmen die Öffentlichkeit und die politischen Institutionen diesen Prozess nur zögernd zur Kenntnis.

Die damit verbundene institutionelle Diskriminierung und die gesellschaftliche Missachtung von Migranten hat Konsequenzen hinsichtlich der Bereitschaft vieler von ihnen, den eingeschlagenen Weg einer individuellen Modernisierung fortzusetzen, einen Weg, der oftmals nicht erst mit ihrer Emigration, die in den meisten Fällen dem Wunsch nach sozialem Aufstieg geschuldet war, sondern bereits in den Herkunftsgesellschaften seinen Anfang nahm.

In Zeiten ökonomischer Prosperität, wie sie in den 1960er Jahren für den bundesdeutschen Kontext ihren Höhepunkt erfuhren, konnten einheimische Bevölkerung und Zuwanderer in der wirtschaftlichen und sozialstaatlichen Integration ein gemeinsames Interesse finden. Während die Ökonomie des Marktes entsprechende Integrationsprozesse förderte, erwiesen sich die ethnischen Definitionsmerkmale allerdings als hinderlich für die staatsbürgerliche Inklusion der Migranten. Dennoch stellten die ethnischen Konflikte bis Ende der achtziger Jahre keine gravierende Beeinträchtigung des sozialen Friedens dar.

Die ethnische Reinterpretation (vgl. Bukow 1988; Hamburger 1994) der Gesellschaft führte jedoch in den vergangenen Jahren dazu, dass Ethnizität zur Regelung sozialer Prozesse und zur Sicherung eigener Interessen und Ressourcen seitens der Mehrheitsgesellschaft eingesetzt wird. Als Reaktion auf Ausgrenzung, verweigerte Partizipation und ethnisierende Zuschreibungen greifen Migranten ihrerseits immer häufiger auf traditionale Sozialformen und kulturelle Muster zurück, die sie im Verlauf ihres biographischen Prozesses möglicherweise längst abgelegt hatten (vgl. Eppenstein 2003; Kiesel 1996).

Vor dem Hintergrund dieser Entwicklung stellt sich die Frage nach dem weiteren Verlauf des Modernisierungsprozesses (vgl. Esser 1997), von dem angenommen wurde, dass sein Fortschreiten – und die damit zunehmenden funktionalen Ausdifferenzierungen der Gesellschaft und die Prozesse der Individualisierung – die Bindungen des Einzelnen an ethnische Gemeinschaften lockern oder lösen würde, so dass ethnisch-kulturelle Differenzierungen an Bedeutung verlieren würden.

Die Frage lautet nicht länger, ob die Bundesrepublik eine multikulturelle Gesellschaft sein will, sondern ob sich ein liberales und demokratisches Verständnis von Nation durchsetzt, dass Einwanderer und Angehörige der Mehrheitsgesellschaft mit einklagbaren Rechten ausstattet. Mit einem solchen Schritt in die Richtung der Realisierung einer Bürgergesellschaft wären die notwendigen Bedingungen geschaffen, um die Autonomie der Individuen zu stärken, sie zu solidarischem Verhalten anzuhalten und ihnen auf der Grundlage prozeduraler Absprachen den gleichberechtigten Zugang zur Öffentlichkeit zu ermöglichen (vgl. Eppenstein/Kiesel 2008; Scherr 1999; Treichler/Cyrus 2004)

Ein zentraler Vorbehalt, der der Einwanderung gegenüber vorgebracht wird, ist die vorgeblich mangelnde Anpassungsfähigkeit der Migranten an die deutsche Gesellschaft. Ihre kulturelle Fremdheit gilt als kaum überwindbares Hindernis für eine reibungslose Eingliederung und legitimiert juristische Vorkehrungen, die den

Aufenthalt von Ausländern in der Bundesrepublik regeln und zeitlich möglichst begrenzen sollen. Als herausragendes und unbezweifelbares Problem auf dem Weg zu einer multikulturellen Gesellschaft werden die Modernitätsdefizite betrachtet, die die Zuwanderer aufweisen. Diese Defizite ergeben sich aus dieser Sicht unabhängig von der Individualität der Migranten und ihrer Biografie aus deren ethnischkulturellem Hintergrund, der ihre Einstellungen, Religiosität, Lebensformen und Handlungsweisen auch dann präge, wenn sie seit Jahren in der Bundesrepublik leben.

2. Integrationsmuster jüdischer Zuwanderer aus der ehemaligen Sowjetunion im Prozess der Eingliederung in die Jüdischen Gemeinden in Deutschland

Innerhalb des migrationstheoretischen Diskurses ist der Verlauf der Integration der in dem folgenden Beitrag vorgestellten Community weniger bekannt, da er sowohl quantitativ kaum zu Buche schlägt als auch hinsichtlich der bekannten Reibungsverluste zwischen Aufnahmegesellschaft und Zuwanderern nahezu unbemerkt abläuft. Die Konfliktmuster zwischen Zuwanderern und Einheimischen finden ihren Ausdruck – und zwar in all ihren Spielarten – jedoch genau dort, wo dies am wenigsten vermutet wurde: innerhalb der ethnischen-religiösen Gemeinschaft, also im Fall der jüdischen Einwanderer aus der ehemaligen Sowjetunion *innerhalb* der Jüdischen Gemeinden.

Das interdisziplinär zwischen Migrationssoziologie und jüdischer Zeitgeschichte angesiedelte Forschungsprojekt untersuchte die jüdische Migration aus der ehemaligen Sowjetunion zwischen den Jahren 1990-2009, deren individuelle und gesellschaftliche Auswirkungen für die Immigranten und für die aufnehmenden Jüdischen Gemeinden in der Bundesrepublik Deutschland. Damit wurden erstmals die spezifischen Strukturen und Konflikte der Integration jüdischer Immigranten in die jüdische Gemeinschaft der Bundesrepublik Deutschland in konzeptioneller Weise sowohl aus Sicht der Gemeinden, als auch aus der Perspektive der Zuwanderer vergleichend erfasst. Die forschungsstrategischen Überlegungen dieses Projekts lagen in dem erweiterten, präzisen Wissen um die Bedürfnisse und Erwartungen von Gemeinden und Zuwanderern.

Die Intention des Projekts war es, den Jüdischen Gemeinden in Deutschland grundlegende Informationen und Handlungsanleitungen für die Bewältigung der vielfältigen Integrationsprobleme an die Hand zu geben, so dass diese Integrationsstrategien und Muster entwickeln können, die die Partizipation der Immigranten ermöglichen. Im Unterschied zu den in Deutschland bisher bekannten und ausführlich beschriebenen Migrantengemeinschaften sind die jüdischen Zuwanderer aus der ehemaligen Sowjetunion schon bei ihrer Ankunft in der Regel beruflich qualifiziert und verfügen über ein hohes Orientierungswissen im Umgang mit den Anforderungen von Industriegesellschaften. Während die Auswanderer die Ansiedelung in der Bundesrepublik vor allem mit der Hoffnung der existenziellen Sicherung – sowohl im Hinblick auf die gesellschaftliche Anerkennung als auch in wirtschaftlicher Hinsicht – verbinden, stellen diese für die bestehenden, demografisch instabilen Gemeinden in ganz existenzieller Weise einen unverzichtbaren Zukunftsfaktor dar.

Die besondere Problematik ihrer zwar in hohem Masse säkularen und modernisierten Identität, die jedoch religiös-kulturell wenig ausgeprägt ist, erschwert die Anschlussfähigkeit im Hinblick auf die von der jüdischen Gemeinschaft in Deutschland entwickelten Identitätsmuster und die daraus resultierenden Erwartungen an jüdische Zuwanderer. Die Gemeinden begrüßen und unterstützen die Zuwanderung, da diese zu ihrer Stabilisierung beiträgt. Zusätzlich bedeutet der Zuwachs an Mitgliedern sowohl innerdeutsch als auch im internationalen Rahmen eine Legitimation jüdischen Lebens in Deutschland. Ihr Interesse bleibt dabei jedoch nicht auf die quantitative Erweiterung begrenzt. Vielmehr sollte die Zuwanderung auch in religiösem und kulturellem Sinn eine deutliche Stärkung der Gemeinschaft nach sich ziehen.

Das Forschungsprojekt dient dazu, die unterschiedlichen Erwartungen und Perspektiven beider Gruppen zu klären und herauszuarbeiten. Auf dieser Basis sollen Wege aufgezeigt werden, wie im Rahmen von Eingliederungsprojekten Reibungsverluste vermindert und Identifikationsangebote bestehender jüdischer Einrichtungen und ihrer Deutungen jüdischer Existenz und Geschichte jenseits existierender Deutungsmonopole gemeinsam überdacht und möglicherweise neu formuliert werden können.[1]

Zu diesem Zweck wurde eine begrenzte Anzahl von Jüdischen Gemeinden ausgewählt, in denen mit qualitativen Methoden der empirischen Sozialforschung verschiedene Verlaufsformen des Integrationsprozesses erhoben wurden. Ziel der Untersuchung war es, auf der Grundlage der Forschungsergebnisse Handlungsanleitungen für die Bewältigung der vielfältigen Problemlagen zu entwickeln, die sich seit Beginn der 1990er Jahre mit der Eingliederung der russischsprachigen Juden in die hiesigen jüdischen Gemeinden verbinden. Im Unterschied zu repräsentativen Untersuchungen (vgl. Schoeps et. al. 1996, 1999, 2006) über die Immigration der russischsprachigen Juden galt es im vorliegenden Projekt, eine vertiefende, problembezogene Analyse zu erstellen, die erstmals sowohl die Perspektive der alteingesessenen sowie der neu zugewanderten Gemeindemitglieder auf den Integrationsprozess zu erfassen suchte. Eine solche Analyse muss sich einerseits an den konkreten Ge-

---

[1] Der hier vorgestellte und diskutierte Integrationsprozess basiert auf der Studie *Im gelobten Land? Zur Integration russischsprachiger Juden in die jüdischen Gemeinden Deutschlands*, die von der Fachhochschule Erfurt und der Universität Erfurt in den Jahren 2005 – 2009 durchgeführt wurde. Die Autoren der Studie sind Prof. Dr. Andreas Gotzmann, Dr. Karen Körber und Prof. Dr. Doron Kiesel. Finanziell gefördert wurde das Projekt vom Zentralrat der Juden in Deutschland.

gebenheiten innerhalb der Jüdischen Gemeinden Deutschlands orientieren und darin andererseits die Vielfalt und Heterogenität dieser Gemeinden im Umgang mit den Anforderungen der Integration aufzeigen. Empirisch bedeutete dies, ein Sample mit ausgewählten Gemeinden zu bilden, die exemplarisch der heterogenen Gemeindelandschaft entsprechen sollten, um mit einer Kombination verschiedener Methoden der qualitativen Sozialforschung eine fallvergleichende bzw. fallkontrastive Untersuchung vorzunehmen.

Betrachtet man nun die Einwanderung der russischsprachigen Juden nach Deutschland, so hat diese zu einem grundlegenden Wandel der hiesigen jüdischen Gemeinschaft geführt, dessen offensichtlichstes Merkmal die demografische Entwicklung darstellt. Seitdem die Innenministerkonferenz der Länder 1991 den Zuzug von „jüdischen Kontingentflüchtlingen" in einem gesonderten Aufnahmeverfahren geregelt hat, sind etwa 220.000 Juden einschließlich ihrer nicht-jüdischen Familienangehörigen aus der Sowjetunion und den Nachfolgestaaten der GUS eingewandert. Sie haben dazu beigetragen, dass die jüdische Minderheit in Deutschland – obgleich immer noch verschwindend klein im Vergleich zu anderen hier lebenden Migrantengruppen – nach Frankreich die am stärksten wachsende jüdische Gemeinschaft in Europa darstellt. Lag die Mitgliederzahl der Jüdischen Gemeinden bis Ende der 1980er Jahre in Westdeutschland konstant bei rund 30.000 Personen und in den acht verbliebenen Gemeinden der DDR nur noch bei etwa 380 (vgl. Burgauer 1993: 145), so haben sich diese Zahlen mittlerweile verdreifacht. Rund 110.000 Mitglieder zählen die Jüdischen Gemeinden im bundesdeutschen Kontext heute; ca. 90 % davon sind russischsprachige Juden (Quelle: Zahlen der ZWST).

Die Immigration aus der ehemaligen Sowjetunion hat jedoch nicht nur für demografischen Zuwachs gesorgt und damit die Zusammensetzung innerhalb der Jüdischen Gemeinden grundlegend verändert. Sie hat auch einen Wandel in der Topografie der Gemeinden in Deutschland herbeigeführt. Dieser Wandel hängt nicht unwesentlich mit den immigrationspolitischen Vorgaben zusammen, die die Einwanderung der „jüdischen Kontingentflüchtlinge" betreffen (Körber 1998). Die gegenwärtige räumliche Verteilung Jüdischer Gemeinden in Deutschland ist in erster Linie ein Ergebnis der staatlichen Verteilungspraxis jüdischer Immigranten. Sie erfolgt über das Bundesverwaltungsamt in Köln, das in Absprache mit den Bundesländern die Verteilung nach dem Asylverteilungsschlüssel, das heißt nach der Einwohnerdichte der jeweiligen Bundesländer, vornimmt. Dies hat zur Folge, dass sich erstmals nach der Vernichtungspolitik des Nationalsozialismus und dem Wiederaufbau der jüdischen Gemeinden in Deutschland nach 1945 jüdisches Leben nicht länger vor allem auf Großstädte beschränkt. Vielmehr haben sich zahlreiche neue Gemeinden gegründet bzw. wurden zerstörte Gemeinden in kleineren Städten und ländlichen Regionen wieder etabliert. Zudem hat sich im vergangenen Jahrzehnt die Zahl der Mitglieder in ehemals kleinen Gemeinden häufig um das bis zu Zehnfache vergrößert.

Neben dem demografischen Faktor kommt der besonderen sozialen Zusammensetzung der Immigrantengruppe sowie ihren kulturellen Orientierungen und Identitätsmustern eine zentrale Bedeutung für die gegenwärtig beobachtbaren Wandlungsprozesse in den jüdischen Gemeinden zu. Die zahlenmäßig kleine, stark überalterte jüdische Gemeinschaft in Deutschland hatte die Einwanderung der russischsprachigen Juden nicht nur in Hinblick auf ihre quantitative Erweiterung begrüßt, sondern erhoffte sich von den Zuwanderern auch in religiöser und kultureller Hinsicht eine deutliche Stärkung. Tatsächlich stellt die Einwanderungsbewegung die Jüdischen Gemeinden erneut vor die Aufgabe, sich selbst eine soziale, religiöse und kulturelle Gestalt in der nichtjüdischen Mehrheitsgesellschaft zu geben. Damit stehen in den Gemeinden sowohl Auseinandersetzungen um die Inhalte jüdischen Gemeindelebens zur Diskussion als auch die grundsätzliche Frage danach, ob, und wenn in welcher Weise, künftig Formen einer gemeinsamen jüdischen Identität geltend gemacht werden können.

In ersten Untersuchungen über die eingewanderten russischsprachigen Juden (vgl. Körber 2005; Schoeps 1996, 1999) zeichnet sich das Profil einer Immigrantengruppe ab, die den jeweiligen urbanen Milieus ihrer Herkunftsländer entstammt, über hohe Bildungsabschlüsse verfügt und in der ehemaligen Sowjetunion als überdurchschnittlich akkulturiert galt, was unter anderem an dem großen Anteil an Eheschließungen mit nichtjüdischen Partner/innen deutlich wird (Schoeps 1996: 131). Aus der Perspektive der in den deutschen Jüdischen Gemeinden geltenden Maßstäbe verfügen die Zuwanderer nur über eine schwach ausgeprägte jüdische Identität. Tatsächlich waren Juden in der Sowjetunion in einem hohen Maße von dem Wissen und der Praxis jüdischer Kultur, Geschichte und Religion entfremdet. Dies ist in erster Linie auf die atheistische und repressive antisemitische Politik des Sowjetregimes zurückzuführen, jedoch auch das Ergebnis einer freiwilligen Enttraditionalisierung der russischen Juden, wie sie schon seit Beginn des letzten Jahrhunderts durch die Haskala-Bewegung sowie durch die entstandenen zionistischen, kulturalistischen und territorialistischen Bewegungen gekennzeichnet war (vgl. Frankel 1981; Slezkine 2004; Stanislawski 1995). Darüber hinaus hat ihr Leben in der Sowjetunion eigene Erfahrungen und Deutungsmuster erzeugt, die sich von denen der in Deutschland lebenden Juden in vielfältiger Hinsicht unterscheiden.

Vor dem Hintergrund der skizzierten Entwicklungen und Differenzen, hat das Projekt zum einen nach den verschiedenen Formen und Bezügen einer jüdischen Identität innerhalb der Gruppe der neu zugewanderten Gemeindemitglieder gefragt. Zum anderen richtete sich das Interesse darauf, welche Folgen der Aufnahmeprozess für die untersuchten jüdischen Gemeinden hat. Wie haben sich die Gemeinden aus der Perspektive des leitenden Personals verändert? Welche Wahrnehmungen über den Wandel der Gemeinden existieren unter den jeweiligen Gemeindemitgliedern bzw. welche Erwartungen an die Jüdischen Gemeinden lassen sich in der Gruppe der neu zugewanderten und der alteingesessenen Mitglieder beobachten?

Welche Bedeutung kommt den Gemeinden künftig in Hinblick auf eine gemeinsame jüdische Identität zu?

3. Migrationstheoretischer Rahmen

Die Zuwanderung von Juden aus der ehemaligen UdSSR nach Deutschland entspricht zunächst recht präzise den Entwicklungen, die in migrationstheoretischen Studien ausführlich beschrieben und analysiert worden sind. Sie gehen davon aus, dass im Zuge der Industrialisierung, Technisierung und Urbanisierung und der Entstehung von Nationalstaaten Wanderungsbewegungen, quantitativ und qualitativ gesehen, eine neue Dimension erhalten haben (vgl. Heckmann 1992; Joppke 1999; Kymlica 2001; Treibel 1999). Migration in all ihren Formen, ob erzwungen oder freiwillig, war und ist demnach strukturelles Merkmal von Modernisierungsprozessen sowie deren ökonomischen wie sozialen Implikationen. Die modernen Regionen und Gesellschaften, die mit einem ständig wachsenden alphabetisierten, zunehmend wissenschaftlich-technisch gebildeten Anteil der Bevölkerung Güter und Dienstleistungen arbeitsteilig herstellen, sind dementsprechend auch Ziel der gegenwärtigen Migrationsströme. Die Integration von Immigranten bedeutet damit eine Eingliederung in eine moderne, in räumlicher und sozialer Hinsicht mobile Gesellschaft, in der die Bedeutung von Verwandtschaftsbeziehungen geringer wird, das öffentliche Leben in hohem Masse bürokratisiert ist und deren Verwaltung und Politik sich durch hohe Steuerkapazitäten auszeichnen. Gegenpol und Ausgangspunkt der Wanderungsbewegung ist damit die unterindustrialisierte, traditional vergleichsweise geschlossene Gesellschaft.

Die Migrationstheorien gehen von mehreren Migrationsursachen aus: Wandernde sind bestrebt ihren beruflichen und sozialen Status zu verbessern und handeln nach dem Prinzip eines ökonomischen Rationalismus, der sich auf wirtschaftliche und demografische Erkenntnisse stützt (vgl. Esser 1980; Feithen 1985; Langenheder 1968). Das Zusammenwirken von Faktoren in der Herkunftsregion mit denen der Zielregion wird als *Push-Pull-Modell* bezeichnet (vgl. Lee 1972). Zentraler *Pull-Push*-Faktor sind die Arbeitsmarktungleichgewichte (vgl. Künne 1979). Danach entspricht die Situation auf dem Arbeitsmarkt der Heimatregion den Erwartungen des Wandernden nicht, und der soziale Aufstieg scheint in der Zielregion möglich zu sein. Ein weiterer Migrationsfaktor ist die Informationshypothese (*migrant-stock-Variable*). Diese besagt, dass die persönlichen Beziehungs-Netzwerke (vgl. Faist 1997) und Informationskanäle zwischen denen, die bereits gewandert sind und denen, die möglicherweise wandern wollen, entscheidend zum Wanderungsentschluss beitragen.

Nach der klassischen Studie von Shmuel Noah Eisenstadt (1954) über *The Absorption of Immigrants* findet Migration dann statt, wenn eine Gesellschaft nicht in der

Lage ist, die Erwartungen ihrer Mitglieder zu erfüllen. Die erste Stufe der Migrationsbewegung ist die Motivation (*initial motivation*), die in den Lebensbedingungen der Herkunftsgesellschaft begründet ist. Eisenstadt unterscheidet vier gesellschaftliche Hauptbereiche, in denen Frustration und Unzufriedenheit (*feeling of frustration and inadequancy; lack of gratification*) Anlass zur Wanderung geben können:

- die physische Existenz des Wanderers und seiner Familie ist nicht mehr gesichert;
- die institutionelle Struktur kann die materiellen Ziele nicht mehr gewährleisten;
- Friktionen im politisch ideologischen Bereich; mangelnde Identifikation und Solidarität mit den Zielen bzw. den Mitgliedern der Gesellschaft und
- individuelle Lebensvorstellungen können nicht verwirklicht werden.

Der Bereich, auf den sich diese anfängliche Motivation bezieht, beeinflusst weiterhin den weiteren Migrationsprozess, er bestimmt die Orientierung und die Bereitschaft, Veränderungen zu akzeptieren.

Verschiedene migrationstheoretische Studien (vgl. Esser 1989; Ronzani 1980) weisen nach, dass es nicht nur die ökonomischen Unterschiede sind, die zu Wanderungen führen. Vielmehr führen zumeist soziale Vergleichssituationen zur Migrationsentscheidung. Das Individuum fühlt sich gegenüber realen oder imaginären Vergleichsgruppen in der Herkunfts- oder in der Zielregion zurückgesetzt. Migration ist meist nicht nur politisch oder ethnisch bzw. religiös oder wirtschaftlich begründet, sondern lässt sich auf ein Bündel von Ursachen, Beweggründen und Konstellationen zurückführen. Einzel-, Gruppen- oder Kettenwanderungen greifen dabei im tatsächlichen Wanderungsgeschehen ineinander über. Jeder Wanderungsstrom hat unterschiedliche Phasen mit einer jeweils heterogenen Zusammensetzung der Wandernden und er gewinnt eine je spezifische Eigendynamik.

Mit Migration ist außerdem nicht allein eine räumliche Bewegung, das heißt eine Ortsveränderung von Menschen gemeint. Wanderungen bedingen gravierende soziale Einschnitte:

- für die betroffenen Individuen, deren Orientierungen, Verhaltensweisen und soziale Kontexte;
- für die betroffenen Gruppen, zu denen der Wandernde gehört hat, aktuell gehört bzw. sich zugehörig fühlt und auf die er bei der Ankunft stößt;
- für die aufnehmende ebenso wie
- für die abgebende Gesellschaft.

Bei dem hier vorgestellten Migrationsprozess jüdischer Immigranten aus der ehemaligen Sowjetunion verschieben sich die bislang gültigen Erkenntnisse im Migrationsgeschehen erheblich, so dass hier beispielhaft die Tragfähigkeit grundlegender

Theoreme insgesamt hinterfragt werden muss. Im Gegensatz zu der Konzeption von Migration als einem durch Wanderung angestoßenen, stark beschleunigten individuellen Modernisierungsprozess (vgl. Inkeles 1984) lassen sich hier nämlich deutliche Strukturen erkennen, die diese Annahmen umzukehren scheinen: Im Fall der jüdischen Migranten bedingt die Integration in die Zusammenhänge Jüdischer Gemeinden in Deutschland beispielsweise eine deutliche Traditionalisierung von Identitätsmodellen. Dabei entspricht der Bildungsstand der Einwanderer in seiner Geschlossenheit keiner der bisher in die Bundesrepublik eingewanderten Gruppen. Ein Großteil der Zuwanderer verfügt über eine akademische Ausbildung und war in seiner Herkunftsgesellschaft beruflich und sozial anerkannt. Zugleich lässt sich die *jüdische Identität* der Zuwanderer in den wenigsten Fällen religiös beschreiben, da sie in einer Gesellschaft sozialisiert wurden, die jegliche ethnisch-religiöser Zugehörigkeit ablehnte. Die darauf gegründete, in starkem Masse säkulare bürgerliche Identität bricht sich daher mit den in der Bundesrepublik etablierten Definitionsmustern jüdischer Existenz.

4. Die jüdische Einwanderung aus der ehemaligen Sowjetunion

Die auf die bundesdeutsche Gesellschaft bezogenen migrationstheoretischen Analysen nehmen durchgängig die Integration von Zuwanderern aus ökonomisch und infrastrukturell wenig entwickelten Regionen in den Blick. Dies hat zur Folge, dass die aufnehmende Gesellschaft in einer sowohl sozialen, pädagogischen und kulturellen Art und Weise auf die wenig modernisierten Einwanderer reagiert und sie zugleich unter einen modernisierenden Assimilationsdruck stellt. Der ganz andere soziale und kulturelle Status der jüdischen Einwanderer aus der ehemaligen UdSSR verletzt damit migrationstheoretisch und migrationspolitisch eingeübte Perspektiven und Zugangsweisen in Bezug auf den Integrationsprozess der Zielgruppe. Diese fehlende Anschlussfähigkeit der wechselseitigen Erwartungen von Aufnahmegesellschaft und Zuwanderern erschwert deren Eingliederung in die jüdischen Gemeinden in ganz besonderem Maße, da sich diese von einem quantitativen Zuwachs auch eine Stärkung ihrer Vorstellungen *jüdischen Lebens* versprechen. In Anbetracht der Konstituierung und Stabilisierung jüdischer Existenz in Deutschland nach dem Holocaust sind die Jüdischen Gemeinden vor die Aufgabe gestellt, sich selbst eine soziale und religiöse Gestalt in der Gesamtgesellschaft zu geben. Erst vor wenigen Jahrzehnten wandelte sich die Haltung der in Deutschland lebenden Juden in Hinblick auf ihren Wunsch in Deutschland dauerhaft zu bleiben. Ihr „Leben auf gepackten Koffern" als Ausdruck der hohen Ambivalenz gegenüber der Bundesrepublik fand ihr erkennbares Ende in den 1980er Jahren mit dem Bau zahlreicher neuer jüdischer Gemeindezentren und Synagogen.

Die Jüdischen Gemeinden im Nachkriegsdeutschland wurden mehrheitlich von Holocaust-Überlebenden, so genannten *displaced persons*, die überwiegend aus osteuropäischen Ländern stammten, gegründet. Erweitert durch eine gewisse Zahl an Rückkehrern und Zuwanderern, die in Schüben zunächst aus Osteuropa, dann auch aus Israel und einigen wenigen Ländern des Nahen Ostens einwanderten, blieb die zahlenmäßige Stärke der Jüdischen Gemeinden, die stark überaltert waren, bei einem gleichzeitigen Trend zur Emigration der Kindergenerationen über viereinhalb Jahrzehnte relativ konstant. In scharfem Kontrast zu diesem Bild zeichnet sich allerdings seit Beginn der 1990er Jahre eine Entwicklung ab, die völlig neue Fragen aufwirft und nicht ohne Dramatik ist: Die Jüdischen Gemeinden wachsen zahlenmäßig erheblich. Die im Zuge der Zuwanderung auf das Mehrfache ihres jahrzehntelangen Bestandes (bis 1989 ca. 30.000 Alteingesessene, Mitte 2009 Beitrags ca. 120.000 registrierte Gemeindemitglieder, davon ca. 105.000 Neuzuwanderer) – gemäß den statistischen Angaben der *Zentralwohlfahrtstelle der Juden in Deutschland* (ZWST) – angewachsenen Jüdischen Kultusgemeinden sehen sich in diesem Zusammenhang starken Wandlungsprozessen gegenüber. Die jüdische Gemeinschaft in Deutschland verändert dabei in einer dramatischen Weise ihre ethnisch-kulturelle Zusammensetzung und sieht sich vor die Aufgabe gestellt, die Zuwanderer sowohl in die bundesrepublikanische Gesellschaft als auch in die Jüdischen Gemeinden zu integrieren.

Ursache für den Beginn dieser Entwicklung war das politische Ende der UdSSR als relativ geschlossenes Staatensystem und die damit eröffnete Möglichkeit, die Nachfolgestaaten zu verlassen. In der jüdischen Bevölkerung der ehemaligen Sowjetunion war der Wunsch, in ein anderes Land auszuwandern, in Abhängigkeit von politischen und situativen Faktoren sehr unterschiedlich ausgeprägt. Der stets latente Antisemitismus in der sowjetischen Bevölkerung und Politik wurde nach dem Zusammenbruch durch nationalistische Parteien und die russisch-orthodoxe Kirche weiter geschürt (vgl. Harris 1997). Zugleich ließen der ökonomische Einbruch und die Auflösung vieler staatlicher Institutionen vor allem in den infrastrukturellen, wissenschaftlichen und kulturellen Sektoren die Zahl hoch qualifizierter Arbeitsloser sprunghaft ansteigen. Da die jüdische Bevölkerung trotz restriktiver Maßnahmen überproportional in den Elite-Bereichen vertreten war, hatte sie unter dieser Entwicklung besonders zu leiden. Zur politisch motivierten Migration kam so der Mangel einer angemessenen, vielfach sogar jeglicher ökonomischer Perspektive. Die Hauptzielländer der Migranten sind Israel, die USA und Deutschland. Israel steht dabei mit ca. 1.000.000 Migranten an der Spitze. Nach Deutschland (vgl. Kauders 2007) wanderten bislang ca. 250.000 Zuwanderer ein. Die Voraussetzung für die Bewilligung eines Einreiseantrages nach Deutschland als jüdischer Zuwanderer ist der Nachweis der Angehörigkeit zur jüdischen Gemeinschaft im Herkunftsland, der über die Bezeichnung des ethnischen Status in den Personalpapieren durch die Ursprungsländer erbracht wird. Den jüdischen Zuwanderern wird in Deutschland ein besonderer Status zugebilligt: Dieser ist mit einer Arbeitserlaubnis und einer über die Sozialgesetzgebung geregelten existentiellen Grundsicherung verknüpft. Darüber hinaus werden Eingliederungshilfen angeboten. Von den aus der ehemaligen UDSSR ausgewanderten Juden strebt nur die Hälfte die Mitgliedschaft in einer der Jüdischen Gemeinden in Deutschland an. Die Übrigen wollten oder konnten keine Gemeindemitglieder werden. Aus der Perspektive der Jüdischen Gemeinden in Deutschland ergeben sich zunächst grundlegende strukturelle Probleme. Diese sind jedoch von einer drängenden Wiederaufnahme der Debatten um die Inhalte jüdischen Gemeindelebens, im Grunde sogar jüdischer Identitätsmodelle, generell gekennzeichnet. Auf struktureller Ebene trifft die starke Kohorte an Immigranten auf eine insbesondere in den kleineren Gemeinden sehr schwache innergemeindliche Infrastruktur, etwa was die Vermittlung des Religionsunterrichts und soziale Hilfeleistungen betrifft. Selbst in den wenigen großen Gemeinden wie Berlin, Frankfurt a.M. und München sind die bestehenden für Zuwanderer wichtigen Institutionen wie Sozialabteilungen, Beratungs- und Betreuungsstellen, Kindergärten, Schulen und Jugendzentren in der Regel durch die zusätzlichen Aufgaben überfordert, da Dimensionen und Zuschnitt dieser Einrichtungen auf die strukturellen, sozialen, ökonomischen und kulturellen Bedürfnissen und Möglichkeiten der bisherigen Gemeinden ausgerichtet waren. Den Anforderungen der strukturell und zahlenmäßig veränderten Gemeinden sind die vorhandenen Einrichtungen aber auch in ihrer inhaltlichen Orientierung kaum mehr gewachsen, so dass sich zunehmend die Notwendigkeit ergibt, die Aufgaben dieser Einrichtungen neu zu definieren. Die psychosozialen Probleme der Migranten verlangen sowohl Einrichtungen mit entsprechender Betreuungskapazität als auch eine hohe fachliche Kompetenz im Umgang mit kulturellen Differenzen und den daraus resultierenden Problemen und Krisen, Aufgaben, denen sich die Jüdischen Gemeinden jenseits des staatlichen Angebots stellen, die sie allerdings nur mit erheblichem Kraftaufwand zu bewältigen im Stande sind.

Dieser strukturelle Wandel wird durch eine tiefgehende, etwas verzögerte Auseinandersetzung um die Inhalte jüdischen Gemeindelebens, damit um die Frage der Assimilation der Zuwanderer in bestehende Modelle bzw. des neuen Aushandelns gemeinsamer Identifikationsmuster zusätzlich angetrieben. Die Einrichtungen der Jüdischen Gemeinden sind in dem Sinne *jüdische* Einrichtungen, dass sie ihrem Selbstverständnis nach jüdische Identität repräsentieren, herstellen und bewahren sollen. Der weitaus größte Teil der Zuwanderer aus den GUS-Staaten zeichnet sich aus der Perspektive der in den deutschen Gemeinden geltenden Modelle aber durch eine sehr schwach ausgeprägte, wenn überhaupt vorhandene jüdische Identität aus. Mangels jüdischer Einrichtungen in der ehemaligen UdSSR haben die Zuwanderer kaum Bezüge zur jüdischen Religion, zu den religiösen Gesetzen, zu Tradition und Kultur. Die auf dieser Tatsache gründenden Probleme spiegeln sich aus der Sicht der aufnehmenden Gemeinden auf verschiedenen Ebenen wider:

- Religiöse Defizite,
- Mangel an jüdischer Identität und
- Integrationsprobleme innerhalb der aufnehmenden Jüdischen Gemeinden und der aufnehmenden Gesellschaft.

Reibungsflächen zwischen aufnehmenden Gemeindemitgliedern und Zuwanderern lassen sich in fünf Kategorien systematisieren:

- Individuelle Orientierungsdiffusion der Zuwanderer,
- Kommunikationsprobleme und Sprachbarrieren,
- Befremdungserfahrungen und Abwehr durch alteingesessene Gemeindemitglieder,
- die Shoa als tradierte Bezugserfahrung der aufnehmenden Gemeindemitglieder, die mit spezifischen Narrativen der Zuwanderer konkurriert, deren Fokus sich eher auf die Diskriminierungsmuster gegenüber Juden in der ehemaligen Sowjetunion bezieht und
- die jüdische Zuwanderung ficht das gemeindeorganisatorische Prinzip der *Einheitsgemeinde* an, deren Ziel es ist, die unterschiedlichen religiösen Orientierungen einem orthodox verfassten Religiositätsverständnis unterzuordnen, weil sich neue religiöse Orientierungen herausbilden.

5. Differenztheoretische Aspekte des Integrationsprozesss

Besonders auffällig sind die Veränderungen innerhalb der Jüdischen Gemeinden, die durch die Zuwanderung entstanden sind, sowie die Hinsichten der Zuwanderer auf die Gemeinden. Neben einer Analyse des bereits erwähnten strukturellen Wandels aufgrund der wachsenden und veränderten Bedürfnisse, geht es hierbei insbesondere auch um die Verhandlungsprozesse von jüdischer Identität und jüdischer Gemeinschaft.

Dabei wird die jüdische Zuwanderung aus der Perspektive ausgewählter Jüdischer Gemeinden, in denen sowohl Alteingesessene als auch Zuwanderer das Gemeindeleben in gemeinsamer Verantwortung gestalten, unter allgemeinen migrations- und integrationstheoretischen Fragestellungen betrachtet. Neben den Gemeinsamkeiten gilt es auch die Besonderheiten gegenüber anderen Wanderungsbewegungen nach Deutschland herauszuarbeiten, wobei sich jetzt schon abzeichnet, dass die migrationstheoretischen Vorgaben von Migration als Prozess der Teilhabe über eine beschleunigte Modernisierung durchaus auf den Kopf gestellt werden: Die Verhandlungen zwischen beiden Gruppen scheinen insbesondere daran zu leiden, dass hier keine Integration von traditionaler Gesellschaft in eine moderne stattfindet, sondern eine Reorientierung letztlich moderner Sichtweisen an traditionalen

Mustern wie Ethnie und Religion erwartet wird. Im Gegensatz zu der üblichen Annahme, dass das Verhältnis von Zuwanderern und Zielgruppe stets die Integration einer Minorität in die Majorität darstelle, verändern sich hier die Vorzeichen grundlegend: Die hohe Anzahl von jüdischer Migranten übersteigt in der Mehrzahl der Fälle 80 % der gesamten Gemeindemitglieder deutlich. Damit sind auch die migrationstheoretischen Hinsichten zu Fragen der Integration und der Partizipation direkt in Frage gestellt.

Diese starken Veränderungen treffen die Jüdischen Gemeinden in Deutschland zu einem Zeitpunkt, an dem der jahrzehntelange, schmerzhafte Prozess eigener Legitimation jüdischen Lebens im *Land der Täter* eine allmähliche Stabilisierung erfährt (vgl. Peck 2006). Die Nachkriegsgemeinden hatten sich dabei zu Beginn in kleineren Schüben aber immer wieder in eben der Situation des Neuaufbaus befunden, in die sie nunmehr in ganz entscheidendem Masse wieder hineingeworfen werden. Neben der Notwendigkeit, sich nach 1945 eine Lebensgrundlage zu schaffen, waren die Jüdischen Gemeinden – die aus verschiedenen Gründen nicht an die zerstörte Tradition des deutschen Judentums anknüpfen konnten und wollten – gezwungen gewesen, ihre Vorstellung von jüdischem Leben unter den besonderen Bedingungen neu zu definieren. Im Gegensatz zu der vorsichtigen Distanzierung von der Umwelt, insbesondere in den ersten Jahrzehnten nach dem Holocaust, ist inzwischen ein jüdisches Selbstverständnis gewachsen, das sich als eine kulturelle Gemeinschaft mit einer über die gemeinsame Erfahrung der Vernichtung des europäischen Judentums gegründeten Geschichte definiert. Dabei hat sich das Modell der *Einheitsgemeinde* durchgesetzt, die den gemeinsamen Orientierungspunkt – insbesondere für ihre Institutionen – in der Orthodoxie und deren religiösen Deutungsmodellen sieht und dies als Vergewisserung jüdischer Identität versteht (vgl. Brumlik et al. 1988). Die individuellen Einstellungen und die persönliche religiöse Praxis sind davon jedoch weitgehend losgelöst, wobei die säkularisierte Lebensführung als Verlust wahrgenommen wird und somit an Religion rückgebunden bleibt. Diese stete Spannung wird durch die Bewertung jüdischer Identität als einer durchaus unterschiedlich definierten kulturellen Verbundenheit mit einer besonderen Bezugnahme zum Staat Israel gemildert. Diese fußt zugleich auf dem Bewusstsein sowohl der gemeinsamen Holocausterfahrung, als auch der spezifischen Situation des Lebens im Nachkriegsdeutschland.

Diese Identitätsmodelle entstanden in durchaus konfliktreichen Verhandlungen der aus – auch im jüdischen Sinne – völlig unterschiedlichen kulturellen Traditionen stammenden Mitglieder der Nachkriegsgemeinden. Die immer noch in ihrer Stabilität prekären Identitätsmodelle einer jüdischen Gemeinschaft in Deutschland werden nun – allein durch die Anzahl der zu integrierenden Zuwanderer – deutlich beansprucht, da die russischen Immigranten ihrerseits ganz andere Zugangsweisen zu Fragen jüdischer Identität mitbringen. Aus einer kommunistischen, anti-religiös ausgerichteten Gesellschaft kommend, in der jüdisches Gemeindeleben auch jenseits der Religion nicht möglich war, bleiben ihnen die hier vereinbarten Zugänge zu jüdischer Identität weitgehend verschlossen: Die integrierte, stark negative Konnotation von Religion erschwert ein Anknüpfen an dieses für die deutschen Gemeinden ideologisch überhöhte, zentrale Moment. Auch die Distanziertheit der alteingesessenen jüdischen Bevölkerung zu einer religiös bestimmten und begründeten Lebensform die einen möglichen Anknüpfungspunkt bieten könnte, mag hieran kaum etwas zu ändern, da zugleich die zweite Bezugsebene, die kulturelle Orientierung, auf eine ganz andere Wahrnehmung eigener Kultur als einer primär russisch-nationalen trifft, die dezidiert ethnische Charakteristika wie eine jüdische Sonderkultur ausschließt. Auch die konfliktreiche Selbstverortung als Jüdische Gemeinde in Deutschland mit der starken Bezugnahme auf den Staat Israel erscheint problematisch, da Israel für die als Juden Immigrierenden *eigentliches* Migrationsziel sein müsste. Damit stehen sie auch vor der Frage der Legitimität jüdischen Lebens in Deutschland, wobei der Erfahrungshintergrund des Holocaust zumindest für die jüngeren Generationen offenbar kaum einen Anschluss zu den Erfahrungsmodellen der in Deutschland lebenden Juden ermöglicht. Hier scheint eher die Erfahrung der Repression im Stalinismus und der Migration im Vordergrund zu stehen (vgl. Schoeps et al. 1996).

5.1 Religionsgemeinschaft versus ethnische Abstammung
Zu den zentralen Erfahrungen der russischsprachigen Juden in Deutschland gehört der Umstand, dass sie durch die Immigration mit einer anderen Definition einer kollektiven jüdischen Identität konfrontiert sind. Waren sie in der Sowjetunion Angehörige einer nationalen Minderheit, deren ethnische Zugehörigkeit sich patrilinear bestimmt hatte, so gelten sie in Deutschland als Mitglieder einer Religionsgemeinschaft unter der Voraussetzung, dass sie, gemäß dem jüdischen Religionsgesetz, den Nachweis einer jüdischen Mutter erbringen können. Dieser Wandel von einer nationalen zu einer religiösen Minorität hat für die jüdischen Immigranten weitreichende Folgen. In den Jüdischen Gemeinden herrschte übereinstimmend die Praxis vor, den nicht-halachischen Juden (sowie allen nichtjüdischen Familienangehörigen) in sozialen Belangen zu helfen. Ebenso steht ihnen die Teilnahme an allen Veranstaltungen wie Gottesdiensten oder Festen offen. Gleichwohl bleibt ihnen die Mitgliedschaft verwehrt, da sie halachisch nicht als Juden gelten, das heißt allein ein Übertritt *zum Judentum* würde die Mitgliedschaft ermöglichen. Begründet sich das Selbstverständnis der russischsprachigen Juden dementsprechend vor allem über die ethnische Herkunft, so hat ihr Leben in der Sowjetunion zudem eigene Erfahrungen und Deutungsmuster erzeugt, die sich von denen der in Deutschland lebenden Juden in vielfältiger Hinsicht unterscheiden.

5.2 Zwischen Assimilation und Antisemitismus

Gerade das sowjetische Verbot einer freien Religionsausübung führte unter den alteingesessenen Gemeindemitgliedern zu der Annahme, die russischsprachigen Juden könnten in den hiesigen Jüdischen Gemeinden endlich ihrem Bedürfnis nachgehen, ihre verschüttete Identität zu leben. Aus dieser Perspektive erschienen die Immigranten vornehmlich als Opfer einer staatlichen Politik der Diskriminierung und Benachteiligung, denen ein jüdisches Leben bislang verwehrt geblieben war. Eine Perspektive die zweifelsohne zutrifft und doch übersieht, in welch hohem Maße die russischsprachigen Juden die Werte und Normen der sowjetischen Gesellschaft übernommen haben, obgleich diese ihnen fortlaufend mit einem virulenten Antisemitismus begegnete. Gefragt nach Bezügen zu ihrer jüdischen Identität, schilderten die russischsprachigen Immigranten die spezifische Erfahrung, einerseits akkulturiert und andererseits als Juden gesellschaftlich und institutionell stigmatisiert gewesen zu sein. Obwohl sie in der Regel eine akademische Laufbahn vorweisen konnten, wurde ihnen als Juden der Zugang zu bestimmten Berufen vorenthalten, der für Angehörige anderer ethnischer Gruppen vorgesehen war. Darüber hinaus war die Zugehörigkeit zur jüdischen Gemeinschaft durchgängig Anlass zur gesellschaftlichen Ausgrenzung und Diskriminierung. Obgleich diese Erfahrung verallgemeinernd geltend gemacht werden kann, lassen sich Unterschiede zwischen den verschiedenen Altersgruppen feststellen. Insbesondere in der Gruppe der über Sechzigjährigen finden sich vielfach Schilderungen über ein religiös oder traditional verstandenes Judentum, das im eigenen familiären Umfeld erlebt wurde. Allerdings verbinden sich diese Erinnerungen oftmals mit einem Gefühl der Scham und der Abwehr – eine Empfindung, die in der Generation der Vierzig- bis Sechzigjährigen noch ausgeprägter ist, da diese Dimensionen des Jüdischseins nicht nur staatlich sanktioniert und verboten wurden, sondern auch in der Selbstwahrnehmung der eigenen Gruppe vielfach als rückständig und historisch überholt galten.

Im Unterschied zu den oben genannten Schilderungen lässt sich in der Altersgruppe der Zwanzig- bis Vierzigjährigen und der Gruppe der Jugendlichen ein Wandel im Umgang mit der jüdischen Herkunft beobachten. Das Gefühl der Scham in Bezug auf das eigene Jüdischsein weicht zunehmend dem Eindruck von Unwissenheit und Indifferenz, insbesondere bei den Jugendlichen, die oftmals erst durch die Entscheidung ihrer Eltern zur Emigration davon erfahren, dass sie Juden sind. Eine Zugehörigkeit, der sie erst durch die Teilnahme in den Jugendzentren der Gemeinden beginnen, eine Bedeutung zuzuschreiben.

5.3 Bildung als kulturelles Kapital

Hohe individuelle Leistungsbereitschaft wird als selbstverständlicher Bestandteil eines kollektiven Handlungswissens in Reaktion auf einen institutionalisierten Antisemitismus in der Herkunftsgesellschaft geschildert. Da das eigene Fortkommen ohnehin Beschränkungen unterworfen war, musste man „am besten" sein. Eine familiäre Anforderung, die von Zuwanderern in allen Altersgruppen ungefragt als „typisch jüdisch" bezeichnet wurden. Diese Selbstwahrnehmung korrespondiert mit einem Begriff von Bildung, der sich nicht allein auf die berufliche Qualifikation beschränkt, sondern selbstverständlich die russische (Hoch)Kultur einbezieht. Gerade die Zugehörigkeit zu einem urbanen, jüdisch geprägten Milieu, das sich für die russische Literatur, Theater, Film und Musik interessierte, gehört für die Generation der über Sechzigjährigen sowie in der Gruppe der Vierzig- bis Sechzigjährigen zu den zentralen Erfahrungen von Zugehörigkeit in der Herkunftsgesellschaft. Dieses besondere kulturelle Kapital als Ausdruck ihrer Jüdischkeit anzuerkennen, ist eine zentrale Forderung der russischsprachigen Juden in den hiesigen Gemeinden (vgl. Tsypylma 2004).

Vor diesem Hintergrund lässt sich auch die besondere Bedeutung der russischen Sprache verstehen. In den Gemeinden dominiert die russische Sprache nicht allein in der Generation der Senioren, sondern auch in der mittleren Generation. Selbst in der Gruppe der jungen Erwachsenen sowie in der Gruppe der Jugendlichen wird russisch selbstverständlich als Verkehrssprache verwendet, obgleich gute bzw. sehr gute Kenntnisse der deutschen Sprache vorhanden sind. Es zeichnet sich in allen Altersgruppen ein Verständnis ab, wonach die russische Sprache selbst als Ausdruck bzw. Träger jenes kulturellen Kapitals begriffen wird, über welches die Immigranten ihrer Selbstwahrnehmung zufolge verfügen. Diesem Kapital wird auch in der aufnehmenden Gesellschaft besondere Bedeutung zugesprochen, etwa wenn es um die Vermittlung und den Erwerb besonderer Qualifikationen – zum Beispiel um mathematisches/naturwissenschaftliches Denken – geht. Die beobachtbare Praxis russischsprachiger Eltern, ihre Kinder an Wochenenden, „russische Schulen" besuchen zu lassen, kann vor diesem Hintergrund als ein Schritt verstanden werden, der gerade nicht rückwärtsgewandt auf die Herkunftsgesellschaft gerichtet ist, sondern vielmehr dazu dienen soll, die eigenen Kinder im Wettbewerb um den sozialen Aufstieg in der Aufnahmegesellschaft konkurrenzfähig zu machen.

5.4 Differenz der Narrative: Holocaust versus „Der Große Vaterländische Krieg"
Für die Jüdischen Gemeinden im Nachkriegsdeutschland bildete die Opfererfahrung des Holocaust den zentralen Bezugspunkt, der auch ihr Verhältnis zur Bundesrepublik wesentlich strukturierte. Mit der Einwanderung der russischsprachigen Juden hat ein anderes Narrativ Einzug in die Gemeinden gehalten, das vielerorts umstritten ist: Der Große Vaterländische Krieg. Insbesondere in den Auseinandersetzungen um den neunten Mai, dem Tag des Sieges über den Faschismus, der als höchster Feiertag in der Sowjetunion galt, haben sich in den hiesigen Gemeinden symbolisch die Konflikte um die Differenzen in der kollektiven Erinnerung entladen.

Tatsächlich nimmt der Große Krieg in den Erzählungen der russischsprachigen Zeitzeugen sowie bei den nachfolgenden Generationen einen wichtigen Platz ein, schließlich gibt es kaum eine Familie, die keine Opfer zu beklagen hat. Entsprechend der sowjetischen Ideologie, die kein Interesse daran hatte, das besondere Schicksal der jüdischen Minderheit im Zweiten Weltkrieg zu betonen, weisen viele Zuwanderer darauf hin, wie wenig sie in der Vergangenheit über die Shoah gewusst hätten. Allenfalls habe man in den eigenen Familien darüber gesprochen, wenn überhaupt. Gehört also einerseits das Beschweigen des Holocaust zur Erfahrung der russischsprachigen Juden, so lässt sich andererseits feststellen, dass ihr Geschichtsverständnis eine neue Figur bereit hält, die auch für die jüngere Generation durchaus Identifikationspotenziale bietet: „der kämpfende jüdische Soldat", der den Sieg über die nationalsozialistische Diktatur davon trägt und sein eigenes Volk befreit.

Es bleibt abzuwarten, auf welche jüdische Geschichte sich die junge Generation der Neuzuwanderer langfristig beziehen wird. Da die Shoah nicht Teil der familiären Geschichte ist, begegnet den eingewanderten Jugendlichen der Holocaust zuallererst als Lerninhalt in deutschen Schulen. Dies hat Konsequenzen für die Aneignung des Gegenstands: Anstelle einer emotional-moralischen Annäherung überwiegt eine historisierende, kognitive Herangehensweise.

5.5 Struktur und Wandel der Jüdischen Gemeinden

Die oben ausgeführten Identitätsbezüge der russischsprachigen Juden bilden eine zentrale Voraussetzung für den Wandel in den untersuchten Gemeinden. Eine weitere Herausforderung stellt zudem die Alters- und Sozialstruktur der neu eingewanderten Gemeindemitglieder dar, die durch jene drei Merkmale gekennzeichnet ist, welche sich mit der gesamten Einwanderung verbinden: (1.) einem hohen Altersdurchschnitt, (2.) einer hohen Arbeitslosenquote und (3.) unzureichenden Kenntnissen der deutschen Sprache bei einem großen Anteil, vor allem der älteren Eingewanderten. Die Jüdischen Gemeinden sind also auch mit strukturellen Problemen der Einwanderung konfrontiert, die sie selbst nicht zu verantworten haben, mit deren Folgen sie sich jedoch auseinandersetzen müssen.

Der Eindruck, dass die Gemeinden systematisch überfordert werden, entsteht auch dann, wenn es um die (politische) Beteiligung der Einwanderer in entsprechenden Gemeindegremien geht. Einerseits betonen russischsprachige Gemeindemitglieder zwar häufig die Notwendigkeit, über „eigene" Vertreter zu verfügen, die ihre besonderen Anliegen und Interessen wahren sollen. Andererseits begegnen sie „ihren Leuten" nicht selten mit einem gewissen Misstrauen, was deren Motive für die Übernahme von Gemeindeämtern angeht und unterstellen den jeweiligen Vertretern, dass es ihnen weniger um die Gemeinde denn um den eigenen Vorteil gehen würde. Dieser moralische Vorwurf verweist auch auf ein strukturelles Problem des Einwanderungslandes, das die Jüdischen Gemeinden mit einem Dilemma konfrontiert, welches von ihnen nicht zu lösen ist: Die Schließung des deutschen Arbeitsmarktes, insbesondere für Immigranten, die älter als vierzig Jahre alt sind, trägt wesentlich dazu bei, dass die Jüdischen Gemeinden nicht nur als religiös-kulturelle Orte begriffen werden, sondern auch als Organisationen, die in begrenztem Umfang Posten und Funktionen vergeben und damit auch materielle Anreize schaffen. Der Mangel an alternativen Integrationspfaden in die Aufnahmegesellschaft, die die Sicherung einer ökonomischen Existenz gewährleisten können, hat somit zur Folge, dass die Gemeinden mit teilweise durchaus widersprüchlichen Ansprüchen überfrachtet werden, die sich oftmals in personalisierten Konflikten entladen. Nicht selten führt diese Situation gerade unter den Zuwanderern zu einer Atmosphäre, die von Neid und Missgunst getragen ist und paradoxerweise jene begünstigt, denen man zahlenmäßig längst schon überlegen ist: den alteingesessenen Gemeindevorsitzenden, deren langjährige Leitungserfahrungen und deren etablierte Kontakte zur lokalen Politik und Verwaltung am Ende doch versprechen, die Sicherheit und die Stabilität der Gemeinschaft zu gewährleisten.

6. Herausforderungen für die interkulturelle Soziale Arbeit und die interkulturelle Pädagogik in den Jüdischen Gemeinden

Das sprunghafte Anwachsen der Gemeindemitgliedschaften im vergangenen Jahrzehnt hat die Gemeinden vor die Aufgabe gestellt, ad hoc ein Betreuungsangebot im Bereich der Sozialen Arbeit anzubieten. Damit war ein breites Tätigkeitsfeld geschaffen, das insbesondere die kleinen Gemeinden an die Grenzen ihrer Belastbarkeit gebracht hat. In vielen Fällen wurden und werden diese Tätigkeiten von russischsprachigen Migrantinnen ausgeübt, die insbesondere für Neuankömmlinge eine wichtige Funktion bei der Ankunft im Aufnahmeland übernehmen. Leisten die Gemeinden damit einerseits einen zentralen Beitrag zur Integration, so stehen sie andererseits vor dem Problem, mittlerweile auf spezifische Anforderungen zu stoßen, die aus der besonderen Alters- und Sozialstruktur der Gemeindemitgliedschaft erwachsen. Vor diesem Hintergrund ist eine *Professionalisierung der Sozialen Arbeit* in diesem Arbeitsbereich erforderlich, da die Gemeinden sowohl dem wachsenden Bedarf an psychosozialer Betreuung als auch der besonderen interkulturellen Dimension der Sozialen Arbeit gerecht werden müssen.

6.1 Generationenspezifische Bedarfe

6.1.1 Angebote für Jugendliche
Die Kinder und Jugendlichen in den Untersuchungsgemeinden kommen mehrheitlich aus jüdischen Familien, die aus der Sowjetunion bzw. den GUS-Staaten zugewandert sind, eine Realität, die sich auch in den Jugendzentren der Gemeinden abbildet und Folgen für die professionelle Jugendarbeit hat. Zum einen sollten gezielt Angebote entwickelt werden, die darauf abzielen, Hemmschwellen bei Ju-

gendlichen abzubauen, für die die Gemeinde in erster Linie ein abgeschlossener, religiöser Ort ist. Zum anderen sollten die Jugendzentren als Orte der Begegnung verstanden werden, in denen Kinder und Jugendliche aus verschiedenen – alteingesessenen wie neu zugewanderten – Familien, deren Identitätsbezüge sich unterscheiden, zusammenkommen. Diese Unterschiede sollten nicht einfach negiert oder verschwiegen werden, sondern zum Gegenstand gemeinsamer Reflexion gemacht werden, gerade auch in Hinblick auf die Frage danach, welche verschiedenen Facetten jüdischer Identitäten darin sichtbar werden. Ein solches Vorgehen verlangt eine wechselseitige Kultur der Anerkennung, die sich oftmals nicht von selbst ergibt, sondern kommunikativ angeleitet und hergestellt werden muss.

Eine solche Programmatik verlangt von den jeweiligen JugendleiterInnen nicht nur Kompetenzen, was die zu vermittelnden Inhalte angeht, sondern auch die Ausbildung von Fähigkeiten die etwa im Bereich interkultureller Kommunikation/Kommunikationstraining/Konfliktmanagement liegen. Es ist daher ratsam, im Bereich der Jugendarbeit der Gemeinden Programme und Seminare anzubieten, die solche Kompetenzen vermitteln. Diese Angebote könnten zusätzlich den positiven Effekt haben, Jugendliche bzw. junge Erwachsene für die Jugendarbeit in den Gemeinden zu motivieren, da sich eine solche Tätigkeit mit der Ausbildung von Kompetenzen (*skills*) verbinden würde, die sie als Vorbereitung auf ihr künftiges Berufsleben begreifen können.

6.1.2 Angebote für junge Erwachsene
Die jüdischen Gemeinden stehen vor dem Problem, dass sie nur einen kleinen Teil jener Neuzuwanderer an sich binden können, die der Gruppe der jungen Erwachsenen und der mittleren Generation entstammen. Folgt man den Aussagen von Gemeindemitgliedern, so erklärt sich diese Distanz zum einen aus der Identifikation der Gemeinden mit einer traditional verstandenen, nämlich religiösen Identität. Zum anderen erleben die Gemeinden einen „Imageverlust" dadurch, dass sie gerade jenen offen stehen, die der institutionellen Hilfe bedürfen und auf einen geschützten Raum angewiesen sind. Vor diesem Hintergrund liegt eine Öffnung der Gemeinden hin zu Themen und Aktivitäten nahe, die der Lebenswelt derer entsprechen, die die Gemeinden für sich gewinnen wollen. Ein solches Vorgehen würde dokumentieren, dass die Gemeinden ein plurales Verständnis jüdischer Identitäten anerkennen bzw. der Vorstellung „partieller" Identitäten Raum geben können. Diese lebensweltlichen Angebote sollten in erster Linie an den Bedürfnissen und Interessen junger Erwachsener/Erwachsener orientiert sein.

6.1.3 Angebote für Senioren
Die Jüdischen Gemeinden werden auch in den kommenden Jahren mit dem Problem der Überalterung befasst sein. Diese demografische Entwicklung hat zur Folge, dass die Gemeinden über Angebote verfügen müssen, die einerseits den besonderen

Anforderungen dieser Altersgruppe gerecht werden, ohne sich andererseits finanziell und personell zu überfordern. Ein Segment dieser Angebote stellt die Vielzahl von russischsprachigen Initiativen und Klubs dar. Diese Unternehmungen leisten einen zentralen Beitrag zur Binnenintegration gerade der älteren Immigranten, denen ansonsten aufgrund ihrer Sprachschwierigkeiten sowie dem Ausschluss aus dem Arbeitsmarkt nur wenige Möglichkeiten der aktiven Teilhabe in der Mehrheitsgesellschaft geboten werden. Die verschiedenen kulturellen, literarischen, musikalischen Angebote bieten nicht nur die Chance der Vereinsamung zu entgehen, sondern gewährleisten darüber hinaus Formen der Anerkennung für Menschen, die durch die Migration Lebens- und Arbeitszusammenhänge verloren haben und damit Statusverluste in Kauf nehmen mussten. Damit tragen sie auch zur psychosozialen Stabilisierung der älteren Immigranten bei. Zudem dienen diese Initiativen auch als Orte der Selbsteingliederung in die Aufnahmegesellschaft, in dem sie innerhalb der eigenen (russischen) Sprachgemeinschaft als Wissens- und Informationsbörsen über relevante Teilbereiche der Einwanderungsgesellschaft fungieren.

6.2 Religiöse Erwachsenenbildung
In der Gruppe der neu eingewanderten Gemeindemitglieder, insbesondere aus dem Kreis der über Sechzigjährigen sowie in der Gruppe der Vierzig- bis Sechzigjährigen findet sich eine große Distanz zur jüdischen Religion, die sich mit mangelnder Kenntnis an derselben, sowie an jüdischer Tradition und Geschichte verbindet. Zugleich lässt sich bei vielen eine ausgeprägte Bildungsorientierung beobachten, die sich mit einer ethnisch verstandenen jüdischen Identität verbindet. Vor diesem Hintergrund sollten in verstärktem Umfang Lehr- und Lernangebote entwickelt werden, die auf eine religiöse Erwachsenenbildung abstellen und Bildungsangebote anbieten, die einen intellektuellen und wissensvermittelten Zugang zum Judentum leisten, der auch die Möglichkeit zur Diskussion und Reflexion über den jeweiligen Gegenstand eröffnet.

6.3 Formen jüdischen Lebens
Das Angebot einer religiösen Erwachsenenbildung sollte ergänzt beziehungsweise begleitet werden von innergemeindlichen Foren/Seminaren/Gesprächskreisen, in denen ein Austausch über jene vielfältigen Formen und Versatzstücke jüdischen Lebens ermöglicht wird, die zum oftmals verschütteten Erfahrungsschatz der eingewanderten russischsprachigen Juden gehören. Ein solches Vorgehen könnte der Fremd- wie Selbstwahrnehmung der russischsprachigen Zuwanderer entgegenwirken, gar kein oder ein nur defizitäres Verhältnis zur eigenen jüdischen Herkunft zu haben. Solche Angebote können innerhalb der jeweiligen Altersgruppen gemacht werden, sich aber auch an Familien richten und über verschiedene Themen und Herangehensweisen Zugänge zu neuen Formen eines jüdischen Selbstverständnisses schaffen.

Insbesondere in der Gruppe der jungen Erwachsenen wird das Bedürfnis artikuliert, einen Raum zu haben, in dem unterschiedliche Vorstellungen jüdischer Religion Platz haben. Damit wird vor allem ein Interesse daran geäußert, verschiedene Formen des Judentums kennen zu lernen. Solche Bestrebungen sollten auf der Ebene der Gemeinden ernst genommen und unterstützt werden, zumal sie helfen könnten, die vermeintlichen Grenzziehungen zwischen russisch- und deutschsprachigen Gemeindemitgliedern aufzulösen.

6.4 Dialog der Religionen

Die Jüdischen Gemeinden stehen vor der besonderen Herausforderung, innerhalb ihrer Mitgliedschaft zwei dominante Narrative vorzufinden, die es beide zu bewahren und in ein angemessenes Verhältnis zueinander zu bringen gilt: Zum einen das Gedenken an die Shoah und zum anderen die Erinnerung an den Großen Vaterländischen Krieg. Beide Narrative sind in sich jedoch keineswegs homogen, sondern setzen sich jeweils aus einer Vielzahl heterogener Erfahrungen, Erinnerungen und Erzählungen zusammen. Zudem sind unter den neu eingewanderten jüdischen Familien viele, deren Schicksal sowohl durch den Holocaust als auch durch die Teilnahme am Zweiten Weltkrieg geprägt worden ist. Vor diesem Hintergrund erweist es sich als sinnvoll, insbesondere in der Jugendarbeit die Initiierung von Projekten zu fördern, die einem Austausch/Dialog zwischen der Generation der Zeitzeugen und den Heranwachsenden dienen und darüber auch neue Formen und Wege der Erinnerungskultur in den Gemeinden in Gang setzen könnten.

6.5 Jüdische Gemeinden als transnationale Gemeinschaften

Die Jüdischen Gemeinden sind durch die Zuwanderung der russischsprachigen Juden erneut und in einer besonderen Weise mit dem Umstand konfrontiert worden, dass zu ihrer kollektiven Identität die Erfahrung von Migration und Grenzüberschreitung gehört. Dazu zählt die Einwanderung der einzelnen Familien aus ihren Herkunftsregionen nach Deutschland ebenso wie der Umstand, dass Teile der Familien in anderen Ländern leben sowie der Wunsch insbesondere der jungen Generation, wenigstens für einige Jahre ins Ausland zu gehen. Dieser transnationale Bezugsrahmen, der für die Mehrzahl der alteingesessenen wie neu zugewanderten Gemeindemitglieder gilt, findet zunehmend Eingang in das kollektive Selbstverständnis der Gemeinden, deren zentraler Bezugspunkt – gerade in der Jugendarbeit – nach wie vor Israel bildet. Damit wird der Erfahrungsraum der Zuwanderer anerkannt, der nicht nur zum selbstverständlichen Bestandteil der individuellen Lebensgeschichten gehört, sondern auch das Verhältnis zum Aufnahmeland Deutschland in einer besonderen Weise prägt. Daher sollten in innergemeindlichen Foren die Reflexion dieser vielfältigen grenzüberschreitenden Bezüge vorgenommen werden, um damit Anregungen für ein gemeinsames Selbstverständnis der Gemeinden zu schaffen, dass diesem sichtbaren Wandel Rechnung trägt.

7. Resümee

Ein zusammenfassender Blick zeigt in allen untersuchten Gemeinden, dass mit Beginn der Zuwanderung das Spannungsverhältnis von Einheit und Differenz neu ausgelotet werden muss.

Differenz erweist sich damit im Kontext des Integrationsprozesses jüdischer Einwanderer aus der ehemaligen Sowjetunion in die Jüdischen Gemeinden in Deutschland als Ausdruck unterschiedlicher kollektiver jüdischer Identitätskonzepte: Die alteingesessenen Mitglieder der Jüdischen Gemeinden definieren die jüdische Minorität als Religionsgemeinschaft, die in den Jüdischen Gemeinden organisiert ist. Die aus der ehemaligen Sowjetunion zugewanderte jüdische Community betrachtet ihr Judentum demgegenüber als Ausdruck ihrer nationalen Identität. Die Zugehörigkeit zu und der Ausschluss von der jeweiligen Bezugsgruppe sind die Folge eines unterschiedlichen Verständnisses der entsprechenden Kategorie „jüdisch" und begründen sowohl Differenzen als auch Konfliktlinien innerhalb der Jüdischen Gemeinschaft.

Zu diesem Prozess des Neuauslotens zählt erstens der Wandel von einer vertrauten Gemeinschaft *(face-to-face commmunity)* zu einer Einrichtung, die nicht allein auf gestiegene Mitgliederzahlen, sondern auch auf eine Vielzahl unterschiedlicher Anforderungen reagieren muss. Diese reichen vom Ausbau altersspezifischer Angebote über soziale und sozialpsychologische Dienstleistungen bis zu Forderungen nach gemeindepolitischer Beteiligung, in denen sich oftmals unterschiedliche Vorstellungen in Bezug auf das Verständnis und die Funktion der jeweiligen Gemeinden artikulieren. Zweitens stehen die Gemeinden vor der Herausforderung einer zunehmenden Professionalisierung ihrer Angebote, eine Entwicklung, die einerseits notwendig erscheint, anderseits jedoch im Widerspruch zu dem Bedürfnis nach Vergemeinschaftung steht. Drittens zeichnet sich mehrheitlich ein Prozess der institutionellen und zum Teil auch räumlichen Ausdifferenzierung in den Gemeinden ab. Spiegeln diese Entwicklungen die faktische Pluralisierung der Identitätsformen und Interessenlagen der Mitgliedschaft wider, so stellt sich in den Gemeinden viertens gleichwohl die Frage, ob und in welcher Weise künftig eine gemeinsame jüdische Identität angeboten, bzw. „*hergestellt*" werden kann. Damit steht fünftens zur Diskussion, ob das Selbstverständnis der Jüdischen Gemeinden als einer Religionsgemeinschaft als gemeinsamer Bezugspunkt trägt.

Grundsätzlich lassen sich dabei idealtypisch zwei Wege der Gemeindeentwicklung unterscheiden: Das Modell der Assimilation setzt auf die Integrationskraft der Gemeinden und fordert von den russischsprachigen Juden, sich an die bislang gültige Ordnung zu assimilieren. Das Anerkennungsmodell begreift die Zuwanderung als einen Einschnitt, der einen Neubeginn aller Beteiligten verlangt. Dieser Prozess setzt die wechselseitige Anerkennung der unterschiedlichen Perspektiven zwischen alten und neuen Mitgliedern voraus. Während einzelne Gemeinden mehr dem einen, andere mehr dem anderen Modell zuneigen, ist die Realität der Gemeinden oftmals davon gekennzeichnet, dass beide Vorstellungen in Konkurrenz zueinander auftreten. Die Zukunft der Jüdischen Gemeinden wird sich wesentlich daran erweisen, welches dieser Modelle sich langfristig durchsetzen wird.

Literatur

Bade, Klaus/Troen, Ilan (Hrsg.) (1993): Zuwanderung und Eingliederung von deutschen und Juden aus der früheren Sowjetunion in Deutschland und Israel. Bonn: Bundeszentrale für politische Bildung

Bade, Klaus (Hrsg.) (1997): Migration-Ethnizität-Konflikt. Osnabrück: Universitätsverlag Rasch

Bade, Klaus (2000): Europa in Bewegung. Migration vom späten 18. Jahrhundert bis zur Gegenwart. München: C.H. Beck

Bar-Yosef, Rivka (Ed.) (1990): Family-Absorption-Work. Saelected Issues in the Analysis of the Israeli Society. Jerusalem: The Hebrew University

Birnbaum, Pierre/Katznelson, Ira (Eds.) (1995): Path of Emancipation. Jews, States and Citizenship. Princeton: Princeton University Press

Brumlik Micha/Kiesel, Doron/Kugelmann, Cilly/Schoeps, Julius H. (Hrsg.) (1988): Jüdisches Leben in Deutschland seit 1945. Frankfurt a.M.: Athenäum

Bukow, Wolf-Dieter/Llaryora, Roberto (1988): Mitbürger aus der Fremde. Soziogenese ethnischer Minoritäten. Opladen: Leske und Budrich

Bukow, Wolf-Dieter/Nikodem, Claudia/Schule, Erika/Yildiz, Erol (Hrsg.) (2001): Auf dem Weg zur Stadtgesellschaft. Die multikulturelle Stadt zwischen globaler Neuorientierung und Restauration. Opladen: Leske und Budrich

Bukow, Wolf-Dieter (1993): Leben in der multikulturellen Gesellschaft. Die Entstehung kleiner Unternehmer und der Umgang mit ethnischen Minderheiten. Opladen: Leske und Budrich

Diehm, Isabell/Radtke, Frank Olaf (1999): Erziehung und Migration. Stuttgart: Kohlhammer

Dubiel, Helmut (1986): Das Gespenst des Populismus. In: Dubiel (1986): 33-50.

Dubiel, Helmut (Hrsg.) (1986): Populismus und Aufklärung. Frankfurt a.M.: Suhrkamp

Eisenstadt, Shmuel Noah (1987): Die Transformation der israelischen Gesellschaft: Frankfurt a.M.: Suhrkamp

Elwert, G. (1990): Nationalismus und Ethnizität. Über die Bildung von Wir-Gruppen. Berlin.

Elwert, Georg (1989): Nationalismus und Ethnizität. Über die Bildung von Wir-Gruppen. In: Kölner Zeitschrift für Soziologie und Sozialpsychologie, 41. Jg., Heft 3: 440-464

Eppenstein, Thomas/Kiesel, Doron (2008): Soziale Arbeit interkulturell. Stuttgart: Kohlhammer

Esser, Helmut (1997): Die Mobilisierung ethnischer Konflikte. In: Bade (1997): 63-87

Esser, Helmut (1980): Aspekte der Wanderungssoziologie. Assimilation und Integration von Wanderern, ethnischen Gruppen und Minderheiten. Darmstadt/Neuwied: Luchterhand

Esser, Hartmut (1989): Die Eingliederung der zweiten Generation. Zur Erklärung „kultureller" Differenzen. Zeitschrift für Soziologie, 18. Jg., Heft 6: 426-443

Faist, Thomas (1997): Migration und Transfer sozialen Kapitals. In: Pries (1997): 63-84

Fechler, Bernd/Kößler, Gottfried/Liebertz-Groß, Till (Hrsg.) (2000): „Erziehung nach Auschwitz" in der multikulturellen Gesellschaft. Weinheim/München: Juventa

Feithen, Rosemarie (1995): Arbeitskräftewanderungen in der Europäischen Gemeinschaft. Frankfurt a.M./New York: Campus

Frankel, Jonathan (1981): Prophecy and Politics: Socialism, Nationalism and the Russian Jews 1862 – 1917. Cambridge: Cambrige University Press

Gotzmann, Andreas (2002): Eigenheit und Einheit. Modernisierungsdiskurse des deutschen Judentums der Emanzipationszeit (Studies in European Judaism, Vol. 2). Leiden/Boston: Brill

Gotzmann, Andreas (2001): Pluralismus als Gefahr? Jüdische Perspektiven. In: Gotzmann et al. (2001): 35-52

Gotzmann, Andreas./Malik, Jamal /Rüpke, Jörg/Makrides, Vasilios (Hrsg.) (2001): Pluralismus in der europäischen Religionsgeschichte. Religionswissenschaftliche Antrittsvorlesungen. Marburg: Diagonal

Gutmann, Amy (Hrsg.) (1993): Multikulturalismus und die Politik der Anerkennung. Frankfurt a.M.: Suhrkamp

Hacohen, Dvora (Ed.) (1998): Ingathering of Exiles. Aliya to the Land of Israel. Myth and Reality. Jerusalem: Zalman Shazar Center to Israeli History

Harris, Paul A. (1997): The Politics of Reparation and Return. Soviet Jewish and Ethnic German Immigration into the New Germany, Auburn University (Dissertation)

Heckmann, Friedrich: (1992): Ethnische Minderheiten, Volk und Nation. Stuttgart: Enke

Herbert, Ulrich (2001): Geschichte der Ausländerpolitik in Deutschland. München: C.H. Beck

Hess, Rainer (2000): Jüdische Existenz in Deutschland heute: Probleme des Wandels der jüdischen Gemeinden in der Bundesrepublik Deutschland infolge der Zuwanderung russischer Juden nach 1989. Berlin: Logos

Hutchinson, John/Smith, Anthony D. (Eds.) (1996): Ethnicity. Oxford: Oxford University Press

Inkeles, Alex (1984): Was heißt „individuelle Modernität"? In: Schöfthaler et al. (1984): 351-378

Joppke, Christian (1999): The United States, Germany and Great Britain. Oxford: Oxford University Press

Kauders, Anthony (2007): Unmögliche Heimat. München: DVA

Kiesel, Doron/Messerschmidt, Astrid/Scherr, Albert (Hrsg.) (1998): Die Erfindung der Fremdheit. Zur Kontroverse um Gleichheit und Differenz im Sozialstaat. Frankfurt a.M.: Brands und Apsel

Kiesel, Doron (1996): Das Dilemma der Differenz. Zur Kritik des Kulturalismus in der Interkulturellen Pädagogik. Frankfurt a.M.: Cooperative

Koerber, Karen (1998): Der „Königsteiner Schlüssel" und die Lehren von Gollwitz. Die jüdische Zuwanderung aus den GUS Staaten und die enttäuschten Erwartungen. Eine Analyse der Rahmenbedingungen. In: Frankfurter Rundschau vom 17. Januar 1998

Koerber, Karen (2005): Juden, Russen, Emigranten. Identitätskonflikte jüdischer Einwanderer in einer ostdeutschen Stadt. Frankfurt a.M./New York: Campus

Koopmans, Ruud/Slatham, Paul (Eds.) (2000): Challenging Immigration and Ethnic Relations. Oxford: Oxford University Press

Künne, Wilfried (1979): Die Außenwanderung jugoslawischer Arbeitskräfte. Königstein/Ts.: Peter Hanstein

Kymlicka, Will/Norman, Wayne (Eds.) (2000): Citizenship in diverse Societies. Oxford: Oxford University Press

Kymlicka, Will (2001): Politics in the Vernacular. Nationalism, Multiculturalism and Citizenship. Oxford: Oxford University Press

Langenheder, Werner (1968): Ansatz zu eine allgemeinen Verhaltenstheorie in den Sozialwissenschaften. Dargestellt und überprüft an Ergebnissen empirischer Untersuchungen über Ursachen von Wanderungen. Köln/Opladen: Westdeutscher Verlag

Lee, Everett (1972): Eine Theorie der Wanderung. In: Szell, György (Hrsg.): Regionale Mobilität. München: Nymphenburger

Mautner, Menachem/Sagi, Avi/Shamir, Ronen (Eds.) (1998): Multiculturalism in a Democratic and Jewish State. Tel Aviv: Ramot

Müller-Schneider, Thomas (2000): Zuwanderung in westliche Gesellschaften. Opladen: Leske und Budrich

Peck, Jeffrey M. (2006): Being Jewish in the New Germany. New Brunswick/London: Rudgers University

Peres, Yochanan (1985): Ethnic Relations in Israel. Tel Aviv: Sifriat Hapoalim

Pries, Ludger (Hrsg.) (1997): Transnationale Migration. Soziale Welt, Sonderband 12. Baden-Baden: Nomos

Esser, Hartmut (1989):.Die Eingliederung der zweiten Generation. Zur Erklärung „kultureller" Differenzen. Zeitschrift für Soziologie, 18. Jg., Heft 6: 426-443

Ronzani, Silvio (1980): Arbeitskräftewanderung und gesellschaftliche Entwicklung: Erfahrungen in Italien, in der Schweiz und in der Bundesrepublik Deutschland. Königstein/Ts.: Peter Hanstein

Scherr, Albert (1999): Die Konstruktion von Fremdheit in sozialen Prozessen. In: Kiesel et al. (1999): Die Erfindung der Fremdheit

Schoeps, Julius/Jasper, Willi/Vogt Bernhard (Hrsg.) (1996): Russische Juden in Deutschland. Integration und Selbstbehauptung in einem fremden Land. Weinheim: Beltz/Athenäum

Schoeps, Julius/Jasper, Willi/Vogt, Bernhard (Hrsg.) (1999): Ein neues Judentum in Deutschland? Fremd und Eigenbilder der russisch-jüdischen Einwanderer. Potsdam: Verlag für Berlin-Brandenburg

Schoeps, Julius/Jasper, Willi/Vogt, Bernhard (Hrsg.) (2006): Building a Diaspora. Russian Jews in Israel, Germany and the USA. Leiden/Boston: Brill

Schöfthaler, Traugott/Goldschmidt, Dietrich (Hrsg.) (1984): Soziale Struktur und Vernunft. Jean Piages Modell entwickelten Denkens in der Diskussion kulturvergleichender Forschung. Frankfurt a.M.: Suhrkamp

Slezkine, Jury (2004): The Jewish Century. Princeton: Princeton University Press

Spülbeck, Susanne (1997): Ordnung und Angst. Russische Juden aus der Sicht eines ostdeutschen Dorfes nach der Wende. Frankfurt a.M./New York: Campus

Stanislawski, Michael (1995): Russian Jewry, the Russian State and the Dynamics of Jewish Emancipation. In: Birnbaum/Katznelson (1995): 262-2843

Stromberg, Claudia (2001): Akkulturation russischer Juden in Deutschland und Israel : Wertekongruenz und Wohlbefinden. Lengerich: Pabst

Todorov, Tzvetan (1996): Abenteuer des Zusammenlebens. Versuch einer allgemeinen Anthropologie. Berlin: Wagenbach

Treibel, Anette (1999): Migration in modernen Gesellschaften. Weinheim/ München: Juventa

Treichler, Andreas/Cyrus, Norbert (Hrsg.) (2004): Handbuch Soziale Arbeit in der Einwanderungsgesellschaft. Frankfurt a.M.: Brandes und Apsel

Tsypylma, Darieva (2004): Russkij Berlin. Migrants and Media in Berlin and London. Münster: LIT

II. Profession Sozialer Arbeit als Differenzierungspraxis

Queer Professionals als Reflexionskategorie für die Soziale Arbeit

Christian Schütte-Bäumner

Abstract

Soziale Arbeit bezieht ihren Gegenstand grundsätzlich auf „das Soziale". Als Expertin im Kontext so genannter „sozialer Probleme" definiert Soziale Arbeit ihr Handeln häufig als Unterstützungsangebot, wenn Adressat_innen in schwierige Lebenssituationen geraten. Im Kontext dieses Krisenbezugs werden „Identitäten" und Differenzen vorausgesetzt: einerseits der professionelle Sozialarbeiter, andererseits die ratsuchende Akteurin. Vor dem Hintergrund medial inszenierter AIDS-Bilder und am Beispiel professioneller Praxis in den AIDS-Hilfen werden im folgenden Beitrag unhinterfragte Normalisierungspraxen und normative Identitätskonstruktionen kritisch analysiert. „Queer Professionals" werden dabei als Reflexionskategorie für die Soziale Arbeit beschrieben, als Modus reflexiven Nachdenkens, genauen Hinsehens und als Versuch, sich nicht dumm machen zu lassen. Soziale Arbeit queer gedacht rückt somit eine reflexive Dimension ins Zentrum der Professionalisierungsdebatte, die keine „authentischen Echtheiten" stabilisiert, sondern „Zonen der Mehrdeutigkeit und Pluralität" offen hält.

1. Soziale Arbeit in Auseinandersetzung mit Differenz und Identitätspolitiken: eine Vorbemerkung[1]

Beratung, Betreuung und psychosoziale Begleitung sind Oberbegriffe, die den anwendungsbezogenen wie auch handlungstheoretischen Rahmen professioneller Sozialer Arbeit zusammenfassen. Das bedeutet, dass organisierte Hilfe aus spezialisierten Institutionen heraus geleistet wird, die immer schon eine bestimmte Idee, wie zu helfen sei, mit sich führen. Der Gegenstand Sozialer Arbeit bezieht sich dabei grundsätzlich auf „das Soziale" im Sinne einer gesellschaftlichen Konstruktion sozialer Wirklichkeit (vgl. Berger/Luckmann 2003). Der Herstellungsprozess „des Sozialen" ist durch ein aktives Tun determiniert. Man könnte in diesem Zusam-

---

[1] „Geschlechtsspezifische Benennungen" verwende ich bewusst chaotisch in der Absicht, damit das übliche, heteronormative Sprachschema als sexuierte Regularität in wissenschaftlichen Texten zu sabotieren. Anders ausgedrückt nutze ich eine vereindeutigende Formulierung, um deutlich zu machen, dass Namensgebungen im Sinne von Zuschreibungen oder auch Etikettierungen nicht außerhalb komplexer Machtverhältnisse zu denken sind. Vielmehr geht es aus einer kritischen Perspektive, so wie ich sie verstehe, darum, die Produktivität von Diskursen im Prozess der Subjektwerdung zu berücksichtigen.

menhang durchaus auch vom praktischen Vollzug des Kulturellen, oder vom „doing culture" sprechen. Soziale Arbeit ist als Disziplin und Profession an diesem gesellschaftlichen Konstruktionsprozess beteiligt, indem sie als „Expert_in im Kontext sozialer Probleme" den Gegenstand, dem sie sich professionell widmet, zugleich erst als solchen mit herstellt und mit definiert. Krisen und Problemsituationen werden entlang der Lebensphasen Kindheit, Jugend, Erwachsenenalter und Alter(n) ausdifferenziert und spezifischen AdressatInnengruppen bzw. Berufsfeldern zugeordnet. Das Soziale gerät zum Schlüsselbegriff Sozialer Arbeit.

Zur Umsetzung und Durchführung jener „Grundsätze des Sozialen" ist der Sozialstaat beauftragt, umfassend, professionell und ökonomisch nachhaltig Unterstützung zu leisten. Durch die Soziale Arbeit werden jene institutionalisierten Hilfestellungen im Sinne einer „Krisenbewältigung" in Bezug zu ihren Adressat_innen wahrgenommen, bei denen sie erzieht, bildet, hilft, vertritt, vermittelt, berät und lenkt, steuert, ordnet und führt: „Dieser Befund ist keineswegs erstaunlich, denn Menschenführung bezeichnet die pädagogische Sache selbst (…). Der Gebrauch der eigenen Kräfte ist das Ziel pädagogischer Führung" (vgl. Kessl 2005: 39, 47). Demgemäß lässt sich Soziale Arbeit heute als professionelle Aktivierungsinstanz zur Mobilisierung individueller Ressourcen und Möglichkeiten ihrer Adressatinnen, als Hilfe-zur-Selbsthilfe-Institution beschreiben.

Für die hier vorgenommene Argumentation ist es jedoch nicht entscheidend, was den Kern, das Konstituens oder die „Eigenschaft der Sozialen Arbeit" ausmacht, vielmehr interessiert der „Kontext, in dem die Eigenschaft eine Rolle spielt" (Kunstreich 2000: 8), wie sich also Differenz im Sinne einer normativen Unterscheidung zwischen „dem Wir und den Anderen" als gesellschaftlicher Phänomenbereich und als Konstruktion darstellt. Mit dieser Perspektive wird also auf das Verhältnis von Differenz und Gleichheit referiert und somit die Konstitutionsprozesse von Unterscheidungsentscheidungen einerseits und Gleichheitsansprüchen andererseits untersucht.

Soziale Arbeit bezieht sich gerne auf Identitäten: Sie versucht ihr eigenes Selbstverständnis als professionelle Identität zu formulieren und geht dabei zugleich von einer spezifischen Identität „ihrer Adressatengruppe" aus. Adressatinnen Sozialer Arbeit werden beispielsweise grundsätzlich mit einem „Hilfebedarf" in Verbindung gebracht, den es im weiteren Verlauf zu systematisieren und mittels „multiperspektivischer Fallarbeit" (Müller 2006) zu bewältigen gelte. In einer solchen Bestimmung besteht zumindest potenziell die Gefahr, dass der „pädagogische Bezug" von den professionellen Akteuren ausschließlich im Selbstverständnis eines „sozialen Problems" interpretiert wird. Im affirmativen Gebrauch des Vokabulars „beschädigte Identität" als Kennzeichen eines „kranken", „störenden" und „zu integrierenden" Individuums, manifestiert sich dann die Praxis eines „sozialpathologischen Blicks".

Demgegenüber soll in kritischer Abgrenzung zu einem solchen Blick nicht die Entscheidung für oder gegen eine Sozialpathologisierung in den Mittelpunkt gestellt werden, sondern vielmehr der Versuch unternommen werden, die Wirkmächtigkeit binärer Kategorisierungen wie „krank/gesund", „jung/alt" oder „gutes, aktives Alter(n)/schlechtes, passives Alter(n)" im Sinne von „Skandalisierungsfallen" (Cremer-Schäfer 1992) zu dekonstruieren. Darüber hinaus ist darauf aufmerksam zu machen, dass Identitätspolitiken, auch wenn sie wohlmeinend für Diversität plädieren, Doppelproblematiken verschiedenster Couleur im Modus einer additiven Reihung von Problemen, die man „hat", generieren: Schwierige Lebenssituationen werden auf diese Weise naturalisiert und als Persönlichkeitsmerkmale den Adressatinnen zugeschrieben. Für eine Soziale Arbeit, wie sie hier vorgestellt werden soll, ist demzufolge Reflexionsarbeit besonders wichtig, weil sie sonst in der Gefahr steht, gewissermaßen in der pädagogischen Situation selbst, degradierende Kategorisierungen zu stabilisieren und zu reproduzieren, statt diese in Frage zu stellen.

In Auseinandersetzung um ein angemessenes Verständnis von Differenz und Diversität in der Sozialen Arbeit sollte es meines Erachtens daher zuallererst darum gehen, die Unterschiedlichkeit zum Anderen, die „fremde Lebenswelt" der Anderen und somit auch die differenten Deutungsmuster nicht zu vergegenständlichen. Für die Soziale Arbeit kommt es vielmehr und ganz entscheidend darauf an, im Modus reflexiv-kritischer Haltung die Situation „der Anderen und Differenten" zu *verstehen* und die soziale Produktion von Identitäten „als den fortwährenden und unbarmherzigen Prozeß der hierarchisierenden Differenzierung zu (…) (analysieren; CSB), der aber zugleich immer auch der Neudefinition und der Veränderung unterworfen ist" (Hark 1998: 37).

Mit Blick auf die professionstheoretisch bedeutsame Figur der Diversität folgt daher Catrin Heite (2008: 77), anerkennungstheoretisch inspiriert, der Frage, „wie unterschiedliche Formen sozialer Ungleichheit und entsprechend unterschiedliche Bedürfnis- und Lebenslagen in Sozialer Arbeit angemessen zu repräsentieren sind". Schließlich gehe es einerseits darum, „gegen die Benachteiligung als Frauen, als Homosexuelle oder als people of colour vorzugehen (…). Mit diesem affirmativen Bezug ist (andererseits; C.SB.) jenes Paradox verbunden, die Ungleichheitskategorien zu reifizieren und ihren Konstruktionscharakter nicht in hinreichendem Maße zu markieren" (ebd.: 77f.).

Im Folgenden argumentiere ich im Anschluss daran für ein que(e)res, auf Reflexivität, Offenheit und Unabgeschlossenheit ausgerichtetes Verständnis von „Professionalitäten" Sozialer Arbeit. Dieser Zugriff wirft sicherlich eine zusätzliche Frage auf, nämlich, wie eine notwendige Identitätsarbeit ihre eigenen Konstruktionsverhältnisse und -mechanismen im Auge behalten kann, denn Soziale Arbeit queer gedacht rückt eine reflexive Dimension ins Zentrum der Professionalisierungsdebatte, die keine „authentischen Echtheiten" stabilisiert, sondern „Zonen der Mehrdeutigkeit und Pluralität" offen halten möchte.

> „Differenz" kann einmal als Modus der Anerkennung von Vielfalt, Offenheit und Individualität verstanden werden, ohne dabei im gleichen Atemzug Normen, Macht- und Herrschaftsverhältnisse zu affirmieren. Zugleich lässt sich die Kategorie Differenz aber auch als kritische Perspektive nutzen, um den fundierenden Status spezifischer Identitätsformierungen und Praktiken der Platzanweisung in der Gesellschaft zu analysieren und zu skandalisieren. Auf diese Weise referiert queer auf die widersprüchliche Praxis, sich just den identitätskonstituierenden, sozialen und institutionellen Normen zu widersetzen, durch die man letztlich bestimmt wird.

Meines Erachtens lassen sich jene paradoxalen Argumentationsstränge für oder gegen Identitätspolitik nicht zufriedenstellend auflösen, vielmehr empfiehlt sich, eine empirisch-fundierte Perspektive einzunehmen, mit der forschungsstrategisch versucht wird, nicht-verdinglichend, partizipativ und vor allem jenseits eines rechthaberischen Modells von Wahrheit (vgl. Steinert 1998: 67), den Mikrostrukturen des Sozialen ein Stück näher zu kommen. Sodann lassen sich Selbstverständnismuster der Akteure in ihrer Lebenswelt analysieren und vor dem Hintergrund gesellschaftlicher Diskurse und Anrufungen reinterpretieren.

Am Beispiel der Rekonstruktionen professioneller Praxis in den AIDS-Hilfen, die ich im Rahmen eines Forschungsprojekts vornehmen konnte (vgl. Schütte-Bäumner 2007), werde ich im Folgenden meine Argumentation, Soziale Arbeit que(e)r zu denken, genauer ausarbeiten.[2] Dabei geht es mir insbesondere um die Figur des „produktiven Gewordenseins" beruflicher, privater, sexueller sowie politischer Identitätskonstruktionen der Sozialarbeiter_innen in den AIDS-Hilfen im Verhältnis zur Wirkmächtigkeit einer heteronormativen Matrix.

Normalität in Bezug auf gesellschaftlich anerkannte Differenzen verweist auf die Potenz einer sozialen Konstruktion, die über die Wirkmächtigkeit heteronormativ etablierter Konventionen, das Muster „hegemonialer Männlichkeit" (Connell 2006) kontinuierlich reproduziert und somit auch für das Feld der AIDS-Hilfen wirksam ist. In den AIDS-Hilfen zeigt sich mithin eine professionelle Praxis, in deren Vollzug nicht zwangsläufig zwischen dem normalen, „distanzierten Profi" und der besonderen, „betroffenen Adressat_in" unterschieden werden kann, weil die Erfahrungshintergründe der Akteure diese Trennung zumeist nicht zulassen: Zum Teil selbst mit dem HI-Virus infiziert und als Sozialarbeiter_innen von Beginn in der AIDS-Hilfe-Bewegung engagiert, korrelieren die biografischen Entwicklungen der Fachkräfte mit ihrem beruflichen Einstieg als Expertin in der Institution AIDS-Hilfe. Professionelle Praxis in den AIDS-Hilfen ist durch diese Spannung zwischen Selbsthilfe und Professionalität grundlegend charakterisiert. Die Logik

---

[2] Ich danke Alexandra Rau und Holger Adam für wichtige Hinweise.

„neutrale Professionelle einerseits" und „bedürftige Adressaten andererseits" greift daher deutlich zu kurz. Soziale Arbeit in den AIDS-Hilfen ist vielmehr darauf verwiesen, Professionalität nicht als binäre Kategorie zu denken, weil sich die Betroffenheiten durch eine eigene HIV-Infektion oder eine eigene AIDS-Krankheit, aber auch bereits durch das eigene Schwulsein zeigen.

Für mich stellt sich daher, ähnlich wie für Catrin Heite (2008; vgl. auch ihren Beitrag in diesem Band) die Frage nach den Repräsentationen von Diskriminierungserfahrungen und Adressatenbedürfnissen durch die Soziale Arbeit. Reichen ein „Soziale Probleme-Bezug" und „Bedürftigkeitsprüfungen" (vgl. Cremer-Schäfer 2008) aus, um mit Hilfe von Prävention, Beratung, Begleitung und niedrigschwelligen Betreuungsangeboten jene komplizierten Alltagssituationen, in die Menschen geraten können, angemessen zu verstehen?

Bevor ich auf die meines Erachtens notwendige Reflexionsperspektive „Queer" und ihren Beitrag für das Professionsverständnis Sozialer Arbeit näher eingehe, skizziere ich dazu den AIDS-Diskurs im Übergang vom alten zum neuen AIDS-Bild[3] als Rekonstruktion der Entstehung von AIDS-Hilfe-Arbeit als Praxisfeld Sozialer Arbeit. Denn zu Beginn der „AIDS-Krise" waren es zunächst Freundeskreise und Selbsthilfeinitiativen, die sich als soziale Bewegung der Diskriminierung und Stigmatisierung entgegensetzten. Pflege und Begleitung wurde zuerst „in Bewegung" organisiert und erst allmählich professionalisiert.

AIDS hat sich also verändert und wird zunehmend als chronische, „normale" Krankheit verhandelt. Da während dieser geschichtlichen Entwicklung Normalisierungsprozesse unhinterfragt in die sozialpädagogische Praxis integriert wurden, besteht die Gefahr, dass spezifische Diskriminierungspraxen übersehen werden.

2. Inszenierte Moralpanik im Übergang zum „normalisierten AIDS"[4]

Im Laufe der Jahre ist AIDS anders geworden. Die unmittelbare Todesdrohung, die noch bis vor kurzem mit der Diagnose HIV-Infektion oder AIDS-Krankheit verbunden war, verliert inzwischen an Bedeutung. In dieser Situation zeichnet sich nun ein Chronifizierungsprozess einer behandelbaren, aber noch nicht heilbaren Erkrankung durch den Einsatz wirksamer Medikamente ab. Ich gehe daher von einem alten und neuen „AIDS-Bild" aus (vgl. Dannecker 1997, 2000). Das alte Bild von einer Krankheit ohne Aussicht auf Genesung steht dabei dem Bild von einer Krankheit, die zwar nicht geheilt, doch aber therapiert werden kann, gegenüber. Facetten-

---

[3] Mit Rekurs auf die Analysen zu Sexualität und Sexualitätsdiskursen von Michel Foucault bespreche ich „Bilder von AIDS" als Kontexte, die einerseits diskursive Verhältnisse erschaffen, von denen sie aber andererseits überhaupt erst geschichtlich hervorgebracht werden.
[4] In den folgenden Kapiteln greife ich auf Passagen aus einem bereits publizierten Text zurück (vgl. Schütte-Bäumner 2007).

reiche Interpretations- und Reinterpretationsmöglichkeiten als Erklärungsansätze stellen sich seit der Entdeckung des HI-Virus multidisziplinär zur Entwicklungsgeschichte. AIDS ist demzufolge nicht nur eine naturwissenschaftliche Kategorie, AIDS ist ebenso in gesellschaftliche Verhältnisse eingelassen, aus denen heraus Individuen versuchen, Krankheitsverläufe und nicht selten damit verbundene Diskreditierungen auf sehr unterschiedlichen Wegen zu bewältigen.

Die Rede von einer „AIDS-Krise" rekurriert dagegen auf eine „charakteristische" Lesart: Sie geht von einem extremen Sonderfall aus. Das Anreizen eines ständigen Sprechens und Berichtens über AIDS lässt sich im Sinne Foucaults als eine „diskursive(n) Explosion" (Foucault 1983: 23) interpretieren. AIDS wird so zum Synonym für einen gesamtgesellschaftlichen Ausnahmezustand. Innerhalb dieser komplexen Gemengelage konstituiert sich einerseits die „Figur des AIDS-Kranken" sowie andererseits eine kontinuierlich professionell organisierte Selbsthilfe. Thema der nachfolgenden Überlegungen ist somit, am Beispiel der Entwicklung Sozialer Arbeit in den AIDS-Hilfen, die Kritik an der traditionellen Professionalisierungsdebatte vorzubereiten.

Moralpanik
Da die AIDS-Krise sozialwissenschaftlich wie gesundheitspolitisch im Rückblick nicht auf ein Katastrophenszenario reduziert werden kann, sondern die professionellen Bewältigungsstrukturen in einer Gesamtschau mitberücksichtigt werden müssen, stellen sich die „Bilder von AIDS" als komplexe Zusammenhänge dar.

Zwischen Innovation und Katastrophe (vgl. Rosenbrock 2003) wird der Mythos AIDS mindestens bis Ende der 1990er Jahre in den Medien zunächst ostentativ als Katastrophe entworfen: „Die Definitionsprozesse, die AIDS zu einem gesellschaftlichen Problem werden ließen, waren deshalb so erfolgreich, da die Mediziner eine im Verhältnis zu anderen Infektionskrankheiten schwer übertragbare und eher seltene Krankheit zu einer ubiquitären Bedrohung hochstilisierten. Wie wir sehen werden, trägt diese Strategie alle Züge einer öffentlich inszenierten Panik. Panik deshalb, da man das Risiko einer Infektion zugleich maximierte (jeder Kontakt könnte potenziell gefährlich sein) und generalisierte (jede/r ist gefährdet). Dass hierbei alle Regeln wissenschaftlicher Kunst über Bord geworfen wurden, verdeutlichen schon die aufbereiteten epidemiologischen Daten" (Hutter 1997a: 88). Die Nachricht eines „todbringenden Virus" wird über eine zunehmend mediengesteuerte Kampagne von den USA nach Europa transportiert. Die überlieferte Botschaft einer neuen, gefährlichen Seuche wird zwar auch, wie oben bereits angedeutet, von wissenschaftlichen Disziplinen in die allgemeine Debatte über AIDS hineingetragen – den wesentlichen Teil einer „Meinungsmache" übernehmen indes Vertreter/innen der Medien: „Die von Wissenschaft, Politik und den Medien inszenierte Moralpanik hat bei AIDS ihre Wirkung nicht verfehlt" (ebd.: 92). Informationen werden über eine spezifische Berichterstattung aufbereitet und konstruieren auf diese Weise fraktionierte Perspektiven. Wirklichkeiten werden so hergestellt und stetig weiter verformt. Aussagen ziehen Varianten von Bedeutungen nach sich und modellieren ein Bild von etwas, das in der beschriebenen Weise vielleicht gar nicht, oder aber auch ganz anders erscheinen mag.

Betroffenheiten
Bernd Aretz (1995), Rechtsanwalt und Notar und in Selbstbezeichnung: „bürgerlich autonome Tunte" (ebd.: 156), beschreibt in seinen *Annäherungen: meine ersten 10 Jahre im Zeichen von AIDS* seine Eindrücke als „Betroffener" und schildert den Umgang mit Stigmatisierungen diskreditierter Menschen folgendermaßen: „Wir waren in der Anfangszeit ziemlich alleingelassen. Nicht, daß wir nicht Objekte atemberaubender Zuwendung und Interesse gewesen wären, aber als gleichberechtigte kritikfähige Menschen kamen wir nicht vor. Manchmal konnte man den Eindruck haben, als ob es bei AIDS nur um Durchhalteparolen oder Mitgefühl beim Prozess des Sterbens ging" (ebd.: 26). Zwischen dogmatisch-aktivierenden Appellen und einem missverständlichen Gestus tröstender Empathie setzt die AIDS-Panik HIV-positiven und AIDS-kranken Menschen gegenüber subtile, verdinglichende Trope frei, die enttäuschen, ernüchtern und Kräfte absorbieren. Das autobiografische Schreiben konnte, so Aretz, der Erfahrung, alleingelassen zu sein, ein wenig Kraft zum Reflektieren zurückgeben: „HIV wurde über Literatur Bestandteil nicht nur des Sterbens, sondern des alltäglich gelebten Lebens. Für die Verletzungen gab es Trost" (ebd.: 24). Diese und andere Statements[5] zeigen die damals große gesamtgesellschaftliche Verunsicherung, aber auch die grundsätzliche Haltung gegenüber Minderheiten und benachteiligten Gesellschaftsmitgliedern. Die Berichte von Hutter und Aretz können stellvertretend aufzeigen, wie – über die Konstruktion der AIDS-Kranken als gefährliche Gruppe – allmählich Zonen des Alleingelassenwerdens und der Stigmatisierung entstehen. Man mag sich an dieser Stelle an Adornos Sentenz erinnern, die ermunternd darlegt, dass die „fast unlösbare Aufgabe (...) darin (besteht), weder von der Macht der anderen, noch von der eigenen Ohnmacht sich dumm machen zu lassen" (Adorno 2003: 67). Dieser Aufforderung Adornos gewissermaßen folgend kamen Anfang der 1980er Jahre Freundeskreise und Selbsthilfeinitiativen zusammen, um dem personalisierenden und damit gleichsam entpolitisierenden AIDS-Diskurs „in sozialer Bewegung" kollektiv entgegen zu treten. Es entwickelte sich ein Engagement, das sich zusehends institutionalisierte. Zwischen sozialer AIDS-Hilfe-Bewegung und wachsendem Bedarf an professionellen Care-Strategien entstehen die ersten AIDS-Hilfen sowie deren Dachverband, die Deutsche AIDS-Hilfe e.V. (DAH).

---

[5] Zum Beispiel Helmut Zander (1988) *Der Regenbogen. Tagebuch eines AIDSkranken.*

Effekte einer Normalisierung von AIDS
Im Übergang von einem alten zu einem neuen AIDS-Bild können Ausschließungs- und Stigmatisierungsroutinen im Modus der Moralpanik durchaus noch konstatiert werden, ihre Beständigkeit wird indes bereits von einem Normalisierungsdiskurs begleitet. Die Krankheit AIDS gerät zunehmend zur Normalität. Besonders relevant sind in diesem Zusammenhang die disziplinierenden Effekte der Normalisierung. Michel Foucault plädiert dafür, analytisch nicht zwischen „normal" und „anormal" zu trennen, respektive eine solche binäre Perspektive im Vorhinein kritisch zu überdenken, weil die Vorstellung eines „Normalseins" die Logik „fester und natürlicher Identitäten" untermauere.

Zugleich ist das gesellschaftlich legitimierte Bild vom „Normalsein" wirkmächtig. Es provoziert, das eigene Verhalten und Selbstkonzept in Richtung dieser „Normalitätsmuster" auszurichten und gegebenenfalls „selbstnormalisierend" zu justieren. Dieser Prozess funktioniert vor allem latent und nicht geplant oder zielbewusst. Die Macht des Normalen oder des Normalseins bedeutet, dass sich eine spezifische Vorstellung darüber etabliert, was das richtige, geordnete und legitime Leben ausmacht und zugleich auch, was falsch und nicht normal ist. Wir haben es, so gesehen, mit Konstruktionen des Normalen und seiner Abweichungen zu tun. An dieser Stelle entsteht auch der gesellschaftliche Anspruch, das Normale vom Unnormalen zu trennen, obgleich zumeist ungeklärt bleibt, welche Gründe das Faktum „Nichtnormal" oder „Anderssein" als emphatisches Gegenteil des Normalen konstituieren. Um diesen Konstruktions- und Konstitutionsprozess des Normalen/Nichtnormalen zu verstehen und diesem reflexiv zu begegnen, ist aus meiner Sicht im Anschluss an Foucault zwischen analytischer und empirischer Ebene zu unterscheiden. Empirisch ist der Rückgriff auf Ressourcen, die Inklusion ermöglichen, nachvollziehbar, weil Akteure in ihren sozialen Interaktionen mit den gesellschaftlichen Normalitätsvorstellungen konfrontiert sind und im Rahmen dieser normativen Unterscheidungsmatrix versuchen, Situationen zu bewältigen, zu verändern und „zu ihrem Besten" zu wenden. Eine analytische Vorgehensweise, man könnte auch sagen, ein gesellschaftsanalytisch motiviertes Verstehen, geht von „Mikrotechniken und vielfältigen Denkweisen (aus), die sich zu ‚Machtstrukturen' und Diskursen verdichten und verstetigen" (Bröckling et al. 2004: 9). Das Erkenntnisinteresse referiert dann auf ein „Wie": Wie kommt es zu solch bestimmenden und bewertenden Typologisierungen normaler und nichtnormaler Lebensweisen? Kann tatsächlich von fixen Grenzen ausgegangen werden oder sind diese vielmehr dehn- und verschiebbar, so dass im Prozess der Normalisierung immer auch eine Selbstaktivierung der Individuen mitgemeint ist? Foucault (1983) räumt in seinen normalisierungstheoretischen Überlegungen ein, dass es zwar durchaus eine Macht gebe, die ihre repressive Kraft über juridische Verfahren und Rechtsinstitutionen organisiere, doch funktionierten Gesetz und Ordnung sowie Recht und Institutionen immer mehr als Norm: „Eine Normalisierungsgesellschaft ist der historische

Effekt einer auf das Leben gerichteten Machttechnologie" (ebd.: 139). Im Reden von der „normalen AIDS-Krankheit" werden fortdauernde Zwänge und Diskriminierungen in einer Wirklichkeit, die eben doch noch nicht in der Normalität angekommen ist, übersehen. Die Diskussion über den Umgang der Pharmaindustrie mit der Behandelbarkeit von AIDS ist hierfür ein gutes Beispiel: In deren Werbung entsteht leicht der Eindruck, dass durch die Einnahme von ein bis zwei „Pillen" das ehemals große Leiden zu einer Nebensache in der Größenordnung einer Erkältung bagatellisiert werde. „Egal ob ‚Glotze oder Glamour', auch mit HIV oder AIDS kannst du alles erleben" (Graf 2005).[6]

Gesellschaftlich wirksames Wissen wird kurzerhand wegretuschiert. In der Logik einer Normalisierung der AIDS-Krise wird ihre Entdramatisierung im Sinne einer Erfolgsgeschichte unterkomplex interpretiert. Unberücksichtigt bleibt – und für diesen Zusammenhang kann meines Erachtens eine verqueere Perspektive innerhalb der Sozialen Arbeit sensibilisieren – eine Entwicklung höchst diversifizierter Lebenssituationen in Verbindung mit AIDS. Diese stehen zwar nicht im Zentrum der Berichterstattung, gleichzeitig aber bleiben diskursive Effekte als Wirklichkeit konstruierende und durchaus spürbare Machtachsen bestehen. Sie beeinflussen das situativ auszuhandelnde Lebensprogramm erkrankter und/oder behinderter Menschen und beeinträchtigen ihre Ressourcen zum Beispiel im Bereich des medikamentös induzierten Nebenwirkungsmanagements.

3. Involvierte Professionalitäten: stets eine Frage der Identität?

Vor dem Hintergrund des bisher Dargestellten lässt sich sagen, dass Soziale Arbeit in den AIDS-Hilfen durch ein Involviertsein der Sozialarbeiter/innen in disziplinierende Identitätsarbeit, in regulierende Selbstvergewisserung durch Identitätsklärung gekennzeichnet und durch ein spezifisches Arrangement eigener Erfahrungen mit den Problemen der ihnen anbefohlenen Adressat_innen geprägt ist. Die teilweise kollektiv gemachten Erfahrungen beziehen sich häufig auf die Themen HIV-Infektion und AIDS-Erkrankung[7]. Aber auch der Umgang mit Schwulsein und dem Prozess des Coming-Outs spielen eine Rolle. Thorsten Klar, Sozialarbeiter im Beratungszentrum einer AIDS-Hilfe, 35 Jahre alt, führt den Bezug zur AIDS-Hilfe als Ort identitärer Selbstvergewisserung folgendermaßen aus:

---

[6] Mit dieser Aussage wirbt der Pharmakonzern Bristol-Meyer Squibb auf einer kompletten Seite in einem schwulen Stadtmagazin.
[7] Im Datenmaterial meiner Untersuchung professioneller Praxis in den AIDS-Hilfen (vgl. Schütte-Bäumner 2007) wird diese Betroffenheiten-Typologie weiter ausdifferenziert. „Direkte", „indirekte" sowie „Nicht-Betroffenheit" sind als „Grade des Involviertseins" und des Engagements der Akteure dargestellt.

> „Der erste Kontakt zur AIDS-Hilfe hatte auch mit meinem Coming-Out zu tun. AIDS war als sozialarbeiterisches Feld für mich nahe liegend, da ich wusste, dass dort schwule Männer arbeiten und auch zum Klientel gehören. Es war für mich ein weiterer Baustein des Coming Out, z.B. sagen zu können, ich arbeite bei der AIDS-Hilfe, bedeutete in vielen Augen bereits, dass ich schwul sein könnte. Damit erübrigte sich manchmal das eigentliche Outing in Form von ‚Ich bin schwul'. Auch das Wissen, dort als schwuler Mann arbeiten zu können und akzeptiert zu sein, spielte eine Rolle. Das Gefühl, mich auf der Arbeit nicht verstellen zu müssen, ebenso wie ich es nicht im Privatleben tue, ist eine Form von Lebensqualität. Das wird mir aber erst heute so richtig bewusst und spielte früher eher unbewusst eine Rolle" (Quelle: Schütte-Bäumner 2007: 106).

Das Beispiel zeigt eindrücklich, wie die soziale Konstruktion einer sexuellen Identität im Berufsbereich durch den affirmativen Akt der identitären Kreuzung privater mit formal-beruflichen Selbstkonzepten in den Vordergrund gerückt wird. Im Kontext von AIDS-Hilfe rücken private Erfahrungen auf eine formal-institutionelle Ebene, können dabei sogar einen weiteren Baustein des Coming-Outs ausmachen und auf diese Weise berufliche Identität mit sexueller Identität konvergieren. Die Bezugnahme auf die Kategorie Identität erscheint für die Sozialarbeiter_innen in den AIDS-Hilfen, wie hier exemplarisch an der Aussage Thorsten Klars ausgeführt wurde, unhintergehbar.

Im Prozess des Problematisierens von Identitätskonstruktionen kommt es somit weniger darauf an, dass Identitäten gebildet und gelebt werden, sondern vielmehr darauf, dass gefragt werden muss, wie Identitäten zustande kommen und welche Plätze sie im Professionalisierungsdiskurs besetzen sollen und können. AIDS-Hilfe dient beispielsweise Thorsten Klar als Anlaufstelle und Schutzraum. Zugleich wird aber auch deutlich, dass diese Entwicklung mit den Wirkmächtigkeiten des alten wie auch des neuen AIDS-Bildes zu tun hat. Moralpaniken einerseits und Aktivitäten der Schwulenbewegung andererseits begleiten den Konstitutionsprozess einer spezifischen Beziehung zwischen Adressaten und Professionellen in den AIDS-Hilfen. Expert_innen in den AIDS-Hilfen stellen sich häufig in einen Zusammenhang, der auf die Bestimmung der eigenen „Identität als Selbstverständlichkeit" bezogen ist. Das Besondere und Auffällige dieser Identitätssuche entsteht in der Verstrickung verschiedener Anforderungen, Subjekt zu sein. Zum einen haben es Expert_innen mit der Identitätskategorie des Schwulseins zu tun: Im Verfahren des Coming-Outs gilt es, sich einer bestimmten sexuellen Orientierung unterzuordnen. Eine weitere Anforderung, Subjekt zu sein, entsteht für die Experten in AIDS-Hilfen, wenn sie nicht nur als schwule Subjekte auftreten müssen, sondern zugleich als Fachkraft mit Diplom aufgefordert sind, ihren „Habitus" als AIDS-Hilfe-Fachkraft mit den Vorstellungen und Erwartungen der Institution AIDS-Hilfe abzugleichen. Das Arrangement dieser beiden Identitätsstabilisierungen folgt damit zugleich dem doppelten Sinn, der dem Subjektbegriff innewohnt. „Das Wort Subjekt hat einen zweifachen Sinn: vermittels Kontrolle und Abhängigkeit jemandem unterworfen sein und durch Bewußtsein und Selbsterkenntnis seiner eigenen Identität verhaftet sein. Beide Bedeutungen unterstellen eine Form von Macht, die einen unterwirft und zu jemandes Subjekt macht" (Foucault 1987: 246f.). Wie könnten ein angemessenes Verstehen sowie eine angemessene Reflexion „involvierter Professionalitäten" aussehen?

Queer als Suchbewegung
Analytisch interessieren mich genau diese Gemengelage, die Verschachtelungen und scheinbaren Selbstverständlichkeiten, mit denen es involvierte professionelle Sozialarbeiter/innen zu tun haben, und zwar aus einem „verqueeren Blickwinkel". Es geht mir um eine Kritik am „fundierenden Status der Identitäten" (Butler 1993).[8] Identitäten sind unhintergehbare Voraussetzung, um intelligibel, also unter den Vorzeichen des herrschenden Diskurse sozial anerkannt, am Leben teilnehmen zu können. Dies gilt entsprechend auch für die Hervorbringung professioneller Identitäten. Diese sind eingebunden innerhalb einer diskursiven Matrix. Ein Außerhalb ist unmöglich, will man gehört, verstanden und anerkannt werden. Es gibt also zwei Bereiche: ein gesellschaftliches Drinnen und ein Draußen. Identitäten entstehen an der Schnittstelle dieser Trennungslinie, indem sie ihre ganze Kraft dafür aufwenden, als stabile, erkennbare, unterscheidbare und vor allem eindeutige „Persönlichkeiten" aufzutreten: „Diese Matrix mit Ausschlusscharakter, durch die Subjekte gebildet werden, verlangt somit gleichzeitig, einen Bereich verworfener Wesen hervorzubringen, die noch nicht ‚Subjekte' sind, sondern das konstitutive Außen zum Bereich des Subjekts abgeben" (Butler 1997: 23). Butler skizziert hier Heteronormativität als zentrales Machtverhältnis, das stets Verwerfungen hervorrufe. Im Prozess der Bildung von Identitäten werde stets ein Außen mitproduziert, das sich als nicht angemessen repräsentiert verstehe. „Dieses Außen ist zwar von der Matrix kultureller Intelligibilität ausgeschlossen, aber es gehört dennoch *in* die Kultur, denn es erscheint als Produkt der regulierenden Ideale, Schemata und Normen, die darüber entscheiden, was in einer Kultur als intelligibel gilt" (Kämpf 2006: 248). So lässt sich erklären, dass die kollektive Konstruktion „AIDS-Hilfe als Anlaufstelle und Schutzraum" zugleich immer auch schwule Individuen (nicht) anspricht, die sich durch die Kämpfe der Schwulenbewegung (vgl. Haunss 2004) und AIDS-Hilfe-Bewegung gerade nicht vertreten sehen.

Wenn ich involvierte Professionalitäten Sozialer Arbeit in den AIDS-Hilfen analytisch, queer bedenkend hinterfrage, so nutze ich das (macht-)analytische Potential einer kritischen Sicht auf die „heteronormative Matrix", die gesellschaftliche

---

[8] „Butler plädiert für die pragmatische Nutzung von Identitätskategorien, will diese aber gleichzeitig destabilisieren. Dabei kann die Destabilisierung eine politische Arena darstellen, in der Gruppen und Individuen über die konkrete Füllung normativer Identitätsbegriffe streiten. Besonders wichtig ist in dieser Argumentation der Hinweis, dass (politische) Handlungsfähigkeit dort entsteht, wo Diskurse (re-)produziert werden" (Villa 2003: 102f.).

Norm der (natürlichen) Heterosexualität sowie die in diesem Kontext weiteren, wirksamen Normalitäten, wie beispielsweise die einer neutralen, unbefangenen Professionalität als diskursiv hervorgebrachte Ordnung.

4. Wider vereindeutigende Normalisierungspraktiken

„Queer hat sich bisher vorwiegend mit Sexualität beschäftigt. Neuere Anzeichen deuten allerdings darauf hin, daß sich sein Projekt der Entnaturalisierung auch auf anderen Identifikationslinien als Sex und Geschlecht ausweitet" (Jagose 2001: 126)[9]. Mit einem solchermaßen geschärften Blick möchte ich das Projekt einer Professionalisierung Sozialer Arbeit in den Blick nehmen: Aus einer verqueeren Perspektive lassen sich nämlich Identitätskonstruktionen im Sinne einer Kritik am „positivistischen Sein" dechiffrieren. Richtet sich die queere Strategie auf die aktuelle Debatte um Qualität und Effektivität in der Sozialen Arbeit, so sehen wir uns zunächst einem Verständnis von Professionalität gegenüber gestellt, das nicht selten ein instrumentelles Einordnungsverfahren anwendet: entweder professionell oder unprofessionell (vgl. auch Heite 2006). Repetitive Bezeichnungs- und Regulierungsverfahren eindeutiger Professionalität werden von der Überzeugung getragen, dass Soziale Arbeit, trotz Offenheit, Vielfalt und Anpassungsfähigkeit durchaus eine bestimmte (berufliche) Identität vorweisen müsse. Allzu leicht verrutschen diese Gewissheiten in eine Richtung, die sich darauf beschränkt, ein deformiertes Professionsimage rehabilitieren zu wollen. Mit der Rastermethode professionell/unprofessionell stehen die Befunde unweigerlich vor dem Problem, das Wissen Sozialer Arbeit wie auch das Know-how der ihr Anbefohlenen zu trivialisieren und auf eine hierarchisierte binäre Kodierung zu reduzieren. Dazwischen, so scheint es, befinde sich gar nichts. Aber ist es wirklich erforderlich, zwischen dem einen und dem anderen entscheiden zu müssen? Oder produziert und manifestiert sich durch diese Schematisierung nicht vielmehr ein eindimensionales, hierarchisiertes Ordnungssystem, welches die Komplexität und Vielfältigkeit professionellen Handelns völlig außer Acht lässt?

Soziale Arbeit in AIDS-Hilfen queer gedacht beschreibt Verhältnisse und soziale Relationen in zum Teil prekären Lebenslagen. Sie diskreditiert nicht die Anstrengungen der Praxisprojekte in Richtung Qualitätsentwicklung und Evaluation. Diese sehen sich nämlich einem enormen Druck ausgesetzt, die Anforderungen der Sozial- und Gesundheitspolitik nach transparenten, ökonomisch richtigen und fachlich innovativen Konzepten einzuhalten. Statt dem Imperativ *good practice* und einer resultierenden Systematisierung und Auswertung über Kennzahlen unhinterfragt zu

---

[9] Auch Gudrun Perko (2004: 32) schlägt vor, „über die sex/gender-Diskussion als bisherigen Schwerpunkt von Queer-Theorien hinausdenkend, (…) eine transformative Erweiterung dieser Theorien hinsichtlich mehrerer Bereiche" vorzunehmen. Sie nennt in diesem Zusammenhang die Ethik, die Politik und die Logik.

folgen, betont eine queere Perspektive das politische Potenzial, sich nicht auf Qualitätsmessungen und Zertifizierungsprogramme reduzieren lassen zu müssen. Es geht bei der Idee, Professionalität kritisch-reflexiv-queer vorzustellen, um unbestimmte, provisorische Hinsichten auf Selbstverständnisse Sozialer Arbeit jenseits naturalisierender Normierung. So ist auch die Etikettierung in gelungene oder verpasste Professionalisierung auf diesem Wege zu umgehen. Eine verqueere Perspektive Sozialer Arbeit ist wenig daran interessiert, als Normalisierungsagentur eindeutige Identitäten in „passende Verhältnisse" zu integrieren. So gesehen lädt diese Sichtweise dazu ein, theoretische Überlegungen zur professionellen Hilfe und Fürsorge mit politisch-praktischen Gedanken zu verbinden. *Eine Praxis der Ent-bestimmung eindeutiger Be-Stimmungen – nicht also eine Praxis der Beliebigkeit – wäre geeignet, in Richtung eines Professionalitätsverständnisses weiterzudenken, das ohne binäre Zuschreibungen auskommt.* Praxen der „Ent-binarisierung" Sozialer Arbeit verfolgen das Ziel, den vereindeutigenden und hierarchisierenden Charakter professioneller Standards zu hinterfragen. Am Beispiel Sozialer AIDS-Hilfe-Arbeit zeigt sich, wie wichtig es ist, den Kampf der Schwulenbewegung für mehr Partizipation und die Entstehung der AIDS-Hilfen als gemeinsamen Entwicklungsweg zu verstehen.

Die Auseinandersetzung mit Queer macht deutlich, dass es nicht darauf ankommt, etwas Definitives zu den Hintergründen, Entstehungskontexten und Verwendungsweisen professioneller Identitätskonstruktionen zu sagen, sondern vielmehr den Aspekt ihres Gewordenseins in den Vordergrund zu rücken. Sobald nämlich eine Aussage gemacht, eine Beschreibung und Eingrenzung vorgenommen wurde, stellt sich unwillkürlich die Frage nach den diskursiven Verankerungen der geleisteten Queer-Definition. Wer spricht sie aus, in welchem Auftrag wird sie formuliert, warum und wie sind die Anforderungen aufgebaut? Eine verqueere Programmatik ist demzufolge nicht einfach zu leisten und kann sogar als schlechterdings unmögliches Projekt angesehen werden. „Gerade weil *queer* gegenüber jedem Essentialismus kritisch eingestellt ist und es darauf anlegt, durch eine politische, aber auch epistemische Offenheit Verrückungen, Transformationen und Kontextualisierungen zu erkennen und zu ermöglichen, kann an *queere* intellektuelle Praxis nicht der Anspruch gestellt werden, eine ‚kohärente Theorie' zu sein; *queer* versteht sich eher als eine flexible Lesart sozialer Verhältnisse und epistemischer Praxen, die daraufhin betrachtet und geprüft werden, inwiefern sie durch Rekurse auf Identität/Differenz Ausschlüsse produzieren" (Mecheril 2004: 68; Hervorh. i. O.). Trotzdem kann – und das wäre die Behauptung der weiteren Verwendung queerer Strategien im Kontext von Professionalisierungsprozessen Sozialer Arbeit – das Projekt einer Verqueerung durchaus strategisch genutzt werden, „Identitätspolitiken neu zu denken", so wie es Sabine Hark (1998) einmal ausgedrückt hat.

Entscheidend für ein neues, anderes Denken ist eine möglichst lückenlose Offenlegung der Verwendungsweisen jener innovativen, kritischen Fokussierungen. Dieser Anspruch nach selbstreflexiver Transparenz darf indes nicht als „neue Paradigmatisierung" missverstanden werden. So möchte die vorliegende Lesart uneindeutige Hinsichten auf Subjektivation und Identitätsherstellung ansprechen und betonen, nicht aber verleugnen, dass Individuen auf Selbstbeschreibungen angewiesen sind und mit Fremdzuschreibungen umgehen müssen. *Queere Denkweisen löschen keine Identität, sie hinterfragen sie.* Als Idee der Vieldeutigkeit und notwendigerweise unaufhebbaren Unbestimmtheit verpflichtet sich eine queere Perspektive zur Entnaturalisierung verdinglichender Zuschreibungspraxen, Anpassungen und Typisierungen. Gerade aus einer professionstheoretischen Perspektive, die bestrebt ist, sich gegen unterschiedliche Wissensbereiche, wie spezialisierte Fachdisziplinen, Laienengagement und Ehrenamtlichkeit abzugrenzen, kommt der stets provisorisch benannten Identität eine besondere Bedeutung zu.

5. Queer Professionals als Reflexionskategorie

Der Begriff „Identität" ist politisch wie wissenschaftstheoretisch aufgeladen und trägt gleichsam implizit „eindeutige" Vorstellungen eines „So-Seins" vor sich her. Dieses Prinzip ist nicht ausschließlich im Bereich der Fabrikation geschlechtlicher Identität wirksam. Vielmehr greift das Prinzip der Subjektivation und Identitätsbildung auch in Regulationsräume hinein, die versuchen, beruflich-professionelle Selbstkonzepte aufzubauen. Das Feld beruflicher Selbstfindung, Selbstvergewisserung und Identitätsstabilisierung ist strategisch und professionalisierungstheoretisch zugleich durchaus ein umkämpfter Raum um die richtige, erfolgreiche und vor allem einflussreichste „Berufsidentität". Professionelle Identitäten entstehen dabei innerhalb einer schematischen Anordnungskonstruktion, die sich eigentlich dem rigiden und funktionalistischen Professionsmodell entziehen will. Damit ist jenes Dilemma angesprochen, dass die professionelle Praxis in den AIDS-Hilfen sich nicht außerhalb der Debatte um Qualität und Effektivität ihrer Arbeit stellen kann. Die Konzepte der AIDS-Hilfen gelten aus Sicht der gesundheitsbezogenen Sozialen Arbeit als nachahmenswerte Beratungs- und Begleitungsprojekte im Gesundheits- und Sozialbereich: „Die Erfahrungen der AIDS-Hilfe-Organisationen können deshalb wichtige Lehren für die Nutzung des Nichtregierungssektors in der Bekämpfung anderer Krankheiten enthalten. Aber wie kann man die Ergebnisse und Auswirkungen der Arbeit der AIDS-Hilfe-Organisationen überprüfen?" (Wright/Block 2005: 10). Ein naiver Umgang mit Identitätskonstruktionen im Verständnis von „AIDS als normaler, nicht mehr sichtbarer Krankheit" übersieht allerdings allzu leicht, dass sich die Lebenssituationen an AIDS erkrankter Menschen zwar vielfach „zum Guten" verändert haben, trotzdem aber Ausgrenzung und Diskriminierung nicht als abgeschafft gelten können. Im Interview mit zwei Sozialarbeitern einer AIDS-Hilfe wird dies besonders deutlich:

> „Ich (kann) nach wie vor sagen, dass die Ausgrenzungstendenzen oder auch Diskriminierungserfahrungen sicherlich vielleicht nicht mehr ganz so heftig sind, wie das vielleicht noch vor 10 Jahren der Fall war, aber dass sie durchaus immer noch existent sind. Das erleben wir einfach in unserer Arbeit zum Beispiel im gesamten medizinischen Versorgungsbereich, wenn (...) eine spezifische stationäre Behandlung (...) notwendig ist, dass immer noch teilweise sehr obskure, ja wie soll ich sagen, Sicherheitsstufen eingebaut werden, die natürlich einfach vollkommen überzogen sind: also, was weiß ich, dass die Leute auf den Stationen ihre eigenen Badezimmer bekommen, wo Kennzeichnungen stattfinden, dass dieser Patient HIV- oder AIDS-Patient ist und so weiter" (Quelle: Schütte-Bäumner 2007: 174).

Soziale Arbeit in den AIDS-Hilfen sieht sich einem heterogenen Ensemble von Anforderungskriterien gegenüber, die innerhalb eines professionellen Profils arrangiert werden müssen. Diskursiv verschränken sich mindestens die folgenden Identitätsstränge:

- Identität als schwuler Sozialarbeiter (Sexualitätsdiskurs),
- Identität als „betroffener" Sozialarbeiter (Sexualitäts- und Gesundheitsdiskurs),
- Identität als „involvierte/r Professionelle/r" (Professionalisierungsdiskurs) sowie
- Identität als AIDS-Hilfe-Mitarbeiterin (AIDS-Hilfe-Diskurs, Institutionsdiskurs).

Zwischen diesen Diskurssträngen, den gesellschaftlichen Zumutungen einer „Moralpanik" im Übergang zu einem „normalisierten AIDS" sowie den heteronormativen Machtverhältnissen müssen die Expert/innen in den AIDS-Hilfen Wege durch den Dschungel existierender Bedeutungsstrukturen hindurch finden und diese sodann in Handlungskompetenzen für die Berufspraxis übersetzen. Die Frage lautet also, wie eine notwendige Identitätsarbeit ihre eigenen Konstruktionsverhältnisse und -mechanismen im Auge behalten kann. Soziale Arbeit queer gedacht rückt eine reflexive Dimension ins Zentrum der Professionalisierungsdebatte, die keine „authentischen Echtheiten" (Perko 2003: 40) stabilisiert, sondern „Zonen der Mehrdeutigkeit und Pluralität" offen halten möchte. Queer-theoretische Überlegungen haben dann ihre Berechtigung, wenn sie Macht- und Herrschaftsverhältnisse als Effekte in ihrer diskursiven Verschränkung ausdrücklich auch im Prozess professioneller Identität bedenken. Mit dem Versuch, queer als erziehungswissenschaftliche sowie sozialwissenschaftliche Perspektive einzuführen, möchte ich kein neues Paradigma einführen oder gar einen neuen Trend „verdinglichender Subjektivismen" lostreten. Ohne die Kritik von Melanie Plößer (2005) zu ignorieren, wenn sie deutlich macht, „dass auch das vermeintlich gewaltlose Politikmodell der Queer-Politik normierend sein kann und darüber hinaus seine eigenen Normen und Ausschlüsse – etwa durch die These von der Offenheit und der Uneindeutigkeit queerer

Politik – zu verschleiern droht" (ebd.: 158), ist das hier explizierte Anliegen, Queer Professionals in ihrer notwendigen Unbestimmtheit zu halten, sie aber dennoch für eine sozialwissenschaftliche Reflexion wie auch für eine gesellschaftskritische Analyse zu nutzen. Queer Professionals werden nicht als „neue Identität" im Professionalisierungsdiskurs eingesetzt. Vielmehr verstehe ich unter verqueerer Sozialer Arbeit eine Haltung, die sich als kritisch-reflektierend wie auch strategisch anders denkend erweist. Queering wäre so eine, nicht aber die einzige Möglichkeit, Soziale Arbeit als Arbeit am Sozialen eben noch einmal ganz anders, strategischer zu fassen. Queer stellt sich nicht außerhalb wirkmächtiger Diskurse. Als kritisch-reflexive Dimension liegt ihr Schwerpunkt auf den politischen Möglichkeiten, etablierte, normative Kategorien zu unterwandern und so ihre soziale Architektur, ihr Gewordensein zu betonen.

Differenztheoretisch geht es mir mit Bezug auf Judith Butler also darum, Identitätskategorisierungen nach ihrer Deutungsmacht zu befragen. Identitätspolitiken bewegen sich demnach in einem dialektischen Verhältnis der Fügsamkeit und der Opposition im Sinne subversiver Kapazität und Potenzialität. Wir haben es somit mit paradoxen Inszenierungen zu tun, denn: Jene ambivalente Gleichzeitigkeit im Prozess der Subjektwerdung kann zugleich auch als Analysemodus und produktives Unbehagen genutzt werden. Dieser Lesart folgend, geraten Subjektivierungsweisen in ein Konfliktfeld komplexer Machtverhältnisse. Ihre produktive Kraft stabilisieren sie durch den Zwang perpetuierender Selbstdarstellung. Das Konzept der Re-Inszenierung von Identitätskategorien erscheint somit notwendig zu sein, um erkennbar zu werden. Es bleibt aber offen und fraglich, wie fest und beständig Identifikationen wirklich sind. Damit sind Möglichkeiten angedeutet, soziale Techniken der Zuschreibung und Etikettierung sowie Konventionen durch Gegendiskurse zu stören, mit anderen Worten Sand ins Getriebe zu geben. Möglicherweise braucht eine Interessenpolitik von unten „die Betroffenen", aber sie muss nicht wissen „wer" sie sind (vgl. Butler 1993). Im Produktionsprozess stabiler Identitäten „spielen" Queer Professionals im „Modus des Unbestimmbaren" mit dem scheinbar „natürlichen Grundgesetz" ursprünglicher und eindeutiger Identitäten. Innerhalb produktiver, gesellschaftlicher Ordnungen sowie im Kraftfeld hervorbringender Herrschaftsverhältnisse halten sie ihr Denken und Reflektieren stets beweglich.

Für ein angemessenes Verstehen der Adressat_innen bedeutet das, dass sich Identitäten, ob nun „schwule Identität", „lesbische Identität" oder „Identität als an AIDS erkrankter Patient"[10], nicht wegdiskutieren lassen. Eine dichotome kodierte Lebenswelt ist immer „schon da" (wie der Igel vor dem Hasen). Folglich sind auch Identitäten beständig da, weil sie beständig „angerufen" werden. Verdienst einer reflexiven Sozialen Arbeit wäre es also, darauf zu achten, wie sie mit Differenz und

---

[10] Gleiches gilt im Rahmen der Mädchen-/Jungenarbeit für „Mädchenidentitäten" und „Jungenidentitäten".

Normalitätskonstruktionen umgeht und diese Reflexionsarbeit mit Blick auf „die schwulen", „kranken" und „bedürftigen" Adressaten nicht naiv zu betreiben. Der Hinweis auf *provisorische Identitäten* verdeutlicht die Möglichkeit von Bedeutungsverschiebungen, das Professionalisierungsprojekt Sozialer Arbeit weniger konkretistisch denn dynamisch-vielschichtig zu begleiten. Queer Professionals symbolisieren eine strategische Möglichkeit jenseits vereindeutigenden Definitionszwangs, „das Soziale" anders, nämlich vielfältiger und vor allem diskursiv verstrickt zu denken.

Literatur

Adorno, Theodor W. (2003): Minima Moralia. Reflexionen aus dem beschädigten Leben, Frankfurt a.M.: Suhrkamp

Anhorn, Roland/Bettinger, Frank (Hrsg.) (2008): Sozialer Ausschluss und Soziale Arbeit. Positionsbestimmungen einer kritischen Theorie und Praxis Sozialer Arbeit. Wiesbaden: VS (2. Auflage)

Aretz, Bernd (1995): Annäherungen: meine ersten 10 Jahre im Zeichen von AIDS, Berlin: Rosa Winkel

Bengel, Jürgen (Hrsg.) (1996): Risikoverhalten und Schutz vor AIDS. Ergebnisse sozialwissenschaftlicher AIDS-Forschung, Bd. 17, Berlin: Edition Sigma

Berger, Peter L./Luckmann, Thomas (2003): Die gesellschaftliche Konstruktion der Wirklichkeit. Eine Theorie der Wissenssoziologie, Frankfurt a.M.: Fischer

Biechele, Ulrich (Hrsg.) (1998): Identitätsbildung. Identitätsverwirrung. Identitätspolitik. Eine psychologische Standortbestimmung für Lesben, Schwule und andere. Berlin: Deutsche AIDS-Hilfe

Bochow, Michael (1993): Die Reaktionen homosexueller Männer auf AIDS in Ost- und Westdeutschland. Ergebnisbericht zu einer Befragung im Auftrag der Bundeszentrale für gesundheitliche Aufklärung in Köln. AIDS-Forum DAH. 10. Berlin: Deutsche AIDS-Hilfe e.V. (DAH)

Bochow, Michael/Wright, Michael T./Lange, Michael (2004): Schwule Männer und AIDS: Risikomanagement in Zeiten der sozialen Normalisierung einer Infektionskrankheit. Eine Befragung im Auftrag der Bundeszentrale für gesundheitliche Aufklärung, Deutsche AIDS-Hilfe e.V. (DAH). AIDS-Forum DAH. 48. Berlin

Böllert, Karin/Karsunky, Silke (Hrsg.) (2008): Genderkompetenz in der Sozialen Arbeit. Wiesbaden: VS

Bröckling, Ulrich/Krasmann, Susanne/Lemke, Thomas (Hrsg.) (2004): Glossar der Gegenwart. Frankfurt a.M.: Suhrkamp

Bröckling, Ulrich/Krasmann, Susanne/Lemke, Thomas (2004): Einleitung. In: Bröckling et al. (2004): 9-16.

Brumlik Micha (2007): Vom Missbrauch der Disziplin. Die Antwort der Wissenschaft auf Bernhard Bueb. Weinheim/Basel: Beltz

Bueb, Bernhard (2007): Lob der Disziplin. Eine Streitschrift. Berlin: List

Butler, Judith (1993): Ort der politischen Neuverhandlung. Der Feminismus braucht „die Frauen", aber er muss nicht wissen, „wer" sie sind. In: Frankfurter Rundschau vom 27. Juli 1993: 10

Connell, Robert W. (2006): Der gemachte Mann. Konstruktion und Krise von Männlichkeiten. Wiesbaden: VS

Cremer-Schäfer, Helga (1992): Skandalisierungsfallen. Einige Anmerkungen dazu, welche Folgen es hat, wenn wir das Vokabular „der Gewalt" benutzen, um auf gesellschaftliche Probleme und Konflikte aufmerksam zu machen. Kriminologisches Journal, Heft 1: 24-36

Cremer-Schäfer, Helga (2008): Situationen sozialer Ausschließung und ihre Bewältigung durch die Subjekte. In: Anhorn/Bettinger (2008): 147-164

Czollek, Leah Carola/Weinbach, Heike (Hrsg.) (2003): Was sie schon immer über Gender wissen wollten... und über Sex nicht gefragt haben. Berlin: Alice-Salomon-Fachhochschule

Czollek, Leah Carola /Perko, Gudrun (Hrsg.) (2004): Lust am Denken. Queeres im experimentellen Raum jenseits kultureller Verortungen. Köln: PapyRossa

Dannecker, Martin (1997): Das andere AIDS. In: AIDSnet.ch – the Swiss HIV/AIDS Documention Center online – AIDS Info Docu Switzerland, 3, http://www.AIDSnet.ch [Stand: 01.12.2005]

Dannecker, Martin (2000): Wider die Verleugnung der sexuellen Wünsche. In: AIDS Infothek. 2000: 4-10

Dannecker, Martin (2005): Sieben Thesen zur HIV-Prävention. In: AIDS-Hilfe Frankfurt e.V. (AHF) (Hrsg.): Vielfältig verbunden. 20 Jahre AIDS-Hilfe Frankfurt e.V.. Festschrift der Frankfurter AIDS-Hilfe zum 20-jährigen Bestehen. Frankfurt a.M.: 145-151

Dannecker, Martin/Reiche, Reimut (1974): Der gewöhnliche Homosexuelle. Eine soziologische Untersuchung über männliche Homosexuelle in der BRD. Frankfurt a. M.: Fischer

Deutsche AIDSstiftung „Positiv leben" (Hrsg.) (1990): AIDS und Psyche. Zum Einfluß von Psyche und Immunsystem auf den Verlauf der HIV-Infektion (Ergebnisse sozialwissenschaftlicher AIDS-Forschung. Bd. 3. Berlin: Edition Sigma

Dreyfus, Hubert L./Rabinow, Paul (Hrsg.) (1987): Michel Foucault. Jenseits von Strukturalismus und Hermeneutik. Frankfurt a.M.: Athenäum

Foucault, Michel (1983): Der Wille zum Wissen. Sexualität und Wahrheit. Frankfurt a.M.: Suhrkamp

Foucault, Michel (1987): Das Subjekt und die Macht. In: Dreyfus/Rabinow (1987): 243-250

Graf, Werner (2005): Lifestyle AIDS-Werbung. In: Jungle World, 46. http://jungle-world.com/seiten/2005/46/ 6672.php [Stand: 01.05.2006]

Gumbach, Detlef (Hrsg.) (1997): Was heißt hier schwul? Hamburg: Männerschwarm

Hark, Sabine (1998): Die Paradoxe Politik der Identität. Was ist eine „authentische lesbische Identität"? In: Biechele (1998): 35-55

Haunss, Sebastian (2004): Identität in Bewegung: Prozesse kollektiver Identität bei den Autonomen und in der Schwulenbewegung, Wiesbaden: VS

Heite, Catrin (2006): Professionalisierungsstrategien der Sozialen Arbeit. Der Fall Case Management. In: neue praxis, Heft 2/2006: 201-207

Heite, Catrin (2008): Ungleichheit, Differenz und Diversity – Zur Konstruktion des professionellen Anderen. In: Böllert/Karsunky (2008): 77-87

Hoffmann, Christian/Kamps, Bernd Sebastian/Rockstroh, Jürgen K. (Hrsg.) (2005): HIV.Net 2005, Wuppertal-Beyenburg
Hutter, Jörg (1997a): AIDS und die gesellschaftliche Moralpanik. In: Vorgänge, Heft 139: 86-95
Hutter, Jörg (1997b): Homophobie und Krankheit: Ein wichtiges Feld zukünftiger Schwulenpolitik. In: Gumbach (1997): 150-162
Kämpf, Heike (2006): Judith Butler: Die störende Wiederkehr des kulturell Verdrängten. In: Moebius/Quadflieg (2006): 246-256
Kessl, Fabian (2005): Der Gebrauch der eigenen Kräfte. Eine Gouvernementalität Sozialer Arbeit.. Weinheim/München: Juventa
Kunstreich, Timm (2000): Grundkurs Soziale Arbeit. Band 1. Bielefeld: Kleine
Mecheril, Paul (2004): Ein Mund, der kaut, ein Ausländer, der isst, und die Liebe: Eine nichtromantische Notiz zu Queer. In: Czollek/Perko (2004): 65-76
Moebius, Stephan/Quadflieg, Dirk (Hrsg.): Kultur. Theorien der Gegenwart. Wiesbaden: VS
Müller, Burkhard (2006): Sozialpädagogisches Können. Ein Lehrbuch zur multiperspektivischen Fallarbeit. Freiburg im Breisgau: Lambertus
Perko, Gudrun (2003): Fragend queer be/denken. In: Czollek/Weinbach (2003): 27-42
Perko, Gudrun (2004): Denken im Transit – ein Entwurf: Über das Ethos der Anerkennung, die Politik der Autonomie und Dimensionen der Magmalogik als transformative Erweiterung von Queer. In: Czollek/Perko (2004): 31-53
Perko, Gudrun (2005): Queer-Theorien. Ethische, politische und logische Dimensionen plural-queeren Denkens. Köln: Papyrossa
Pollak, Michael (1990): Homosexuelle Lebenswelten im Zeichen von AIDS. Soziologie der Epidemie in Frankreich. Berlin: Edition Sigma
Rau, Alexandra (2009): Psychopolitik. Gouvernementalitätstheoretische Untersuchungen zu Macht und Subjekt in subjektivierten Arbeitsverhältnissen. (Unveröffentlichte Dissertationsschrift). Universität Frankfurt a.M.
Rosenbrock, Rolf (2003): Innovationen statt Katastrophe. Die Normalisierung von AIDS. In: WZB-Mitteilungen, Heft 100: 33-36
Schütte-Bäumner (2007): Que(e)r durch die Soziale Arbeit: Professionelle Praxis in den AIDS-Hilfen. Bielefeld: Transcript
Steinert, Heinz (Hrsg.) (1998): Zur Kritik der empirischen Sozialforschung. Ein Methodengrundkurs, Frankfurt a.M.: Goethe-Universität Frankfurt
Steinert, Heinz (1998): Genau hinsehen, geduldig nachdenken und sich nicht dumm machen lassen. In: ders. (1998): 67-79
Villa, Paula-Irene (2003): Judith Butler. Frankfurt a.M.: Campus
Wright, Michael T./Block, Martina (2005): Bestandsaufnahme der Aktivitäten der AIDS-Hilfen zu Evaluation und Qualitätssicherung in der Primärprävention. Berlin: Wissenschaftszentrum Berlin für Sozialforschung
Zander, Helmut (1988): Der Regenbogen: Tagebuch eines AIDSkranken. München: Knaur

Professionelles soziales Handeln in Orientierung auf kulturell Andere

Thomas Eppenstein

Abstract
Soziale Arbeit hat es mit Menschen zu tun, mit menschlichen Verhältnissen, mit der Gestalt und Gestaltung des Sozialen wie mit dem Eigensinn von Individuen, mit Sorge wie mit Emanzipation, mit Hilfe, Kontrolle, auch mit Ordnung und Strafe, mit Angeboten, Einmischungen, Zwang, Freiwilligkeit und Empowerment. Die Berücksichtigung kultureller Dimensionen erweist sich dabei als komplexe, ambivalente und umstrittene Ebene, die vor allem auf dem Feld der Auseinandersetzungen und Praktiken um angemessene Reaktionen auf die Migrationstatsache in der Bundesrepublik in Erscheinung tritt. Der folgende Beitrag rekonstruiert fragmentarisch jene Aspekte aus Konzepten und Debatten um „Kultur und Differenz", die als relevante Kategorien professioneller Sozialer Arbeit aufscheinen. In kritischer Perspektive wird einer reinen Affirmation der Leitvokabeln „Kultur" und „Differenz" in der Sozialen Arbeit die Aufgabe gegenübergestellt, in den jeweils unterscheidbaren Auffassungen von „Kultur" und differierenden Differenzkonzepten wählbare Alternativen zu erkennen, die für die professionelle Praxis und ihre normative Ausrichtung nicht folgenlos sind.

1. „Kulturell" Andere und andere Andere in der Sozialen Arbeit

Die Bedeutungsvielfalt der unter dem Diktum der „Differenz" zum Ende des letzten Jahrhunderts auftretenden und bis heute anhaltenden philosophischen, sozialwissenschaftlichen und erziehungswissenschaftlichen Beiträge und Debatten (vgl. Lutz/Wenning 2001: 11) kann als Ausdruck eines gesteigerten Pluralitätsbewusstseins gedeutet werden (vgl. Krüger Potratz 1999). Für die Soziale Arbeit und ihre akademische Reflexion geht dies mit nicht unerheblichen Bedeutungsverschiebungen einher. Denn wenn sich Soziale Arbeit bisher, wie Burkhard Müller kritisch rekonstruiert, „als Gebilde konstituierte, das hilfreich gegenüber Leuten sein wollte, die anders waren" (Müller 1995: 136), entsteht nunmehr eine Perspektive, Andere *in ihrem Anderssein* zu unterstützen und nicht länger einem Normalisierungs- und Homogenisierungsdruck zu unterwerfen. Wenn dabei der *kulturell* Andere in Kontexten Sozialer Arbeit in den Blick kommt, fällt auf, dass hier meist weniger an kulturrelevante Unterscheidungen Sozialer Arbeit in verschiedenen Feldern gedacht wird, z.B. an unterschiedliche kulturelle Milieus jugendlicher Peers, „Kulturen" der Suchtabhängigkeit oder die Relevanz kultureller Differenzen zwischen Arbeiterhaushalten und Akademikerfamilien im Kontext von Erziehungsberatungen, sondern oft und wie selbstverständlich eine Verbindung zur vermeintlichen oder tatsächlichen kulturellen Andersartigkeit von Migrantinnen und Migranten gezogen wird. Diese Priorisierung ist möglicherweise der Entwicklung pädagogischer und sozialarbeiterischer Konzepte von der sogenannten „Ausländersozialarbeit" hin zu einer interkulturell orientierten Sozialen Arbeit geschuldet. Dies meint vor allem eine Programmatik, die sich sowohl auf Migranten wie auf bereits ansässige Einheimische, also nun auf „alle" bezieht. Mit der interkulturellen Neuausrichtung Sozialer Arbeit ist die nach Kriterien des ausländerrechtlichen Status ausgerichtete Zielgruppenorientierung auf „Ausländer" nicht obsolet geworden, sondern findet ihre Fortsetzung nun in erweiterter Perspektive unter neuem Namen. Ferner mögen Tendenzen zu einer stärker kulturellen Attribuierung gesellschaftlicher Konfliktlinien hierzu beigetragen haben.

Dass darüber hinaus der als kulturell Andere assoziierte „Ausländer" – oder, wie es nach allen bemühten Differenzen um eine differenzierende Begriffsbestimmung heute angemessener heißt: „der Mensch mit Migrationserfahrung" (vgl. Eppenstein/Kiesel 2008: 19) – als naheliegende Projektionsfläche für das Bedürfnis herhält, das „Eigene" im Kontrast zum differenten Anderen gleichzeitig zu spiegeln und zu kontrastieren, mag den Differenzerfahrungen in diffundierenden spätmodernen Zeiten geschuldet sein. Denn wenn Freiheit und Solidarität nicht mehr *trotz* der vielfältigen Differenzen zwischen Menschen – im Modus von Gleichheit – möglich erscheinen, sondern erst *aufgrund* von Differenz relevant werden (vgl. Baumann 1997, zitiert nach: Lutz/Wenning 2001: 12), gelingt in der Konstruktion des kulturell Anderen als „Ausländer" und damit statusbedingt im rechtlichen Sinne „Nicht-Zugehörigen" das Zauberstück, die „Zugehörigen" („uns" als vermeintlich homogene Gruppe) im Kontrast und im Spiegel zum „Ausländer, Migranten usw." als Anders-Seiende und gerade darin als Identische zu erkennen. Im gesteigerten Pluralitätsbewusstsein, so Krüger Potratz, erfolge die Kontrastierung des Eigenen über die des Differenten (vgl. Krüger-Potratz 1999: 150). Inwieweit Migranten und Migrantinnen bei ihren jeweiligen Bewältigungsaufgaben von dieser diskursiven Verschiebung vom Gleichheitsdiskurs zu einem Heterogenitätsdiskurs, der – angeregt durch die Post-Colonial Studies – eine Neufassung oder Re-Interpretation des Subjekt- bzw. Identitätsbegriffs impliziert, tatsächlich profitieren und welche Rolle professionelle Soziale Arbeit hierbei spielt, kann nur anhand der Rekonstruktion und realgeschichtlichen Analyse der auf Migration und Einwanderung reagierenden Sozialen Arbeit selbst erschlossen werden. Die semantische Verlagerung „vom Defizit zur Differenz" ging realgeschichtlich einher mit einer Veränderung vom „Sozialdienst" für „ausländische Arbeitnehmer und ihre Familien" zum Teilnehmer in interkulturellen Modellprojekten. Die Kategorie der Differenz und die damit einhergehende Forderung nach Anerkennung auch inkommensurabler Differenzen (vgl. Prengel 1993) gerät bei aller aufscheinenden Radikalität seltsam affirmativ gegenüber einer Entwicklung, in der einhergehend mit dem gesellschaftlichen Bedeutungsverlust des (nicht nur ausländischen) *Arbeiters* in der postfordistischen Gesellschaft, das Risiko, zum Heer der Überflüssigen zu geraten, insbesondere für Migranten und ihre Nachkommen überproportional erhöht ist. Gegenüber dem nun gefragten *Dienstleister* in der sogenannten gleichnamigen Dienstleistungsgesellschaft, ist nicht länger Handarbeit, sondern vor allem „Bildung" im Medium des nationalsprachlichen kulturellen Kapitals erforderlich. Anstelle verstärkter wechselseitiger Bemühungen um Anschlussmöglichkeiten gerät die Rede von der Anerkennung der Differenz in Gefahr, Praktiken zu legitimieren, den kulturell Anderen um der Anerkennung seiner Andersartigkeit willen seiner je andersartigen Selbstsorge zu überlassen und Solidarität oder Hilfe nicht zu versagen, *weil* jemand fremd, kulturell anders oder als nicht-zugehörig deklariert wird (faschistische Hilfetradition), sondern nun, *damit* jemand seine Andersartigkeit, Fremdheit, Distanz usw. ohne Hilfe von *anderen* bewahren könne. Versteht man die Kategorie der Differenz als Prozess und als historisch kontingentes Ergebnis gesellschaftlicher Unterscheidungspraktiken, in die auch die Akteure Sozialer Arbeit verstrickt sind, bedarf es einer kritischen Reflexivität gegenüber den Auswirkungen jeweiliger Differenzkonstruktionen als einem Maßstab für professionelles Handeln. Mecheril hat zur Ambivalenz von Diversity-Ansätzen die Frage aufgeworfen, „inwiefern ‚Diversity' programmatisch, in ihrer Praxis und was ihre Wirkungen angeht – eine eher emanzipative oder eher hegemoniale Praxis ist" (Mecheril 2008: 9). Die Differenzforschung als „Ungleichheitsforschung" sieht sowohl eine Ausdifferenzierung wie eine gleichzeitige „Verflüssigung der Begriffe" (Lutz/Wenning 2001: 15) und rekonstruiert eine Verschiebung von Leitdifferenzen, die einen Übergang von Defizitverständnissen zu positiven Differenzvorstellungen markiert. Anhand der entsprechenden Differenzmarkierungen und Differenzbewertungen wird gleichsam der jeweilige Blick von Professionellen auf ihre Adressaten gewichtet. Prozesse und Formen professionellen Hilfehandelns haben dabei immer strukturell die Lasten und Chancen wechselseitiger Zumutungen zwischen den Professionellen und ihren Adressaten zu riskieren. Vor dem Hintergrund dieser unhintergehbaren Differenz soll hier eine Perspektive leitend sein, im Konzept einer „lebenslagenbezogenen Professionalisierung" (vgl. Dewe et al. 2001: 57) und im Modus eines kritischen professionellen Hermeneuten (vgl. Horstmann 1999) den „extrem problematischen Horizont von Differenz" (Casale 2001: 26) in praktischen Operationen Sozialer Arbeit jeweils produktiv zu nutzen. Dies setzt voraus, Konstruktionen von Differenz und Differenzen weder affirmativ zu verteidigen, noch sie einfach im Modus einer „Gleichheit" aufzulösen. Vielmehr geht es in professioneller Perspektive darum, die aus den jeweiligen Differenzen und Differenzziehungen erwachsenden Widersprüche reflexiv, verstehend wie analytisch zu durchdringen und in eine auch normativ gehaltvolle und legitimierbare Perspektive der Identifikation gemeinsamer und differenter Problemsichten und deren Bearbeitung zu überführen.

Horstmann betont die Notwendigkeit komplementärer Kritik im Verstehensprozess. Ein Verstehen des absolut Fremden sei unmöglich, bei absoluter Identität von Eigenem und Fremdem indes bestehe erst gar kein Verstehensproblem. Die hermeneutische Situation sei daher schon immer an ein begrenztes Verstehen gebunden und es sei die Kritik, die eine Chance von Individualität eröffnet, in dem sie beide Seiten bestimmt: die Möglichkeit von Differenz oder Distanz und von Übereinstimmung und Nähe (vgl. Horstmann 1999: 436f.).

Professionalität sozialpädagogischen Handelns soll in diesem Verständnis und im Anschluss an eine von Dewe, Ferchhoff und anderen entwickelte Formulierung von Professionalität als „Strukturort der Relationierung von Theorie und Praxis im Kontext dialogischer Prozesse" (Dewe et al. 2001: 16) eine spezifische Qualität von Handlungspraxen zum Ausdruck bringen, die eine „Erhöhung von Handlungsoptionen, Chancenvervielfältigung und Steigerung von Partizipations- und Zugangsmöglichkeiten auf Seiten der Klienten zum Ziel hat" (ebd.: 16). Damit grenzt sich das Konzept der lebenslagenbezogenen Professionalisierung von Konzepten altruistischer Professionalisierung oder von expertokratischen Modellen des „Sozialingenieurs" (ebd.: 60) ab und räumt dem Respekt vor der Autonomie der jeweilgen Lebenspraxis Vorrang ein.

Soziale Arbeit als eine zu Berufen geronnene Form der Regulation und Gestaltung des Sozialen kann selbst als kulturelle, historisch gewachsene Hervorbringung analysiert werden, wobei ihre internen kulturellen Ausprägungen durchaus vielfältig und widersprüchlich auftreten. Doch ganz unabhängig davon, ob professionelle Soziale Arbeit in ihrer gesellschaftlichen oder historischen *Funktion* zu bestimmen versucht wird (etwa als Instrument zur Normalisierung, als organisierte Form helfenden Handelns in modernisierten Gesellschaften, deren Strukturen und Prozesse die Erfordernisse lebenslaufregulierender Maßnahmen nicht mehr nur im Rahmen familiärer Verpflichtung bedienen können, als Form der Bewältigung krisenhafter Risiken der Modernisierung usw.) oder ob eine Bestimmung hinsichtlich ihrer *Interventionsmedien* (etwa als „Dienstleistung", offenes Angebot, präventive Maßnahme, verpflichtende Mitwirkung oder Krisenintervention) oder auch anhand ihrer *methodischen Zugänge* (von den „klassischen Methoden" über die Ausdifferenzierung seit den 1970er Jahren bis zu Konzepten einer neuen Steuerung) erfolgt: Soziale Arbeit steht grundsätzlich unter Begründungsregress, wem und wozu ihre jeweils unterschiedlichen und inzwischen auf nahezu alle Bereiche des Lebenslaufs gerichteten Konzepte und Maßnahmen dienen sollen. Die Markierung kultureller Differenzen ist vor diesem Hintergrund mit dem Problem der Mehrfachmandatierung in der Sozialen Arbeit zu verzahnen: Die einschlägigen Debatten um einen Status vollständiger Professionalität bzw. semiprofessioneller Einordnung als „bescheidene Disziplin" reagieren dabei u.a. auf den Umstand, dass professionelle, beruflich eingebundene Soziale Arbeit stets mehrere „Auftraggeber" kennt. So gesehen hat Soziale Arbeit es immer schon mit „Anderen" zu tun: Mit anderen Geldgebern, mit eigenen und anderen Trägern, mit anderen Kollegen und Kolleginnen oder auch anderen „Fachabteilungen" innerhalb derselben Trägerorganisation, die wiederum eigene oder jeweils andere Konzepte, Methoden oder Einschätzungen zur Problem- und Aufgabenbestimmung vornehmen mögen, mit Anderen, die als relevante Akteure im Kontext netzwerkgebunder Ansätze identifiziert und eingebunden werden und nicht zuletzt der jeweils als „Zielgruppe" ausfindig gemachten „Klienten", „Kunden", „Hilfenehmern", „Betroffenen", „Benachteiligten" oder anders apostrophierten Adressaten. Stets kommen hier solche Differenzierungen und Differenzen zum Tragen, in denen es jeweils immer auch darum geht, zu verstehen, wie die jeweiligen Akteure kulturell orientiert sind.

Im Mit- und Gegeneinander dieser unterschiedlichsten Ebenen und Akteure steht jeder Begründungszwang für sozialarbeiterische Interventionen vor dem grundsätzlichen Dilemma der auch machtpolitisch vorzunehmenden Klärung, wer hier eigentlich wem eine angemessene Deutungsmacht über zugrunde liegende Probleme, Problemsichten und deren angemessener Bearbeitung zuerkennt. In den Modi von „Hilfe zur Selbsthilfe", „Ressourcenorientierung", „Empowerment" einerseits oder „doppeltem Mandat", „stellvertretendem Deuten", „stellvertretendem Handeln" oder staatlicher Eingriffsgebote in bestimmten Krisensituationen andererseits wird die Differenz zwischen zuerkannter Expertise bei den „Betroffenen" einerseits, die Aberkennung eben derselben andererseits kontext-, situations- und fallabhängig deutlich.

Begründungen für sozialarbeiterische Interventionen müssen daher zumindest in zweierlei Hinsicht standhalten: Einmal in Blick auf eine Sachlage, die auch nach allgemeiner Auffassung als Movens begründbar ist, also dem Prinzip der „Gleichheit" im Sinne einer Übereinkunft über geteilte Bedeutungen folgt und zum anderen hinsichtlich der jeweils spezifischen, eigensinnigen Auffassungen der beteiligten und betroffenen Akteure, die hier in einen Interaktions- und Handlungszusammenhang getreten sind, treten wollen oder treten sollen. Im Spannungsverhältnis von Hilfe und Macht, von Hilfegewährung und gleichzeitiger Produktion von möglichen Abhängigkeiten oder von Hilfeverweigerung und gleichzeitiger Hinnahme der Aufkündigung wohlfahrtsstaatlicher Kompromisse wird deutlich, dass diese Begründungserfordernisse nie ausbalanciert bedient werden können, sondern stets auch Kämpfen um Macht und Anerkennung geschuldet sind – und zwar sowohl aus der Perspektive derjenigen, die mit legitimen Gründen an den Leistungen Sozialer Arbeit partizipieren wollen, wie auf Seiten derjenigen, die diese ermöglichen. Gleiches gilt für den Fall der Verweigerung – etwa wenn Maßnahmen Sozialer Arbeit mit guten Gründen als unzulässige Zumutung abgewehrt oder wenn diese bestimmten Menschen von Seiten derer, die sie zu verantworten hätten, schlicht vorenthalten werden. Aus derartigen Spannungen hilft letztlich nur eine auch normativ tragfähige Begründung sozialarbeiterischer Interventionen, die den Status ihrer Adressaten als je eigenständige und eigenwillige Personen zu achten und in Auseinandersetzung um Bedingungen und Möglichkeiten eines gelingenden Lebens zu fördern hat. Hier liegt die zentrale und eigentliche Begründung für eine auf „*Kultur*" orientierte und damit kultursensible und interkulturell kompetente Ausrichtung Sozialer Arbeit, zunächst ganz unabhängig davon, um welche oder wessen kulturelle Einbettung es sich jeweils handelt. „Kulturelle Einbettung" meint hier den Umstand, dass die kulturellen Orientierungen, Bedürfnisse oder erlernten Gewohnheiten einzelner Personen immer kontextgebunden, also partikular auftreten. Damit treten sie in einen scheinbaren Widerspruch zu den universellen Ansprüchen des Einzelnen als Rechtssubjekt. Geht es einmal um die Berücksichtigung und Unverfügbarkeit kultureller, gemeinschaftlicher und eben nur kontextuell gültiger Ansprüche, so ein andermal um die Gewährleistung oder den Schutz genereller Rechte jedes Einzelnen z.b. im Sinne der Menschenrechte. Kiesel und Volz (vgl. Kiesel/Volz 2002) haben dies mit Bezug auf Habermas als Konflikt zwischen universeller Moral und je partikularen Ethiken herausgearbeitet und daraus die Kompetenz eines „stereoskopen Blicks" für die Soziale Arbeit abgeleitet. In der daraus erwachsenden Schwierigkeit, einmal unverwechselbare Elemente der immer kulturell eingebundenen Lebensführung, ein andermal Prinzipien universalisierbarer gleicher Rechte gleichermaßen berücksichtigen zu sollen, sind Diskurse und Fachdebatten eingelagert, die auf unterschiedliche Weise auf die Spannung von Kulturrelativismus und normativem Universalismus reagieren (vgl. hierzu die sog. „Taylor-Habermas-Debatte" in Habermas 1997).

Der sogenannte „Gleichheitsdiskurs", dessen Entstehung auf Anlässe der Diskriminierung im 19. Jahrhundert zurückgeht, verwirft naturalisierende Begründungsmuster für deren Rechtfertigung zugunsten einer Perspektive, die auf gleichberechtigten Zugang Aller in allen Gesellschaftsbereichen zielt. Darauf folgende Diskurse um die Anerkennung von Differenz reagieren wiederum auf Erfahrungen, dass im Rücken des Gleichheitspostulates die Anerkennung von Verschiedenem nicht gelingt und das Gleichheitspostulat sich als Gleichmacherei gleichsam gegen diejenigen wenden kann, die zuvor als Ungleiche apostrophiert wurden (vgl. zusammenfassend und in Relation zwischen Geschlechterforschung und interkultureller Forschung: Lutz und Wenning 2001: 13).

In normativer Hinsicht ist ein Streit um eine Anerkennung von Gleichheit oder Differenz obsolet, denn normativ bleibt die Bewertung von „Differenz" als jeweiliges Ergebnis aus Prozessen des Scheidens und Sonderns wie von „Gleichheit" als Ergebnis von Prozessen der Verallgemeinerung und des Zusammenfügens in Hinblick auf ein gelingendes Leben kontingent, gleichwohl nicht beliebig. Kriterien für ein gutes Leben ergeben sich einmal aus den je subjektiven und biografisch verorteten Konzepten von Individuen, wie sie ihr Leben führen wollen, zum anderen sind Fragen nach objektivierbaren Aspekten und Bedingungen gelingenden Lebens seit der Antike Gegenstand philosophischer Überlegungen. Heute ist der sogenannte *capability approach* (vgl. Nussbaum 1999; Sen 2002) zu bedenken, der nach Bedingungen für Möglichkeiten guten Lebens als „Verwirklichungschancen" fragt. Es kann als zentrale Aufgabe Sozialer Arbeit gelten, eben gerade auf die Möglichkeiten misslingenden Lebens zu reagieren. So hat die Diskussion um die gesellschaftliche Konstruktion von Differenzlinien und deren Verschiebungen einmal zeigen können, dass mit der Hereinnahme weiterer Differenzlinien (vgl. Lutz 2001: 228) erstarrte Festschreibungen auf jeweils eine bestimmte Andersartigkeit verflüssigt und damit Essentialisierungen in Bewegung versetzt werden können: In den sogenannten Intersektionalistätsanalysen geht es darum, „unterschiedliche Verschiedenheiten" wie Geschlecht, Ethnizität, Klasse, Gesundheit, Alter usw. „in ihrem – widersprüchlichen – Zusammenspiel und in Bezug auf die Gleichzeitigkeit ihrer Wirkungen zu untersuchen" (Krüger-Potratz 2005: 152). Zum anderen entstand mit der Vervielfältigung möglicher sich überschneidender Differenzlinien die „Gefahr der Egalisierung von Differenz, die einer Entproblematisierung gleich kommt: ,all different – all equal' – wir sind alle gleich unterschiedlich" (Lutz 2001: 221).

Normative Vielfaltspostulate auf der Grundlage vermeintlich inkommensurabler Differenzen, die „Differenz" ontologisierend als eine Art Wertehorizont affirmieren, sind ferner dem Vorhalt eines „differenzialistischen Rassismus" ausgesetzt. Der Begriff geht auf den Philosophen Taguieff zurück, der in seiner Analyse des Neorassismus eine Verschiebung von der biologischen Ungleichheit zu einer „Verherrlichung der Differenz" und daraus abgeleitet ein „Recht auf Differenz" der französischen Anti-Einwanderer-Debatte kritisiert (Taguieff 1991: 222). Auch Sergio Benvenuto widerspricht in einem Essay zur *„Sehnsucht nach Differenz"* ausdrücklich einer „Politik des Anspruchs auf Differenz, weil Differenz keine Frage von Rechten (sei): Sie ist ein verqueres Bedürfnis, vielleicht eine schiefe Notwendigkeit (…) Unser Lobpreis der Differenz steht im Widerspruch zu unserem Universalismus individueller Rechte, und unserem ethischen Universalismus widerspricht ständig unsere Leugnung besonderer Sitten, die unsere Universalität ankratzen. Es gibt keine einzige politisch-kulturelle Formel, um diese Kluft zu überbrücken. (…) Es ist ein Widerspruch, mit dem wir leben müssen; vielleicht müssen wir von Fall zu Fall opportunistische Kompromisse finden" (Benvenuto 1999: 18). Benvenuto radikalisiert seine Kritik gegenüber Foucault und Vertretern der Cultural Studies: „Sie glauben an die Quadratur des Kreises (…): den Kampf um die Emanzipation all jener zu unterstützen, die ,anders' sind, nicht im Namen universaler humanistischer Werte (…) sondern gegen ihn. Ein Paradoxon? Im Effekt hat sich der ganze Nebel postmoderner Kultur in eben diesem Paradoxon eingerichtet: Man fördert einen universalen Kampf, um partikularistische Identitäten (sexuell, ethnisch, kulturell und ethisch) in Anspruch zu nehmen. Aber diejenigen, die nicht ,anders' sind, wollen die Vielfalt nur auf der Grundlage der universalistischen Kriterien des Humanismus akzeptieren" (ebd.). Diese Polemik fußt letztlich auf der Tradition eines kritischen Umgangs mit Widersprüchen, der deren Auflösung von Widersprüchlichkeit in bloße Differenz verbietet: „Ich persönlich habe für diese Kultur der ‚verschiedenen Identitäten' nicht besonders viel übrig, denn auch sie versucht, den Widerspruch zu ignorieren, von dem sie lebt" (ebd.). Zwar wird neben solchen differenzkritischen Argumenten die „Sehnsucht nach Differenz" einem letztlich „unheilbar romantischen Traum" zugeschrieben, „anders zu sein, als wir sind", gleichwohl der Prozess der Einebnung aller Differenzen (Homologisierung nach P.P. Pasolini) ebenfalls kritisch konstatiert. So endet der Beitrag doch mit einer bangen Frage, ob es Hoffnung für die Differenz geben könne: „Ich glaube schon: Differenz ist wie ein alter Maulwurf, der tief unter der Homologisierung gräbt, um plötzlich an der Oberfläche zu erscheinen. Einige wichtige Differenzen verschwinden, während andere neu auf den Plan treten, selbst wenn wir sie häufig gar nicht erkennen. Der Auftritt der Differenz erfolgt häufig still und quer – und er ist zu erkennen hinter der schmerzlichen Ironie, mit der wir uns der Homologisierung unterziehen" (ebd.: 19). Benvenutos Argumentationsfigur soll hier verdeutlichen, wie ambivalent und strittig die Kategorie der Differenz verhandelt wird, mithin eine Forderung nach Anerkennung von Differenzen in der Sozialen Arbeit banal zu geraten droht, wenn sie die Spannungen und Differenzen um den Leitbegriff der Differenz nicht reflexiv einholt. Normativ bedeutsam freilich dürfte die Aufklärung heimlicher und offener Hierarchien von bipolaren Differenzziehungen (vgl. Lutz/ Wenning 2001: 20; Eppenstein 2003: 190ff.) werden, denn dann werden die „kulturell" Anderen eben nicht nur als Andere, sondern gleichwohl als Abweichende etwa von der Norm einer vermeintlichen „Leitkultur" und gleichzeitig als Subalterne im Sinne einer vermeintlichen Sprachlosigkeit (vgl. Spivak 1988) gekennzeichnet.

Die Kategorie der Differenz wird hier als Prozess und als historisch wie auch normativ kontingentes Ergebnis gesellschaftlicher Unterscheidungspraktiken verstanden, in die auch die Akteure Sozialer Arbeit verstrickt sind. Prozesse und Programmatiken professioneller Arbeit, in denen kulturelle „Unterschiede gemacht" oder unterschlagen werden, sind als soziale Praxis hinsichtlich ihrer jeweiligen Machtwirkungen kritisch und reflexiv zu betrachten.

---

2. Migrationsbezogene Soziale Arbeit in „interkultureller" Orientierung

Eine kritische Infragestellung der vermeintlichen Selbstverständlichkeit, wonach Migrationszusammenhang und kulturelle Differenz als zusammengehörig, gelegentlich auch gar identisch gefasst werden, kommt nicht umhin, die realgeschichtliche Entwicklung der Reaktionen Sozialer Arbeit auf die Migrationstatsachen, ihre jeweiligen Problemsichten und theoriebezogenen Anleihen zu rekonstruieren. Dies kann hier nur in Stichworten fragmentarisch geschehen. Zu erinnern ist, dass die Anfänge sozialarbeiterischer Reaktionen auf die erste Zuwanderungsphase im Kontext der Anwerbung sogenannter „Gastarbeiter" Aspekte der kulturellen Differenz keineswegs in den Mittelpunkt stellten, dafür die klassische Differenz des Klassenunterschieds bei „den Progressiven" und die Differenz entlang nationaler Herkunft und religiöser Zugehörigkeit bei „den Konservativen" Konjunktur hatte.

Der Umstand, dass Sozialarbeiter differenzieren, Unterschiede ausmachen und entlang der getroffenen Unterscheidungen ihre jeweiligen Handlungen und Interventionen legitimieren, ist gleichsam banal wie brisant, denn: „Anhand der Migrationstatsachen des letzten halben Jahrhunderts beweist sich eine von Klaus Mollenhauer einst formulierte Funktionsbestimmung der Sozialpädagogik als aktuell, wonach die Moderne im Sozialpädagogen ein notwendig stabilisierendes Instrument zur Regulierung entstandener Risiken und zugleich ihren schärfsten Kritiker hervorgebracht habe: Alle Konzepte Sozialer Arbeit – von der anfänglichen Betreuung der in Baracken untergebrachten Männer, die als Hilfsarbeiter angeworben worden waren, dem Einsatz für politische Flüchtlinge, der Wahrnehmung von Schulproblemen ausländischer Kinder, auf psychosoziale und gesundheitliche Probleme rekurrierende Ansätze, spezifische Angebote für Mädchen und Frauen oder Konzepte im Rahmen der Jugendhilfe bis zur Programmatik einer ‚interkulturellen Öffnung' Sozialer Dienste – reagierten einerseits auf spezifische Risiken und warben gleichermaßen um Akzeptanz oder Toleranz in der Mehrheitsbevölkerung, und dennoch blieben sie stets befangen und verstrickt in deren jeweiligen hegemonialen Diskursen" (Eppenstein/Kiesel 2008: 49).

Mit der mehrjährigen Entstehungsgeschichte einer immer nur auf Zeit oder vorübergehend angelegten „Ausländersozialarbeit" als einem eher schwach-repräsentativen Teil einer inzwischen gewachsenen und in vielfache Aufgabenfelder, Methoden und Funktionen ausdifferenzierten Sozialen Arbeit vollzog sich einerseits die notwendige Herausbildung eines auf besondere Wissensbestände, zielgruppenspezifische Bedarfslagen und bikulturelle Methoden basierten Arbeitsbereiches mit weiteren inneren Differenzierungen etwa hinsichtlich besonderer Belange von Kindern und Jugendlichen, Frauen, unterscheidbaren Statusgruppen usw.. Andererseits sahen sich die meisten anderen spezialisierten Bereiche Sozialer Arbeit von Problemen interkultureller Art oder migrantischer Klientel entlastet. Die Strukturierung Sozialer Dienste entlang religiöser, sprachlicher und kultureller Zuordnungen von Klienten entsprechend der Herkunftsländer ist immer wieder problematisiert und kritisiert worden (vgl. Puskeppeleit/Thränhard 1993). Erst die Notwendigkeit von Integrationskonzepten, die sich nicht nur einseitig an Migranten richteten, schienen mit dem interkulturellen Paradigma eher angemessen umsetzbar, und Fragen gelingender Interaktion zwischen Menschen mit und ohne Migrationhintergrund wurden zum Leitmotiv auch in der Sozialen Arbeit. Mit der deutschen Einheit und dem Ende der die Jahrzehnte zuvor bestimmenden weltweiten Blockbildung, den damit einhergehenden neuen Migrationsbewegungen, dem Auftreten offen rassistischer

Gewaltverbrechen und den Diskursen um „Globalisierung" und „kulturelle Pluralisierung" setzt sich die „interkulturelle" Programmierung Sozialer Arbeit im letzten Jahrzehnt des 20. Jahrhunderts durch. Die Vervielfältigung von Migrationsformen, Herkunftsgruppierungen, Sprachgruppen und Statuszuordnungen dürfte insofern eher zum Durchbruch interkultureller Konzepte bzw. Programmatiken geführt haben als die Einsicht in die Beschränkung und Problematik vorgängiger Konzepte. Die Entdeckung einer interkulturellen Perspektive in der Sozialen Arbeit scheint ferner weniger einer reflektierten, kulturtheoretisch fundierten und programmatisch eindeutigen Konzeptentwicklung geschuldet zu sein, denn einem Reflex auf die Tatsache, dass mit der zunehmenden Differenzierung von Einwanderergruppen und Migrationsformen und der damit einhergehenden Sprachenvielfalt eine Fortschreibung der auf Ausländerstatus, Herkunftsregion, Muttersprache und Religionszugehörigkeit basierenden Hilfe- und Beratungsstruktur neben den sogenannten Regeldiensten, die der deutschen Majorität vorbehalten waren, obsolet geworden war.

Interkulturelle Soziale Arbeit tritt seither einmal als Querschnittsaufgabe, als Anspruch auf „kulturelle Sensibilität", „interkulturelle Kompetenz" oder „interkulturelle Öffnung" von Diensten und sozialen Einrichtungen in Erscheinung, ein andermal als eigenständige Fachrichtung in Hinblick auf spezifische Migrantengruppen oder Flüchtlinge.

Eine vollständige Auflösung der mit Migrationstatsachen einhergehenden Differenzerfahrungen und Differenzsetzungen wird für Ansprüche Sozialer Arbeit dann fragwürdig, wenn damit eine Leugnung spezifischer Vulnerabilitätsrisiken in Verbindung mit der Migration vollzogen wird. Dies kann Fragen des Zugangs von Migranten zu Sozialen Diensten und die Qualität der Verständigung über Hilfestrategien betreffen, Probleme und Konflikte im Zusammenleben zwischen Einheimischen und Zugewanderten oder zwischen Migranten untereinander, Ethnisierungen und Diskriminierungen im sozialen Nahraum oder im Kontakt mit Behörden und Institutionen. Hinzu kommen Herausforderungen durch die psychosoziale Dimension gescheiterter Migrationsverläufe und Anfragen an eine kultursensible Pflege und Altenhilfe (vgl. Eppenstein/Kiesel 2008: 39).

Die Ausdifferenzierung spezifischer Reaktionen auf Migrationstatsachen in der jüngeren Geschichte der Sozialen Arbeit im bundesdeutschen Kontext erfolgte zeitversetzt und gewissermaßen mit Verspätung gegenüber dem Ausdifferenzierungsprozess der Sozialen Dienste im Allgemeinen. Sie setzte in einem Zeitraum des „sozialpädagogischen Jahrhunderts" (vgl. zusammenfassend: Galuske 2002: 11) etwa Mitte der 1980er Jahre ein, als dessen Expansions- und Differenzierungsgrenzen bereits erreicht und aus Sicht von Geldgebern gar überschritten waren. Wo Verstetigung, Konsolidierung und Restrukturierung bisheriger Provisorien – vor dem Hintergrund der Einsicht es nicht mit vorübergehenden Phänomenen zu tun zu haben – angezeigt gewesen wären, geriet der Prozess der Neustrukturierung in den allgemeinen Bannkreis modischer Synergie-, Projekt- und Bündelungs-Ideen, die mehr einer Auflösung denn einer Lösung ökonomischer, konzeptioneller und struktureller Probleme der Organisation sowie der methodischen und normativen Ausrichtung Sozialer Arbeit entsprachen. Die Prekarisierung von Existenzbedingungen betrifft seitdem nicht allein die Lebensverhältnisse der Klientel Sozialer Arbeit, sondern offensichtlich auch ihre eigenen Arbeitsvoraussetzungen (vgl. Auernheimer 2006: 194). Prekarisierung für die Soziale Arbeit meint in diesem Zusammenhang das Zusammenwirken von Kommerzialisierung, struktureller Destabilisierung und häufig erhöhtem Legitimationsdruck hinsichtlich ordnungspolitischer Effekte.

Eine bestimmte Form nunmehr als „interkulturell" bezeichneter Sozialer Arbeit scheint in dem neu gefundenen Attribut lediglich eine Art Synergieformel entdeckt zu haben, mit der jede begründbare und notwendige Differenzierung aufgelöst werden kann. Eine entsprechende Praxis, die zwischen Sparzwängen, Marktorientierungen und begründeten Reformanliegen vorgängiger Konzepte manövriert, konnte sich auf der Grundlage eines Kulturverständnisses ausbreiten, das „Kultur" als Containerbegriff für jedwede Differenz nutzte, die im Kontext der Migration und Einwanderung auftrat. Mit Inkrafttreten des Zuwanderungsgesetzes zum 1. Januar 2005 vollzieht sich gleichsam eine Pädagogisierung von Integrationsanliegen, erkennbar etwa an der Dominanz von Bestrebungen zum Erwerb der deutschen Sprache oder der Koppelung von Einbürgerungs- und Aufenthaltsrechten an Bildungsvoraussetzungen der Antragsteller. Neben der Neuordnung von ministeriellen Zuständigkeiten und der Neujustierung von Finanzzuschüssen fällt hierbei die „Wiedervorlage" assimilativer und kompensatorischer Konzepte aus den Anfängen der „Ausländerarbeit" ins Auge, nun freilich mit dem Attribut „interkulturell" versehen.

Wenn heute einseitig von einer nötigen Assimilation von Migranten an das in Deutschland entstandene System Sozialer Dienste und Hilfen die Rede ist, die es lediglich anzunehmen gälte, verkennt diese Sicht nicht nur eine mögliche kulturelle Schwelle (vgl. Gaitanides 2006: 225) auf Seiten der Migranten bzw. mangelnde „interkulturelle Öffnung" der Dienste, sondern konterkariert den Umstand, dass Soziale Arbeit über Jahrzehnte migrationsbezogene Konzepte lediglich als provisorisches Appendix verstand, während sich realiter allgemeine Problemlagen und Anlässe für sozialarbeiterische Interventionen kaum mehr von Kontexten und Einflüssen der Migration und Einwanderung trennen lassen (vgl. Eppenstein/Kiesel 2008: 42).

3. Verschiebung des Fokus: Von der „anderen Kultur" zum differierenden Kulturverständnis

Die Fachdebatten um die Fallen kulturalistischer wie strukturalistischer Engführungen in den auf Handeln angelegten Disziplinen der Pädagogik wie der Sozialen Arbeit haben gezeigt, dass ohne eine Offenlegung des jeweiligen Kulturverständnisses und ohne eine kritische Reflexion möglicher Folgen und Nebenwirkungen die jeweilige Handlungspraxis blind und in einer verengten Struktur verhaftet bleibt. Die entsprechenden Debatten reflektieren daher einerseits, was es bedeuten kann, wenn „Kultur" als Unterscheidungskriterium innerhalb einer sich professionell verstehenden Sozialen Arbeit als wesentliches Kriterium herangezogen wird, um „Unterschiede" festzustellen und um „Unterschiede" zu machen und darüber Problembestimmungen vorzunehmen, andererseits aber auch die Fallen eines kulturabstinenten Strukturalismus, der in einer Berücksichtigung kultureller Aspekte nur die Leugnung strukturbezogener Sachverhalte erkennt.

Ausgehend von einer Kritik der sozialpädagogischen Praxis, „Kultur" als Unterscheidungsmerkmal für soziale Differenzen einzuführen, gelangte die reflexiv gewordene wissenschaftliche Debatte um Interkulturalität zu einer Differenzierung unterschiedlicher Verständnisse des Kulturbegriffs und deren unterschiedliche Wirkungen auf Konzepte und Praxis pädagogischer und Sozialer Arbeit.

Die Forderung nach einer gleichberechtigten Anerkennung aller Kulturen in der multikulturellen Gesellschaft der Bundesrepublik hatte zunächst zu Kontroversen entlang einer eher universell begründeten Kritik der „Kulturalisierung" struktureller oder sozialer Konflikte einerseits bzw. einer eher kulturrelativistisch motivierten Entgegnung von universeller „Farbenblindheit" gegenüber kulturellen Unterschieden andererseits geführt (vgl. Eppenstein 2003: 63). Innerhalb der Kontroversen um universelle oder kulturrelativistische Konzepte sind beide Richtungen dem Vorbehalt eines Überlegenheitsdenkens ausgesetzt: Universelle Standpunkte werden mit der historischen Rolle des aufgeklärten Europa, wirtschaftlichen, politischen, kolonialen und postkolonialen Hegemonialansprüchen identifiziert; relativistische Konzepte, die den Versuch unternehmen, durch die Betonung kultureller Unterschiede eine Gleichwertigkeit herzustellen, münden nicht nur schnell in kultureller Exotik, sondern übersehen mit ihrer „Bereicherungserwartung", dass jeder kulturrelativistische Ansatz selbst ethnozentrische Züge tragen kann. Denn Kulturen werden durch die Brille der eigenen kulturellen Befangenheit wahrgenommen und in positiver oder negativer Parteilichkeit gedeutet (vgl. Nieke 2000: 95). Für die Frage nach sozialpädagogischer Professionalität in interkulturellen Zusammenhängen bleibt die (erkenntnistheoretisch) unterschiedliche Zielsetzung zu beachten: Während etwa Borelli für die Überwindung eigener „Befangenheit im jeweils Kulturellen" (Borelli 1986: 27) plädiert, sehen Vertreter kulturrelativistischer Konzepte keinen Grund oder keine Möglichkeit, ethnozentrische Positionen zu überwinden (vgl. Eppenstein 2003: 42).

Auf die Tendenz zur „Ethnisierung sozialer Konflikte" haben aus sozialwissenschaftlicher Sicht beispielsweise Scherr (1994: 340) und in erziehungswissenschaftlicher Perspektive u.a. Dittrich und Radtke (1990) hingewiesen. Die zentrale Kritik an der Interkulturellen Pädagogik bei Diehm und Radtke betrifft die nicht-intendierten Folgen des Programms – einmal hinsichtlich einer „Kulturalisierung" bzw. „Ethnisierung", zum anderen einer „Pädagogisierung" bzw. „Curricularisierung" sozialer Probleme (Diehm/Radtke 1999: 146f.). Auch Hamburger erkennt Fallen kulturalistischer Engführung in Konzepten Sozialer Arbeit bei einer Reduzierung sozialer Vielfältigkeit auf zwei Kulturen, der Ablösung des Kulturverständnisses vom Einzelnen (Verdinglichung), der Identifikation von Nation und Kultur oder der Kollektivierung von Andersartigkeit (vgl. Hamburger 1994: 36f.). Hans-Joachim Roth (Roth 2009: 31) vertritt zu Recht die These, „die Kategorie ‚Kultur' als Charakterisierung von Unterschieden (habe) – zumindest für die Analyse gesellschaftlicher Inklusion und politischer Partizipation Jugendlicher (…) mit Migrationshintergrund – nahezu ausgedient". Die Skepsis gegenüber „Kultur" als analytischer Kategorie und hinsichtlich problematischer Etikettierungen entbindet freilich eine am Subjekt, seinen Ausdrucksformen und Bewältigungshandlungen orientierte Soziale Arbeit wie oben ausgeführt noch nicht, auf die „Einbeziehung des kulturellen Bedeutungskontextes" (Kleve 2000: 21) zu verzichten. Nach Schäffter bildet jede Kultur ein erkennbares „Profil zur Unterscheidung von Eigenem und Fremden als Sinngrenze". Danach erfordern „stabile Kulturen" eine Kompetenz zum Kontextwechsel. Interkulturelles Lernen wird hier als „Kompetenzüberschreitung" zwischen Grenzbildung und Grenzüberschreitung gefasst (Schäffter 1997: 52f.). Die damit angesprochene Dialektik könne weder mit dem Maßstab von Vielfalt noch mit der Kategorie der Differenz zufriedenstellend erfasst werden, solange nicht auch Unterscheidungen von Differenzqualitäten erfolgen. Schäffters Ansatz überführt die im Kern paradoxale Struktur zwischen Thematisierung und Dethematisierung von Kultur und kultureller Differenz von der Ebene kategorischer Festlegungen in ein dialektisches Prozedere, indem es darum geht, die Dynamik aller Kulturen zu erkennen und mitzuvollziehen.

Ein Verzicht auf Aspekte des „Kulturellen", etwa mit Hinweis auf Risiken der Verfestigung sozialer Differenzen anhand kultureller Unterschiedungen, würde eine Reihe von Problemen übersehen, z.B. kulturelle Bedeutungsgehalte aus der jeweiligen Innensicht der Adressaten Sozialer Arbeit oder den Zwang von Professionellen in sozialpädagogischen Situationen handeln und entscheiden zu müssen und dabei von kulturellen Orientierungen nicht einfach abstrahieren zu können. Ferner die Einsicht, dass Modernisierung dazu zwingt, nicht auf Einheit und Übereinstimmung jenseits einer Pluralität abzustellen, sondern eher zu einer Ausweitung des Bedeutungshorizontes des Kulturbegriffs führt.

Für Brumlik (1997: 87) ist „Kultur insofern ein Lebensmittel, als sie es uns erst ermöglicht, zu Zielen, Absichten, zu Utopien und Formen des ‚guten Lebens' zu kommen". Da dies immer auch öffentlich zum Ausdruck kommen will, sind Konflikte unvermeidbar, wenn Konzepte der Lebensform in Differenz zu Strukturprinzipien moderner Verfassungen geraten. Sie müssen im Verständnis postkonventioneller Haltungen, die zu Relationen und Dezentrierungen befähigt, daher argumentativ ausgetragen werden. Dies schließt Mitglieder moderner Kulturen, die ja von partikularen Lebensformen nicht frei sind, allemal ein (vgl. Brumlik 1992; Eppenstein 2003: 277f.).

Das Spannungsverhältnis von Egalität und Differenz diskutiert Brunkhorst auf der Grundlage einer auf Max Weber zurückgehenden Feststellung, dass „auf traditionalem Niveau (...) alles irgendwie ‚Gemeinschaft' (sei)" (Brunkhorst 2000: 14), auf posttraditionalem Niveau, wo Gemeinschaft und Gesellschaft etwa durch die mediale, geldwirtschaftliche oder durch Rechtssysteme gesicherte Kommunikation auch gegenüber Abwesenden auseinandertreten, es hingegen möglich wird, auch extreme Ausmaße individueller Differenz zu vergemeinschaften und „viel mehr Widersprüche (zwischen den Individuen und zwischen Individuum und Gemeinschaft) auszuhalten und produktiv zu verwerten" (ebenda). Erst mit der Unterscheidung von Gesellschaft und Gemeinschaft in posttraditionalen, demokratischen Gesellschaften wird es also möglich, gesellschaftliche Integration und Anerkennung zu beanspruchen, ohne dass dies gleichsam an (kulturelle) Erwartungen der in ihnen lebenden Gemeinschaften gebunden zu werden braucht.

Es gilt demnach, die Spannungen und Kontroversen zwischen verschiedenen Ebenen der Diskussion, die sich einmal auf das „Partikulare", ein andermal auf das „Universelle" beziehen, als theoretisch nicht auflösbare Differenz zu erhalten und nicht einzuebnen, sondern als notwendiges und konstruktives Substrat für die Profilierung einer interkulturellen Kompetenz Sozialer Arbeit zu begreifen. In unterschiedlichen Handlungskontexten sind dabei sowohl universelle Ansprüche des Individuums nach Achtung seiner Menschenwürde und Menschenrechte vor dem Hintergrund fundamentaler Gleichheit aller Menschen zu beachten, gleichzeitig soll aber auch den je verschiedenen Konzeptionen gelingenden Lebens als prinzipiell unverfügbare und unvertretbare partikulare kulturelle Orientierungen desselben Individuums Achtung gezollt werden (vgl. Kiesel/Volz 2002: 49). Da die Frage, ob kulturelle Differenzen bzw. migrationsbezogene Differenzen per se betont oder im Gegenteil dethematisiert werden sollen, nicht grundsätzlich, sondern nur kontextbezogen entscheidbar zu sein scheint, hat sich die Debatte auf die jeweiligen Wirkungen unterschiedlicher Kulturverständnisse in polykontexturalen Realitäten verlagert. Es geht dabei um die Reflexion einer kulturtheoretischen Metaebene, also einer differenzierenden Ebene der Betrachtung unterschiedlicher Einordnungen des Kulturbegriffs. Dabei kann erkannt werden, dass z.B. ein Kulturverständnis, wonach „Kultur" Identitäten schafft und sichert, Hypothesen eines gewaltförmigen

„Zusammenpralls der Kulturen" stützt. Eine Auffassung von „Kultur" in striktem Gegensatz zu einer roh verstandenen „Natur" kann zu Idealisierungen im Sinne einer Höherwertigkeit von Kultur führen. Ein spezifisch deutsches Erbe liegt in der Entgegensetzung von Kultur und der „bloßen" Zivilisation, was erst eine Hierarchisierung von Kulturen im Sinne einer normativen und wertebezogenen Abgrenzung von „Hochkultur" zu „Alltagskultur" möglich macht, wie Norbert Elias in einer Soziogenese der Begriffe „Zivilisation" und „Kultur" darlegt: Im deutschen Begriff der „Kultur" schwingt begriffsgeschichtlich eher die Abschottung von Lebenssphären mit, als dies in den angelsächsischen Ländern und in Frankreich der Fall ist, wo – anders als in Deutschland – im ausgehenden 18. und 19. Jahrhundert ein emanzipiertes Bürgertum als Subjekt politischer und wirtschaftlicher Macht ein anderes Verständnis für die Begriffe hervorbrachte. Der Zivilisationsbegriff als Bezeichnung für das gesamte Repertoire zur Sicherung von Leben und Weiterleben in Anpassung an technologische und politische Entwicklungen „bezeichnet einen Prozeß oder zumindest das Resultat eines Prozesses. Es bezieht sich auf etwas, das ständig in Bewegung ist, das ständig vorwärts geht. Der deutsche Begriff ‚Kultur' (habe) eine andere Bewegungsrichtung: Er bezieht sich auf Produkte des Menschen, (...) auf Kunstwerke, Bücher, religiöse oder philosophische Systeme, in denen die Eigenart des Volkes zum Ausdruck kommt. Der Begriff ‚Kultur' grenzt ab (...) hebt die nationalen Unterschiede, die Eigenart der Gruppen, besonders hervor". Der Zivilisationsbegriff hingegen „lasse die nationalen Differenzen zwischen den Völkern bis zu einem gewissen Grade zurücktreten; er akzentuiert, was allen Menschen gemeinsam ist, oder – für das Gefühl seiner Träger – sein sollte" (Elias 1997: 91f.). „Kultur", die Differenz und Identitäten stiftet entspringt letztlich einem anderen Kulturverständnis als eine aus kommunikativen Interaktionen hervorgehende „Kultur", durch die unvergleichliche Lebensweisen erst vergleichbar werden. Ein Kulturverständnis im Sinne einer sinngebenden menschlichen Symboltätigkeit (Cassirers 1996; vgl. Eppenstein 2003: 85; Eppenstein 2006: 248) eröffnet Möglichkeiten, kulturelle Orientierungen besser zu verstehen und kulturellen Wandel mit zu vollziehen.

Vereinfachend bleiben drei Diskursfelder identifizierbar, die jeweils Typologien von Kulturverständnissen hervorgebracht bzw. auf solche zurückgegriffen haben:

Erstens: Kultur als weitgehend unveränderbares Merkmal. Dieses im Alltagsverständnis verbreitete Verständnis wurde in der (sozial)pädagogischen Reaktion auf Phänomene der Zuwanderung vor allem durch die Konstruktion und Hervorhebung von „Herkunftskulturen", die mit der Kultur des Aufnahmelandes in Konflikt geraten oder diese auch „bereichern", verfestigt. Diese statische Auffassung fordert ein Erlernen von Kulturtechniken in funktionaler Absicht.

Zweitens: Kultur als dynamisch und veränderbare Größe: Migranten/innen werden nun nicht mehr unbedingt als Vertreter oder Träger einer/ihrer kollektiven

Kultur mit festgelegten Deutungsmustern, Verhaltensvorschriften, Sitten oder Moralvorschriften identifiziert, der man mit Sympathie oder Antipathie begegnen kann. Diese dynamische Festlegung übersieht leicht den auch reproduktiven auf Institutionalisierung drängenden Aspekt kultureller Entwicklungen. Das definitorische Bekenntnis zum steten Wandel übersieht die Ambivalenz von Bindung und Unfreiheit, die jeder zur Form geronnenen Manifestation des Kulturprozesses innewohnt.

Drittens: In einer in den neunziger Jahren einsetzenden erziehungswissenschaftlichen Debatte wird die Koppelung von Identität und Kultur durch eine Parallelität von Identität und Differenz ersetzt und „Kultur" als symbolische Ordnung medien- und informationstheoretisch zugleich statisch *und* dynamisch als „Superschema" gefasst: Menschen als „Anwender" solcher Programme seien zugleich Schöpfer und Geschöpfe ihrer Kultur (vgl. Drechsel 2000: 93). Dieser Ansatz besticht durch das Angebot, statische und dynamische Aspekte „transversal" (Welsch 1995: 361) gemeinsam zu denken, entfernt sich jedoch in seiner Systemlogik als „endloses Spiel" (Drechsel 2000: 68) vom gefühlsabhängigen und gefühlsfähigen Menschen, dessen Autonomie und Selbstverwirklichung nur noch im Ablauf von Programmen aufgehoben scheint.

Werden Migranten im ersten kulturtheoretischen Ansatz auf Herkunft festgelegt, wird ihnen im zweiten jegliche Festlegung im Paradigma ständiger Veränderung als Wandernde in Frage gestellt, so gehen sie als Beteiligte „global players" im dritten Ansatz verloren, wenn Kultur, Vernunft und Virtualität in eins gesetzt (Drechsel 2000: 161) werden.

Georg Auernheimer, der den Kulturbegriff am konsequentesten für eine Verwendung in pädagogischen Konzepten und Strategien zu Einwanderung und Globalisierung verteidigt (Auernheimer 1999: 32) verweist auf zwei divergierende Ansätze aus Wurzeln der angloamerikanischen Diskussion, das v.a. auf Kulturbegegnungen im Ausland zugeschnittene Programm des sogenannten „Culture specific Assimilator" (Triandis 1975) und das auf grundlegende allgemeine Anforderungen in kulturellen Überschneidungssituationen angelegte Konzept des „cultural general Assimilator" (Cushner/Brislin 1996). Gegen ersteres Konzept sei auch in den USA der Einwand kulturalisierender Stereotypenbildung erhoben worden, letzterer hingegen habe zu einem weit gefassten Begriff kultureller Differenz geführt, z.B. Differenzen des Geschlechts, des Alters, der Klasse, der Arbeits- und Lernstile, der Wertorientierungen, Rollenmuster, Arten der Kategorisierung der Umwelt oder Grenzziehungen zwischen In- und Out-group (vgl. Auernheimer 2002: 4).

Die Orientierungsfunktion von Kultur und ihr Symbolcharakter gelten als unbestritten, in einer kulturalistischen Perspektive jedoch wird häufig übersehen, dass sich „Kultur" als menschliche Tätigkeit dynamisch verhält und ihre jeweilige Bedeutung nur solange erhält, als sie im Leben von Personen relevante Deutungs-, Ausdrucks- und Orientierungsmöglichkeiten liefert. Lange und Pagels (2000) raten, in ethnifizierten Situationen des Alltagslebens die kulturellen Zuschreibungen und

Festlegungen aktiv aufzulösen und sie in Situationen eines offenen und gleichberechtigten Konfliktmanagements durch die Akteure selbst umzumünzen. Eine solche Programmatik macht deutlich, dass der Streit um die Bedeutung kultureller Differenz durch die Frage um ihr „Bedeutsam-Machen" abgelöst wird, etwa hinsichtlich der Frage, wann und unter welchen Umständen Akteure der Sozialen Arbeit als legitime Sprecher oder Sprecherinnen gelten dürfen, wenn es um die Thematisierung bzw. ein Verschweigen kultureller Differenzen in Kontexten ihrer Arbeit geht (vgl. auch Mecheril 2004). Für eine sozialpädagogische Systematisierung scheinen ferner die folgenden von Hamburger vorgenommene Unterscheidungen hilfreich: Eine in Handlungen realisierte subjektive Kultur, eine in Objekten ausgedrückte objektive Kultur, eine „operante Kultur", die für bestimmte Interaktionen und Situationen aus einer Privatkultur auswählt, eine generalisierte Kultur, die standardisierte Überschneidungen in einem vorhandenen Interaktionsnetz beschreibt und eine öffentlichen Kultur im Konsens über generalisierte Kulturen. Hamburger vertritt ein universelles Kulturverständnis, wenn er auf die Möglichkeit aufmerksam macht, Kultur reflexiv und damit produktiv zu begreifen. Nicht Differenz, Abgrenzung und Objektivierung leiten dieses Kulturverständnis, sondern die Möglichkeit, allen Kulturen zugängliche universell begründbare Prinzipien für einen gemeinsamen Diskurs einzusetzen, indem „an die allgemeinen humanen Ansprüche in den verschiedenen Kulturen (angeknüpft) und die Blockierung dieser Ansprüche durch konkrete soziale und politische Verhältnisse (erkannt werden)" (Hamburger 1990: 7).

Hier kann auch auf die Theorie der „Gleichursprünglichkeit" von Vielfalt bei Ernst Cassirer zurückgegriffen werden. Hinter dem kulturellen Pluralismus erkennt Cassirer (1996) vergleichbare Grundmotive des Menschen, etwa die Bewältigung bestimmter Lebensaufgaben und konfrontiert damit die einheitsphilosophische Denktradition der Moderne mit ihrem empirischen Pluralismus. In der kulturphilosophischen Freilegung von Kultur als Kulturtätigkeit des Menschen wird eine theoretische Figur für eine interkulturell kompetente Praxis gewonnen, die es erlaubt, Kulturen nicht als Kulturtechniken zu begreifen, sondern ihren Formwechsel nach- und mit zu vollziehen. Soziale Arbeit mit „kulturell Anderen" operiert in einem Spannungsverhältnis, das schnell in Selbstwidersprüche führen kann: Will sie im Verständnis als Deutungskompetenz ihr Gegenüber angemessen verstehen, wird sie bestrebt sein, „Kultur" zu entziffern. In der Dialektik von Verstehen und Verfügen, von Begreifen und Eingreifen aber muss sie gleichermaßen darauf achten, dem Gegenüber nicht in doppeltem Sinn die Freiheit zu nehmen, indem sie es auf eine Kultur festlegt und indem sie über den Prozess des Verstehens dieses Wissen zur Macht über den anderen macht. Will sie letzteres vermeiden, wird sie „Kultur" nicht entziffern sondern prozessieren, „interkultivieren". Dieser Infinitiv wäre als geeigneter Maßstab für interkulturell kompetentes Deutungshandeln vorzuschlagen, also als ein Prozess der Deutung von erkennbaren gleichen Grundmotiven hinter der

Vielfalt kultureller Äußerungen (vgl. Eppenstein/Kiesel 2008: 95f.). Die angesprochene Dynamik von Kulturbildung, Kultursuspension und Kulturtransformation wird unter den Bedingungen der Migration in besonderer Weise sichtbar und gleichzeitig zur Herausforderung ihrer Gestaltung – nicht zuletzt durch die Soziale Arbeit.

Ein Prozess der „Interkultivierung" hätte reflexiv und kritisch die Wirkungen differenter Kulturverständnisse dahingehend einzukalkulieren, als es um die Überwindung von solchen Kulturkonzepten ginge, die Kultur auf Einheit und Vereinheitlichung zurechtstutzen und ihren Eigensinn ersticken, die auf reine Effizienzsteigerung schielen, oder die auf eine bloße Bestätigung von bereits bestehenden Bedeutungshorizonten hinauslaufen.

Herbert Marcuse hatte in einer bemerkenswerten Kritik über den „affirmativen Charakter der Kultur" deren Ursprünge in dem Prozess ausgemacht, in dessen Verlauf „die geistig-seelische Welt als ein selbständiges Wertreich von der Zivilisation abgelöst und über (diese) erhöht wurde" (Marcuse 2004: 87). Marcuses konkrete Utopie kündigt mit der Abschaffung affirmativer Kultur keineswegs alles Kulturelle auf, denn: „ (...) wenn die Kultur einmal die Erfüllung selbst wachzuhalten hat und nicht mehr bloß die Sehnsucht, wird sie es nicht mehr in den Inhalten tun können, die als solche schon affirmativen Charakter tragen" (ebd.: 104). Ob Anschlüsse an diese kritische Tradition heute kulturell möglich geblieben sind, und wie weit Soziale Arbeit sich hierzu positionieren kann, bleibt einer reflexiven und verändernden Praxis vorbehalten, die zur Erfüllung menschlicher Konzepte von einem gelingenden Leben nachhaltig beiträgt.

Literatur

Auernheimer, Georg (1999): Notizen zum Kulturbegriff unter dem Aspekt interkultureller Bildung. In: Gemende et al. (1999): 27-36
Auernheimer, Georg (Hrsg.) (2002): Interkulturelle Kompetenz. Opladen: Leske und Budrich
Auernheimer, Georg (2006): Das Ende der „Normalität" und die soziale Arbeit in der Einwanderungsgesellschaft. In: Otto/Schrödter (2006): 192-200
Bauman, Zymunt (1997): Modernity and its Discontents. Cambridge: Polity Press
Benvenuto, Sergio (1999): Sehnsucht nach Differenz. Globalisierungsprozesse und das Bedürfnis nach Unterschieden. In: lettre international, Heft 45 II Vj. 1999: 16-21
Bielefeld, Ulrich (Hrsg.) (1991): Das Eigene und das Fremde. Neuer Rassismus in der alten Welt? Hamburg: Hamburger Edition
Borelli, Michele (1986): Interkulturelle Pädagogik als pädagogische Theoriebildung, Hypothesen zu einem (neuen) Bildungsbegriff. In: ders. (1986): 8-36
Borelli, Michele (Hrsg.) (1986): Interkulturelle Pädagogik, Positionen – Kontroversen – Perspektiven. Interkulturelle Erziehung in Praxis und Theorie, Bd. 4 Baltmannsweiler: Schneider

Brislin, Richard W./Bochner, Stephan/Lonner, Walter J. (Eds.) (1975): Cross cultural perspectives on learning. New York: Sage

Brumlik, Micha (1992): Zur rationalen Lösung von Kulturkonflikten. In: Kiesel/Wolf-Almanasreh (1992): 17-27

Brumlik, Micha (1997): Anforderungen an ein Erwachsenenbildungskonzept für die Einwanderungsgesellschaft. In: Kiesel/Messerschmidt (1997): 81-88

Brunkhorst, Hauke (2000): Egalität und Differenz. In: Zeitschrift für Pädagogik, 47. Jg., Heft 1/2000: 13-21

Casale, Rita (2001): Die Verwandlung der Philosophie in eine historische Diagnostik der Differenzen. In: Lutz/ Wenning (2001): 25-46

Cassirer, Ernst (1996): Versuch über den Menschen. Frankfurt a.M.: Fischer

Cushner, Kenneth/Brislin, Richard, W. (1996): Intercultural Interactions. A Practical Guide. London: Sage (2. Aufl.)

Dewe, Bernd/Ferchhoff, Wilfried/ Scherr, Albert/Stüwe, Gerd (2001): Professionelles soziales Handeln. Weinheim/München: Juventa (3. Aufl.)

Diehm, Isabell/Radtke, Frank-Olaf (1999): Erziehung und Migration. Eine Einführung. Stuttgart/Berlin/Köln: Kohlhammer

Dittrich, Eckhard/Radtke Frank-Olaf (Hrsg.) (1990): Ethnizität, Wissenschaft und Minderheiten. Opladen: Westdeutscher Verlag

Drechsel, Paul/Schmidt, Bettina/Gölz, Bernhard (2000): Kultur im Zeitalter der Globalisierung: von Identität zu Differenzen. Frankfurt a.M.: IKO Verlag für Interkulturelle Kommunikation

Elias, Norbert (1997): Über den Prozeß der Zivilisation. Frankfurt a.M.: Suhrkamp (21. erw. Aufl.)

Eppenstein, Thomas (2003): Einfalt der Vielfalt? Interkulturelle pädagogische Kompetenz in der Migrationsgesellschaft. Frankfurt a.M.: Cooperative

Eppenstein, Thomas (2006): Assimilation in der Vielfalt? Oder: Jede(r) anders, alle angepasst? Versuch über interkulturelle Kompetenz in universeller Perspektive. In: Otto/Schrödter (2006): 245-256

Eppenstein, Thomas/Kiesel, Doron (2008): Soziale Arbeit interkulturell. Theorien – Spannungsfelder – reflexive Praxis. Stuttgart: Kohlhammer

Galuske, Michael (2002): Flexible Sozialpädagogik. Weinheim/München: Juventa

Gaitanides, S. (2008): Interkulturelle Öffnung der sozialen Dienste In: Otto/Schrödter (2006): 222-233

Gemende, Marion/Schröer, Wolfgang/Sting, Stephan (Hrsg.) (1999): Zwischen den Kulturen. Pädagogische und sozialpädagogische Zugänge zur Interkulturalität. München: Juventa

Habermas, Jürgen (1997): Anerkennungskämpfe im Demokratischen Rechtsstaat. In: Taylor (1997): 147-196

Hamburger, Franz (1990): Der Kulturkonflikt und seine pädagogische Kompensation. In: Dittrich/Radtke (1990): 311-325

Hamburger, Franz (1994): Pädagogik der Einwanderungsgesellschaft. Frankfurt a.M.: Cooperative

Horstmann, Axel (1999): Interkulturelle Hermeneutik. Eine neue Theorie des Verstehens? In: Deutsche Zeitschrift für Philosophie, 47 Jg., Heft 3: 427-448

Kleve, Heiko (2000): Die Sozialarbeit ohne Eigenschaften, Fragmente einer postmodernen Professions- und Wissenschaftstheorie Sozialer Arbeit. Frankfurt a.m.: Lambertus

Krüger-Potratz, Marianne (1999): Stichwort: Erziehungswissenschaft und kulturelle Differenz. In: Zeitschrift für Erziehungswissenschaft, 2.Jg., Heft 2: 149-165

Krüger-Potratz, Marianne (2005): Interkulturelle Bildung, Lernen für Europa, Band 10. Münster: Waxmann

Kiesel, Doron/Wolf-Almanasreh, Rosi (Hrsg.) (1991): Die multikulturelle Versuchung. Ethnische Minderheiten in der deutschen Gesellschaft. Frankfurt a.M.: Haag und Herchen

Kiesel, Doron/Messerschmidt, Astrid (Hrsg.) (1997): Pädagogische Grenzüberschreitungen. Frankfurt a.M.: Haag und Herchen

Kiesel, Doron/Volz, Franz R. (2002): Anerkennung und Intervention. In: Auernheimer (2002): 15-34

Konersmann, Ralf (Hrsg.) (2004): Kulturphilosophie. Leipzig: Reclam (3. aktual. Aufl.)

Lange, Matthias/Pagels, Nils (2000): Interkulturelle Kompetenz. In: IZA, Zeitschrift für Migration und Soziale Arbeit. Heft 1/2000: 10-15

Lutz, Helma/Wenning, Norbert (Hrsg.) (2001): Unterschiedlich verschieden. Differenz in der Erziehungswissenschaft. Opladen: Leske und Budrich

Lutz, Helma (2001): Differenz als Rechenaufgabe: Über die Relevanz der Kategorien Race, Class und Gender. In: Lutz/Wenning (2001): 215-230

Marcuse, Herbert (2004): Über den affirmativen Charakter der Kultur. In: Konersmann (2004): 79-106

Mecheril, Paul (2004): Einführung in die Migrationspädagogik. Weinheim/Basel: Beltz

Mecheril, Paul (2008): Diversity. Die Macht des Einbezugs. In: Iaf informationen. Heft 4/2008: 8-11

Müller, Burkhard (1995): Sozialer Friede und Multikultur. Thesen zur Geschichte und zum Selbstverständnis Sozialer Arbeit. In: Müller et al. (1995): 133-147

Müller, Siegfried/Otto, Hans-Uwe/Otto, Ulrich (Hrsg.) (1995): Fremde und Andere in Deutschland. Nachdenken über das Einverleiben, Einebnen, Ausgrenzen. Opladen: Leske und Budrich

Nelson, Cary/Grossberg, Lawrence (1988): Marxism and the Interpretation of Culture. Urbana/Chicago: University of Illinois Press

Nieke, Wolfgang (2000): Interkulturelle Erziehung und Bildung. Opladen: Leske und Budrich (2. überarb. Aufl.)

Nussbaum, Martha (1999): Gerechtigkeit oder das gute Leben. Frankfurt a.M.: Suhrkamp

Otto, Hans-Uwe/Schrödter, Mark (Hrsg.) (2006): neue praxis: Soziale Arbeit in der Migrationsgesellschaft. Sonderheft 8. Luchterhand

Prengel, Annedore (1995): Pädagogik der Vielfalt. Opladen: Leske und Budrich

Puskeppeleit, Jürgen/Thränhardt, Dietrich (1993): Vom betreuten Ausländer zum gleichberechtigten Bürger. Freiburg i.B.: Lambertus

Roth, Hans-Joachim (2009): Lebenssituation und politische Positionierung von Jugendlichen mit Migrationshintergrund – einige Thesen. In: APuZ. Heft 5/2009: 31-33

Schäffter, Ortfried (1997): Lob der Grenze. In: Arnoldshainer Texte 95: Haag und Herchen: 23-59

Scherr, Albert (1994): Multikulturalismus – eine Programmatik für die soziale Arbeit in der Einwanderungsgesellschaft Bundesrepublik? In: neue praxis, 24. Jg., Heft 4/1994: 340-349

Sen, Amartya (2002): Ökonomie für den Menschen. München: Deutscher Taschenbuch Verlag

Spivak, Gayatri Chakravorty (1988): Can The Subaltern Speak? In: Nelson/Grossberg (1988): 271-313

Taguieff, Pierre-André (1991): Die ideologischen Metamorphosen des Rassismus und die Krise des Antirassismus. In: Bielefeld (1991): 221-268

Taylor, Charles (1997): Multikulturalismus und die Politik der Anerkennung. Frankfurt a.M.: Fischer

Triandis, Harry C. (1975): Culture Training, cognitive complexity and interpersonal attitudes. In: Brislin et al. (1975): 39-77

Welsch, Wolfgang (1995): Vernunft, die zeitgenössische Vernunftkritik und das Konzept der transversalen Vernunft. Frankfurt a.M.: Suhrkamp

Differenz und Soziale Arbeit. Historische Schlaglichter und systematische Zusammenhänge

Paul Mecheril & Claus Melter

Abstract
Die Aufgabe der Selektion bzw. der „Auslese", des Unterscheidens und des Differenz-Herstellens ist konstituierendes Merkmal Sozialer Arbeit. In der Entwicklung der Sozialen Arbeit gab und gibt es wechselnde Erklärungsmuster zu den Ursachen von Armut, Bedürftigkeit und Unterstützungswürdigkeit – Muster, die unterschiedliche Interventionskonzepte zur Folge hatten. Darüber hinaus ist für die Soziale Arbeit kennzeichnend, dass mit Hilfe historisch spezifischer Kriterien, die Frage geklärt wurde, welche Personen unterstützungswürdig sind und welche nicht, wobei „Unterstützungswürdigkeit" traditionell an den Umstand geknüpft war, wer als der entsprechenden Gemeinschaft zugehörig und wer als nicht dazugehörig definiert wurde.

Mit Hilfe historischer „Schlaglichter" wird im vorliegenden Text dieser grundlegende Zusammenhang von Sozialer Arbeit und Differenz verdeutlicht. Der dabei vorgenommene Rückblick auf die Beteiligung der Sozialen Arbeit an der Arbeitserziehung der Weimarer Republik, der Rolle Sozialer Arbeit im Nationalsozialismus und die Beteiligung Sozialer Arbeit an der Gewalt gegen Kinder und Jugendliche in Heimen der 1950er und 60er Jahren kann damit in Erinnerung rufen, wie und mit welchen Argumentationsfiguren Soziale Arbeit schon immer soziale Differenzierungen benutzt und bestärkt, aber auch zu verändern gesucht hat. Gleichzeitig eröffnet diese Erinnerung eine Perspektive auf die grundlegende Logik Sozialer Arbeit, die sich durch ihre Orientierung an Differenz und Andersheit als Praxis des Ein- und Ausschließens und des Differenzierens präsentiert. Diese Unterscheidungspraxen werden im zweiten Abschnitt erläutert.

1. 1920 bis 1990 – Historische Schlaglichter

Die Konstruktion von Unterschieden und die Praxis des Unterscheidens kann als nicht vermeidbare und stets zu hinterfragende Voraussetzung Sozialer Arbeit gesehen werden. Das kann eine historische Perspektive auf Soziale Arbeit verdeutlichen.

1.1. Geschlechterscheidungen, Arbeitstüchtigkeit und Eugenik: Weimarer Republik

In den 1920er Jahren spielte in dem, was wir heute Soziale Arbeit nennen, neben der Jugendpflege die Fürsorge eine zentrale Rolle. Diese verzeichnete zur Mitte des

Jahrzehnts den Höhepunkt an KlientInnen in ihrem Bereich. 1925 wurden in Preußen beispielsweise 64.384 Jugendliche in Fürsorgeeinrichtungen eingewiesen, darunter 41 Prozent Mädchen (vgl. Peukert/Münchmeier 1990: 11). Etwa die Hälfte der eingewiesenen Jugendlichen lebte in Anstalten, die anderen bei Familien oder in Ausbildungs- und Arbeitsstellen. Die von den Behörden angegebenen Gründe für die Zwangseinweisung in Einrichtungen der Fürsorgeerziehung unterschieden sich dabei geschlechtsspezifisch: Bei Mädchen und weiblichen Jugendlichen war das „Hauptverwahrlosungskriterium ‚Unzucht'" (ebd.), bei Jungen und männlichen Jugendlichen wurden Betteln, Landstreichen und Stehlen als Hauptgründe angegeben (vgl. ebd.). Genderbezogene gesellschaftliche Moralvorstellungen bezüglich sexueller Freizügigkeit, Sesshaftigkeit, Arbeit und Eigentum als auch die Negation der strukturellen materiellen Armut (Inflation und Wirtschaftskrisen) bildeten den hegemonial-kulturellen Hintergrund dieser staatlichen Erziehungsmaßnahmen.

Das Ziel der Erziehung zur Arbeit(sfähigkeit) sowie, damit verwoben, die Ermöglichung von beruflicher Bildung und Ausbildung stellen hierbei eine Art roten Faden dieser erzieherisch/pädagogischen Anstrengungen dar. Darüber hinaus wurde in der ersten Hälfte des zwanzigsten Jahrhunderts bei Kindern und insbesondere männlichen Jugendlichen Wert auf sportlich-körperliche Fähigkeiten gelegt, um die „Wehrtüchtigkeit der Jugend" (Hering/Münchmeier 2000: 64) zu fördern. Die Erziehung zum Gehorsam und die Militarisierung der Arbeit mit Jugendlichen fanden freilich nicht ohne Widerspruch statt. So wandte sich die Freideutsche Jugend 1913 gegen die „autoritären Strömungen der bürgerlichen Gesellschaft" (ebd.: 65). Jedoch befürworteten zugleich fast alle gesellschaftlichen Gruppen den von Deutschland begonnenen Ersten Weltkrieg. Die „Volksgemeinschaft", zu deren imaginären Erhalt und Gültigkeit jede Bürgerin und jeder Bürger, freilich geschlechtsspezifisch und dadurch Geschlechterdifferenzen konstituierend, einen Beitrag leisten und die das eigene „Volk" gegenüber anderen „Völkern" stärken sollte, stellt den Kern einer damals verbreiteten Ideologie dar, die auch von den Protagonist/innen des ersten Professionalisierungsschubs der Sozialen Arbeit vertreten wurde. So werden Gertrud Israel die Worten zugeschrieben: Die Soziale Arbeit „gilt den Schwächeren, der Hilfe oder der Unterstützung bedürftigen Gliedern der Gemeinschaft. Die Volksgemeinschaft selbst ist im Grunde genommen, ihre Arbeitgeberin. Der Krieg hat wie keine Zeit davor gezeigt, welche volkswirtschaftliche Bedeutung der Sozialen Arbeit zukommt. (…) Die Soziale Fürsorge ist also unerlässlich notwendig, um die Volkskräfte leistungsfähig zu erhalten" (Israel 1917, zit. nach Kappeler 2000: 714)[1].

Neben den genannten Entwicklungen gewannen seit Anfang des zwanzigsten Jahrhunderts die VertreterInnen der so genannten „Eugenik", der „Lehre" von

---

[1] Der in der Zeitschrift *Die Frau* erschienene Aufsatz von Gertrud Israel trug den Titel *Die Sozialbeamtin als Teil der Volksgemeinschaft*.

„gesundem und krankem Erbgut" der Menschen, an Einfluss auf Soziale Arbeit und Sozialpolitik (vgl. dazu den Beitrag Ralser in diesem Band). Ideen des Sozialrassismus und der „Eugenik" wurden während des Ersten Weltkrieges und in der Weimarer Republik trotz vieler Gegenstimmen populär und fanden ihren Niederschlag sowohl im Bereich der Forschung als auch in der Sozialpolitik. So begründete der angesehene Arzt und Sozialdemokrat Alfred Grotjahn (1869-1931) die Lehre von der Sozialhygiene, die den Zusammenhang zwischen gesellschaftlichen Lebensverhältnissen und Krankheiten der Bevölkerung untersuchte. Grotjahn war der erste Lehrstuhlinhaber für Sozialhygiene an der Berliner Universität und spätere Dekan der Medizinischen Fakultät. Er forderte unter anderem „die Dominanz der elitären Rasse, die er in Völkern ‚mit vorwiegend germanischen Rassebestandteilen' sah (...) und restriktive, letztlich antihumanistische Fortpflanzungsregelungen für ‚körperlich Minderwertige'" (Meyer 1997: 72 ff.). Einem Drittel der Gesellschaft sprach er die Bürger- und Menschenrechte ab und strebte deren Zwangssterilisierung an. Auch Vertreter der katholischen und der evangelischen Kirche traten für „rassenhygienische" und „eugenische" Positionen ein. So waren insbesondere pädagogische und psychiatrische Einrichtungen der Diakonie und der Inneren Mission an der gesellschaftlichen Durchsetzung „eugenischer" Forderungen beteiligt. Beleg hierfür sind mehrere Gesetzesinitiativen an den Reichstag in den 1920er Jahren oder auch die 1931 durchgeführte „Fachkonferenz für Eugenik des Zentralausschusses der Inneren Mission" (a.a.O.: 600). Zu Beginn der 1930er Jahre schlugen sich diese Diskurse schließlich im Reichsjugendwohlfahrtsgesetz nieder: „Vorherrschend wurde (...) ein Auslesediskurs, der mit der RJWG-Novellierung von 1932 bereits zu jener Scheidung von Erziehungswürdigen und Unverbesserlichen führte" (Peukert/ Münchmeier 1990: 31).

Soziale Arbeit ist – die angeführten Beispiele weisen auf diesen grundsätzlichen Punkt hin – nicht nur mit historisch spezifischen Erwartungen wie mit etwas, das der Sozialen Arbeit letztlich äußerlich bleibt, konfrontiert. Vielmehr verleihen diese politisch-kulturellen Erwartungen an die Soziale Arbeit dieser erst ihr historisch spezifisches Gesicht. Gemäß der je hegemonialen gesellschaftlichen Wertvorstellungen soll Soziale Arbeit ihr Gegenüber – nach der heutigen Terminologie, in der sich bereits hegemoniale Wertvorstellungen artikulieren, die „Adressat/innen" – ansprechen und diese dazu befähigen, bestimmten Norm(al)vorstellungen, die normalisierende Wirkung entfalten, zu entsprechen. Es besteht beispielsweise gegenwärtig die Vorstellung „guter Bürger/nnen" (vgl. Kessl 2005) oder sich selbst verwirklichender Subjekte, die ihren – beispielsweise geschlechtsspezifischen – Beitrag für die Gesellschaft leisten. Soziale Arbeit reagiert damit nicht nur auf Differenzen, die mit Hilfe der Kategorien Einkommen, Klassen- oder Schichtzugehörigkeit, natio-ethno-kultureller Zugehörigkeit und Geschlechterverhältnisse, Gender erfasst werden, sie stellt diese Differenzen auch aktiv her, indem beispielsweise Handeln als (norm-)abweichendes Handeln geschlechter- und klassenspezifisch bedeutsam gemacht wird oder national-kollektive Zugehörigkeit und Gemeinschaft („Volkskörper") eine (imaginäre) Referenz und Legitimation Sozialer Arbeit darstellen. Weitergehend noch ist Soziale Arbeit Teil der gesellschaftlichen Verwirklichung jener Grunddifferenz, die zwischen denen, die als „behandelnswert, behandlungswürdig und behandlungsfähig" gelten und jenen, denen dieser Status abgesprochen wird, unterscheidet. In der Praxis „eugenischer Selektion" kam diese Differenzierungsleistung besonders deutlich zum Tragen. Somit kann auch die Gründungszeit Sozialer Arbeit in Deutschland im ersten Drittel des 20. Jahrhunderts nicht idealisiert und nur auf Reformbestrebungen reduziert werden. Unterscheidungs- und Behandlungskonzeptionen Sozialer Arbeit waren mit gewalttätigen und „ausmerzenden" Handlungspraxen verwoben oder bereiteten diese vor. Die Herstellung von Unterschieden – oft verbunden mit Hierarchisierungen und Gewalt – muss daher als historisch grundlegendes und systematisch konstitutives Moment Sozialer Arbeit verstanden werden.

1.2 Volksgesundheit, Auslese und Pflichterfüllung: Nationalsozialismus

Im Nationalsozialismus stand die Jugend- und Wohlfahrtspflege insgesamt sowohl unter dem Primat der „Volksgemeinschaft" als auch der vorherrschenden Vorstellung von Gesundheit. Aufgabe sozialer Einrichtungen war es, die als „wertvoll" und dazugehörig („arisch") definierten Kinder und Jugendlichen zu fördern, die „Gestrauchelten" zu bessern und in die „Volksgemeinschaft" einzugliedern. Die als „nicht mehr besserungsfähig" oder nicht zugehörig („nicht arisch") Definierten wurden ausgesondert, isoliert, diszipliniert und verwahrt, „bis zur Überweisung an die Institutionen und Orte der Vernichtung des ‚unwerten Lebens'" (Kappeler 1995: 18). Aus- und Eingrenzung wurde im Nationalsozialismus eine Entscheidung über Leben und Tod: „Die Denkfigur des edlen, vollkommenen, tüchtigen, gesunden Menschen ist untrennbar verbunden mit ihrem Negativ: unedel, minderwertig, untüchtig, krank. Dieses Denken, moralisch, philosophisch, legitimiert durch den Fortschrittsbegriff der Aufklärung, teilte die Menschen ein in Brauchbare und Unbrauchbare, in Höherwertige und Minderwertige" (a.a.O.: 5). Die „eugenischen" Ansätze wurden in der Zeit des Nationalsozialismus mit der Ermordung als „lebensunwert" definierter Menschen in der Praxis realisiert. Einrichtungen wie die evangelischen Hephata-Anstalten beteiligten sich aktiv an der Zwangssterilisierung von als „nicht erziehbar" definierten Jugendlichen und Erwachsenen und „überwiesen" Jugendliche in andere Einrichtungen, wo sie, was den Beteiligten bekannt war, mit dem Tod rechnen mussten (vgl. Kappeler 2000: 607 ff.). Auch an solchen Selektionen waren Einrichtungen der Sozialen Arbeit also aktiv beteiligt. „Vom Reichssicherheitshauptamt wurden 1940 in Moringen und 1942 in Uckermarck Jugendkonzentrationslager für ‚erblich kriminell belastete' Jugendliche eröffnet. (…) Aus den Blöcken der sogenannten Unerziehbaren wurden die Zöglinge in Heilanstalten oder Konzentrationslager überwiesen – beides in der damaligen Zeit in vielen Fällen ein

Todesurteil" (Kuhlmann/Schrapper 2001: 295 ff.). Stefan Schnurr zeichnet in seinen Fallstudien zur Sozialen Arbeit im Nationalsozialismus die Verstrickung von Pädagog/innen Anfang der 1930er Jahre nach (vgl. Schnurr 1997; auch Otto/Sünker 1991; Keim 1988): Diejenigen Pädagog/innen und Fürsorger/innen, die in der Zeit des Nationalsozialismus nicht entlassen wurden, arrangierten sich demnach zumeist in und mit dem System, suchten und fanden Rechtfertigungen für ihre Tätigkeiten: „Im administrativen Vollzug der Anwendung dieser [rassistischen] Selektionsparameter auf den Fall konnten sie (...) den alten, etablierten Routinen des Berufs folgen. Eine Verantwortung für die Folgen konnte an die nächst höhere Instanz delegiert werden, die ihnen diese Tätigkeit abverlangte" (Schnurr 1997: 205).

Viele Mitarbeiter und Mitarbeiterinnen, die an den Zwangssterilisierungen und der Ermordung der als „lebensunwert" definierten Kinder, Jugendlichen und Erwachsenen beteiligt waren, setzten ihre Karrieren im sozialen, medizinischen und wissenschaftlichen Bereich fort (vgl. Kappeler 2000: 608 ff.). Die Beteiligungen von Psychiatrien, Krankenhäusern und Heimeinrichtungen an Zwangssterilisierungen und Tötungen wurden erst ab Ende der 1960er Jahre öffentlich gemacht. Auch die beteiligten Ärzte und Ärztinnen setzten vielfach ihre Karrieren fort. So geschah es bei der Begutachtung von zwangssterilisierten Personen im Rahmen von Entschädigungsverfahren in mehreren Fällen, dass die Betroffenen von demselben Personal untersucht wurde, das auch die Sterilisierung vorgenommen hatte (vgl. Vogt 1989: 35). Im Unterschied zu den Verbrechen, die im Bereich der Medizin, der Justiz und der Psychiatrie gemacht wurden, steht eine breitere öffentliche Auseinandersetzung der Verstrickungen Sozialer Arbeit mit dem Nationalsozialismus eher noch am Anfang.

Bedeutsam für aktuelle Auseinandersetzungen um die Ausrichtung, Funktionen und Normvorstellungen Sozialer Arbeit erscheint aufgrund der angesprochenen Aspekte die Reflexion der Verstrickung Sozialer Arbeit in Selektions-, Unterwerfungs- und Aussonderungspraktiken: Inwieweit stellt sich Soziale Arbeit in den Dienst von repressiven staatlichen, zum Beispiel zuwanderungsrechtlichen oder primär arbeitsmarktbezogenen Interessen?; Mit welchen historisch-kulturell anschlussfähigen Formeln wird diese Praxis von Akteuren Sozialer Arbeit legitimiert?; Welche Formen alternativer Praxis, die dem Selbstbestimmungsrecht der Adressat/innen und ihrem Recht auf freie Entfaltung ein größeres Gewicht einräumen, sind erkennbar?

1.3. Heime, Gewalt, Kirchen: Neuanfang im Nachkriegsdeutschland?
In der Zeit nach dem Nationalsozialismus kann in Westdeutschland „nicht von einer grundlegenden Wende für die Entwicklung erzieherischer Hilfen gesprochen werden. Zwar wurden Jugendkonzentrationslager und Jugendheimstätten geschlossen, aber in den meisten Einrichtungen der Jugendfürsorge und der Erziehungshilfe

der Nachkriegsjahre änderte sich weder das Personal noch der vorherrschende Erziehungsstil" (Kuhlmann/Schrapper 2001: 298). Detlev Peukert und Richard Münchmeier verweisen darauf, dass im Bereich der Jugendhilfe in der Nachkriegszeit auf die konfessionellen und reformpädagogischen Ansätze der Weimarer Republik zurückgegriffen wurde, es aber keine inhaltliche Reflexion der Zeit des Nationalsozialismus gab: „Nach einer gewissen Karenzzeit übten die meisten nationalsozialistischen ‚Mitläufer' unter den Sozialpädagogen wieder ihren Beruf aus. (…) Die aktuellen Notlagen der Nachkriegszeit, die Übergangserfahrungen von Entnazifizierung und Reeducation, aber auch das stetige organisatorische Wachstum der Fünfziger Jahre wirkten somit als Reflexionsbremse" (Peukert/Münchmeier 1990: 32). Prodosh Aich u.a. (1973) haben Jugendamtsakten aus den Jahren 1945 bis 1970 untersucht und Sozialbiografien von zehn Jugendlichen erstellt. Auffällig in den Gutachten und Berichten der beteiligten Institutionen ist, dass ausgehend von den Handlungen und Lebensumständen der Personen der Charakter und das „Wesen" der Kinder und Jugendlichen klassifiziert und bewertet wird. Typisch ist die Verwendung von Zuschreibungen wie „triebhaft, debil, grenzdebil, kriminelle Veranlagung, verwahrlost, körperlich und sittlich verkommen, moralisch haltlos, schwachsinnig, zur Erziehung unfähig" (ebd.: 7f.). Deutlich wird außerdem, wie die Beurteilungen der Mitarbeiterinnen und Mitarbeiter des Jugendamtes und anderer sozialer Einrichtungen von eigenen moralischen und gesellschaftlichen Vorstellungen geprägt sind und die Kinder und deren Eltern als Objekte wahrgenommen und behandelt werden, deren eigene Meinungen irrelevant sind und denen vielfach jede Glaubwürdigkeit und das Recht auf Selbstbestimmung abgesprochen wird (vgl. Blandow 1989: 125 ff.).

Befördert auch durch die Publikationen von Peter Wensierski (2006) und von Carola Kuhlmann (2008) hat sich inzwischen der Runde Tisch zum Schicksal der Heimkinder gegründet. In der Empfehlung des Petitionsausschusses des Deutschen Bundestages vom 26. November 2006 heißt es dazu: „Es wird vorgetragen, dass viele der in den Heimen untergebrachten 14 bis 21-jährigen Fürsorgezöglinge unter missbräuchlichen Erziehungsmethoden, wie entwürdigenden Bestrafungen, willkürlichem Einsperren und vollständiger Entmündigung durch die Erzieher, gelitten hätten. Überwiegend hätten sie in den Erziehungsheimen unentgeltlich arbeiten müssen, wobei die von ihnen ausgeübte Arbeit vorwiegend gewerblichen Charakter gehabt und nicht der Ausbildung gedient habe". In den Debatten zur Funktion und Wirkung der damaligen Heimpraxen wird darauf hingewiesen, dass die ca. 3.000 Heime, in denen geschätzte 700.000 bis 1 Mio. junge Erwachsene im Alter von 14 bis 21 Jahre lebten, vorwiegend von Institutionen der evangelischen und katholischen Kirche betrieben wurden. In den von konservativer Familien- und Sozialpolitik sowie katholischer Moral beeinflussten Nachkriegsjahren reichten oft „nichtige Gründe für eine Einweisung. Bis 1969 gab es den Kuppelparagrafen: Wer ein nicht verheiratetes Paar aufnahm, machte sich strafrechtlich schuldig. Jugendliche kamen dann ins Heim" (Damberg 2009). Gewalt und Zwangsarbeit prägten den Heimalltag, wie in vielen Berichten ehemaliger Heimkinder eindrucksvoll nachzulesen ist (vgl. www.erev.de). Sowohl die Durchsetzung bestimmter, insbesondere um Familienleben und Sexualität zentrierter Moralvorstellungen, als auch das zentrale historische Ziel Sozialer Arbeit: die Erziehung zur und durch Arbeit, strukturieren damals das Selbstverständnis, die Praxis und die zentralen Legitimationsfiguren. Erst in den 1960er Jahren wurde öffentlich damit begonnen, die differenzierende Klassifizierung von Menschen in Bezug auf „eugenische" Einteilungen zu untersuchen und zu problematisieren. Zugleich sieht Manfred Kappeler in dem zum Ideal erhobenen Bild des tüchtigen, gesunden, „funktionierenden" Menschen und der daraus folgenden Ausgrenzung aller „abweichenden", „unbrauchbaren", „untüchtigen" Menschen eine Konstante der Jugendhilfe bis heute. Belegt sieht er dies unter anderem durch ein „grausiges Kontinuum unserer Sprache (...), das die Kinder, Jugendliche und Erwachsene, Jungen und Mädchen zu Objekten fremden, eingreifenden Handelns von Maßnahmen macht" (Kappeler 2000: 723). Kappeler markiert eine Reihe von Begriffen und rhetorischen Formeln, die auch nach der Zeit des Nationalsozialismus Verwendung fanden und weiterhin finden und die, so wollen wir sie verstehen, soziale Praxen der Unterscheidung darstellen: „Erziehungszweck, überführen, Disziplinarstrafe, Kostenentzug, Schutzhaft, Jugendschutz, rassische Merkmale, Abstammungsnachweis, vorbeugende Verbrechensbekämpfung, Gesamtwürdigung der Persönlichkeit, schädliche Neigungen, Ermittlung der persönlichen Verhältnisse, Unfruchtbarmachung, Betreuung" (a.a.O.: 723ff.). Freilich bedürfte es hier empirischer Untersuchungen über die konkrete Praktiken – und auch über die institutionellen Kontinuitäten und Diskontinuitäten in der Jugendhilfe, um detaillierter beschreiben und beurteilen zu können, ob und wie solche Denkmuster, Begrifflichkeiten sowie Auslese- und Bewertungsvorgänge („nützliche" versus „unnützliche" Menschen) „eugenischen" Traditionen entsprechen. Oder auch dem entsprechen, was Maria Wolf (2008) „eugenische Vernunft" nennt, das heißt einer auf die instrumentelle Verfügung reduzierten Vernunftform, bei der „Leistung" und „Beschäftigung" sowie die Fähigkeit, selbständig und unabhängig sein Leben zu gestalten, die sittlichen Werte bilden, an denen dann gemessen wird, ob das zukünftige Leben eines Menschen aus medizinischer Sicht „mit dem Leben zu vereinbaren" ist.

Organisatorisch und inhaltlich bedeutsam für die bundesdeutsche Jugendhilfe war schließlich das 1961 erlassene Bundessozialhilfegesetz. Der Bereich der materiellen Versorgung war nun nicht mehr im Zuständigkeitsbereich der Jugendhilfe, wodurch diese sich primär auf Sozialisationshilfen konzentrieren konnte. Diese Veränderungen zeigten sich auch in neuen Begrifflichkeiten, die ein neues Selbstverständnis der Jugendhilfe bewirkten: „Aus ‚Fürsorge' wurde ‚Sozialhilfe', aus ‚Jugendfürsorge' und ‚Jugendwohlfahrtspflege' wurde ‚Jugendhilfe', aus ‚Wohlfahrtspflege' als Sammelbegriff der neue umfassende Begriff ‚Soziale Arbeit'" (Peukert/Münchmeier 1990: 43).

Unser Resümee aus diesen drei historischen Schlaglichtern ist, dass als Hauptfunktion der Sozialen Arbeit ihre Aussonderungsaufgabe und als ihr Hauptkennzeichen die der Aussonderung notwendig zu Grunde liegenden Menschenbilder und Bilder, die Menschen unterscheiden, in den Vordergrund rücken. Das immer wieder gezeichnete Bild einer vornehmlich progressiven Sozialen Arbeit am Beginn des 20. Jahrhunderts und in der Weimarer Republik sowie eines unbelasteten Neuanfang in den Nachkriegsjahren steht somit in einem widersprüchlichen Verhältnis zu den politisch-gesellschaftliche Aufträge erfüllenden Praxen. Soziale Arbeit hat(te) keinesfalls allein die Funktion der „Hilfe für die Betroffenen". Sie wirkte und wirkt aktiv an Auslese- und Diskriminierungsprozessen mit. Diesen Teil der Geschichte der Profession und des beruflichen Selbstverständnisses gilt es – jenseits einer bloß moralischen Empörung und komplementär: Abwehr – stärker aufzuarbeiten und als strukturelle Dimension Sozialer Arbeit zu reflektieren.

2. Unterscheiden – Identifizieren – Behandeln. Zur Logik Sozialer Arbeit

Generell kann im Hinblick auf die Handlungslogik Sozialer Arbeit von einer historisch wechselnden Fokussierung staatlicher und sozialpädagogischer Aufmerksamkeit auf bestimmte „Andere" gesprochen werden. Vor diesem Hintergrund macht es nicht nur Sinn, sondern wird es vielmehr zu einer Erfordernis, die Frage zu stellen, welche Verständnisse von „Normalität" und „Andersheit" in und für die heutige Soziale Arbeit bedeutsam sind und individuell, interaktiv und institutionell prozessiert werden; welche Aufgaben Soziale Arbeit in der Gesellschaft, im Nationalstaat oder einem Stadtteil zu erfüllen hat und welche Normen in Bezug auf Klasse, Gender und Ethnizität in und durch Soziale Arbeit gesetzt werden. Darüber hinaus verdeutlichen die historischen Schlaglichter, dass Praxen Sozialer Arbeit konstitutiv und unvermeidbar auf ein- und ausschließenden Unterscheidungspraxen beruhen. Soziale Arbeit muss zunächst unterscheiden, welche Gruppen oder Personen welche Unterstützungsleistungen oder „Behandlungsweisen" erhalten. Weiterhin wird Soziale Arbeit die historisch spezifische Dringlichkeit und den spezifischen Bedarf ihrer selbst sowie die Auswahl der Adressaten und Adressatinnen notwendig durch differentielle Begründungsdiskurse legitimieren müssen. Erst diese Legitimation sichert ihre Existenz, Finanzierung und Anerkennung. Bei den Ein- und Ausschlusspraxen, in denen Soziale Arbeit als Teil des wohlfahrtstaatlichen Arrangements auf gesellschaftliche Differenzen reagiert und diese Differenzen zugleich bestärkt und herstellt, können vor dem Hintergrund der historischen Schlaglichter drei zentrale Momente analytisch unterschieden werden:

Soziale Arbeit und Differenz – Aus- und Einschlussverfahren

(a) Unterscheidung	Zu unterstützende Gruppe innerhalb eines Territoriums	Nicht zu unterstützende Gruppe innerhalb eines Territoriums (z.B. in Bezug auf Wohnort, StaatsbügerInnenschaft, Aufenthaltsstatus)
(b) Unterscheidung	Als non-konform geltende Gruppe	Als konform geltende Gruppen: keine Förderung
(c) Unterscheidung	Als kooperationsbereit geltende „Non-Konforme"	Als nicht kooperationsbereit geltende „Non-Konforme": Eingriff nur bei Gefährdung

Zu a) Durch informelle Entscheidungs- und Zuteilungspraxen sowie formale Regelungen wird entschieden, wer in einem bestimmten gesellschaftlichen Kontext gefördert wird. So sieht Burkhard Müller (1995) die Entwicklungsgeschichte der Sozialen Arbeit eng verknüpft mit der Einteilung in „eigene" und „fremde" Arme: „Soziale Arbeit ist die Summe aller Reaktionen unserer Gesellschaft auf die Migrations-(Mobilitäts-)Tatsache. Die Ur-Klienten Sozialer Arbeit sind Fremdlinge, Migranten, Entwurzelte, nicht Arme, Deprivierte, Hilflose. (...) Nicht Hilflosigkeit oder Not als solche riefen die Helfer und Helfersysteme auf den Plan, sondern die fremden, subversiven, „unmoralischen" oder gar „kriminellen" Weisen, in denen entwurzelte Leute sich selbst zu helfen versuchten. Eben deshalb hat die Rede vom „Helfen" und vom „Hilfe-System" in Geschichte und Gegenwart sozialer Arbeit immer auch ideologischen Klang: Es ging in Wirklichkeit nie nur um Hilfe, sondern um Hilfe und Kontrolle, um Unterstützung beim Überleben und in der Teilhabe an einer Gesellschaft, die von den Anderen kontrolliert war und um Anleitung, sich deren Interessen und Normen zu unterwerfen" (Müller 1995: 138f.). Auch Ulrike Davy (2004) hat in ihrer historischen Untersuchung herausgearbeitet, dass die Verknüpfung von Armut und Kriminalität mit den Themen Migration, Exklusion und Inklusion zentraler Bestandteil in den Gesetzgebungen europäischer Länder und stets mit Abwehr- und Restriktionsmaßnahmen verbunden war. So sind zum Beispiel bestimmte Maßnahmen beruflicher Förderung an einen festen unbeschränkten

Aufenthaltstitel (*Niederlassungserlaubnis*) geknüpft. Dies lässt für einige Jugendliche die kummulative Bedrängnis entstehen, dass sie wegen fehlender Arbeit keine Aufenthaltsverlängerung und wegen fehlender Aufenthaltsverlängerung keine Arbeit oder Ausbildung erhalten. Die Differenzkonstruktionen sind hierbei verschränkt mit Bedürftigkeitskonstruktionen, nationalstaatlichen und regionalen Bedingungen ihrer Herstellung (vgl. Komlosy 2006); etwa Begründungen, die plausibel machen sollen, warum bestimmte „eigene" Gruppen die Hilfe in Anbetracht einer imaginierten oder realen Ressourcenknappheit erhalten und „Andere" nicht (vgl. Althammer u.a. 2006). Der Negativblick auf Migration und die Koppelung mit Armuts- und Ausschließungsprozessen sind als Teil europäischer Rechtsgeschichte (vgl. Komlosy 2006) und auch der Geschichte der Sozialen Arbeit anzusehen, da dieser bei den jeweiligen Ein-, und Ausschließungsaktivitäten eine zentrale Rolle zukam und auch weiterhin zukommt. So stehen dem im Achten Sozialgesetzbuch festgelegten Recht, dass alle Kinder und Jugendliche Anspruch auf Unterstützung und den Anspruch auf ein Engagement gegen Benachteiligung haben, zuwanderungsrechtliche und informelle Hürden und Grenzen bei Kindern und Jugendlichen ohne deutsche Staatsangehörigkeit gegenüber. Minderjährigen unbegleiteten Flüchtlinge müssen damit rechnen, dass sie nach ihrer Volljährigkeit auf Grund einer Unterbringung in vollstationären sozialpädagogischen Unterbringungen aus Deutschland ausgewiesen werden (vgl. Melter 2006: 103 ff). Soziale Arbeit steht hier im Spannungsfeld zwischen fördernder Sozialgesetzgebung und ausgrenzender Zuwanderungsgesetzgebung. Die historische Praxis der Einteilung in Hilfsbedürftige, denen Hilfe zukommt, da sie als „eigene" und damit legitim hilfsbedürftig gelten, und „Hilfsbedürftigen", die keine Unterstützung bekommen, da sie als „Fremde" gelten, wird von ihr fortgesetzt.

Zu b) Für die Soziale Arbeit als Teil des wohlfahrtstaatlichen Arrangements ist die Praxis des Identifizierens und Definierens der „Norm-Abweichung" der Adressaten und Adressatinnen konstitutiv, also unhintergehbar: Nur wer als „abweichend" und „betreuungsbedürftig" gilt, bekommt Förderungen. Auf Grund der Erfordernis, Unterschiede zu identifizieren und diese im expliziten oder bloß indirekten Nachvollzug hegemonialer Auffassungen zu qualifizieren, (re-)produziert Soziale Arbeit eine binäre Differenzordnung, innerhalb derer als „nicht-normal" oder „non-konform" geltende Adressaten und Adressatinnen Sozialer Arbeit den „konformen" und „normalen" Subjekten und Nicht-Adressaten und Nicht-Adressatinnen gegenüber gestellt werden. Soziale Arbeit steht unter dem strukturellen Zwang, fortwährend die binäre Unterscheidung zwischen Abweichung/ Auffälligkeit/Hilfe- und Unterstützungsbedürftigkeit und Normalität/Unauffälligkeit/ Selbständigkeit herzustellen – und zwar selbst dann, wenn die mit ihr einhergehenden defizitären und essentialisierenden Perspektiven und stigmatisierenden Effekte kritisch betrachtet werden. Die Konstruktion der Unterstützungsbedürftigkeit ist genau die unentbehrliche Voraussetzung, die die Erfordernis Sozialer Arbeit plausibilisiert, Handlungsfelder profiliert und Berufsperspektiven sichert. So zeigt sich etwa in der geschlechtsspezifischen oder auch der interkulturellen Sozialen Arbeit, dass Projekte und Angebote nur dann bewilligt oder (weiterhin) gefördert werden, wenn eine Förderungsbedürftigkeit konstatiert wird, das heißt, wenn Defizite und Probleme der Adressaten und Adressatinnen markiert werden. Um es zynisch zu formulieren: Zum Glück gelingt dies mit Bezug auf die diskursive Figuren „Menschen mit Migrationshintergrund", „Migrantinnen", „junge Musliminnen" besonders einfach.

Zu c) Aus legitimatorischen Gründen ist es weiterhin unabdingbar, eine begründete Sozialprognose vorzunehmen, die die Kooperationsbereitschaft bestätigt sowie die zukünftige Bereitwilligkeit und Entwicklungsfähigkeit der Adressaten und Adressatinnen in ihrer Wahrscheinlichkeit abschätzt. Die Kooperationsbereitschaft muss beispielsweise in der Sozialpädagogischen Familienhilfe durch die Unterschrift der Erziehungsberechtigten dokumentiert werden. Nur bei akuter und belegter Kindeswohlgefährdung dürfen und müssen staatlicherseits Zwangsmaßnahmen ergriffen werden, wird also auch ohne die Kooperationsbereitschaft der Beteiligten interveniert.

3. Resümee

Die heutige Soziale Arbeit ist aus historischen Traditionslinien entstanden, die sich sowohl in der Entstehung und Praxis von Institutionen als auch in den Theorien und Leitideen des Berufes niedergeschlagen haben: „Die Soziale Arbeit ist in ihren Anfängen und jederzeit *Ausdruck und Teil* der Gesellschaft, in der sie auf vielfältige Weise wirkt" (Kappeler 2000: 631). So ist zum einen das Verhältnis von sozialen Einrichtungen zu Medizin und Gesundheitswesen, zur Armenpflege bzw. zum Sozialhilfesystem, zur Arbeitsverwaltung oder zu den Ausländerbehörden jeweils Ausdruck gesellschaftlicher Vorstellungen und Verhältnisse. Gleiches gilt für die jeweils vorherrschenden Menschenbilder und Zielvorstellungen der im sozialen Bereich Tätigen. Die Position und die Aufgaben Sozialer Arbeit innerhalb des wohlfahrtsstaatlichen Arrangements und ihre Beziehung zu den jeweiligen gesellschaftlichen Verhältnissen, ihre Zielformulierungen und Subjektverständnisse unterlagen und unterliegen vielfältigen Wandlungen; es sind jedoch auch Kontinuitäten in dem für die Soziale Arbeit konstitutiven Bezug auf Differenz festzustellen. So erhält die Soziale Arbeit ihre Legitimation nicht zuletzt dadurch, dass Normabweichungen und Non-Konformitäten als Phänomene angesehen und markiert werden, die es zu bearbeiten gilt. Die Frage, ob und wie die als Abweichung in den sozialarbeiterischen Blick kommenden (Differenz-)Phänomene thematisch werden, hängt wiederum mit weitergehenden Unterscheidungen zusammen, die zentral erstens die Frage der „Kooperativität" und zweitens die der „Berechtigung" betreffen.

> Differenzen sind somit Effekte sozialer Unterscheidungspraxen, die innerhalb der jeweiligen gesellschaftlichen und historischen Verhältnisse bestimmte Funktionen erfüllen. Auch wenn Differenzierungspraxen Veränderungsprozessen unterliegen, lassen sich zugleich auch überdauernde Muster erkennen, in denen sich normative Kontinuitäten artikulieren. Die Unterscheidungen zwischen „unterstützenswert" und „nicht-unterstützenswert" sowie „kooperationsbereit" und „nicht-kooperationsbereit" stellen solche fortdauernden Muster der Differenzierung in und durch Soziale Arbeit dar. Zugleich ist Soziale Arbeit die Kritik auf diese konstitutive Dimension ihrer selbst.

Vermittelt von dieser Unterscheidungspraxis ist Soziale Arbeit in historisch wechselnden Fokussierungen staatlicher und sozialarbeiterischer Aufmerksamkeit auf bestimmte „Andere" bezogen und bringt diese „Andere" als Andere (z.b. kooperationsbereite Mädchen und unterstützenswerte MigrantInnen) hervor. Vor diesem Hintergrund wird der Sinn einer notwendigen doppelten Kritik klar. Sie entwickelt sich in einer kritischen Achtsamkeit gegenüber strukturellen Benachteiligungen (z.B. von „Mädchen", von „MigrantInnen"), ungleichen Partizipationsmöglichkeiten sowie ungleichen Rechten und Ressourcen, eine Achtsamkeit, die auf Veränderung von Partizipations- und Ressorucenstrukturen abzielt, so dass „Mädchen" und „MigrantInnen" stärker angesprochen und einbezogen sind. Darüber hinaus bedarf es aber auch einer Sensibilität gegenüber den Normen und Ausschlüssen, die mit den Unterscheidungen und Fokussierungen (etwa in Männer und Frauen; MigrantInnen und Nicht-MigrantInnen) verbunden sind. Susanne Maurer (2001: 137ff.) macht in diesem Zusammenhang darauf aufmerksam, dass die Thematisierung von Differenz durch die Soziale Arbeit immer als doppelte Dynamik zu verstehen sei: Die Thematisierung von Differenzen (z.b. durch die feministische Sozialpädagogik) weise das Potenzial auf, gesellschaftliche oder institutionelle Verhältnisse zu problematisieren und eine Veränderung dieser Verhältnisse anzuregen. Zugleich gehen mit der Thematisierung von Differenz aber immer auch neue Normen und neue Festlegungen, Reifizierungen von „Andersheiten" und dadurch soziale und symbolische Ausschlüsse einher. Soziale Arbeit ist damit immer beides: Eine Ermöglichung von Einbezug durch beispielsweise die Problematisierung gesellschaftlicher Ausschlüsse oder durch die Erkundung und Eröffnung von Zugangsmöglichkeiten zu Ressourcen und Partizipationsmöglichkeiten. Soziale Arbeit kann andererseits als Disziplinierungsmacht beschrieben werden (vgl. Stehr 2007), da die Unterscheidung der Adressaten und Adressatinnen entlang von Normalitätsmodellen vorgenommen und der Anspruch auf Unterstützungsleistungen mit Rückgriff auf territoriale Kategorien und das Konzept der (Aktivierungs-)Bereitschaft der Adressaten und Adressatinnen (vgl. Kessl 2005) entschieden wird. Im Anspruch einer (selbst-)kritischen und (selbst-)reflexiven Sozialen Arbeit bleibt der Bezug auf Differenz und damit Soziale Arbeit selbst prekär.

Literatur

Aich, Prodosh (Hrsg.) (1973): Da weitere Verwahrlosung droht. Fürsorgeerziehung und Verwaltung. Zehn Sozialbiografien aus Behördenakten. Reinbek: Rowohlt

Anhorn, Roland/Bettinger, Frank/Stehr, Johannes (Hrsg.) (2007): Foucaults Machtanalytik und Soziale Arbeit. Eine kritische Einführung und Bestandsaufnahme. Wiesbaden: VS

Althammer, Beate (2006): Nichtsesshafte Arme: Pilger, Bettelmönche, Vaganten, „Zigeuner", Obdachlose. In: Wandel von Inklusions- und Exklusionsformen von der Antike bis zur Gegenwart. Universitäts-Journal Trier, Themenheft SFB 600, Sonderforschungsbereich „Fremdheit und Armut": 19-21, http://www.uni-trier.de/fileadmin/ organisation/Presse/Unijournal/Themenheft_SFB_600.pdf [Stand: 12. April 2009]

Baur, Dieter/Finkel, Margarete/Hamberger, Matthias/ Kühn, Axel D. (1999): Leistungen und Grenzen der Heimerziehung. Ergebnisse einer Evaluationsstudie stationärer und teilstationärer Erziehungshilfen. Stuttgart: Kohlhammer

Birtsch, Vera/Münstermann, Klaus/Trede, Wolfgang (Hrsg.) (2006): Handbuch Erziehungshilfen. Münster: Votum

Budde, Jürgen (2009): Männer und soziale Arbeit? Männlichkeit und Arbeit – Männlichkeit ohne Arbeit? AIM-Gender-Tagung, unveröffentlichtes Vortragsmanuskript. Stuttgart. 2. – 4. April 2009, http://aim-gender.ruendal.de/__oneclick_uploads/2009/03/budde.pdf [Stand: 12. April 2009]

Blandow, Jürgen (1989): „Fürsorgliche Bewahrung" – Kontinuitäten und Diskontinuitäten in der Bewahrung „Asozialer". In: Cogoy et al. (2005): 125-144.

Bundesministerium für Gesundheit und Soziale Sicherung (2005): 2. Armuts- und Reichtumsbericht, http://www.bmgs.bund.de/download/broschueren/A333.pdf [Stand: 13. September 2005]

Bütow, Birgit/Chassé, Karl August/ Hirt, Rainer (Hrsg.) (2008): Soziale Arbeit nach dem Sozialpädagogischen Jahrhundert. Opladen/Farmington Hills: Barbara Budrich

Cogoy, Renate/Kluge, Irene/Meckler, Brigitte (Hrsg.) (2005): Erinnerungen an eine Profession – Erziehungsberatung, Jugendhilfe und Nationalsozialismus. Münster: Votum

Damberg, Wilhelm (2009): Erziehung. Ein dunkles Kapitel aus den frühen Jahren der Bundesrepublik kommt ans Licht. Zwei Wissenschaftler erforschen die zeitgeschichtlichen Zusammenhänge, http://www.merkur.de/2009_14_Blick_in_die_Stra.33500.0.html?&no_cache=1 [Stand: 12. April 2009]

Davy, Ulrike (2004): Einwanderung und Integrationspfade. In: ZAR. Aktuell: Informationsdienst der Zeitschrift für Ausländerrecht und Ausländerpolitik, 7. Jg., Heft 7: 231-236

Ehlert, Gudrun/Funk, Heide (2008): Strukturelle Aspekte der Profession im Geschlechterverhältnis. In: Bütow et al. (2008): 177-190

Erev (2009): Positionspapier Weiterentwicklung des Fachverbandes 1, http://www.erev.de/auto/Downloads/Positionspapiere/2008_02_PP_Heimerziehung.pdf [Stand: 12. April 2009]

Finkel, Margarete (2000): Erziehungshilfe für Mädchen und Jungen aus Migrationsfamilien. Ergebnisse der JULE-Studie. In: Migration und Soziale Arbeit, 1. Jg., Heft 3/4: 60-64

Hahn, Sylvia/Andrea Komlosy, Andrea/Reiter, Ilse (Hrsg.) (2006): Ausweisung, Abschiebung und Vertreibung in Europa 16. – 20. Jahrhundert. Innsbruck: Studien Verlag

Hering, Sabine/Münchmeier, Richard (2000): Geschichte der Sozialen Arbeit – Eine Einführung. Weinheim/München: Juventa

Kappeler, Manfred (1995): Verstrickung und Komplizenschaft – die Beteiligung von Jugendbehörden an der nationalsozialistischen Bevölkerungspolitik 1933-1945, unveröffentlichtes Vortragsmanuskript. Brandenburg: Landesjugendamt

Keim, Wolfgang (Hrsg.) (1988): Pädagogen und Pädagogik im Nationalsozialismus – Ein unerledigtes Problem der Erziehungswissenschaft. Frankfurt a.M u.a.: Peter Lang

Kessl, Fabian (2005): Der Gebrauch der eigenen Kräfte: eine Gouvernementalität Sozialer Arbeit. Weinheim/München: Juventa

Komlosy, Andrea (2006): Der Staat schiebt ab. In: Hahn et al. (2006): 89-96

Kuhlmann, Carola (2008): „So erzieht man keinen Menschen": Lebens- und Berufserinnerungen aus der Heimerziehung der 50er und 60er Jahre. Wiesbaden: VS

Kuhlmann, Carola/Schrapper, Christian (2001): Zur Geschichte der Erziehungshilfen von der Armenpflege bis zu den Hilfen zur Erziehung. In: Birtsch et al. (2001): 282-328

Lamp, Fabian (2007): Soziale Arbeit zwischen Umverteilung und Anerkennung. Der Umgang mit Differenz in der sozialpädagogischen Theorie und Praxis. Bielefeld: Transcript

Lutz, Helma/Wenning, Norbert (Hrsg.) (2001): Unterschiedlich verschieden. Differenz in der Erziehungswissenschaft. Opladen: Leske und Budrich

Maurer, Susanne (2001): Das Soziale und die Differenz. Zur (De-)Thematisierung von Differenz in der Sozialpädagogik. In: Lutz/Wenning (2001): 125-142

Melter, Claus (2006): Rassismuserfahrungen in der Jugendhilfe. Eine empirische Studie zu Kommunikationspraxen in der Sozialen Arbeit. Münster u.a.: Waxmann

Meyer, Bernhard (1997): Begründer der Sozialhygiene. In: Berlinische Monatszeitschrift. Berlin

Müller, Burkhard (1995): Sozialer Friede und Multikultur. Thesen zur Geschichte und zum Selbstverständnis sozialer Arbeit. In: Müller et al. (1995): 133-147

Müller, Siegfried/Otto, Hans-Uwe/Otto, Ulrich (Hrsg.) (1995): Fremde und Andere in Deutschland. Nachdenken über das Einverleiben, Einebnen, Ausgrenzen. Opladen: Leske und Budrich

Otto, Hans-Uwe/Sünker, Heinz (Hrsg.) (1991): Politische Formierung und soziale Erziehung im Nationalsozialismus. Frankfurt a. M.: Suhrkamp

Petitionsausschuss des Deutschen Bundestages vom 26. November 2006 (2006): Empfehlung des Petitionsausschusses des Deutschen Bundestages vom 26. November 2006. Berlin, http://www.bundestag.de/aktuell/archiv/2008/22815554_kw48_petitionen2/empfehlung.pdf [Stand: 15. April 2009]

Peukert, Detlev (1986): Grenzen der Sozialdisziplinierung: Aufstieg und Krise der deutschen Jugendfürsorge von 1878-1932. Köln: Bund

Peukert, Detlev/Münchmeier, Richard (1990): Historische Entwicklungsstrukturen und Grundprobleme der deutschen Jugendhilfe. In: Sachverständigenkommission 8. Jugendbericht (1990): 3-50

Sachverständigenkommission 8. Jugendbericht (Hrsg.) (1990): Jugendhilfe – Historischer Rückblick und neuere Entwicklungen, Materialien zum 8. Jugendbericht, Bd. 1. München

Schilling, Johannes (1997): Soziale Arbeit – Entwicklungslinien der Sozialpädagogik/Sozialarbeit. Neuwied/Kriftel/Berlin: Luchterhand

Schnurr, Stefan (1997): Sozialpädagogen im Nationalsozialismus: eine Fallstudie zur sozialpädagogischen Bewegung im Übergang zum NS-Staat. Weinheim/München: Juventa

Schröer, Hubertus (2005): Interkulturelle Orientierung und Öffnung der Hilfen zur Erziehung,

http://www.i-iqm.de/dokus/interkulturelle_orientierung_erziehung.pdf [Stand: 12. April 2009]

Stehr, Johannes (2007): Normierungs- und Normalisierungsschübe – Zur Aktualität des Foucaultschen Disziplinbegriffes. In: Anhorn et al. (2007): 29-40

Vogt, Barbara (1989): Die verborgene Kontinuität zwischen der NS-Zeit und der Gegenwart, aufgezeigt an dem Problem der sogenannten Wiedergutmachung und an dem Phänomen, wie Kriegsverbrecher zu Kriegsopfern werden konnten. In: Cogoy et al. (1989): 32-41

Wensierski, Peter (2006): Schläge im Namen des Herrn: Die verdrängte Geschichte der Heimkinder in der Bundesrepublik. München: Goldmann

Wolf, Maria. A. (2008): Eugenische Vernunft. Eingriffe in die reproduktive Kultur durch die Medizin 1900 – 2000. Wien: Böhlau

III. Soziale Arbeit, Andersheit und Normalisierung.
Überlegungen zu einem differenten Verhältnis

Anschlussfähiges Normalisierungswissen.
Untersuchungen im medico-pädagogischen Feld

Michaela Ralser

Abstract

Sozialpädagogik und Sozialarbeit verdanken sich verschiedener Herkünfte. Eine dieser Herkunftslinien, die nicht zuletzt auch zur frühen Institutionalisierung und Professionalisierung Sozialer Arbeit beigetragen hat, entstammt dem *medico-pädagogischen Feld* um 1900, respektive einer spezifischen Verarbeitung desselben: der Wandlung der „sozialen Frage" in „soziale Pathologie" und der „frühen Sozialpolitik" in ein Projekt der „(Gesundheits)Erziehung" der zur biologischen Gattung geeinten unteren Klassen. Darüber wird der folgende Beitrag erzählen.

Diese Geschichte betrifft die innersten Bezirke der institutionalisierten Sozialen Arbeit, der Fürsorgeerziehung sowie der Kinder- und Jugendfürsorge und nimmt ihren Ausgang, so meine These, in der von wechselseitigen Anschlussstellen gekennzeichneten, psychiatrischen Wissensproduktion und -distribution an der Schwelle zum 20. Jahrhundert.

1. Einleitung

Der *psychiatrischen* Wissensproduktion und -distribution kommt für die Soziale Arbeit große Bedeutung zu, da sie im Bündnisdialog mit den, unter anderem in ihrem Rahmen entstehenden, Wissensdisziplinen der Sexualpathologie, der Kriminologie und Sozialhygiene in einer bis 1900 unbekannten Publizität zur „Deutungsressource der (Krisen)Kultur" avanciert, sich als interdisziplinäres Projekt einer frühen „Public Health Policy" und „Gesellschaftswissenschaft avant la lettre" zu etablieren beginnt und nicht zuletzt ihre machtvolle Institutionalisierung als psychiatrische Anstalt und bald auch als „akademiefähige psychiatrische Klinik mit zahlreichen Relaisstationen in Justiz, Militär, Schule und schließlich ins Fürsorgewesen" im ausgehenden 19. Jahrhundert ausbaut und intensiviert (vgl. Ralser 2009: 5ff.).

Eine Auseinandersetzung mit eben dieser Schwellenzeit und ihren Wissensproduktionen und neuen Anwendungsbezirken ist deshalb wichtig, weil daran gezeigt werden kann, dass die *Normalisierungsaufgabe* arbeitsteilig organisiert wurde und die spezifischen Rationalitäten dieser Arbeitsteilung die – herrschaftlich verobjektivierende – Differenzierung des „Klientels" ebenso voranbrachte wie den Prozess der Spezialisierung der zu ihrer ‚Umsorgung' erdachten Einrichtungen (vgl. Foucault 1991a, 1991b, 1971).

Differenzierungsprozesse sind aufs engste mit Normalisierungsstrategien verbunden: Erst die „Kontinuierung und Homogenisierung des Heterogenen und Diskontinuierlichen" (Link 1999: 156) und die Durchsetzung einer bestimmten Normalitätsbreite schaffen die Basis für diese wirkmächtigen Unterscheidungen. Die *Normalitätsbreite*, die zugleich zur Ausweitung von Normalitätszonen führt, wiederum stellt einen Effekt des interdiskursiven und interdisziplinären Vorgangs der „Aushandlung" und sozialen Geltendmachung von „flexiblen und inflexiblen Normalitätsgrenzen" (Link 1999) dar, die zwischen der Medizin, der Psychiatrie, der Psychologie, der Pädagogik, der Sozialen Arbeit und der Justiz etabliert wurden. Dieser Vorgang setzt im ausgehenden 19. Jahrhundert mit besonderer Virulenz ein und dauert bis heute an.

Mit Jürgen Link fasse ich *Normalität* als interdiskursive Konstellation und *Normalismus* als ein spezifisches modernes Netz von Dispositiven, welche in geregelter Weise sektorielle und allgemeine Normalitäten produzieren. Für die moderne Normalität sind die Anpassungsfähigkeit und die Übertragbarkeit dieser *Regelmäßigkeitsnetze* von einem Feld ins andere kennzeichnend.[1]

Die Ausweitung von Normalitätszonen und die Flexibilisierung von Normalitätsgrenzen, die im letzten Drittel des 19. Jahrhunderts ihren Ausgang nehmen, bewirken einerseits eine Vervielfachung professioneller Zuständigkeiten, und andererseits führen sie durch die den Vorgang regierende Rationalität der Gliederung zu Prozessen der Delegitimierung von Ansprüchen auf Seiten der Betroffenen und zu Prozessen der Delegierung auf Seiten der Professionellen. Da Sozialarbeit und Sozialpädagogik als „Arbeit mit den Anderen", unabhängig davon, wie die beiden Praxisfelder ihren Auftrag wenden und wandeln, und unabhängig davon, wozu sie sich selbst beauftragen, immer auch eine (wohlfahrts- und kontroll-)staatliche Aufgabe zu erfüllen haben, die üblicherweise dann einsetzt, wenn ein Zustand, ein Vorgang oder die Handlung einer bestimmten Gruppe die zugestandenen Normalitätsbreiten überschreiten und Interventionsnotwendigkeiten postuliert werden, sind sie besonders gefordert, die Thematisierungsweisen und Praktiken, in die sie involviert sind und die unter anderem soziale und pädagogische Herausforderungen in Pathologien wandeln, zu erkennen und zu reflektieren.

Ich beginne meine vorliegenden Überlegungen also mit der Transformation der klinischen Psychiatrie an der vorletzten Jahrhundertwende. Dabei beziehe ich mich auf eine kürzlich vorgelegte Studie (Ralser 2009), die über die Analyse von historischen Krankenakten die spezifische Rationalität der historischen Klinik als erster integrierter Stätte der Behandlung, der Lehre und der Forschung rekon-

---

[1] Durch die Kombinatorik proto- und flexibilitätsnormalistischer Strategien (Link 1999: 79f.) ist sie besonders produktiv: als Subjekt-Appell zur Leistungssteigerung der einzelnen und von Gruppen ebenso wie als Exklusionsbedrohung.

struiert, den Wandel der Anamnese-, Diagnose- und Behandlungsgewohnheiten dokumentiert und die für die Klinik um 1900 kennzeichnenden Anschlüsse an andere Wissensgebiete, etwa an die transdisziplinäre Degenerationslehre und Eugenik aber auch ihre Verbindung zur Pädagogik und Fürsorge ausarbeitet. Als Beispielfall dient mir in dieser Untersuchung die Innsbrucker psychiatrisch-neurologische Klinik, von ihrer Gründung um 1891 bis 1918.[2]

2. Soziale Pathologien

Ab den 1910er Jahren etabliert sich auch an der Innsbrucker Universitätsklinik für Psychiatrie und Neurologie eine neue Rede über die „Kranken" und ihre „Krankheiten".

Vor dem Hintergrund der zweiten Rezeption der Degenerationslehre[3] und inspiriert durch eine – alle politischen Lager ergreifende – Eugenikdebatte[4] hatte sich

---

[2] Die Klinik liegt – was ihre Gründungskonstellation, Größe, Ausstattung und ihr Einzugsgebiet anbelangt – im europäischen Mittelfeld. Sie war wie alle anderen psychiatrischen Kliniken der Gründerzeit hinsichtlich ihrer PatientInnen von einer sozialen Außen- und Binnendifferenzierung gekennzeichnet: Wer nicht den unteren Schichten der KleinbäuerInnen, ArbeiterInnen, DienstbotInnen und TagelöhnerInnen angehörte, zog einem öffentlichen Krankenhaus die Privatklinik oder das private Nervensanatorium vor. Außerdem war die Innsbrucker Universitätsklinik als solche in erster Linie der Entwicklung der sich an den Naturwissenschaften ausrichtenden wissenschaftlichen Psychiatrie verpflichtet. Als ersten Ordinarius ernannte die Innsbrucker Medizinische Universität den später in Halle an der Saale tätigen Neurologen und Psychiater Gabriel Anton (1858-1933). Sein Nachfolger wurde der Wiener Meynert-Schüler Carl Meyer (1862-1936).

[3] Bezugsautor der Degenerationslehre ist der französische Arzt und Philosoph Benedict-Augustin Morel (1809–1879), seine anthropologisch-religiös motivierte Degenerationstheorie wurde zuerst vom französischen Psychiater Jacques Joseph Valentin Magnan (1835–1916) psychiatrisch und sozialdarwinistisch verarbeitet und schließlich von einer ganzen Generation deutsch-, französisch- und italienischsprachiger Jahrhundertwende-Psychiater und -Kriminologen übernommen und weiterentwickelt. Das wesentliche Argument der Degenerationslehre: Im Kollektiv akkumuliere sich entwicklungslogisch die negative Voraussetzung und Erbanlage von Generation zu Generation und führe letztlich zu einer Abwärtsentwicklung der „gegebenen" Fortpflanzungsgemeinschaft. Die Kollektivierung verschärfte die Größenordnung des Problems, welches die Vererbungstheorie hinsichtlich des Individuums schon aufgeworfen hatte.

[4] Bezugsautor der modernen Eugenik ist der englische Anthropologe Francus Galton (1822–1911). Sein „forschungs- und sozialpolitisches Programm zur Verbesserung der Erbanlagen einer gegebenen Fortpflanzungsgemeinschaft" (Eugenics, 1893) formierte sich im Wege einer auf ganz Mitteleuropa und die USA ausgreifenden Eugenikdebatte bereits um 1900 als interdisziplinäre Wissenschaft. Quer zu den üblichen ideologischen Trennungsfiguren (eugenisch argumentiert wurde auch in Teilen der ArbeiterInnen-, der Frauenbewegung und der pädagogischen Reformbewegungen der Jahrhundertwende) entfaltete die Eugenik schließlich im Rahmen der Psychiatrie, der Fürsorgeerziehung und Heilpädagogik einen ihrer machtvollsten Wirkungsbereiche. Eine erste eugenische Verbindung zur christlichen Familien- und Jugendhilfe etwa legte Hermann Mückermann (1877-1962). Seine Ausführungen hatten großen Einfluss auf Fürsorgepolitik –und Fürsorgepraxis. Eine frühe rassehygienische Verarbeitung erfuhr die Eugenikdebatte durch den mit dem Schweizer Psychiater August Forel bekannt gewordenen Mediziner Alfred

im Verbund mit einer psychiatrisch informierten und sozialdarwinistisch motivierten öffentlichen Hygiene[5] auch an der Innsbrucker Klinik eine ausgreifende Fassung der Geistes- und Nervenkrankheit durchgesetzt, so dass der Begriff der Krankheit weit ins Feld der Gesundheit hineinverschoben wurde. Als krank werden ab diesem Zeitpunkt auch jene bezeichnet, die eine Disposition zur Krankheit aufweisen, deren Anlagen auf vererbungs- und evolutionstheoretischer Grundlage diagnostisch-prognostisch eine aktuell bloß verdeckte, aber zukünftig mit hoher Wahrscheinlichkeit eintretende Nervenkrankheit voraussagt, und schließlich all jene, welche als „psychopathisch Minderwertige"[6] vom Gesundheitsdurchschnitt der Gesellschaft abweichen:

> „[*Die psychopathischen Minderwertigkeiten*] bilden ein großes und ungemein reiches Zwischengebiet zwischen dem zweifellosen Irresein und der Gesundheitsbreite. All die verschiedenen krankhaften Züge (...) können sich in schwächerer Ausprägung einzeln oder gemischt bei sonst rüstigen, leistungsfähigen, ja hochentwickelten Persönlichkeiten wiederfinden. Wir sehen daher in diesen Zuständen vielfach, wie die Entartung unmerklich auch im kräftigsten Stamme ihre Wirkung entfaltet" (Kraepelin 1896: 756f.).

Alle diskurstragenden Begriffe und erzählrelevanten Narrationselemente für die neue Rede von den „Kranken" und ihrer „Krankheit" sind hier schon versammelt, welche bald und für eine lange Zeit die Grundlage für die mächtige diskursive und sozialtechnologische Intervention der Psychiatrie als eingreifender Gesellschaftswissenschaft an der Schwelle zum 20. Jahrhundert abgeben werden Diese Argumentationsweise wird sich aber auch als anschlussfähig für die Sozialfürsorge erweisen.

In Emil Kraepelins *Klinischer Psychiatrie* des Jahres 1915 werden aus den „Psychopathischen Zuständen" dann auch schon „Psychopathische Persönlichkeiten" geworden sein, die er in sieben Gruppen von den „Erregbaren" über die „Haltlosen und Triebmenschen", „krankhaften Lügner und Schwindler" bis zu den „Gesellschaftsfeinden" einsortiert (Kraepelin 1915: 1971ff.). Diese werden von zeitgenössischen wie zukünftigen Psychiatergenerationen – etwa von Eugen Bleuler (1857–

Ploetz (1860–1940) und durch den Begründer der Rassehygiene, den Philosophen und Arzt Wilhelm Schallmayer (1857–1919).

[5] Mit der Sozialhygiene änderte der Hygienediskurs seine Richtung: vom individuellen zum „Volkskörper" und hin zur eugenisch, später rassehygienisch argumentierten „Sorge" um den Sozialkörper in seiner biologischen Ausstattung. Als Begründer und erster Ordinarius der Sozialen Hygiene in Deutschland gilt Alfred Grotjahn (1869–1931). Seine Vorschläge zur Rationalisierung der Fortpflanzung mündeten schließlich in eine eugenische Pädagogik der Geburtenverhütung, die als Praxis ins Feld der Jugend- und Familienerziehung Eingang fand.

[6] Als eigentlicher Wortschöpfer der neuen sozialen Pathologie gilt der Psychiater und Leiter der Anstalt Zwiefalten Julis Ludwig August Koch (1841–1908). Seine dreibändige Arbeit gilt noch heute als Grundlagenwerk der Persönlichkeitsstörung. Wenn auch die Bezeichnungen selbst längst ihre Namen gewechselt haben, die Grundfigur der Störungsannahme, welche die Persönlichkeit als Ganze erfasse, blieb erhalten.

1940), Paul Julius Möbius (1858–1907) oder Richard von Krafft-Ebing (1840–1902) – entweder wortgleich übernommen oder aufgenommen und weiterverarbeitet:

> „Das Wesen dieser Entartung [gemeint ist die der Gesellschaftsfeinde; M.R.] läßt es selbstverständlich erscheinen, daß deren Träger das Zusammenleben der Menschen nach verschiedensten Richtungen erschweren und gefährden, da ihre Eigenschaften der Erreichung der gemeinsamen Ziele zuwiderlaufen. Ein großer Teil von ihnen begeht Handlungen, die schädigend in die Rechte ihrer Mitmenschen eingreifen; andere entziehen sich den Aufgaben, die ihnen das Leben stellt, oder sie sind unfähig, für sich selbst zu sorgen, so daß sie als Ballast von ihren gesünderen und leistungsfähigeren Genossen mitgeschleppt werden müssen. (...) Die Gruppe von Psychopathen, deren Veranlagung sie von vornherein in einen entschiedenen Gegensatz zu den Anforderungen des Gemeinschaftslebens bringt, (...) wollen wir unter der Bezeichnung Gesellschaftsfeinde (oder: Antisociale) zusammenfassen" (Kraepelin 1915: 2076).

Mit der Figur des „Antisocialen", der später zum „Asozialen" werden wird[7], beginnt die Pathologisierung der sozialen Devianz: die Her- und Herausstellung eines Defektmenschen (mit krimineller Neigung), dessen Geistes- und Willenskräfte anlage- und milieubedingt vermindert seien, dessen Zurechnungsfähigkeit aber nicht in jedem Fall ausgeschlossen werden könne (Ledebur 2007: 221).

Auf die verallgemeinerte Bedingung und Wirkung des Diagnosekomplexes rund um die soziale Devianz, auf die Figur des „unverbesserlichen Delinquenten" der unteren Klassen und jene des „verbrechensveranlagten, milieugeschädigten und entwicklungsgehemmten Devianten", auf das „Narrativ des verhinderten Menschen" (Becker 2002: 255f), der nicht „strafunmündig", sondern eigentlich „strafunfähig" sei, und schließlich auf den Wandel von der „Bekämpfung der Verbrechen zur Bekämpfung der Verbrecher" sowie die Verwandlung der „Gefährdeten in Gefährliche", vor denen die bürgerliche Gesellschaft zu schützen sei, kann im Rahmen dieses Beitrags nicht im Detail eingegangen werden. Hier dazu nur soviel: Von zwei Seiten her hat sich diese spezifische Form der (Sozial-)Abweichung als Diagnoseformel entwickelt. Sie war im Bündnisdialog zwischen Justiz und Psychiatrie entstanden, um der einen, der Justiz, die hohen Rückfallsquoten zu schönen und die überfüllten Gefängnisse zu leeren, in denen angeblich weder durch Strafe noch durch Erziehung zu bessernde „Kranke" sich aufhielten, und um der anderen, der Psychiatrie, ihre Deutungsmacht bestätigend, Argumente zu liefern – für die Errichtung aller möglichen Sonder- und Schutzanstalten, zuletzt auch des sogenannten „festen Hauses" für geisteskranke Rechtsbrecher, und die Ausweitung ihrer Expertise

---

[7] Zum Konzept und zur Geschichte des „Asozialen" im Kontext von Eugenik und Rassehygiene vgl. Bader et al (Hrsg.) 2007, Friedlander (1995/1997), Huonker (2003), Kappeler (2000), Weindling (1989) und Weingart/Kroll/Bayertz (1988).

ins Feld der Kriminologie[8] und schließlich der Fürsorgeerziehung, wie noch zu zeigen ist.

Immer häufiger stellten sich Anfang des 20. Jahrhunderts auch an der Innsbrucker Universitätsklinik Patienten und Patientinnen zur Begutachtung, nicht zur Behandlung ein, oder wurden der Klinik für eine solche Begutachtung übergeben. Dabei ging es nicht um die Frage im Sinne der „alten" Idee einer Strafmündigkeit, das heißt der Zu- oder Unzurechnungsfähigkeit für eine Tat, sondern um die Frage einer verminderten moralisch-geistigen Urteilskraft respektive häufiger um eine allgemeine Einschätzung des sogenannten „psychopathischen Zustands" der Eingewiesenen. Eingewiesen wurden die zu Begutachtenden durch unterschiedlichste Institutionen. Dies geht aus den Krankenakten der Innsbrucker Klinik der Jahre 1910-1920 hervor. Vorstellig etwa wurde die Justizanstalt zur Abklärung einer vermeintlichen Haftpsychose, das Erziehungsheim wegen angeblich untragbarem Verhalten des Zöglings, das Blindeninstitut wegen verminderter Arbeitsleistung der ihm anempfohlenen Blinden, das Militärspital zur Abklärung des Zustands einer seiner Krankenschwestern, die Eltern eines 19-jährigen Studenten, dessen Neigung zu kleineren Diebstählen auffiel, der Priester, der ein Gutachten zu seiner Wiedereinstellung benötigte aber nicht erhielt, oder die Gendarmerie, die den Fleischergehilfen nach einem Selbstmordversuch im Landecker Gefängnis an die Klinik Innsbruck brachte (Ralser 2009: 391f.). Sie alle erhielten abwechselnd die Diagnosen „Moral Insanity", „Psychopathische Veranlagung", „Neuropathische Minderwertigkeit", „Konstitutionelle Neuropathie" oder „Originär psychopathische Artung".

Mit der Einführung des Diagnosekomplexes „Neuropathische Artung" und „Psychopathische Persönlichkeit" einschließlich ihrer Gliederungen und Nebenformen bleibt die zeitgenössische Psychiatrie zwar ihrem somatischen Paradigma ebenso treu wie ihrer erbbiologisch-evolutionistischen Annahme, die beide schon die historisch vorgängige neuro-anatomisch/physiologische und die klinisch-praktische Phase gekennzeichnet hatten. Was sich an der Jahrhundertwende vom 19. zum 20. Jahrhundert aber grundlegend ändert, ist die Ausdehnung des Krankheitsbegriffs auf alle möglichen Übergangszustände und die Ausweitung psychiatrischer Deutungsansprüche auf alle möglichen anderen Wissens- und Praxisbereiche, vorerst insbesondere auf das Feld der Kriminologie, bald aber auch auf jenes der Pädagogik und der Fürsorge – und damit auch den sich in diesen Jahren etablierenden Feldern der Sozialen Arbeit.

Mit diesen Entwicklungen veränderte sich nicht nur das juristisch-psychiatrische Normalitätsdispositiv[9] und der Gesundheitsbegriff driftete zur rechnerischen

---

[8] Zur Geschichte der Kriminologie und ihrer Verbindung zur Psychiatrie der Jahrhundertwende vgl. Becker (2002), German (2004), Ledebur (2007) und Leps (1992).
[9] Es geriet das „für das bürgerliche Strafrecht konstitutive Konzept der Zurechnungsfähigkeit ins Wanken", es mischten sich durch die neuen „moralischen Krankheiten" die Beurteilungen „(geistes)krank" und

Durchschnittsnorm (Link 1999: 236ff.), die jede Abweichung zur Krankheit „erklärte", es wandelt sich in diesen Jahren auch die Psychiatrie selbst. Angetreten, all die fachlich und institutionell vermischten Strukturen zu überwinden, und stattdessen nur noch medikale Institution unter der Hoheit des Arztes zu sein, wandelt sich die Psychiatrie doch wieder zu einer Einrichtung vermischten Charakters, die allerdings eine zentrale Funktion charakterisiert: die Wiederherstellung der Ordnung und der „Schutz" der Gesellschaft vor den „Anormalen".[10]

Diese „Schutzfunktion" hat aber noch eine zweite Dimension: Die entartungstheoretische Wende mit ihrer erblichen Fixierung, die auch milieuspezifische Veranlagungen mit einschloss, wies insbesondere dann, wenn sie, was häufig der Fall war, auch degenerationstheoretisch argumentierte, einem neuen Diskurs und bald einer neuen Praxis – der Prävention und Prophylaxe – den Weg. Beide hatten nicht nur die Verhütung der individuellen Krankheiten im Sinn, sondern adressierten auch die „kollektiven" Pathologien ganzer Bevölkerungsteile[11] und betrieben aber zugleich auch die Verhinderung von deren Fortpflanzung: in einem Fall durch nachwuchshindernde prophylaktische Einweisung in eine Sonderanstalt, im anderen Fall durch Unfruchtbarmachung, durch freiwillige, gedrängte oder zwangsweise Sterilisation respektive Kastration oder aber – wie schon in den 1920er-Jahren erstmals gefordert – durch Tötung der „Minderartigen" und „Minderwertigen" (Binding/Hoche 1920). Eine psychiatrisch informierte, „eugenische Vernunft" (Wolf 2008) legitimierte dabei sowohl das eine wie das andere.

3. Psychiatrisierte Kindheit

Was an der Innsbrucker Klinik im Zusammenhang mit der Zunahme solcher artungstheoretischer Diagnosekomplexe im Besonderen auffällt, ist die hohe Einweisungsquote von Kindern. Die Psychiatrisierung der Kindheit ist gewissermaßen paradigmatischer Ausgangspunkt und herausgehobener Anwendungsfall der Psychiatrie in ihrer Fassung als Wissenschaft vom normalen und anormalen Verhalten. Neben hirnorganischen Erkrankungen sind es besonders die „kleineren und größeren Fehler", die zu ihrer Psychiatrisierung führen, meist veranlasst durch Fürsorgestellen, Kinderheime, Vormünder und andere Erziehungsberechtigte. Am Anfang

---

„kriminell", wie es insgesamt zu einer immer engeren, insbesondere gutachterlichen Verzahnung von Strafjustiz und Psychiatrie kam (German 2004: 76).
[10] Allerdings wird die Klinik diese Funktion nicht selbst übernehmen, sondern der Anstalt überlassen. Sie wird aber zur ordnenden Instanz, die entscheidet, wer wo hingehört: in die Familienobsorge, in die Irrenanstalt oder in eine andere Spezialunterbringung.
[11] Symptomatisch dafür ist die Explosion epidemiologischer Untersuchungen auch und gerade im Feld der Psychiatrie. Diesbezügliche Forschungen (etwa zum epidemischen Auftreten des Kretinismus im Alpenraum oder des chronischen Alkoholismus ebendort) wurden auch die Innsbrucker Klinik unternommen.

des Untersuchungszeitraums, den 1890er Jahren, werden die Kinder vor allem als „Hysteriker" bzw. „Hysterikerin" diagnostiziert, am Ende des Zeitraums, zwischen 1910 und 1920 fast ausschließlich als „psychopathisch Veranlagte" oder „ethisch Minderwertige". Das klinische Konzept der sozialen Devianz mit seinem Diagnosekomplex der Psychopathischen Minderwertigkeiten ist für die Psychiatrisierung der Kindheit ebenso Voraussetzung wie das am Kind als Zukunftshoffnung pathetisch vorgetragene mediko-pädagogische Programm.

So wird die klinische Psychiatrie an der Schwelle zum 20. Jahrhundert schließlich auch zur pädagogischen Ratgeberin dafür, wie eine „Erziehung zur Krankheit" zu vermeiden[12], wie – bei psychopathischer Auffälligkeit – diese „Abweichung" vom Pädagogen und vom Arzt[13] zu korrigieren wäre, und wie durch Ehe- und Familienberatung die Fortpflanzung neuropathischer Anlagen zu verhindern bzw. die „Erzeugung guter Kinder", die „nicht irgend einem Zufall einer angeheiterten Stunde überlassen" werden dürfe (Ploetz 1885: 144), zu bewerkstelligen sei.

Stand hinsichtlich des Diagnosekomplexes der Psychopathischen Minderwertigkeit beim Erwachsenen das Argument im Zentrum, dass er als psychopathisch Veranlagter durch die Mittel der Justiz, etwa durch die Gefängnisstrafe, nicht zu bessern sei, so galt für das „psychopathisch veranlagte" Kind, dass es durch die üblicherweise zur Verfügung stehenden Mittel der Erziehung nicht zu kontrollieren wäre. Derart ist dann auch der Auftakt in den Innsbrucker Krankenakten übereinstimmend gestaltet, wenn sie von Kindern handeln, die von den diversen Erziehungsberechtigten an die Krankenanstalt übergeben wurden.

Bei der 7-jährigen Maria M., die begonnen hatte, aus Büchern Seiten zu reißen und die Kleider der Eltern zu zerschneiden, heißt es:

> „Man habe sie wegen dieser Dinge mit Güte so wie auch mit Strenge behandelt, jedoch ohne jeden Erfolg" (Krankenakte M.M., zit. nach Ralser 2009: 403).

Beim 14-jährigen Schüler Gottfried P., der dem Unterricht fernblieb, von zuhause mehrmals weglief und seine Briefmarkensammlung gegen Zigaretten einzutauschen begann, wird argumentiert, er

> „(würde) sich vom Lehrer nichts mehr gefallen lassen, auch wenn er ihn bei den Ohren packte (...) Es machte ihm nichts, wenn die Eltern ihn schimpften – auch wenn er geschlagen wurde, war es ihm egal" (Krankenakte G.P., zit. nach ebd.).

---

[12] Zum Verhältnis von Erziehung und Krankheit in der Psychiatrie um 1900 vgl. Carmeri (1901), Czerny (1911), Kraeppelin (1894, 1897], Oppenheim (1899) und Ufer (1890).

[13] Die Lehre von den Kinderfehlern (Strümpell 1910) und das gemeinsame ärztlich-pädagogische Bemühen, sie zu bessern, gab auch einer neuen Zeitschrift Namen und Inhalt: Die *Kinderfehler* wurden 1896 gegründet und trugen ab 1906 den Namen *Zeitschrift für Kinderforschung*, welche sich zu einem bedeutenden Forum der noch jungen Disziplinen der Heilpädagogik, der pädagogischen Pathologie sowie der späteren Kinder- und Jugendpsychiatrie entwickelte.

Wo die schulische und elterliche Erziehung scheiterte sollte die Psychiatrie eingreifen, insbesondere dann, wenn selbst körperliche Züchtigung nicht die gewünschte Wirkung erzielen konnte. So etwa bei der 10-jährigen Maria Luise D., die begonnen hatte, Geld zu entwenden und davon ihren Freundinnen Geschenke zu machen:

> „Gegen körperliche Strafen ist das Kind ganz unempfindlich, sie scheint keinen Schmerz zu spüren, und vergießt keine Träne" (Krankenakte M. D., zit. nach ebd.).

Da sie eine außerordentliche Nervenerregbarkeit zeige, von phantastischer Gemütsart und kleptomanisch veranlagt sei, wird sie vom Jugendfürsorgeverein an die Klinik zur Überprüfung des Geisteszustands überstellt (ebd.: 404). Dort bleibt sie laut Krankengeschichte die ganze Zeit über „lustig und fidel", „versucht ab und zu beim Versteckenspielen durch die offene Tür zu entweichen, wie sie es schon zuhause getan hatte, spielt und lacht den ganzen Tag, spricht vor sich hin, liest im Finstern. Folgt ungern" (ebd.). Fünf Wochen wird sie in der Klinik angehalten, zwei Mal bei der Vorlesung den Medizinstudenten vorgestellt, in mehreren Sitzungen dem Test für „Einfache Fragen und Urteile" unterzogen und schließlich wieder dem Fürsorgeverein mit dem Befund übergeben:

> „Es besteht keine gröbere Intelligenzstörung, aber eine angeborene ethische Minderwertigkeit, bei von Haus aus minderwertiger Anlage des Nervensystems" (Krankenakte M.D., zit. nach ebd.).

Was die Klinik üblicherweise an Behandlung anbot, das fehlt bei dieser KlientInnengruppe ganz. Wesentlicher Zweck der Unterbringung scheint, sieht man von der moralischen Belehrung ab, allein die Begutachtung gewesen zu sein. Und der Befund der „Erziehungsfähigkeit", jene Schnittmenge zwischen medizinischer und pädagogischer Diagnostik (Ingenkamp/Laux 1990)[14], reicht dann aus, um die „Kranke" – hier das als psychopathisch minderwertig diagnostizierte Mädchen – wieder in einen Zögling zu verwandeln und an die Erziehungs- respektive Fürsorgeeinrichtung zurückzugeben, deren Hauptaufgabe die Sorge um die „Bildungs- und Arbeitsfähigkeit" der Kinder war. Die Behandlung sollte ab diesem Zeitpunkt arbeitsteilig erfolgen: zwischen Medizin, Pädagogik und Fürsorgewesen. Dazu Eugen Bleuler in seinem Lehrbuch:

---

[14] Ingenkamp/Laux (1990) datieren den Beginn der pädagogischen Diagnostik mit dem Jahr 1910, in dem Alfred Spitzner eine um die experimentelle Pädagogik erweiterte Überarbeitung der Strümpellschen *Pädagogischen Pathologie* vorlegte und für eine eigenständig pädagogische Gutachtenstätigkeit eintrat, die helfen sollte, nicht nur die „Kindernaturen" zu bestimmen, sondern auch dem Erzieher Hilfsmittel an die Hand zu geben, ihre „Förderung zu bessern". Das Verhältnis zwischen medizinischer und pädagogischer Diagnostik bleibt allerdings unausgewogen und unter medizinischer Dominanz. Das erweist insbesondere die Geschichte der Heilpädagogik.

„Der moralische Defekt ist in der Regel angeboren oder angeerbt. (...) Einfach im Milieu ‚verkommene' Menschen sind zum Teil noch erziehbar, doch kaum mehr nach dem zwanzigsten Jahr" (Bleuler 1916: 426).

Mit dem Psychopathiekonzept der Jahrhundertwende war aber nicht nur der Krankheitsbegriff weit in das Feld der Gesundheit eingedrungen. Es vermischten sich auch die bisher getrennt geführten pädagogischen und psychiatrischen Zuständigkeitsbereiche: Die „Entwicklungshemmungen" (von der „Imbecillität" zur „Idiotie"), die seit einiger Zeit Gegenstand der (Heil)Pädagogik geworden waren[15] wurden mit den psychopathischen Minderwertigkeiten, die der Psychiatrie angehörten, verkoppelt. Die Diagnose des „moralischen Schwachsinns"[16] war der Höhepunkt dieser Allianz.

Die Orientierung der frühen Heilpädagogik an den Modellen der Medizin und Psychiatrie (Jantzen 1982; Möckel 1988; Ellger-Rütgardt 1999), wie umgekehrt die Adaptierung der moralischen Erziehung durch Medizin und Psychiatrie, haben die beiden Wissens- und Handlungskomplexe – die pädagogischen und medizinischen – eng zusammen geführt. Teile der (Sozial)Pädagogik entwickeln sich in diesem Kontext zur pädagogischen Pathologie, einer Wissenschaft von den „Kinderfehlern" (Schönberger 2008; Göppel 1989), insbesondere im Heil- und Fürsorgeerziehungswesen. Teile der Psychiatrie weiten ihre Expertise ins Feld der Erziehung und Fürsorge aus. Der Psychiater-Arzt hatte über die Aufnahmebedürftigkeit des Zöglings in eine Spezialerziehungsanstalt oder in Heimunterbringung oder auch über die Stellung unter „Vormundschaft" gutachterlich zu befinden.

Wie etwa beim 16-jährigen Schüler Armin N. aus Meran, der nach sechsmonatigem Aufenthalt an der Innsbrucker Klinik und damit dem längsten aktenkundlichen Untersuchungszeitraum, schließlich nicht mehr seinem Vormund übergeben, sondern in eine Irrenanstalt überstellt wurde, in das von seiner ursprünglichen Heimatgemeinde nach weit entfernte Dobrizan in Böhmen.[17] Bei ihm wurde „originär psychopathische Artung von klinischem Charakter des moralischen Schwachsinns" diagnostiziert. Die Anamnese enthält alle Ingredienzien einer ‚psychopathischen'

---

[15] Zeitgenössisch zur „Schwachsinnigenforschung" und Gründung der Heilpädagogik vgl. Heller (1904 und 1909), Saegert (1846/47) und Séguin (1846).

[16] Der vom englischen Ethnologen und Arzt James Cowles Prichard (1786–1848) geprägte, ursprünglich weiter gefasste Begriff der „Moral Insanity" (Prichard 1835) wird an der Schwelle vom 19. zum 20. Jahrhundert mit dem der „Psychopathischen Persönlichkeit" verarbeitet, als Sammelkategorie zur Kennzeichnung ‚psychopathologischer Abweichung' der Willens-, Trieb- und Moraltätigkeit bei leichter geistiger Beeinträchtigung eingesetzt und entartungstheoretisch fundiert.

[17] Die österreichische Armenpflege beruhte auf dem Heimatprinzip, das heißt für fürsorgerische Leistungen von Armen war die Heimatgemeinde zuständig – dazu gehörte auch die Übernahme der Kosten für eine eventuelle Anstaltsunterbringung. Die großen (Binnen)Migrationsbewegungen im ausgehenden 19. Jahrhundert – Stichwort: Freisetzung von LandarbeiterInnen, Industrialisierung, Urbanisierung, Pauperisierung ganzer Bevölkerungsteile – führten häufig dazu, dass die Unterstützung in vom Wohnort der Betroffenen weit entfernten Gemeinden erfolgte und sie (sehr oft unfreiwillig) dorthin überstellt wurden.

Milieubeschreibung: Der ferne Vater, Alkoholiker, „ist Musiker und unterwegs, war Trinker", die angeblich promiskuitive Mutter demnach „wenig wählerisch in ihren Neigungen". Es folgen beim Sohn: abgebrochene Schulkarriere, Rückversetzung vom Gymnasium an die Gewerbeschule, dann wird er auch aus dieser entlassen als „er mit einem anderen Knaben bei unsittlichen Handlungen auf dem Heuboden erwischt wurde" und aus „Heftchen, die von Geschlechtskrankheiten handelten, (...) nackte Frauenzimmerchen zeichnete", die er den anderen Schülern zeigte, respektive an diese verkaufte (Krankenakte A.N., zit. nach Ralser 2009: 407). Auf Rat des Bezirksrichters habe man ihn nun hierher gebracht, in die psychiatrische Klinik, auf richterliche Veranlassung, über den Weg der Vormundschaftsbehörde. Damit wären nun auch die letzten jener Institutionen genannt, die in den Vorgang der Herausstellung der „Psychopathischen Minderwertigkeit" beim Kind involviert war: die Schule, das Fürsorgewesen, das Gericht, die Klinik und die Vormundschaftsbehörde[18]. Alle moderierten in gewisser Weise den Vorgang und wandelten das Kind zum Zögling, zum Schützling, zum Häftling, zum Kranken und wieder zurück.

Mit wenigen Ausnahmen erzeugt und befestigt der Diagnosekomplex der „angeborenen" oder (milieubezogen) „angeerbten" psychopathischen Minderwertigkeit dabei auch die Distanz der bürgerlichen Ärzte zu ihrer vorwiegend proletarischen und kleinbäuerlichen Klientel der öffentlichen Krankenhäuser. Die Rolle, in welcher der Psychiater sich zum Erzieher machte, scheiterte dadurch vielfach schon am Misslingen wechselseitiger Verständigung – zum Nachteil der PatientInnen.

Dies wird zum Beispiel deutlich in dem unterweisenden Gespräch zwischen dem Arzt und dem 13-jährigen Sohn eines Metzgergehilfen und einer Tagelöhnerin. Johannes J. war von der Jugendabteilung des Feldkircher Gefangenenhauses – dort war er wegen eines kleinen Diebstahls untergebracht – an die Klinik überstellt worden. Kommentiert wurde diese Überstellung mit den Worten: „Starker Bettnässer, also Neuropathe, reagiert auf die Haftstrafe in einer derart krankhaften Weise, dass bei einer längeren Haft der Ausbruch einer Geistesstörung höchst wahrscheinlich wäre" (Krankenakte J.J., zit. nach ebd.: 410). In mehreren Sitzungen werden dem Kind vom Psychiater Fragen gestellt. Die Belehrung des Erzieherarztes misslingt:

> „Warum wird Diebstahl bestraft? Weil man es nicht darf. Warum nicht? Es ist vom lb.[lieben] Gott verboten im 7. Gebot. Wenn jemand die [Gebote] nicht kennt? Stehlen darf niemand. ... Wäre es dir recht, wenn man dir deine Sachen wegnimmt? Nein.... Warum dann getan? Keine Antwort. Leid getan? Er habe halt genommen, weil man ihm zu wenig zum Leben gegeben habe. (...) Morgenstund ...? ... hat Gold im Mund. ... Tiefere Bedeutung? Morgen ist herrlich – Sonne. Weiter! Man soll zur Arbeit gehen, damit man untertags das tägliche Brot verdient" (Krankenakte J.J., zit. nach ebd.).

---

[18] Die Vormundschaftsagende wurde in Österreich durch die Kaiserliche Verordnung vom 28. Juni 1916 neu geordnet. Sie sah – wie auch in Deutschland – als einen Verfahrensschritt zur Vormundschaftspflege eine psychiatrische Expertise vor (vgl. Kopetzky 1995).

Der Befund des Arztes: „psychopathische Minderwertigkeit". Für die Zeit der Gefängnisstrafe bleibt Johannes J. in der Klinik. Nach drei Wochen wird der 13-jährige dann als „ungeheilt" dem Fürsorgeverein übergeben.

Was schon für die Jahrhundertwende-Allianz der Erwachsenenpsychiatrie mit der Justiz gilt, realisiert sich nun auch im Bündnis zwischen Justiz, Jugendfürsorgewesen, Vormundschaftsbehörde und Kinderpsychiatrie: eine enorme Ausweitung des klinisch-psychiatrischen Tätigkeitsbereichs, eine neuerliche Ausdehnung des psychiatrischen Deutungsanspruchs, diesmal ins Feld der Sozialarbeit und der frühen Sozialpädagogik. Und es entsteht eine neue Gruppe „Kranker": die mehr oder weniger unartigen „Unterschichts"-Kinder. Die „angeborenen" oder „angeerbten Fehler" dieser Kinder waren unter vererbungs- und milieutheoretischer Annahme schließlich auch der Anlass für eine „psychische Hygienebewegung" (vgl. Forel 1903, 1905; von Krafft-Ebing 1885) im Sinne einer „prophylaktischen Psychiatrie" als Psychoedukation der unteren Klassen. In die sozialreformerischen Initiativen mischten sich in diesem Zusammenhang regelmäßig fortpflanzungshygienische und eugenische Interventionen (vgl. Sarasin 2003; Hubenstorf 1992; Wolf 2008).

4. Schädliche Erziehung – arbeitsteilige Behandlung

Während die am Komplex der Devianz und Delinquenz ausgearbeiteten Diagnose-Ensembles fast ausschließlich auf Kinder der Unterschicht angewandt wurden, und zwar gleichermaßen auf Mädchen wie auf Buben, kamen die Krankheitsbilder der Hysterie und Neurasthenie auch bei Kindern der Mittelschicht zum Zug. Was die sonst sehr unterschiedlichen Krankengeschichten zur kindlichen Hysterie und Neurasthenie an der Innsbrucker Klinik eint, ist ihr systematischer Bezug zu Fragen der Erziehung: der häuslichen „Erziehung zur Nervosität" und der Erzeugung nervöser Störungen durch die Erziehung der Lehrer. Die paradigmatische erste Konstellation ist dabei „die hysterische Mutter und das belastete Mädchen", die paradigmatische zweite „der unnachgiebige Gymnasiallehrer und der überbürdete Student".

In Bezug auf das letztgenannte Verhältnis hat sich unter dem Begriff der „Überbürdungsfrage" eine Debatte entfaltet, die unter medizinischer Diskursführerschaft bald von Psychiatern und Pädagogen gleichermaßen geführt wird und die die übermäßige Anforderung des Schulunterrichts sowie die Überanstrengung der Schüler zum Thema hat.

Von den Psychiatern wird dabei nicht nur eine Umgestaltung des Unterrichts gefordert, sondern, wie Emil Kraepelin formuliert, auch eine „immer weiter gehende Sonderung der verschiedenen Schülergruppen nach ihrer Eigenart" (Kraepelin 1896: 259) – eine Forderung, die in der Einrichtung der Sonder- und Hilfsschulen jüngeren Typs an der Schwelle vom 19. ins 20. Jahrhundert schon verwirklicht war.

Eben dort, wo die wissenschaftliche Pädagogik der Jahrhundertwende neue Wirkungsbereiche erschließt und beansprucht, wie im Feld der Heilpädagogik und der Pädagogischen Diagnostik, wird sie in eine Abhängigkeit zur Medizin und Psychiatrie versetzt – auch dann, wenn sie rhetorisch als deren Kooperationspartnerin auftritt. Das lässt sich am Beispiel der sehr um Eigenständigkeit bemühten „Pädagogischen Pathologie" des einflussreichen praktischen Pädagogen und Philosophen Ludwig Strümpell (1812–1899) illustrieren: Semantisch und methodisch kam sie immer wieder in den Einflussbereich der Medizin. Strümpell schreibt in seiner *Lehre von den Fehlern der Kinder* in diesem Zusammenhang:

> „Die letzte Entscheidung ist aber unbeschadet der selbstständigen pädagogisch-diagnostischen Untersuchung der betreffenden Kinder auf ihre Bildsamkeit, dem sachverständigen Urteil des psychiatrisch gebildeten Arztes zu überlassen. Die praktische Diagnose der psychopathischen Störungen unter den Schulkindern ist ebenso wie ihre wissenschaftliche Erforschung abhängig von dem geordneten verständnisvollen Zusammenwirken zwischen Arzt und Lehrer, zwischen medizinischer und pädagogischer Psychiatrie" (Strümpell 1910: 803f.).

Umgekehrt wertet aber auch die psychiatrische Klinik neben der Vererbung immer deutlicher die Erziehung als ergänzend krank machende Einflussgröße, insbesondere bei ihren Kinder-PatientInnen: Beim Mädchen Anna H. wird ihre „kleine Hysterie" als nachahmende „psychische Infection" durch die größere hysterische Schwester gedeutet (Krankenakte A. H., zit. nach Ralser 2009: 414) oder beim „Schulkind" Fritz F. „sein weiches, empfindliches und zaghaftes Wesen" als Folge einer „verzärtelnden Erziehung" durch die Eltern (Krankenakte F.F., zit. nach ebd.).

Die entartungs-, defekt- und degenerationstheoretisch argumentierende klinische Psychiatrie nach der Jahrhundertwende integriert die Erziehung in ihr System: sowohl die explizite des intentionalen Erziehungshandelns wie die implizite des kindlichen Umgebungsraums und Milieus. Sie kritisiert beide als „Erziehung zur Krankheit" im doppelten Sinn: als Erzeugung der Nervosität im einzelnen Kind wie der Defektivität ganzer Bevölkerungsschichten. Sie radikalisiert diesen Zusammenhang, indem sie immer deutlicher das Eindringen der Erziehungsverhältnisse in den Vererbungsvorgang des einzelnen Menschen, aber auch degenerationstheoretisch in den ganzer Kollektive hervorhebt. Das Kind vor der Mutter und vor den Eltern und vor seiner (nicht-bürgerlichen) Klasse zu schützen, ist damals zu einem gemeinsamen Projekt von Medizin und Pädagogik geworden. Die bedeutende Rolle, welche die Fürsorge(zwangs)erziehung mit ihrem Anstaltswesen dabei eingenommen hat, ist bereits an anderer Stelle verdeutlicht worden (vgl. Kappeler 2000: 672ff.).

Die Psychopathologie war ab 1900 nicht mehr nur eine Angelegenheit von Diagnose und Therapie, sondern von Milieu, Erziehung und Kollektiv.[19] Sie wurde zur extensiven Frage der Öffentlichen Gesundheit, der Erziehung und (Gesundheits)Erziehung (Stross 2003) der Kinder und der „Massen". Die medikale Adressierung der Kindheit durch die Psychiatrie fand in der Pädagogik ihren Widerhall: vielfach in einer Überblendung sozialreformerischer und eugenischer Programme.[20] Was nun kann aus diesen Befunden für eine Gegenwartsanalyse gewonnen werden?

Zusammenfassend lässt sich feststellen, dass sich die Psychiatrie um 1900 als mächtiges Erziehungs- und Beratungsprojekt und als wirksames medico-pädagogisches Programm der Prävention und Prophylaxe erweist. Dabei adressiert sie, wie jede öffentliche Erziehung, die in familiale „Privatheit" interveniert, in erster Linie die nicht-bürgerlichen Klassen. Die diskursive und soziale Geltendmachung gelingt auf dem Hintergrund ihrer medikalen Kultur, die vielfältig durchlässige Handlungsgrenzen erzeugt zur Justiz, zur Schule und zum Fürsorgewesen. Die Rationalität der Arbeitsteilung weist die „Erziehungsfähigen" dem (Sozial)Pädagogen und die aus der „Besserungsfähigkeit" Ausgeschlossenen als Klassenrasse der „Unbildsamen" dem Psychiaterarzt zu, einschließlich einer Hin- und Rücküberweisung dieser Kinder und Jugendlichen. Die derart strukturierte Normalisierungsaufgabe wandelt das Kind vom Zögling, zum Schützling, zum Häftling, zum Kranken und immer wieder auch zurück.

Auch angesichts gegenwärtiger Entwicklungen wäre über ein (sozialdisziplinierendes) Ineinandergreifen medikaler und (sozial)pädagogischer Interventionen nachzudenken, etwa mit Blick auf eine mit hohen Normalisierungsauflagen ausgestattete Sozialarbeit oder –pädagogik, die ihrem prekarisierten „Klientel" das richtige Essverhalten beibringen soll, weil deren „Fettleibigkeit" angeblich ihren sozialen Status bestimme. Von verschiedenster Seite wird aktuell wieder ein Gefährdungsdiskurs angestimmt, dem zumindest drei Implikationen zu Grunde liegen:

---

[19] Zuletzt hat dies Philippe Weber in seiner Studie zur Sexualpathologie der Homosexualität 1825–1914 besonders augenscheinlich herausgestellt. Er bezeichnet den Vorgang der Kollektivierung als Expansion und Soziologisierung der Homosexualität. Erstmals ab 1900 interessiere – so Weber – Verbreitung, soziales Leben und gesellschaftliche Bedeutung der Homosexuellen (Weber 2008: 219).
[20] Teile der ArbeiterInnenbewegung, Teile der Ersten Frauenbewegung und Teile der Jahrhundertwendepädagogik bezogen sich affirmativ auf die Eugenik, jedenfalls auf die sogenannte positive, oft auch auf die sogenannte negative. Die Anschlüsse der Pädagogik an die frühen Biowissenschaften waren vielfältig, etwa im Bereich der „Gattungsbildsamkeit" der frühen Sozialpädagogik von Paul Bergemann (1882–1946), der Reformpädagogik, der „Erziehung vom Kinde aus", von Ellen Key (1849–1926) oder im Bereich der (auch religiösen) Fürsorgeerziehung unter Einfluss von Hermann Muckermann (1877–1962). Ihr gemeinsames Ziel: durch fortpflanzungshygienische Maßnahmen die Voraussetzung für eine „aussichtsreiche Erziehungskindheit" zu schaffen.

1. Die Wandlung der gegenwärtigen sozialen Frage in eine biologische, insofern als der Diskurs ein rationales – die biologische Ausstattung steigerndes – (Gesundheits)Verhalten zur Normalität des Alltagshandeln erklärt.
2. Die Wandlung der „Gefährdeten in Gefährliche", insofern als er das Augenmerk von den destruktiven Verhältnissen auf die Destruktionspotenziale der von diesen besonders Betroffenen lenkt und spezifisch vielfach bio-spezifisch rahmt, etwa in der paradigmatischen Konstellation des „gewaltbereiten, migranten, männlichen Jugendlichen".
3. Die Wandlung von Geburt und erzieherischer Fürsorge in einen rational planvollen Vorgang, insofern als er bald jede sozialpolitische Interventionsfrage bevölkerungspolitisch ausdeutet, im Sinne der besonderen Nachkommen, welche die Gemeinschaft für ihren Erhalt benötige.

Die Naturalisierung dieser Zusammenhänge ist evident und die kulturalistische Ausarbeitung einer „neuen Unterklasse" nicht so unähnlich den im vorliegenden Beitrag beschriebenen Vorgängen an der Wende vom 19. ins 20. Jahrhundert. Historisch vergleichen lässt sich auch die Delegation von Zuständigkeiten im Feld: etwa dann, wenn eine mit hohem Normalisierungsdruck ausgestatte Schule den Müttern und Vätern vorwirft, der Institution noch kaum erzogene Kinder und Jugendliche zu übergeben (vgl. den Beitrag von Richter in diesem Band), oder noch weitreichender, wenn von ganzen „Milieus" ausgegangen wird, die von der Mehrheit nicht mehr zu erreichen wären und auch nicht mehr erreicht werden bräuchten, weil sie sich zu weit vom Normalzustand der Erzogenen und „Erziehbaren" entfernt hätten. Wo die Anpassung der Lebensführung der Erwachsenen an die Erfordernisse wissenschaftlicher Rationalität misslingt, adressiert die Sozial- und Bildungspolitik – und im Wege der doppelten Mandatierung auch die Sozialarbeit und Sozialpädagogik – wieder das Kind: das Kind mit „Migrationshintergrund", das Kind aus „bildungsferner Schicht", das Kind aus prekarisiertem „Haushalt". Es sieht ganz danach aus, als würde die aufgetragene Normalisierungsaufgabe gegenwärtig erneut darin bestehen, das Kind vor seinen Eltern zu „schützen".

Literatur

Allen, Ann Taylor (2000): Das Recht des Kindes, seine Eltern zu wählen – Eugenik und Frauenbewegung in Deutschland und Großbritannien 1900–1933. In: Baader/Jakobi/Andresen (2000): 105-124

Baader, Meike Sophia/Jakobi, Juliane/Andresen, Sabine (Hrsg.) (2000): Ellen Keys reformpädagogische Vision. „Das Jahrhundert des Kindes" und seine Wirkung. Weinheim/Basel: Beltz

Bader, Gerhard/Hofer, Veronika/Mayer, Thomas (Hrsg.) (2007): Eugenik in Österreich. Biopolitische Strukturen von 1900–1945. Wien: Czernin

Becker, Peter (2002): Verderbnis und Entartung. Eine Geschichte der Kriminologie des 19. Jahrhunderts als Diskurs und Praxis. Göttingen: Vandenhoeck und Ruprecht

Binding, Karl/Hoche, Alfred (1920): Die Freigabe der Vernichtung lebensunwerten Lebens. Ihr Maß und ihre Form. Leipzig: Felix Meiner

Bleuler, Eugen: (1916): Lehrbuch der Psychiatrie. Berlin: J. Springer

Canguilhem, Georges [1966] (1977): Das Normale und das Pathologische. Frankfurt a.M./Berlin/Wien: Ullstein

Carmeri, Bartolomäus (1901): Der moderne Mensch. Versuch über die Lebensführung. Leipzig: Alfred Körner

Czerny, Adalbert (1911): Der Arzt als Erzieher des Kindes. Leipzig/Wien: Franz Deuticke

Dollinger, Bernd (2006): Die Pädagogik der sozialen Frage. (Sozial)Pädagogische Theorien vom Beginn des 19. Jahrhunderts bis zum Ende der Weimarer Republik. Wiesbaden: VS

Ellger-Rüttgardt, Sieglind (1999): Geschichte der Sonderpädagogischen Institutionen. In: Harney/Krüger (1999): 247-270

Forel, August (1903): Hygiene der Nerven und des Geistes. Stuttgart: Ernst Heinrich Moritz

Forel, August (1905): Die sexuelle Frage. Eine naturwissenschaftliche, psychologische, hygienische und soziologische Studie für Gebildete. München: Ernst Reinhardt

Foucault, Michel [1966] (1971): Die Ordnung der Dinge. Eine Archäologie der Humanwissenschaften. Frankfurt a.M.: Suhrkamp

Foucault, Michel [1975] (1991): Überwachen und Strafen. Die Geburt des Gefängnisses. Frankfurt a.M.: Suhrkamp

Foucault, Michel [1976] (1991): Der Wille zum Wissen. Sexualität und Wahrheit I. Frankfurt a.M.: Suhrkamp

Friedlander, Henry [1995] (1997): Der Weg zum NS-Genozid. Von der Euthanasie zur Endlösung. Berlin: Berlin Verlag

Galton, Francis (1869): Hereditary Genius. London: Macmillan/Fontana

Galton, Francis (1905): Entwürfe zu einer Fortpflanzungshygiene (Eugenics: Its Definition, Scope and Aims). In: Archiv für Rassen- und Gesellschaftsbiologie, Heft 2: 812–829

German, Urs (2004): Psychiatrie und Strafjustiz. Entstehung, Praxis, Ausdifferenzierung der forensischen Psychiatrie in der Deutschsprachigen Schweiz 1850–1950. Zürich: Chronos

Göppel, Rolf (1989): „Der Friederich, der Friederich...". Das Bild des „schwierigen Kindes" in der Pädagogik des 19. und 20. Jahrhunderts. Würzburg: Edition Bentheim

Grotjahn, Alfred (1915): Soziale Pathologie. Versuch einer Lehre von den sozialen Beziehungen der menschlichen Krankheiten als Grundlage der sozialen Medizin und der sozialen Hygiene. Berlin: Verlag von August Hirschwald

Harney, Klaus/Krüger, Heinz-Hermann (Hrsg.) (1999): Einführung in die Geschichte der Erziehungswissenschaft und Erziehungswirklichkeit. Opladen: Leske und Budrich

Heller, Theodor (1904): Grundriss der Heilpädagogik. Leipzig: Wilhelm Engelmann

Heller, Theodor (1909): Schwachsinnigenforschung, Fürsorgeerziehung und Heilpädagogik. Leipzig: Wilhelm Engelmann

Hering, Sabine/Schröer, Wolfgang (Hrsg.) (2008): Sorge um die Kinder. Beiträge zur Geschichte von Kindheit, Kindergarten und Kinderfürsorge. Wiesbaden: VS

Hubenstorf, Michael (1992): Die Genese der sozialen Medizin als universitäres Lehrfach in Österreich bis 1914. Freie Universität Berlin (unveröffentl. Dissertationsschrift).

Huonker, Thomas (2003): Diagnose „Moralisch defekt": Kastration, Sterilisation und Rassenhygiene im Dienst der Schweizer Sozialpolitik und Psychiatrie 1890–1970. Zürich: Orell Füssli

Ingenkamp, Karlheinz/Laux, Hermann (1990): Geschichte der Pädagogischen Diagnostik, Band 1 (1885–1932). Weinheim: Beltz

Jantzen, Wolfgang (1982): Sozialgeschichte des Behindertenbetreuungswesens. München: Deutsches Jugendinstitut

Kappeler, Manfred (2000): Der schreckliche Traum vom vollkommenen Menschen. Rassenhygiene und Eugenik in der Sozialen Arbeit. Marburg: Schüren

Kessl, Fabian (2005): Der Gebrauch der eigenen Kräfte: eine Gouvernementalität Sozialer Arbeit. Weinheim/München: Juventa

Koch, Julius Ludwig August (1893): Die Psychopathischen Minderwertigkeiten. In drei Abteilungen. Ravensburg: Otto Maier

Kopetzky, Christian (1995): Unterbringungsrecht. Historische Entwicklungen und verfassungsrechtliche Grundlagen (Bände 108 und 109 der Reihe „Forschungen aus Staat und Recht"). Wien: Springer

Kraepelin, Emil (1894): Über geistige Arbeit. Jena: Gustav Fischer

Kraepelin, Emil (1896): Psychiatrie. Ein Lehrbuch für Studirende und Aerzte. Leipzig: Barth (5. Aufl.)

Kraepelin, Emil (1897): Zur Überbürdungsfrage. Jena: Gustav Fischer

Krafft-Ebbing, Richard von (1875): Lehrbuch der gerichtlichen Psychopathologie mit Berücksichtigung der Gesetzgebung von Österreich, Deutschland und Frankreich. Stuttgart: Enke

Krafft-Ebing von, Richard (1885): Über gesunde und kranke Nerven. Tübingen

Krafft-Ebing von, Richard (1886): Psychopathia Sexualis. Stuttgart: Enke

Labisch, Alfons (1992): Homo hygienicus – Gesundheit und Medizin in der Neuzeit. Frankfurt a.M./New York: Campus

Ledebur, Sophie (2007): Die österreichische Irren- und Strafrechtsreformbewegung und die Anfänge eines eugenischen Diskurses in der Psychiatrie. In: Bader et. al. (2007): 208-235

Leps, Marie Christine (1992): Apprehending the Criminal. The Production of Deviance in the Nineteenth-Century Discourse. Durham/London: Duke University Press

Link, Jürgen (1999): Versuch über den Normalismus. Wie Normalität produziert wird. Wiesbaden: Westdeutscher Verlag

Magnan, Jacques Joseph Valentin (1857): Les dégénérés. Paris: Rueff

Möbius, Paul Julius (1903): Geschlecht und Entartung. Halle: Marhold

Möckel, Andreas (1988): Die Geschichte der Heilpädagogik. Stuttgart: Klett-Cotta

Morel, Benedict-Agustin (1857): Traité des dégénérescences physiques, intellectuelles et morales de l'espèce humaine et des causes qui produisent ces variétés maladives. Paris: Baillière

Muckermann, Hermann (1924): Kind und Volk. Freiburg: Herder

Muckermann, Hermann (1921): Gestaltung der Lebenslage. Freiburg: Herder

Münchmeier, Richard (1999): Geschichte der sozialen Arbeit. In: Harney/Krüger (1999): 271-309

Oppenheim, Hermann (1899): Nervenleiden und Erziehung. Berlin: Akademie

Otto, Hans-Uwe/Sünker, Heinz (Hrsg.) (1989): Soziale Arbeit und Faschismus. Frankfurt a.M.: Suhrkamp
Ploetz, Alfred (1895): Die Tüchtigkeit unserer Rasse und der Schutz der Schwachen. Ein Versuch über Rassenhygiene und ihr Verhältnis zu den humanen Idealen, besonders zum Socialismus. Berlin: Fischer
Prichard, James Cowles (1835): A Treatise on Insanity and Other Disorders Affecting the Mind. London: Sherwood, Gilbert and Piper
Ralser, Michaela (2009): Das Subjekt der Normalität. Wissensproduktion und Wissenskommunikation am Beispiel der Psychiatrie als Gesellschaftswissenschaft um 1900. Universität Innsbruck (unveröffentl. Habilitationsschrift)
Rauschenbach, Thomas (1999): Das sozialpädagogische Jahrhundert. Analysen zur Entwicklung der Sozialen Arbeit in der Moderne. Weinheim/München: Juventa
Reyer, Jürgen (1991): Alte Eugenik und Wohlfahrtspflege. Freiburg: Lambertus
Reyer, Jürgen (2003): Eugenik und Pädagogik. Erziehungswissenschaft in einer eugenisierten Gesellschaft. Weinheim/München: Juventa
Sachße, Christoph/Tennstedt, Florian (1980): Geschichte der Armenfürsorge in Deutschland, Band 1: Vom Spätmittelalter bis zum ersten Weltkrieg. Stuttgart/Berlin/Köln: Kohlhammer
Sachße, Christoph/Tennstedt, Florian (1988): Geschichte der Armenfürsorge in Deutschland, Band 2: Fürsorge und Wohlfahrtspflege 1871–1929. Stuttgart/Berlin/Köln: Kohlhammer
Sarasin, Philipp (2003): Reizbare Maschinen. Eine Geschichte des Körpers 1765–1914. Frankfurt a.M.: Suhrkamp
Schallmayer, Wilhelm (1903): Vererbung und Auslese in ihrer soziologischen und politischen Bedeutung. Preisgekrönte Studie über Volksentartung und Volkseugenik. Jena: Gustav Fischer
Schönberger, Ina (2008): Kindernaturen und Kinderfehler. Der Entwurf einer pädagogischen Pathologie des Herbartianers Ludwig Strümpell. In: Hering/Schröer (2008): 101-117
Seagert, Carl Wilhelm (1846/47): Die Heilung des Blödsinns auf intellektuellem Wege. Berlin
Séguin, Édouard (1846): Traitement moral, hygiène et éducation des idiots. Paris: Baillière
Stross, Annette (2003): Der Arzt als Erzieher. Pädagogische Metaphern und Machbarkeitsvorstellungen vom Menschen um 1900. In: Jahrbuch für Bildungs- und Erziehungsfragen Nr. 5: 83–97
Strümpell, Ludwig (1910): Die pädagogische Pathologie oder die Lehre von den Fehlern der Kinder. Eine Grundlegung (fortgeführt und erweitert von Alfred Spitzner). Leipzig: Ungleich
Ufer, Christian (1890): Nervosität und Mädchenerziehung. Wiesbaden: Bergmann.
Weber, Philippe (2008): Der Trieb zum Erzählen. Sexualpathologie und Homosexualität 1825–1914. Bielefeld: Transcript
Weindling, Paul (1989): Health, Race and German Politics between National Unification and Nazism. Cambridge: Cambridge University Press
Weingart, Peter/Kroll, Jürgen/Bayertz, Kurt (1988): Rasse, Blut und Gene. Geschichte der Eugenik und Rassenhygiene in Deutschland. Frankfurt a.M.: Suhrkamp

Wendt, Wolf Rainer (2008): Geschichte der Sozialen Arbeit 1: Die Gesellschaft vor der sozialen Frage. Stuttgart: Lucius und Lucius

Wolf, Maria A. (2008): Eugenische Vernunft. Eingriffe in die reproduktive Kultur durch die Medizin 1900–2000. Wien: Böhlau

Praktiken der Differenzierung als Praktiken der Grenzbearbeitung. Überlegungen zur Bestimmung Sozialer Arbeit als Grenzbearbeiterin

Fabian Kessl & Susanne Maurer

Abstract

Im vorliegenden Beitrag wird eine spezifische Dimension sozialer Differenzierungspraktiken in den Blick genommen: diejenige der Grenzbearbeitung. Während Differenzierungspraktiken insgesamt dadurch gekennzeichnet sind, dass sie scheinbar gegebene Unterscheidungen (re)produzieren, also spezifische Differenzen vereindeutigen (wie etwa diejenigen einer sozialen Positionierung, einer ethnischen Herkunft oder einer Geschlechterzuordnung), werden mit dem Blick auf die Grenzbearbeitungspraktiken die vollzogenen Materialisierungen selbst fokussiert: rechtlich fixierte Ausschließungen, aber auch institutionalisierte Teilhabemöglichkeiten. Die Frage, wie diese materialisierten Differenzierungen bzw. deren (Re)Produktion angemessen analytisch gefasst werden kann, steht im Mittelpunkt der nachfolgenden Überlegungen.

1. Hinführung zur Grenze: Politische Grenzregime, Grenzziehung oder -überwindung und Grenzbearbeitungspraktiken

Sabine Hess und Serhat Karakayali (2007) erzählen in ihrem Beitrag zu den Forschungen der Gruppe *Transit Migration* (2007)[1] die Geschichte des „Transmigranten" Luis, der seit Jahren an den Grenzen Europas ausharrt, wartet, sein Glück sucht und bisweilen auch findet, „auf dem Weg nach Europa" (ebd.: 39).

> „Luis ist bereits seit einigen Jahren in der Türkei und erst vor Kurzem aus der Haft entlassen worden. Wie andere TransmigrantInnen wollte er das Land am Rande der Europäischen Union als Brückenkopf nach Westeuropa nutzen und hatte sich auf den Weg an die ägäische Küste gemacht (…). Von dort ist es nur ein Katzensprung zu einer der vielen griechischen Inseln und damit in die Europäische Union. Doch Luis hat es nicht bis an die Küste geschafft. Der Minibus, mit dem er aus Istanbul kam (…) wurde abgefangen und die Gruppe in einer leer stehenden Schule gefangen gesetzt. Mangels einer

---

[1] Die *Forschungsgruppe Transit Migration* hat Anfang der 2000er Jahre regionale Praktiken der Migration und der Migrationsregierung an der südöstlichen Peripherie Europas untersucht (vgl. Karakayali/Tsianos 2007). Auf Basis eigener Feldforschungsarbeiten hat die Gruppe 2007 einen gemeinsamen Band vorgelegt (vgl. Forschungsgruppe Transit Migration 2007).

funktionierenden staatlichen Migrations- und Asylpolitik und entsprechender Einrichtungen nutzen die lokalen Vollzugsorgane in der Türkei auch Hotels und Fabrikgebäude als temporäre Abschiebehaftanstalten. Für die Versorgung sind die Eingesperrten auf die Hilfe von Familien und Freunden angewiesen. Ohne Bestechung der Wachhabenden ist dies allerdings oft nicht möglich" (ebd.: 40).

Luis' Alltag, als Ergebnis seines gescheiterten Versuchs über die Türkei in die Europäische Union und nach Westeuropa zu gelangen, würde gemeinhin als Ausschnitt aus dem Leben eines Migranten, das heißt einer Person, die sich von einem Ort zu einem anderen Ort bewegt hat, verstanden. Im Hinblick auf Grenzziehungen wird die Bewegung der Migration zumeist als Überschreitung mindestes einer nationalstaatlichen Grenze definiert, die sich zwischen diesen beiden Orten aufspannt (vgl. Terkessidis 2000). Migration wäre in diesem Sinne nicht nur gebunden an gegebene nationalstaatliche Grenzen, sondern erst durch diese bestimmbar – durch Grenzen also, die von Grenzposten und Grenzmarkierungen an den Grenzübergängen zwischen zwei nationalstaatlichen Territorien symbolisiert werden. Im Anschluss an die Arbeiten der Forschungsgruppe *Transit Migration* stellt Luis' Alltag für uns aber nicht nur eine Reaktion auf gegebene nationalstaatliche Grenzen, oder allgemeiner gesprochen: auf existente Grenzziehungen dar, sondern zugleich einen Ausdruck von vielfältigen und auch widersprüchlichen *Grenzbearbeitungspraktiken* (vgl. Ha 2000).

Im Zentrum der Überlegungen von *Transit Migration* steht die Figur der „Autonomie der Migration" (Karakayali/Tsianos 2007: 16): Migration verstehen die Forscher_innen nicht als „Objekt" eines technisch verstandenen Vorgangs institutioneller Bearbeitung", sondern als „soziales Verhältnis" (ebd.: 13). Es gehe ihnen daher gerade darum, die „dynamische Kraft, die von ihr (der Migration; FK/SM) ausgeht, in die Analyse eines Migrationsregimes einzubeziehen" (ebd.). An diese Figur der Autonomie der Migration knüpfen wir mit unseren Überlegungen zu Grenzbearbeitungen an, indem wir nicht einfach von gegebenen Grenzziehungen und möglichen Programmen der Grenzüberschreitung ausgehen, sondern uns für die konkreten Differenzierungspraktiken interessieren, die sich als Grenze manifestieren bzw. diese (re)produzieren, die Grenzen aber auch verschieben oder unterwandern. Als Grenzbearbeitungspraktiken fassen wir also soziale *Praktiken der Differenzierung*.

Luis repräsentiert – in Bezug auf politische Grenzregime – für uns eine spezifische Gruppe von Akteuren, zu der – in Bezug auf den Bereich pädagogischer Grenzregime – jugendliche Nicht-Nutzer_innen öffentlicher Unterstützungs-, Hilfs- und Versorgungsangebote ebenso gezählt werden können[2] wie widerspensti-

---

[2] Die Gruppe der Nichtnutzer_innen findet in der professionellen wie wissenschaftlichen Sozialen Arbeit erst in jüngster Zeit etwas deutlicher Berücksichtigung (vgl. Kessl/Klein 2010/i.E.; Klein 2008; Maar 2006).

ge und widerständige – und von Seiten der Anbieter sozialpädagogischer Angebote oft als „anstrengend" beschriebene – Nutzer_innen. Tausenden von Menschen gelingt es monatlich, trotz massiver Grenzkontrollen und Grenzsperren, beispielsweise an den Südostgrenzen des „Schengen-Raumes" die bestehenden See- und Staatsgrenzen zu überschreiten. Sie *gestalten* trotz dieser vorherrschenden politischen Grenzregime ihre Migration, sie *agieren* somit als Grenzgänger_innen. Doch mehrheitlich werden diese Akteure medial und politisch-administrativ nur als Ausdruck des Scheiterns einer nationalstaatlichen Grenzsicherungspolitik des Herkunftsstaates oder zumindest als Ausdruck des Scheiterns der dortigen nationalen Ökonomien und Bildungssysteme markiert. Eine ähnliche Konnotation erfahren die Nichtnutzer_innen sozialpädagogischer Angebote: Diejenigen also, die beispielsweise ein Beratungsangebot in der kommunalen Arbeitsgemeinschaft (ARGE) ablehnen (was zumeist Sanktionen wie etwa die Streichung von Unterstützungsleistungen nach sich zieht) oder die sich immer wieder den Regeln einer sozialpädagogischen Wohngruppe verweigern (was häufig ihren Auszug, ihre Überweisung in eine „intensivpädagogische Maßnahme" oder den kompletten Hilfeabbruch zur Folge hat). Auch diese Akteure werden zumeist als „Gescheiterte" bzw. als ein „Ergebnis gescheiterter sozialpädagogischer Interventionsprozesse" betrachtet. Ganz ähnliches zeigt sich für widerspenstige wie widerständige Nutzer_innen, die sich einem Beratungsangebot immer wieder mit Verweis auf ihre eigenen Vorstellungen entziehen, oder explizit eine Lebensgestaltung wählen, die mit der bestehenden Rechtslage in Konflikt kommt (zum Beispiel als Graffitikünstlerin oder als Betäubungsmittelkonsument im öffentlichen Raum).

Demgegenüber verstehen wir Transmigrant_innen wie Luis, ebenso wie widerständige bzw. Nicht-Nutzer_innen sozialpädagogischer Angebote, als *aktive Grenzbearbeiter_innen*. Grenzbearbeitung verweist für uns damit auf „ein Leben im Übergang", in dem sich das Subjekt „seine Identität durch die aktive Gestaltung kultureller Transformationen aneignet" (Ha 2000: 383). Gerade die Praktiken der Transmigranten_innen und Nichtnutzer_innen sozialpädagogischer Angebote sind es, die deutlich machen können, wo die gegenwärtig vorherrschenden Grenzziehungen verlaufen, wie aktuell bestimmende politische wie pädagogische Grenzregime gestaltet sind. Luis ist nicht nur tagtäglich mit dem bestehenden politischen Grenzregime der Europäischen Union, und damit verbunden desjenigen des Nachbarstaats und potenziellen „EU-Beitrittskandidaten" Türkei konfrontiert, sondern ist selbst auch Teil der Raumgestaltungspraktiken, „die wir Grenze nennen" (Simmel 1992: 697).

Die alltäglichen Grenzübertritte, Grenzüberschreitungsversuche und damit verbundenen Lebensalltage (wie etwa derjenige von Luis), aber auch die institutionellen Grenzsicherungspraktiken (beispielsweise die Praktiken politisch-kultureller Grenzlegitimation in Form der Bezeichnung ehemaliger Migrant_innen als Ausländer_innen) weisen auf die territorialen Markierungen, die wir als Staatsgrenzen kennen, erst hin – ja, sie entwickeln ihre Wirkmächtigkeit erst in den Momenten ihrer De- und Rekonstruktion. Eine Grenzmarkierung wie die Seegrenze zwischen Griechenland und der Türkei, in deren Umfeld in den vergangenen Jahren von der griechischen Küstenwache regelmäßig Flüchtlingsboote aufgebracht und aus den griechischen Territorialgewässern hinausgedrängt wurden, oder auch der Zaun, der die spanische Enklave *Ceuta* in Marokko fast vollständig umgibt, sind Symbole solcher Grenzsicherungspraktiken. Hier markiert die EU die Außengrenzen ihres „Schengen-Raums", indem sie Migrant_innen abweist, Zugangssperren für aktuelle, aber auch potenzielle Migrant_innen errichtet. Zugleich entfalten die Seegrenze zwischen Griechenland und der Türkei oder der Zaun als Grenze zwischen Spanien und Marokko ihre Wirkmächtigkeit erst in konkreten Momenten der Grenzbearbeitung: in den politischen Auseinandersetzungen über die Gestaltung der EU-Grenzsicherungspolitik im EU-Parlament oder in den Aktionen politischer Menschenrechtsinitiativen, die öffentlich die Verdrängungs-, Abweisungs- und Abschließungspraktiken der „Festung Europa" skandalisieren; deutlich wird die „Macht der Ausschließung" aber eben auch in dem Moment, in dem Menschen die Seegrenze nach Griechenland oder den Zaun nach Spanien trotz der massiven Grenzsicherungsstrategien überwinden oder zu überwinden versuchen. Erst diese konkreten *Grenzbearbeitungspraktiken* sind es, die die Grenze bestätigen (*Reproduktion*), verändern (*Verschiebung*) oder auch in Frage stellen (*Delegitimation*).

Selbst so martialisch gesicherte Außengrenzen wie diejenigen des „Schengen-Raums" zwischen der Türkei und Griechenland oder Marokko und Spanien erweisen sich daher mit Blick auf die Lebensalltage (trans)migrantischer Akteure – wie Luis Alltag in Illegalisierung und Informalität – als „Aushandlungsräume, in denen Widersprüche und Paradoxien dieser (der jeweils herrschenden; FK/SM) Institutionen ausgetragen werden" (Karakayali/Tsianos 2007: 13). Insofern ist es unseres Erachtens auch verkürzt, die Praktiken, die mit der räumlichen Abschottung der Europäischen Union beispielsweise gegenüber west- und nordafrikanischen Bevölkerungsmitgliedern verbunden sind, ausschließlich als inhumane Konsequenz und skandalöse Folge existenter Staatsgrenzen zu begreifen. Nicht die Grenze als territoriale Markierung selbst produziert die teilweise brutale und existenzbedrohliche Ausschließung von Migrant_innen; es sind vielmehr die institutionellen wie alltäglichen Praktiken, die die in der Grenze symbolisierte Differenzierung (re)produzieren: die Zurückdrängung von Flüchtlingsbooten durch die griechische Marine oder der Versuch eines Migranten, die markierte Seegrenze zu überschreiten.

Erst wenn man die politischen Grenzregime als Grenzbearbeitungspraktiken erfasst, lässt sich beispielsweise Luis' – ansonsten eher überraschende – Entscheidung, dass er in der Türkei keinen Asylantrag stellt, angemessen kontextualisieren: Hess/Karakayali vermuten, dass Luis' Entscheidung seiner immensen Skepsis gegenüber Behörden geschuldet ist. Ein Beleg dafür könnten die massiven Defizite in der griechischen Asylpraxis darstellen, auf die Menschenrechtsorganisationen wie Pro Asyl oder der UNHCR seit Jahren immer wieder aufmerksam machen (vgl.

http://www.fluechtlingsrat-nrw.de/3064/index.html; Stand: 24. Juli 2009). Luis will vermutlich, wie viele andere Migrant_innen, gar nicht erst mit diesen behördlichen Praktiken in Kontakt kommen: „Denn was sie von denjenigen, die Asyl beantragt hatten, erfuhren, erinnerte sie an die Polizei: Unfreundliche Interview-Verhöre, rigide Definition politischer Verfolgung, Beweislast auf der Seite des Flüchtlings, lange Verfahrensdauer und Unsicherheit, niedrige Anerkennungsquote, keine finanzielle Unterstützung" (ebd.: 46).

Zusammenfassend lässt sich also festhalten, dass Grenzen analytisch nur unzureichend als Trennlinien zwischen unterschiedlichen Territorien beschrieben sind. Denn mit einer derartigen Vorstellung ist die Idee verbunden, Grenzen seien absolut, das heißt sozialen Zusammenhängen immer schon vorgängig. Demgegenüber gehen wir davon aus, dass Grenzen erst *in* sozialer Aktion *werden* (vgl. Eigmüller 2007: 29ff.). In diesem Sinne stellen sie *relationale* Gebilde dar, weshalb der Sozialtheoretiker Georg Simmel in seinen raumsoziologischen Arbeiten bereits Anfang des 20. Jahrhunderts eine relationale Grenzbestimmung vorschlug: Die Grenze stellt, so Simmel (1995a: 228), „eine ganz eigenartige Wechselwirkung (dar). Jedes der beiden Elemente wirkt auf das andere, indem es ihm die Grenze setzt, aber der Inhalt dieses Wirkens ist eben die Bestimmung, über diese Grenze hin, also doch auf den anderen, überhaupt *nicht* wirken zu wollen oder zu können". Die Grenze ist eben nicht einfach eine „räumliche Tatsache", sondern eine soziale, „die sich räumlich formt" (ebd.: 229). Grenzen sind zwar nicht absolut, allerdings wäre eine relationale Grenzdefinition ebenso missverstanden, wenn sie rein konstruktivistisch ausgedeutet würde: Grenzen sind auch nicht relativ. Darauf weist Simmel ebenso hin, wenn er den realen Einfluss geografischer Gegebenheiten betont (vgl. Schroer 2007: 41). Das Ägäische Meer, in dem die Seegrenze zwischen Griechenland und der Türkei verläuft, stellt selbstverständlich auch eine geografische Gegebenheit dar, die damit zugleich einen Teil der Außengrenze des „Schengen-Raums" umschließt. Diese geografische Gegebenheit erzeugt eine andere Wirkung in Bezug auf mögliche Grenzüberwindungspraktiken der Migrant_innen als andere geografische Gegebenheiten, wie beispielsweise die hoch technisierte Dreifach-Zaunanlage vor Ceuta. Doch zugleich wäre es vorschnell davon auszugehen, dass Grenzgängerpraktiken von diesen Gegebenheiten vorbestimmt (*determiniert*) wären. Die Grenzüberschreitungsversuche der Migrant_innen stellen immer auch autonome Grenz*bearbeitungs*praktiken im Sinne des Modells autonomer Migration dar, wie es die Gruppe Transit Migration vorschlägt. Insofern lassen sich die jeweiligen Grenzbearbeitungspraktiken als Beleg dafür lesen, dass Grenzen erst in sozialer Aktion wirkmächtig werden. Grenzen sind in diesem Sinne als Ausdruck sozialer Macht- und Herrschaftsverhältnisse zu verstehen, die sich in sozialen Praktiken – wie den alltäglichen Grenzbearbeitungspraktiken von Luis – oder den Praktiken der Grenzsicherungsinstitutionen (re)produzieren. Die höchst widersprüchliche „Realität und Praxis des Grenzregimes", die Hess und Karakayali (2007: 54) mit Verweis auf Luis'

Alltag verdeutlichen, sind – so gesehen – erst ein Ausdruck von Grenzbearbeitungspraktiken. Und die konstitutive Relationalität von Grenzen lässt sich daher sinnvoll über die Rekonstruktion dieser konkreten Grenzbearbeitungspraktiken analytisch rekonstruieren und fassen.[3]

Unseren nachfolgenden grenzanalytischen Überlegungen zur Sozialen Arbeit liegt also ein relationaler Grenzbegriff zugrunde.[4] Mit dieser grenzanalytischen Forschungsperspektive nehmen wir Praktiken der Grenzfixierungen, der -veränderungen und -delegitimationen gleichermaßen in den Blick. Forschungsarbeiten im Feld Sozialer Arbeit grenzanalytisch zu konzipieren, heißt dann, den sozialpädagogischen Anteil an den historisch-spezifischen Grenz*ziehungs*- wie Grenz*überwindungs*prozessen zu analysieren – Prozesse, die sich in den bestimmenden wie den weitgehend unsichtbaren Rationalitäts- und Lebensführungsmustern widerspiegeln. Eine solche grenzanalytische Forschungsperspektive lässt sich auch als *differenzsensible* Perspektive bezeichnen, da sie die bestehenden Differenzierungen sichtbar machen und in diesem Zusammenhang symbolische, räumliche und kulturelle Grenzen als Marker des aktuell Nicht- oder zumindest schwer Erreichbaren erfassen will. Dieser analytische Zugang, das gegenwärtig Sag- und Sichtbare zu erschließen, ist motiviert von einem kritisch-reflexiven Forschungsinteresse, das einer kritischen sozialpädagogischen Praxis Eingriffspunkte für (potenzielle) Öffnungen und Erweiterungen des Bestehenden zur Verfügung stellen möchte (vgl. Kessl/Maurer 2009).

Das Interesse grenzanalytischer Studien gilt somit einerseits den (Re)Produktionspraktiken scheinbar gegebener Unterscheidungen, also den Praktiken der Grenz*ziehung*: Wie werden spezifische Differenzen vereindeutigt, wie zum Beispiel diejenigen einer sozialen Positionierung, einer ethnischen Herkunft oder einer Geschlechterzuordnung? Welche Praktiken vollziehen diese Materialisierungen: rechtlich fixierte Ausschließungen, symbolisierte Markierungen oder institutionalisierte Teilhabemöglichkeiten? Grenzanalytische Studien widmen sich allerdings nicht nur diesen bestimmenden (*hegemonialen*) Differenzierungen, sondern ebenso den weitgehend unsichtbaren (*marginalen*) Differenzierungen, wie den alltäglichen Praktiken von Luis oder den Strategien der Grenz*überwindung* von Nicht-Nutzer_innen sozialpädagogischer Angebote. Denn gerade diese Grenzbearbeitungspraktiken im Schatten der vorherrschenden Grenzregime – seien sie nun politisch oder pädagogisch – weisen auf die Bedingungen der Möglichkeit hin, mit denen die Akteure konfrontiert sind: Gerade darüber, was *nicht* sichtbar wird und *nicht* gesagt wird, lässt sich sehr deutlich machen, was zu einem bestimmten historischen Zeitpunkt überhaupt

---

[3] Eine grenzanalytische Forschungsperspektive, wie wir sie vorschlagen, lässt sich daher als Teil einer kultur- und praxistheoretischen Wissenschaft Sozialer Arbeit verstehen (vgl. dazu Neumann/Sandermann 2009b; korrespondierend die Beiträge in Hörning/Reuter 2004; Breidenstein 2008: 109ff.).
[4] Der vorliegende Beitrag reiht sich in weitere Arbeiten ein, mit denen wir unseren systematischen Ansatz, Soziale Arbeit als Grenzbearbeiterin zu fassen, auszuarbeiten versuchen (vgl. Kessl/Maurer 2005; Kessl 2009; Maurer 2006).

möglich ist. Hegemoniale Grenzverläufe lassen sich über die marginalisierten Grenzbearbeitungspraktiken sichtbar machen.

Nimmt man eine grenzanalytische Perspektive in der Sozialen Arbeit ein – so ist unsere Hoffnung und Überzeugung – kommt den Beteiligten die Vielfältigkeit und Komplexität der aktuell bestimmenden Verhältnisse und zugleich deren Konkretion(en) in den Blick. Damit kann die Basis geschaffen werden, diese Verhältnisse nicht einfach als gegebene Grenzziehungen und -setzungen hinzunehmen – und damit Soziale Arbeit auf ihre Normalisierungsfunktion zu reduzieren, sondern auch eine Erweiterung, Verschiebung oder gar Überwindung von Differenzierungen zu versuchen, damit den Nutzer_innen wie Nicht-Nutzer_innen sozialpädagogischer Angebote noch andere als die bereits bestehenden Handlungsoptionen zur Verfügung stehen – oder überhaupt erst zugänglich werden. Welche Ansatzpunkte eine solche differenzsensible Soziale Arbeit finden könnte, wollen wir im folgenden Kapitel skizzieren.

2. Von Integration und Differenzierungen – Ansatzpunkte für Soziale Arbeit als Grenzbearbeiterin[5]

Soziale Arbeit lässt sich in ihrer wohlfahrtsstaatlichen Ausprägung als Organisation einer aktiven Unterstützung und geplanten Beeinflussung alltäglicher Lebensführungsweisen (*Subjektivierung*) bestimmen. Soziale Arbeit als (sozial)pädagogische Grenzbearbeiterin zu konzipieren und zu realisieren hieße dann, die damit verbundenen Prozesse der ambivalenten Gleichzeitigkeit von Unterwerfung und Subjektwerdung mit Blick auf die Eröffnung und Erweiterung von Handlungsoptionen, als Subjektwerdungspotenzialen, zu bearbeiten. Soziale Arbeit als (sozial)pädagogische Grenzbearbeiterin stellt sich diese Aufgabe hinsichtlich der (zunächst) gegebenen Grenzen von Zugangs- und Verwirklichungsmöglichkeiten, von Möglichkeiten und Unmöglichkeiten sozialer Teilhabe für die direkten Nutzer_innen – auch in Relation zu den Anforderungen der indirekten Nutzer_innen.

Wenn Sozialer Arbeit als *wissenschaftliche* Grenzbearbeiterin die Aufgabe der rekonstruktiven Analyse, der genealogischen Kontextualisierung und der problematisierenden Reflexion sozialpädagogischer Handlungsvollzüge zukommt – das heißt die Aufgabe, die bestehenden hegemonialen Grenzbearbeitungspraktiken aufzudecken, unter anderem indem sie die marginalisierten in den Blick bekommt – dann verweist eine solche Sichtbarmachung auch auf den Kern einer *professionellen* Grenzbearbeitung durch sozialpädagogische Akteure in den Feldern Sozialer Arbeit, die in professionstheoretischer Perspektive mit Stichworten wie der situativen Gestaltung

---

[5] Das folgende Kapitel nimmt Überlegungen auf, die die Autor_innen bereits an anderer Stelle vorgelegt haben (vgl. Kessl/Maurer 2005; Kessl 2009).

offener Anfänge (vgl. Hörster/Müller 1997) bzw. der situativen Ermöglichung des Anderen (vgl. Dewe/Otto 2001) angesprochen wird.

Soziale Arbeit als (sozial)pädagogische Grenzbearbeiterin ist in diesem Sinne dazu aufgefordert, ein sozial situiertes, kontextuiertes „Wissen" und Agieren zu realisieren, das seiner Gespaltenheit, seiner Vieldeutigkeit und Instabilität immer wieder gewahr wird: „Wir müssen [...] die Offenheit des Sozialen als konstitutiven Grund beziehungsweise als ‚negative Existenz' des Existierenden ansehen sowie die verschiedenen ‚sozialen Ordnungen' als prekäre und letztlich verfehlte Versuche, das Feld der Differenzen zu zähmen" (Laclau/Mouffe 2000: 142). Soziale Arbeit als (sozial)pädagogische Grenzbearbeiterin kann in diesem Zusammenhang Antwortversuche auf die Frage bereitstellen, wie „man gegen den Strom der historischen Formation schwimmt" (Hall 2000: 65), um einige der genannten historischen Grenzziehungen (*Differenzierungen*) zu unterlaufen, zu vervielfältigen oder zu erweitern (vgl. ebd.: 67). Zugleich muss sie dabei immer ihre Beteiligung an den bestimmenden Grenzziehungen kritisch und (selbst)reflexiv im Blick behalten. Denn sie entkommt ihrer Normalisierungsfunktion nicht.

Eine solche Konzeption Sozialer Arbeit als Grenzbearbeiterin kann an frühere kulturtheoretische Perspektiven anschließen, wie sie beispielsweise Paul Willis in seiner Studie *Learning to Labour* vorgelegt hat. Ende der 1970er Jahre schlägt Willis dabei eine – für grenzanalytische Überlegungen unseres Erachtens sehr hilfreiche – Unterscheidung vor: „Differenzierung" versus „Integration" (Willis 1979: 62ff.). Willis' Untersuchungsgegenstand in *Learning to Labour* sind die kulturellen und räumlichen Praktiken von Schülern aus dem Arbeitermilieu und deren institutionelle (Re)Produktion durch die Schule bzw. die Lehrer dieser Schule (vgl. Amos 2008).

Für Willis spielen zwei Strategien eine zentrale Rolle, die er mit den Begriffen „Differenzierung" und „Integration" kategorisiert: *Differenzierung* bestimmt er als einen Prozess der (Selbst-)Separierung, der Reinterpretation und Diskriminierung der typischen Verhaltenserwartungen, die formale Institutionen wie die Schule – und, so könnten wir ergänzen, auch die Soziale Arbeit – vermitteln. Differenzierungen analysiert Willis also eher mit Blick auf die Schüler als Akteure, denn deren Umdeutung der von außen an sie herangetragenen Erwartungen geschieht in Bezug auf die Interessen der Arbeitermilieus, in denen sie aufgewachsen und verortet sind. Demgegenüber kennzeichnet Willis als *Integration*sstrategien die Umdefinierung, das „Stutzen" und Abschneiden von milieuspezifischen Haltungen und Deutungsweisen innerhalb der vorherrschenden institutionellen Zusammenhänge. Diese Art der Integrationsbewegung geht also eher von der Institution Schule aus. „Differenzierung" beschreibt in der Studie von Willis also das Eindringen der Informalität in die Formalität (von Seiten der Schüler), und „Integration" die Überführung des Informellen in das Formale (von Seiten der Schule).

Willis Studie lässt sich mit Bezug auf diese Unterscheidungskriterien als frühe Studie zur (sozial)pädagogischen Grenzbearbeitung lesen, denn Willis weist darauf hin, dass die Grenze zwischen Schule und Haushalt, Schule und Peer-Group oder zwischen Lehrer und Schüler nicht als Trennlinie zu begreifen ist, sondern als ständig (re)produzierte *Verbindung*, in der sich die Ein- (*Integration*) und Ausschließungen (*Differenzierung*) vollziehen. Integration und Differenzierung sind insofern nichts anderes als spezifische Formate, wie sich diese Verbindung ausprägt – als Formate der Grenzbearbeitung, wie sie von Schülern, Lehrern und der Institution Schule realisiert und (re)produziert werden. Mit ihren Integrations- wie Differenzierungsstrategien konstruieren und reproduzieren Schüler wie Lehrer in ‚Hammertown' (wie Willis die von ihm untersuchte mittelenglische Kommune nennt) Räume des Bekannten wie des Unbekannten und Fremden, des Sichtbaren wie des Unsichtbaren, des Erreichbaren wie des Nicht-Erreichbaren. Mit der Dimension des Nicht-Erreichbaren, das von den Schülern durch ihre Differenzierungen selbst (re)produziert wird, verweist Willis auf das, was er seine *pessimistische* Schlussfolgerung nennt (Willis 1979: 174): Die Jugendlichen verurteilen sich sozusagen selbst zu einem Leben als (Fabrik)Arbeiter. Hier lässt sich Willis' Rekonstruktion als negative Seite des von Bourdieu beschriebenen Passungsverhältnisses von Feld und Habitus lesen: „Solange der Habitus der sozial-räumlichen Ordnung entspricht, bleiben die inhärenten sozialen Strukturen des [...] Raumes weitgehend unsichtbar und können als natürliche oder neutrale erscheinen" (Manderscheid 2008: 164) – der Arbeiter versteht sich selbst selbstverständlich als solcher und damit auch als Akteur auf einer bestimmten sozialen Position im Verhältnis zu anderen sozialen Positionen, beispielsweise dem einer Managerin. Im Kontext eines solchen Passungsverhältnisses geschieht durch die kulturellen und räumlichen Praktiken der Jugendlichen in Bezug auf ihr Herkunftsmilieu also An-Passung. Zugleich differenzieren sie sich damit gegenüber den Logiken der Institution Schule und geraten damit in die Rolle der Widerständler oder zumindest der Widerspenstigen – was der deutsche Titel der Studie auch markiert: *Spaß am Widerstand*.

Grenzanalytisch lässt sich Willis' Beobachtung mit einer Aufmerksamkeit für Strategien, Ansatzpunkte und Hindernisse in Bezug auf die Öffnung oder Erweiterung bestehender Räume – als begrenzter Orte – lesen. Auch eine solche Lesart deutet Willis selbst bereits an, und zwar mit seiner zweiten, bildungs*optimistischen* Schlussfolgerung (Willis 1979: 175). Dabei weist er darauf hin, dass die beteiligten Akteure zugleich aktive Gestalter der Reproduktion, damit (potenziell) aber auch der möglichen Veränderung bestehender Zusammenhänge sind. Differenzierungsstrategien, so Willis, können als aktive Auseinandersetzungsstrategien verstanden werden – und somit auch als Ansatzpunkt für pädagogische Interventionen. Willis argumentiert unseres Erachtens also höchst sozialpädagogisch – zumindest wenn wir Soziale Arbeit als Grenzbearbeiterin konzipieren. Eine solchermaßen bestimmte Soziale Arbeit hätte nämlich die Integrations- wie Differenzierungsstrategien in der

Auseinandersetzung zwischen Jugendlichen, Lehrern und institutionellen Formierungen analytisch zu erfassen, sie zu kontextualisieren und auch zu problematisieren, um sich aktiv mit diesen Grenzziehungsprozessen auseinanderzusetzen und dadurch eine (sozial)pädagogische Grenzbearbeitung zu ermöglichen, die sich nicht auf die Reproduktion und Legitimation der vorgegebenen Grenzen reduzieren lässt.[6]

3. Grenzanalytische Perspektiven – ein Plädoyer für eine differenzsensible Haltung (nicht nur) in der Sozialen Arbeit

Unser Versuch, Soziale Arbeit als Grenzbearbeiterin zu bestimmen, lässt sich dahingehend zusammenfassen, dass „Grenzbearbeitung" auf Praktiken der Differenzierung hinweist, die sich in so unterschiedlichen Dimensionen und Feldern wie Profession, Disziplin, institutionellen oder auch sektoralen Politiken manifestieren. Dabei schließen wir an ein Begriffsverständnis an, wie es Barbara Laslett und Barrie Thorne (1997: 15) für den Bereich der disziplinären Grenzbearbeitung in ihrer *Feminist Sociology* vorschlagen: „Disciplines are not only intellectual communities; they also regulate their members and defend existing interests, *using ‚boundary work' to sustain their differentation*" (Hervorh.; FK/SM). Im deutschsprachigen Kontext findet sich in Bezug auf pädagogisch-professionelle Handlungsvollzüge eine ähnliche konzeptionelle Perspektive, wenn diese auch meist ohne systematische Grundlegung gebraucht wird. So spricht etwa Helmut Fend (1998) in seinen Arbeiten davon, dass pädagogische Deutungsmuster sich in spezifischer Weise als höchst entscheidend für die Ausgestaltung des pädagogischen Handlungsvollzugs darstellen: „Sie erweisen sich (nämlich; FK/SM) im Nachhinein auch als Legitimation verschiedener Strategien der Grenzbearbeitung" (Fend 1998: 194). Im Unterschied zu Fend unterscheiden wir allerdings Grenzziehung und -überwindung als spezifischen *Ausdruck* von Grenzbearbeitung analytisch von den *Praktiken* der Grenzbearbeitung selbst und schließen damit enger an Laslett/Thorne an. Denn ganz im Sinne des von ihnen angesprochenen „using" zielen wir mit unserer grenzanalytischen Perspektive auf die (Re)Produktionsdimension von Grenzziehung und -überwindung, aber eben auch von Grenzverschiebung oder -unterhöhlung, und nicht nur auf die Annahme einer bestimmten, sozialen Zusammenhängen immer schon vorgegebenen, Formation von Grenzen.

Differenzierungspraktiken stellen einen spezifischen Typus sozialer Praktiken dar, den wir mit unserem Beitrag als Praktiken der Grenzbearbeitung kenntlich machen wollen. Sie lassen sich dadurch kennzeichnen, dass sie scheinbar gegebene

---

[6] Die Erkenntnisse, die Paul Willis in *Learning to Labour* mit Bezug auf die Herkunftsmilieus der Schüler formuliert, sind allerdings nur mehr teilweise auf heutige Milieustrukturen zu übertragen (vgl. dazu MacDonald 1997).

Unterscheidungen (wieder)herstellen. Sie vereindeutigen dabei tendenziell historisch-spezifische Differenzen, wie diejenigen von *race, class, gender,* und damit verbunden von Sprache, Kultur und Körper. Der Gegenstand differenztheoretischer Reflexionen sind daher solche Praktiken der Differenzierung, mit denen beispielsweise „Männer" im Unterschied zu „Frauen", „Mittelschichtsangehörige" im Unterschied zu „Unterschichtsangehörigen" – oder eben Luis als „illegaler Einwanderer" gegenüber „legalen Einwanderern" – als solche erst kategorisiert und somit markiert werden.

Dieser Zusammenhang lässt sich mit Blick auf die bildungspolitischen Diskussionen der vergangenen Jahre nochmals illustrieren.[7] Die erste bundesdeutsche Bildungsreform in den 1960er Jahren war das Ergebnis einer massiven politischen Inszenierung, die sich an den so genannten *Sputnik*-Schock in Nordamerika, und dann auch in Westeuropa, anschloss: Angesichts des erfolgreichen Starts des sowjetischen Satelliten *Sputnik* im Jahr 1957 schien einflussreichen Akteuren und Interessensgruppen der damaligen US-amerikanischen Öffentlichkeit und Administration eine technologische Aufholjagd gegenüber der Sowjetunion unausweichlich. Der „Entwicklungsrückstand", der sich in dem als „nationale Blamage" konnotierten Satellitenstart in ihren Augen ausdrückte, konnte anscheinend nur auf diese Weise wieder wett gemacht werden. Ein massives Engagement in der nationalen Bildungspolitik war die binnenlogische Konsequenz. Die so motivierten bildungsreformerischen Aktivitäten verschoben den bildungspolitischen Fokus auf bislang als eher „bildungsfern" markierte Bevölkerungsgruppen. Sowohl in den USA wie – nachfolgend – auch in der Mehrheit der westeuropäischen Staaten wurden deshalb Bildungsprogramme aufgelegt, die gerade das bis dahin augenscheinlich nicht erschlossene Bildungspotenzial dieser Gruppen zu heben suchten.

Der Kampf der beiden Hegemonialmächte USA und Sowjetunion führte damit indirekt auch zur (bildungs)politischen Bearbeitung einer bis dahin nur wenig beachteten Differenz: der Differenz sozialer Bildungsungleichheit (vgl. Bourdieu/Passeron 1971). Symbolisiert wurden die unterschiedlichen Zielgruppen der nunmehr veränderten Grenzbearbeitungspraktiken in der Figur des „Katholischen Arbeitermädchens vom Lande". Obwohl diese soziale Gruppe nie den zahlenmäßig größten Teil der bildungsbenachteiligten Bevölkerungsgruppen darstellte (vgl. Crotti

---

[7] Im Kontext der so genannten „Nach-Pisa-Debatten" hat sich seit 2000 in den Feldern Sozialer Arbeit, und vor allem im Bereich der Kinder- und Jugendhilfe, eine „geradezu inflationäre Bezugnahme auf ‚Bildung'" (Neumann/Sandermann 2009: 141) etabliert (vgl. im Überblick Coelen/Otto 2004; Otto/Rauschenbach 2004). Diesen Bemühungen, die auch als eine Form (sozial)pädagogischer Grenzbearbeitungspraktiken betrachtet werden können, unterliegt primär eine gesellschaftspolitische *und* eine disziplin- wie professionspolitische Motivation, denn sie zielen vor allem auf einen höheren öffentlichen und politischen Anerkennungsgrad sozialpädagogischer Angebote und Ansätze - in Relation insbesondere zur Anerkennungsposition schulischer Angebote. Im Rahmen dieses Beitrags fokussieren wir die angesprochene sozialpädagogische Bildungsdebatte allerdings nur hinsichtlich der damit gleichzeitig praktizierten Denkweisen der Differenzierung, die wir in einer massiven Essenzialisierungsgefahr sehen.

2007: 186ff.), markierte sie doch bestimmende Differenzierungslinien: Religionsgruppen-, Klassenzugehörigkeit und ländliche oder städtische Herkunft. Die Markierung „Katholisches Arbeitermädchen vom Lande" steht aber zugleich in der Gefahr, zu einer *erstarrenden Differenz* zu werden, die als konstantes und statisches Zuschreibungs-Merkmal einer angenommenen Gruppe von Personen (z.B. Gruppe der „Frauen" oder Gruppe der „Unterschichtsangehörigen") zum Tragen kommt. Geschlechter- oder herkunftsspezifische Verhaltensweisen werden dann zum „Wesen" der Betroffenen erklärt. In der feministischen Reflexion und im Kontext von Interkulturalitätsdebatten wird daher auch von *Essenzialisierung* oder *Naturalisierung* gesprochen, wenn bestimmte Verhaltensweisen, Oberflächenmerkmale oder Zugehörigkeitsmuster zum anscheinend gegebenen, unhinterfragten Teil des subjektiven „So-Seins" erklärt werden.

Diese Essenzialisierungsgefahr zeigt sich in Figuren wie derjenigen des „Katholischen Arbeitermädchens vom Lande", aber auch in der – von den gegenwärtigen bildungspolitischen Nach-Pisa-Diskussionen gerne bemühten – Figur des „großstädtischen Migrantenjungen" (vgl. dazu den Beitrag von Groß in diesem Band): Die Vorstellung, mit diesen Figuren die Bildungsverlierer eindeutig identifiziert zu haben, ist zwar einerseits für bildungsreformerische Entwicklungen wichtig gewesen, sie zeitigt aber zugleich handfeste problematische Konsequenzen. Großstädtische Migrantenjungen geraten nämlich in den vergangenen Jahren zunehmend unter den Generalverdacht, potenzielle Kriminelle „zu sein". Trotz aller Aufklärung über die insgesamt abnehmende Jugendkriminalität, das im Verhältnis dazu gestiegene Anzeigeverhalten, gerade in Bezug auf migrantische Jugendliche, und trotz aller Informationen über deren spezifische Lebenssituation – Sachverhalte, die seit Jahren zum kriminologischen Grundwissensbestand gehören (vgl. Oberwittler/Karstedt 2004) – dominieren medial immer wieder Einschätzungen wie diejenigen des Neuköllner Bürgermeisters Heinz Buschkowsky: „Es gibt gerade bei jungen Männern und natürlich auch bei migrantischen jungen Männern eine zunehmende Gewaltbereitschaft." (http://politik-digital.de/Bezirksbuergermeister_Neukoellns_ H_Buschkowsky_im_Chat, Stand: 12. Juli 2009).[8] Solche Äußerungen sind politisch höchst einflussreich, wie die Forderung des hessischen Ministerpräsidenten Roland Koch im Wahlkampf 2008/2009 symbolisieren kann, der für den Auf- und Ausbau von „Erziehungscamps" argumentierte, die nicht zuletzt für „kriminelle Migranten" zur Verfügung stehen sollten. Koch knüpfte damit auch an frühere Bemerkungen an, mit denen er klagte, in Deutschland lebten generell „zu viele kriminelle junge

---

[8] Buschkowsky inszeniert sich medial immer wieder als Sprecher aus einem typischen benachteiligten Stadtteil, an dessen Entwicklung sich die „Integrationsfrage" im bundesdeutschen Kontext insgesamt nicht nur spiegle, sondern auch entscheiden werde. Kochs Forderungen ordnete Buschkowsky in einem Interview im Spiegel. Online als nur rituelle Empörung mit Bezug auf einen einzelnen, medial inszenierten Vorfall ein. Zugleich betonte er aber ihre Relevanz.
http://www.spiegel.de/politik/deutschland/0,1518,527051,00.html [Stand: 2. Juli 2009]

Ausländer" (Spiegel-Online vom 2. Januar 2008). Devianz (*abweichendes Verhalten*) wird auf diese Weise zum quasi in den Körper eingeschriebenen Merkmal. Es waren differenztheoretische Hinweise, die derartig unangemessene Essenzialisierungen, wie die Annahme „Türken sind kriminell", als erste problematisiert haben. Dieses Aufklärungspotenzial differenztheoretischer Perspektiven war und ist gerade für sozialpädagogische Zusammenhänge von entscheidender Bedeutung, denn differenztheoretische Hinweise können eine vorschnelle und unangemessene kollektive Kategorisierung von Akteuren, beispielsweise als „migrantische junge Männer" oder als „Unterschichtsangehörige" problematisieren und damit im besten Fall verhindern. Zugleich können differenztheoretische Betrachtungen – gerade in Verbindung mit einer sozialkritischen Haltung – dazu führen, die analysierten Differenzen selbst wieder zu essenzialisieren oder zu naturalisieren. Diese Gefahr besteht beispielsweise, wenn ethnische Unterschiede – in einer Dynamik der „Spezialisierung"[9] – zum Ausgangspunkt migrationsforscherischer Bemühungen, Klassenunterschiede zum gegebenen Bezugspunkt klassentheoretischer Untersuchungen oder Geschlechterdifferenzen zum Nullpunkt geschlechtertheoretischer Studien gemacht werden, ohne die Relationalität der damit markierten Differenzen im Blick zu behalten.

Mit unserer grenzanalytischen Perspektive geht es uns also nicht darum, *eine bestimmte Andersheit*, wie die ethnische Herkunft oder die Geschlechterzuordnung, konzeptionell zu sezieren, um möglichst detailgenau darauf reagieren zu können. Vielmehr ist das Ziel unserer Bemühungen, Soziale Arbeit als Grenzbearbeiterin zu bestimmen, um damit eine differenz*sensible* Haltung anzuregen, die Differenz und Andersheit strukturell anerkennt (vgl. die Beiträge von Heite und Plößer in diesem Band), *ohne* dass jede Differenzierung sozialpädagogisch bearbeitet werden müsste.

Mit der von uns vertretenen Perspektive auf die Differenzierungspraktiken, die alltäglichen Grenzbearbeitungen, setzen wir somit in „affirmativer Kritik" an differenztheoretischen Perspektiven an: Wir würdigen und unterstreichen deren Aufklärungspotenzial und setzen dieses als relevant voraus, problematisieren allerdings zugleich die ihnen immanente Tendenz, erneut zu essenzialisieren bzw. zu naturalisieren. Aufgabe einer grenzanalytischen Bestimmung Sozialer Arbeit ist es daher, die forscherischen wie professionellen Praktiken, die bestimmten Grenzziehungen und Grenzüberschreitungen auch selbst unterliegen, immer mit in den Blick zu nehmen.

Mit unserer Bestimmung Sozialer Arbeit als Grenzbearbeiterin interessieren wir uns also für die (Re)Produktionsstrategien und -taktiken, die zu historischspezifischen Materialisierungen führen, als Ausdruck hegemonialer *wie* marginaler Grenzbearbeitungspraktiken. Damit ist eine kritisch-reflexive Haltung verbunden,

---

[9] Neu geschaffene und auch gegen-hegemonial ausgerichtete Forschungsfelder entwickeln im Prozess ihrer Spezialisierung immer wieder eine Tendenz, den eigenen Gegenstand aufs Neue zu (re)produzieren.

die die gegenwärtig bestehenden Grenzen nicht einfach nur voraussetzt – diese also weder nur zu sichern sucht (*Soziale Arbeit als Normalisierungsinstanz*), noch idealistisch auf ihre Überwindung hofft (*Soziale Arbeit als Befreiungsinstanz*). Vielmehr muss sich eine Soziale Arbeit, die sich als Grenzbearbeiterin begreift, in dieses widersprüchliche, heterogene und umkämpfte Geschäft der Grenzbearbeitung selbst hinein begeben – und dies durchaus mit expliziter programmatischer Ausrichtung. Denn das Ziel Sozialer Arbeit als Grenzbearbeiterin ist klar: Es ist die Ermöglichung und Eröffnung von bisher nicht vorhandenen – oder zumindest nicht zugänglichen – Handlungsoptionen für die direkten Nutzer_innen Sozialer Arbeit. Man könnte auch sagen: eine erweiterte Handlungsfähigkeit.

Literatur

Amos, Karin (2008): Learning to Labour – Paul Willis als Vordenker einer kulturtheoretischen Perspektive in der Sozialraumforschung. In: Kessl/Reutlinger (2008): 136-154

Bourdieu, Pierre/Passeron, Jean-Claude (1971): Die Illusion der Chancengleichheit. Stuttgart: Klett

Breidenstein, Georg (2008): Schulunterricht als Gegenstand ethnographischer Forschung. In: Hünersdorf et al. (2008): 107-120

Coelen, Thomas/Otto, Hans-Uwe (Hrsg.) (2008): Grundbegriffe Ganztagsbildung. Das Handbuch. Wiesbaden: VS

Combe, Arno/Helsper, Werner (Hrsg.) (1996): Pädagogische Professionalität. Frankfurt a.M.: Suhrkamp

Crotti, Claudia (Hrsg.) (2007): Pädagogik und Politik: Historische und aktuelle Perspektiven. Festschrift für Fritz Osterwalder. Bern: Haupt

Dewe, Bernd/Otto, Hans-Uwe (2001): Profession. In: Otto/Thiersch (2001): 1399-1423

Eigmüller, Monika (2007): Grenzsicherungspolitik: Funktion und Wirkung der europäischen Außengrenze. Wiesbaden: VS

Fend, Helmut (1998): Qualität im Bildungswesen, Schulforschung zu Systembedingungen, Schulprofilen und Lehrerleistung. Weinheim/München: Juventa

Becker, Peter/Landmann, Stephan/Schirp, Jochem/Schlichte, Cordula/Zahn, Horst-Dieter (Hrsg.) (2006): Bildung in der Jugendhilfe. Traditionen – Perspektiven – Kontroversen. Marburg: Verein zur Förderung bewegungs- u. sportorientierter Jugendsozialarbeit e.V.

Ha, Kgien Nghi (2000): Ethnizität, Differenz und Hybridität in der Migration: eine postkoloniale Perspektive. In: Prokla, 30. Jg., Heft 120: 377-397

Hall, Stuart (2000): Cultural Studies: ein politisches Theorieprojekt. Ausgewählte Schriften 3. Hamburg: Argument

Hörster, Reinhard/Müller, Burkhard (1996): Zur Struktur sozialpädagogischer Kompetenz. Oder: Wo bleibt das Pädagogische der Sozialpädagogik? In: Combe/Helsper (1996): 614-648

Hess, Sabine/Karakayali, Serhat (2007): New Governance oder die imperiale Kunst des Regierens. Asyldiskurse und Menschenrechtsdispositiv im neuen EU-Migrationsmanagement. In: Transit Migration Forschungsgruppe (2007): 39-55

Hünersdorf, Bettina/Maeder, Christoph/Müller, Burkhard (Hrsg.) (2008): Ethnographie und Erziehungswissenschaft. Methodologische Reflexionen und empirische Annäherungen. Weinheim/München: Juventa

Karakayali, Serhat/Tsianos, Vassilis (2007): Movements that matter. Eine Einleitung. In: Transit Migration Forschungsgruppe (2007): 7-17

Kessl, Fabian (2009): Soziale Arbeit als Grenzbearbeiterin. Einige grenzanalytische Vergewisserungen. In: Neumann/Sandermann (2009): 43-61

Kessl, Fabian/Klein, Alexandra (2010/i.E.): Das Subjekt in der Wirkungs- und der Nutzerforschung. In: Otto et al. (2010)

Kessl, Fabian/Maurer, Susanne (2009/i.E.): Die „Sicherheit" der Oppositionsposition aufgeben – Kritische Soziale Arbeit als „Grenzbearbeitung". In: Kurswechsel, 24.Jg., Heft 3

Kessl, Fabian/Reutlinger, Christian (Hrsg.) (2008): Schlüsselwerke der Sozialraumforschung, Wiesbaden: VS

Klein, Alexandra (2008): Soziales Kapital online. Soziale Unterstützung im Internet. Eine Rekonstruktion virtualisierter Formen sozialer Ungleichheit. Universität Bielefeld (Dissertationsschrift) http://bieson.ub.uni-bielefeld.de/volltexte/2008/1260/ [Stand: 18. Juni 2008]

Laclau, Ernesto/Mouffe, Chantal (2000): Hegemonie und radikale Demokratie. Zur Dekonstruktion des Marxismus. Wien: Passagen

Laslett, Barbara/Thorne, Barrie (1997): Life Histories of a Movement: An Introduction. In: dies. (1997): 1-27

Laslett, Barbara/Thorne, Barrie (Eds.) (1997): Feminist Sociology: Life Histories of a Movement. New Brunswick: Rutgers University

Maar, Katja (2006): Zum Nutzen und Nichtnutzen der sozialen Arbeit am exemplarischen Feld der Wohnungslosenhilfe. Eine empirische Studie. Frankfurt a.M./Berlin/Bern/Bruxelles/New York/Oxford/Wien: Peter Lang

Maurer, Susanne (2006): Gouvernementalität „von unten her" denken - Soziale Arbeit und soziale Bewegungen als (kollektive) Akteure „beweglicher Ordnungen". In: Weber/Maurer (2006): 233-252

MacDonald, Robert (Hrsg.) (1997): Youth, the "underclass", and social exclusion. London: Routledge

Manderscheid, Katharina (2008): Pierre Bourdieu. Ein ungleichheitstheoretischer Zugang zur Sozialraumforschung. In: Kessl/Reutlinger (2008): 155-171

Neumann, Sascha/Sandermann, Philipp (2009a): Turning again? Kritische Bestandsaufnahmen zu einer neuerlichen „Wende" in der sozialpädagogischen Forschung. In: dies. (2009b): 137-168

Neumann, Sascha/Sandermann, Philipp (Hrsg.) (2009b): Kultur und Bildung: neue Fluchtpunkte für die sozialpädagogische Forschung. Wiesbaden: VS

Oberwittler, Dietrich/Karstedt, Susanne (Hrsg.) (2004): Soziologie der Kriminalität. Wiesbaden: VS

Otto, Hans-Uwe/Colen, Thomas (Hrsg.): (2004): Grundbegriffe der Ganztagsbildung. Beiträge zu einem neuen Bildungsverständnis in der Wissensgesellschaft. Wiesbaden: VS

Otto, Hans-Uwe/Polutta, Andreas/Ziegler, Holger (Hrsg.) (2010/i.E.): What Works. Welches Wissen braucht die Soziale Arbeit? Zum Konzept evidenzbasierter Praxis. Opladen/Farmington Hills: Barbara Budrich

Otto, Hans-Uwe/Rauschenbach, Thomas (Hrsg.) (2004): Die andere Seite der Bildung. Zum Verhältnis von formellen und informellen Bildungsprozessen. Wiesbaden: VS

Otto, Hans-Uwe/Thiersch, Hans (Hrsg.): Handbuch Sozialarbeit/Sozialpädagogik. Neuwied/Kriftel: Luchterhand (2. Aufl.)

Schroer, Markus: Raum als soziologischer Begriff. In: Wehrheim 2007: 35-54.

Simmel, Georg: Soziologie (1992): Untersuchungen über die Formen der Vergesellschaftung. Frankfurt a.M.: Suhrkamp.

Simmel, Georg (1995a): Soziologie des Raumes. In: ders. (1995b): 221-242

Simmel, Georg (1995b): Schriften zur Soziologie. Eine Auswahl. Frankfurt a.M.: Suhrkamp

Sozial Extra (2006), 30. Jg., Hefte 6 und 7/8

Terkessidis, Mark (2000): Migranten. Hamburg: Rotbuch

Transit Migration Forschungsgruppe (Hrsg.) (2007): Turbulente Ränder: Neue Perspektiven auf Migration an den Grenzen Europas. Bielefeld: Transcript

Weber, Susanne Maria/Maurer, Susanne (Hg.): Gouvernementalität und Erziehungswissenschaft. Wissen – Macht – Transformation. Wiesbaden: VS

Wehrheim, Jan (Hrsg.) 2007: Shopping Malls: interdisziplinäre Betrachtungen eines neuen Raumtyps. Wiesbaden: VS

Willis, Paul (1979): Spaß am Widerstand. Gegenkultur in der Arbeiterschule. Frankfurt a.M.: Athenaeum

Behinderung, Norm, Differenz –
Die Perspektive der Disability Studies

Markus Dederich

Abstract
Es ist eine zentrale These der Disability Studies, dass Behinderung eine soziale und kulturelle Konstruktion ist. Nach einer kurzen Einführung in die Disability Studies soll gezeigt werden, inwieweit Behinderung als negativ aufgeladene Differenzkategorie zu verstehen ist und wie deren Herstellung mit Normierungs- und Normalisierungsprozessen verbunden ist. Im letzten Abschnitt wird skizziert, auf welche Weise anwendungsbezogene Disziplinen wie die Heil- und Sonderpädagogik und die Soziale Arbeit aus Sicht der Disability Studies in diese Prozesse verstrickt sind. Diese Disziplinen werden im vorliegenden Beitrag als historisch machtvolle Instanzen begriffen, deren zentrale Funktion darin besteht, Behinderung als Negativabweichung zu identifizieren und als Problem individuell zu bearbeiten. Damit leisten sie einen wichtigen Beitrag dazu, Behinderung als sozialen und gesellschaftlichen Sachverhalt überhaupt erst hervorzubringen.

1. Entstehung und Kerngedanken der Disability Studies

Die Disability Studies sind aus der in den späten 1960er und 1970er Jahren entstandenen Behindertenbewegung hervorgegangen. Hierbei handelte es sich um eine – etwa der Frauen- und afroamerikanischen Bürgerrechtsbewegung vergleichbare – emanzipatorisch orientierte politische und soziale Bewegung, die sich für die Rechte und gesellschaftliche Anerkennung behinderter Menschen sowie den Aufbau konkreter Unterstützungssysteme einsetzte. Die Aktivisten dieser Bewegung waren vor allem durch selbst erfahrene Unterdrückung, Marginalisierung und Ausgrenzung motiviert. Am Anfang stand also die Erfahrung, behindert zu werden (Weisser 2005). Dieser Erfahrungshorizont führte nicht nur zu vielfältigen emanzipationsorientierten Projekten, sondern in der Folge auch zu einer kritischen wissenschaftlichen Auseinandersetzung mit historischen, sozialen, kulturellen, medizingeschichtlichen und institutionellen Hintergründen und Ursachen dieser Erfahrungen. Damit stand schon sehr früh die wohlfahrtsstaatliche, mit Ein- und Ausschluss operierende Normalisierungslogik westlicher Gesellschaften im Zentrum der Kritik.

1982 wurde unter der Federführung des selbst behinderten amerikanischen Soziologen Irving Kenneth Zola die *Society for the Study of Chronic Illness, Impairment and Disability* gegründet, die später in *Society for Disability Studies* umbenannt wurde.

Die Bezeichnung „Disability Studies" stand für eine Forschungsperspektive, die das hochkomplexe und vieldimensionale Phänomen „Behinderung" aus sozial- und kulturwissenschaftlicher Perspektive zu untersuchen begann. Dies geschah in scharfer Abgrenzung von der Medizin und anderen angewandten und interventionsorientierten Disziplinen, etwa der Medizin, Psychologie und Sonderpädagogik, die die Diskurse über Behinderung bis dahin dominiert hatten.

Gegenüber deren Fixierung auf eine am Individuum ansetzende Heilung, Therapie und Rehabilitation ging es in den Disability Studies um eine konsequente Problematisierung und Kontextualisierung von Behinderung, durch die ihr historischer, gesellschaftlicher und kultureller Konstruktionscharakter sichtbar gemacht werden sollte.

Das kritische Nachdenken über Differenz und die Bedeutung von Normen und Normalisierungsprozessen spielte in den Disability Studies von Anfang an eine wichtige Rolle. Der Begriff „Differenz" wird dabei keineswegs einheitlich verwendet. In machen Kontexten wird er eher positiv konnotiert im Sinne einer wertzuschätzenden Heterogenität und Vielfalt der Menschen; häufiger jedoch wird er als Instrument der kritischen Analyse von Prozessen verwendet, die Behinderung als Negativabweichung herstellen und vielfältige Formen der Diskriminierung, Benachteiligung, Marginalisierung und Ausgrenzung nach sich ziehen.

Obwohl die grundlegende Programmatik in Großbritannien und den USA – den beiden Ursprungsländern der Disability Studies – dieselbe ist, haben sich dort jeweils unterschiedliche theoretische Orientierungen durchgesetzt. In Großbritannien wurde dem medizinischen und sozialkaritativen Verständnis von Behinderung, das diese als individuelle Pathologie und Gegenstand der Fürsorge modellierte, ein „soziales Modell" von Behinderung entgegengesetzt. Dieses Modell begreift Behinderung „als Resultat einer sozialen Übereinkunft (...), die Einschränkungen in den Aktivitäten Behinderter durch die Errichtung sozialer Barrieren bewirkt" (Thomas 2004: 33). Der Sachverhalt einer Behinderung liegt dann vor, wenn „Strukturen und Praktiken dahingehend wirken, dass sie Personen mit einer Schädigung durch Einschränkungen ihrer Aktivität benachteiligen und ausschließen" (ebd.). Demnach ist Behinderung eine Form „sozialer Unterdrückung" (ebd.: 41). Bei den Versuchen, diese Prozesse theoretisch zu fassen, wird vor allem auf soziale, ökonomische und politische Erklärungsmuster zurückgegriffen, etwa solche marxistischer Prägung. Den Vertreterinnen und Vertretern dieses Modells geht es im Kern darum, „die Autorität professioneller und vor allem nichtbehinderter Fachleute in Frage zu stellen, den Einfluss der Wohltätigkeitsveranstaltungen und karitativen Organisationen, die nicht von behinderten Menschen geführt werden, einzudämmen, jeder Form von Gönnerhaftigkeit entgegenzutreten, integrierte Lebensformen zu fördern, die Bürgerrechte neu zu bestimmen und all die Hindernisse zu beseitigen, die behinderte Menschen als solche diskriminieren" (Shakespeare 2003: 428).

Gegenüber der Bevorzugung des sozialen Modells in Großbritannien stellen sich die Disability Studies in den USA als interdisziplinäres Forschungsfeld dar, in dem geistes- und kulturwissenschaftliche Zugänge eine zentrale Rolle spielen. Waldschmidt bündelt diese Ansätze zu einem „kulturellen Modell" von Behinderung (Waldschmidt 2005). Behinderung wird – insbesondere innerhalb der Ansätze, die auf poststrukturalistische Theorien zurückgreifen – über die Sphären der Politik, des Sozialen und der Ökonomie hinausgehend als kulturelles und historisches Phänomen betrachtet. Einer der wichtigsten Unterschiede zwischen sozialem und kulturellem Modell besteht darin, dass ersteres die vorgeblich medizinisch beschreibbare Schädigung des Körpers nicht problematisiert, sondern sich auf die Sachverhalte der Unterdrückung und Benachteiligung konzentriert. Demgegenüber begreifen viele Vertreterinnen und Vertreter des „kulturellen Modells" den Körper – und damit auch die physische Schädigung – als Konstruktion (vgl. dazu, z.T. auch kritisch Dederich 2007: 57ff., 143ff.). Demgemäß wird im Rahmen des kulturellen Modells untersucht, wie der behinderte Körper als unerwünschte Differenz beispielsweise in literarischen Texten, Filmen oder der bildenden Kunst hervorgebracht, repräsentiert und mit Sinn aufgeladen wird. Auf der Grundlage solcher Untersuchungen will das kulturelle Modell zu einem vertieften Verständnis der Kategorisierungsprozesse selbst kommen, kulturelle Hintergründe der ausgrenzenden Systematik beleuchten und ihre Wirkmächtigkeit herausarbeiten (Waldschmidt 2005: 25). Das kulturelle Modell führt gegenüber dem sozialen Modell also zu einer Erweiterung der Perspektive. Behinderung steht nun nicht mehr allein als gesellschaftliches Problem im Mittelpunkt des Interesses, sondern die gesellschaftlichen, historischen *und* kulturellen Kontexte, die Behinderung überhaupt als Problem erscheinen lassen. Nicht die Abweichung, die Pathologie, die Andersartigkeit, die Störung des reibungslosen Betriebes, das Irritationen Auslösende wird betrachtet. Vielmehr wird die Kategorie „Behinderung" verwendet, um die „Mehrheitsgesellschaft" (Waldschmidt 2003: 16) zu analysieren und von hier aus nach den Auswirkungen und Folgen für Behinderte und andere Minderheiten bzw. Randgruppen zu fragen. Hierbei ist die Überzeugung leitend, dass alle sozialen Phänomene, also auch Behinderungen und Schädigungen, von „kulturellen Ideen und diskursiven Praktiken" (Thomas 2004: 46) durchzogen sind und durch diese hervorgebracht werden. Ein weiterer Unterschied zwischen sozialem und kulturellem Modell besteht darin, dass letzteres in stärkerem Maße versucht, ein alternatives Verständnis von Behinderung und einen positiven Differenzbegriff zu entwickeln.

In Deutschland entstanden die Disability Studies deutlich später, auch wenn die Anfänge der hiesigen Behindertenbewegung bis in die 1970er Jahre zurückreichen: Im Jahr 1978 gründeten Horst Frehe und Franz Christoph erstmals eine „Krüppelgruppe" und entwickelten eine „Krüppelposition" zum Thema Behinderung. Auch sie betrachteten Behinderte als unterdrückte soziale Minderheit, die auf dem „Weg der fürsorglichen Aussonderung" (Sierck 1989: 26) in Sonderschulen, Wohnheime und Werkstätten für Behinderte abgeschoben und zugleich einem erheblichen Anpassungsdruck an gesellschaftliche Normen, Werte und Normalitätsvorstellungen ausgesetzt waren. Den eigenen Erfahrungen, behindert zu werden, wurde daher das Prinzip des selbstbestimmten Lebens entgegengesetzt. Dabei wurde eine Reihe von Grundsätzen entwickelt, die bis heute aktuell sind:

- „Anti-Diskriminierung und Gleichstellung behinderter Menschen,
- Entmedizinisierung von Behinderung,
- Nicht-Aussonderung und größtmögliche Integration in das Leben der Gemeinde,
- größtmögliche Kontrolle über die Dienstleistungen für Behinderte durch Behinderte und
- Peer Counseling, Peer Support und Empowerment als Schlüssel zur Ermächtigung Behinderter" (Miles-Paul 2006: 35).

Der Umsetzung dieser Prinzipien sehen sich auch die Disability Studies verpflichtet. Ihr Engagement in Forschung und Theoriebildung steht demnach im Dienste einer konkreten Veränderung der Gesellschaft und Weiterentwicklung der Kultur hin zu einer Verwirklichung von Bürgerrechten und der Anerkennung behinderter Menschen in einer heterogenitätsfreundlichen Kultur.

Im Mittelpunkt des Interesses stehen somit Prozesse, Strukturen und Praktiken, durch die Gesellschaften und Kulturen angesichts von Krankheit und Behinderung Vorstellungen, Deutungsmuster, Theorien und Modelle von Anomalie, Abnormität und Abweichung – also von negativ bewerteten Differenzen – hervorbringen. An Behinderungen geheftete Praxen, die sich beispielsweise um erwartungswidrige Formen des Wahrnehmens, Erlebens und Denkens, der Kommunikation, des Verhaltens, des körperlichen Erscheinungsbildes bzw. des körperlichen Funktionierens organisieren, werden dazu sichtbar gemacht und analysiert. Auch wird erforscht, wie Gesellschaften die auf den Körper, das Lernen, das Sozialverhalten oder die Leistungsfähigkeit bezogenen Normen herausbilden und unter bestimmten historischen Umständen und Voraussetzungen Normalitäten produzieren. Die Disability Studies arbeiten heraus, wie sowohl starre als auch mehr oder weniger flexible Grenzen entstehen, die im gesellschaftlichen Feld eine Mitte und einen Rand, aber auch ein Innen und ein Außen produzieren. Insofern entwickeln die Disability Studies eine wissenschaftliche Optik, die für die Erforschung von Gesellschaft und Kultur insgesamt von zentraler Bedeutung ist und die, wie weiter unten noch gezeigt werden soll, mit weit reichenden Implikationen für die Heil- und Sonderpädagogik und die Soziale Arbeit verknüpft ist. Das zentrale Thema der Disability Studies ist – hier aus Sicht der amerikanischen Disability Studies formuliert –

nicht einfach die Fülle der „Variationen, die im Verhalten, in Erscheinung, Funktion, Sinnesschärfe und kognitiven Prozessen des Menschen existieren, sondern, und noch entscheidender, die Bedeutung, die wir diesen Variationen geben. Das Feld erkundet die problematischen Spaltungen, die unsere Gesellschaft hervorbringt, indem sie das Normale als Gegensatz zum Pathologischen, den Zugehörigen als Gegensatz zum Nichtzugehörigen, den kompetenten Bürger als Gegensatz zum Mündel des Staates erzeugt" (Linton 1998: 2).

Demzufolge kann mit Waldschmidt (2003) festgehalten werden, dass die Kategorie „Behinderung" selbst der eigentliche Gegenstand der Disability Studies ist. Kulturelle, historische und gesellschaftliche Prozesse, die unsere Wahrnehmung von Behinderung und unser Denken und Handeln angesichts von Behinderung formen und regulieren, werden untersucht. Ziel dieser Forschung ist – erstens – eine Aufdeckung und Rekonstruktion von wissenschaftlichem Wissen und Alltagswissen (d.h. von Sinnzuschreibungen, Deutungs- und Erklärungsmustern, Theorien usw.), das in unsere Vorstellungen, unser Denken, unser Wissen über Behinderung eingeht und diese formt. Zweitens widmen sich die Disability Studies der Analyse, wie dieses Wissen durch gesellschaftliche Praxen des Redens und Handelns hervorgebracht und verfestigt wird. Darüber hinaus sind – drittens – Fragen der Sozialisation und der biografischen Konstruktion von zentraler Bedeutung (Schönwiese 2005). Aus diesem großräumig angelegten Forschungsprogramm ergibt sich auch eine Vielzahl von Forschungsfragen, wie Schönwiese verdeutlicht: „Wie stellt sich die Verfolgungsgeschichte von behinderten Männern und Frauen dar, wo, unter welchen Bedingungen wurden und werden sie zu gesellschaftlichen Sündenböcken, wo und wie lebten sie sehr unauffällig, wurden akzeptiert und unterstützt, wie wurden sie wissenschaftlich entdeckt und behandelt, welche Funktion hatten behinderte Frauen und Männer in antiken Gesellschaften und Kulturen, im christlich dominierten Mittelalter, in der Neuzeit und Aufklärung? Wie entwickelte sich der Blick auf den behinderten Körper? Wie können Biographien von behinderten Männern und Frauen erforscht und geschrieben werden? Seit wann hat es Widerstand von Betroffenen gegen die Behindertenrolle gegeben und wie setzte der sich um? Welche Funktion haben behinderte Personen in der (Welt-)Literatur? Wie war und ist ihre rechtliche Stellung? Welche Funktion haben die Darstellungen von Behinderung in den Medien, wie beeinflussen Sichtweisen von Wissenschaft die Lebenssituation von behinderten Mädchen und Buben, Jugendlichen und Erwachsenen? In welcher Form ist Geschlechterforschung in Zusammenhang mit der Lebenssituation von behinderten Frauen und Männern zu betreiben? Wie beeinflussen die gesellschaftlichen Haltungen – wie z.B. die generelle Angstabwehr gegenüber Behinderten – die Biographie von Behinderten und alle Erziehungs- und Bildungsinstanzen" (Schönwiese 2005: 18f.).

2. Behinderung als Differenzkategorie

Das zentrale Thema der Disability Studies ist aber die analytische Re- und Dekonstruktion der Prozesse, durch die die Differenzkategorie „Behinderung" hergestellt wird. Gemeint sind damit Prozesse der „Grenzziehung(en), ihre Verschiebungen und Mechanismen der Aufrechterhaltung zwischen ‚Behinderten' und ‚Nichtbehinderten'" (Bruner/Dannenbeck 2002: 71; vgl. dazu den Beitrag von Kessl/Maurer in diesem Band). Daher ist nicht nur eine „soziale Entdiskriminierung, rechtliche Gleichstellung und psychisches Empowerment" (ebd.) das Ziel der Disability Studies, sondern auch die „Sichtbarmachung der sozialen Herstellungsprozesse von Behinderung sowie (...) die machttheoretischen Fragen, die damit in Verbindung stehen" (ebd.).

„Behinderung" als Differenzkonstruktion beruht auf einem Akt der Unterscheidung, also wörtlich: der Diskriminierung. In der Literatur lassen sich verschiedene Thesen und Theorien dazu ausmachen, welches dabei das zentrale Unterscheidungskriterium darstellt. In der Soziologie der Behinderungen wird als zentrales Kriterium die Abweichung von als gattungstypisch empfundenen Merkmalen diskutiert (vgl. Cloerkes 1997). Auch klassische soziologische Theorien, etwa die Theorien abweichenden Verhaltens, die Stigmatheorie oder systemtheoretische Modelle werden diskutiert (vgl. zum Überblick Dederich 2009: 19ff.). Nach Linton sind Fähigkeiten (*abilities*) das zentrale Merkmal, das den begrifflich fixierten Unterschied markiert. Dieses Kriterium soll nachfolgend etwas genauer betrachtet werden, denn es macht auf exemplarische Weise deutlich, wie Behinderung bereits auf begrifflicher Ebene als negative Abweichung festgeschrieben wird – und zwar auch durch jene Disziplinen und Professionen, die für die Bearbeitung von Behinderung als spezifischem Problem zuständig sind. Aufgrund der Zentralstellung der „ability" als zentralem Differenzmerkmal wird analog zu den Begriffen Rassismus und Sexismus (*rassism* und *sexism*) in den Disability Studies von *ableism* gesprochen. Gemeint ist das Vorstellungsmuster, „dass die Fähigkeiten oder Merkmale einer Person durch seine Behinderung determiniert sind oder dass Menschen mit Behinderungen als Gruppe Nichtbehinderten unterlegen sind" (Linton 1998: 10). Wie Linton zeigt, bedeutet das Präfix „dis" in „disability" „Trennung", „Auseinandernehmen" und „Absonderung". „Disabilities" sind folglich durch etwas Fehlendes oder Abwesendes, durch den Vorgang des Trennens und Auseinandernehmens oder die Herstellung eines Gegensatzes bestimmt. Behinderung heißt, dass etwas entgegen einer vorgängigen Erwartung nicht geht (Weisser 2005: 24). „Dis" meint somit „die semantische Reinkarnation des Spaltes zwischen behinderten und nichtbehinderten Menschen in der Gesellschaft" (Linton 1998: 31).

In diesem Zitat deutet Linton zugleich noch einen weiteren Effekt der Strukturierung durch Sprache an: Die Produktion einer als homogen wahrgenommenen sozialen Gruppe, deren verbindendes Glied die Behinderung ist, die damit ein Individuum als zur Gruppe der Behinderten zugehörig kennzeichnet und es zugleich aus der Gruppe der Nichtbehinderten ausschließt. Bei genauerem Hinsehen zeigt sich allerdings auch, dass das „dis" auf höchst unterschiedliche Aspekte des Menschen bezogen werden kann: die körperliche Struktur und Funktion, den Bewegungs- und Stützapparat, die Sinnesorgane bzw. die Sinnesmodalitäten, die Sprache, das ganze Feld der sozialen Interaktion, die Beherrschung von Kulturtechniken wie Lesen, Schreiben oder Rechnen, die Wahrnehmungen und das Erleben, das soziale Verhalten, Prozesse des Lernens, Verarbeitens, Erinnerns oder des Reproduzierens von Information. Je nachdem, in welchem dieser Bereiche etwas entgegen vorherrschender Erwartungen nicht – oder auch zu langsam, zu schnell oder auf eine den Erwartungen nicht entsprechende Weise – geht, werden Menschen durch zusätzliche individualisierende Zuschreibungen beispielsweise zu Spastikern oder Tetraplegikern, zu Blinden oder Gehörlosen, zu Stotterern, Mutisten oder Autisten, zu Kindern mit Dyslexie oder Dyskalkulie, zu Psychotikern, Dissozialen oder mental Retardierten. All diesen Termini liegt eine negative Unterscheidung zugrunde: Sie konstatieren, dass etwas anders ist, fehlt oder nicht geht. Der Terminus „disability" ist folglich eine Unterscheidung, die einen Unterschied macht. Einer der durch sie produzierten Unterschiede ist der von Zugehörigkeit und Nichtzugehörigkeit (*„Wir"* und *„die Anderen"*). Ein anderer betrifft die Zugangsmöglichkeiten zu verschiedenen materiellen und nichtmateriellen Gütern (z.B. zu Bildung, einer angemessen entlohnten Arbeit, zu Rechten oder sozialer Anerkennung). Die bedeutungsgeladene und wertende Unterscheidung ist somit aufs engste mit gesellschaftlichen Praxen der Verteilung von Gütern und Privilegien sowie der Gewährung bzw. Vorenthaltung von Anerkennung gekoppelt.

Weisser weist daher zu recht darauf hin, dass mit Blick auf diese Prozesse enge Verbindungslinien zwischen Rassismusforschung und Disability Studies gezogen werden können. Seiner Auffassung nach kann die Rassismusanalyse in den Disability Studies „dazu beitragen, Behinderung als gesellschaftliche Praxis zu begreifen, in der die Differenz von behindert/nicht behindert auftaucht und machtvoll in Erfahrungszusammenhänge eingreift. Ausgangspunkt dabei ist ein Konflikt zwischen Fähigkeiten und Erwartungen, der sich darin ausdrückt, dass etwas nicht geht, von dem man erwartet, dass es geht" (Weisser 2007: 43). So zutreffend diese Beobachtung ist, so problematisch ist zugleich auch eine gewisse in ihr enthaltene funktionalistische Engführung. Von Behinderungen wird nicht nur dann gesprochen, wenn etwas nicht erwartungsgemäß geht bzw. funktioniert. Vieles spricht dafür, dass auch eine psychologisch-anthropologische Komponente wirksam ist: eine Irritation oder Verstörung durch das Andere und Fremde. So werden etwa stark deformierte Körper, Gesichter mit extremen Verbrennungsnarben, unvertraute Formen des Sozialverhaltens usw. nicht nur dann als irritierend und verstörend empfunden, wenn sie Beeinträchtigung von Fähigkeiten mit sich bringen bzw. soziale Prozesse in ihren Funktionen stören. Solche Irritationen und Verstörungen oszillieren zwischen

Angst und Faszination, Aneignungs- und Verstoßungsphantasien, Fürsorgeimpulsen und Vernichtungsphantasien (Dederich 2009; 32ff.).

Es sei an dieser Stelle ergänzend angemerkt, dass verschiedentlich der Vorschlag gemacht wurde, den negativen Differenzbegriff „disabled" durch den nicht wertenden Begriff „differently abled" zu ersetzen – ein Begriff, der an der Differenz festhält, sie aber als nicht-hierarchisch begreift (vgl. Linton 1998).

3. Die Herstellung von Differenz: Normativität und Normalität

Wodurch werden Differenzen bedeutungshaltig und gesellschaftlich relevant? Wie kommt es zu einer Hierarchisierung von Differenz und damit zur Herstellung von sozialen Wertigkeiten, die für die „Anderen" Benachteiligungen mit sich bringen? Wie werden Zugehörigkeit und Nichtzugehörigkeit, prekäre Formen der gesellschaftlichen Einbindung und Ausgrenzung produziert? Bei der Diskussion dieser Fragen wird – vornehmlich in den USA und in Deutschland – immer wieder auf den Begriff der Norm und ihre Funktion der Markierung, Differenzierung und Hierarchisierung vor allem körperlicher Merkmale zurückgegriffen. Dieser körperhistorisch und körpersoziologisch orientierten Perspektive zufolge entstehen auf den Körper und das wahrnehmbare Verhalten bezogene Minimal-, Durchschnitts- und Idealvorstellungen, auf deren Grundlage die Gesellschaft zu einem Vergleichsfeld und Differenzierungsraum wird. Innerhalb dieses Raums werden die Individuen am Leitfaden körperlicher Merkmale vergleichbar und unterscheidbar (vgl. Dederich 2007): „Um den behinderten Körper zu verstehen, muss man sich dem Konzept der Norm [...] zuwenden" (Davis 1995: 23).

Bei der Rekonstruktion der Herausbildung von Körpernormen und auf den Körper bezogenen Normalisierungspraktiken wird in den Disability Studies gerne auf die Arbeiten von Michel Foucault zurückgegriffen (vgl. Tremain 2005). Nach Foucault sind Normen „keineswegs als Naturgesetz" (Foucault 2003: 71) und als „Erkenntnisraster" (ebd.: 72) zu verstehen. Vielmehr verfügen sie über einen spezifischen Zwangscharakter und dienen der Legitimierung von Machtansprüchen. In *Überwachen und Strafen* spricht Foucault in diesem Zusammenhang sehr prägnant von der „Macht der Norm": „Zusammen mit der Überwachung wird am Ende des klassischen Zeitalters die Normalisierung zu einem der großen Machtinstrumente. An die Stelle der Male, die Standeszugehörigkeit und Privilegien sichtbar machten, tritt mehr und mehr ein System von Normalitätsgraden, welche die Zugehörigkeit zu einem homogenen Gesellschaftskörper anzeigen, dabei jedoch klassifizierend, hierarchisierend und rangordnend wirken. Einerseits zwingt die Normalisierungsmacht zur Homogenität, andererseits wirkt sie individualisierend, da sie Abstände misst, Niveaus bestimmt, Besonderheiten fixiert und die Unterschiede nutzbringend aufeinander abstimmt" (Foucault 1977: 237).

Während die Homogenität beispielsweise von Körpern oder von Kollektiven zur Regel erhoben wird, erlauben es vor allem statistisch basierte Messverfahren, innerhalb dieser Homogenität „die gesamte Abstufung der individuellen Unterschiede" (ebd.: 238) zu erfassen. An anderer Stelle hebt Foucault hervor, die Norm bringe „ein Prinzip der Bewertung und ein Prinzip der Korrektur mit sich. Die Funktion der Norm besteht nicht darin, auszuschließen oder zurückzuweisen. Sie ist im Gegenteil immer eine positive Technik der Intervention und Transformation, an eine Art normatives Projekt gebunden" (Foucault 2003: 72). Damit ist ein zentrales Prinzip der interventionsorientierten Disziplinen und Professionen, etwa der Psychiatrie, Behindertenhilfe oder Sozialen Arbeit, benannt.

Nun fällt bei der Durchsicht der einschlägigen Literatur allerdings auf, dass häufig nicht deutlich zwischen „Norm" und „Normalität" unterschieden wird (vgl. Davis 1995: 23ff.). Einen Vorschlag, wie eine solche Differenzierung konzipierbar ist, hat der Literaturwissenschaftler Jürgen Link (1998) mit Rückgriff auf die Arbeiten Foucaults vorgelegt. Normativität ist nach Link ein juridisch getönter Begriff, der mit relativ klaren Trennlinien zwischen richtig und falsch bzw. erwünscht oder unerwünscht operiert (vgl. dazu den Beitrag von Ralser in diesem Band). Normativität betrachtet beispielsweise menschliches Verhalten im Licht vorab bestehender Normen und beurteilt es hinsichtlich seiner Regelkonformität. Normen sind „explizite oder implizite, durch Sanktionen verstärkte Regulative, die material oder formal bestimmten Personengruppen ein bestimmtes Handeln vorschreiben. Normen sind daher dem Handeln stets prä-existent" (Link 1998: 254). Demgegenüber ist Normalität nach Link eine auf Statistik und Durchschnittswerten beruhende deskriptive Kategorie. Sie verweist auf den Prozess fortwährender Herstellung einer Mitte, eines Durchschnitts, der als Vergleichskriterium fungiert. Demgemäß ist normales Handeln immer an dem orientiert, was als durchschnittlich wahrgenommen wird. Im Unterschied zur Normativität ist dieser begrifflichen Differenzierung zufolge Normalität dem Handeln nachgeordnet (ebd.: 255). Das bedeutet, dass gesellschaftliche Normalität durch soziales Handeln von Individuen entsteht, die sich durch Beobachtung und Vergleich an Mehrheiten orientieren und sich auf diese hin „einpegeln". Normal ist dann das, was die meisten tun oder für richtig halten. Wie Link betont, bringt auch Normalität Normen hervor. Diese Normen versteht er als normalistische Normen im Gegensatz zu den der Handlung präexistenten normativen Normen: Das, was durch soziales Handeln als Normalität hervorgebracht wurde, entfaltet normative Wirkung. In der Folge wird von den Individuen erwartet (und oft genug erwarten sie es von sich selbst), dass sie dieser Normalität entsprechen.

Was bedeuten die vorangehenden Überlegungen in Bezug auf ein soziales und kulturelles Modell von Behinderung? Sowohl Normativität als auch Normalität sind für die Konzipierung von Behinderung als Differenzkategorien von Bedeutung. Aus normalismustheoretischer Sicht erweist sich Normalität als eine wichtige Größe bei der kulturellen Produktion von Pathologie, Abweichung und Behinderung. Diese gibt es nur in Relation zu einer „Mehrheitsgesellschaft" mit ihren Normen und Normalitäten. Diese Relation ist eine doppelsinnige: Einerseits hat jede Normalität ihre eigenen eng oder weit gefassten Toleranzen gegenüber dem, was hingenommen und was nicht hingenommen werden kann und dann als das „Andere der Normalität" gilt; andererseits fungiert dieses „Andere der Normalität" zugleich als Kontrastmittel, das der Normalität ihre Konturen und Gestalt verleiht. Normalität gibt es nur unter der Bedingung, dass Phänomene identifiziert werden können, die nicht normal sind. In dieser Hinsicht dient Behinderung in den darstellenden Künsten ebenso wie in den verschiedenen Wissenschaften der Sichtbarmachung, Untermauerung, Absicherung und Abgrenzung von Normalität. Zugleich wird deutlich, dass empirische Normalität nicht nur das Durchschnittliche hervorbringt. Normalität kann einerseits normativ gewendet und zum Maßstab für die Bestimmung von Abweichungen werden, andererseits in Normalisierungsprozesse münden, in denen Selbst- und Fremdnormalisierung letztlich unentwirrbar miteinander verschränkt sind. Zur Veranschaulichung der Selbstnormalisierung sei in diesem Zusammenhang nochmals Davis zitiert: „Wir leben in einer Welt der Normen. Jeder von uns strebt danach, normal zu sein oder versucht umgekehrt, diesen Zustand zu vermeiden. Wir ziehen in Erwägung, was die durchschnittliche Person tut, denkt, verdient oder konsumiert. Wir bringen unsere Intelligenz, unseren Cholesterinspiegel, unser Gewicht und die Körpergröße, den sexuellen Antrieb und andere körperliche Dimensionen anhand eines Konzeptes in eine Rangordnung von subnormal bis überdurchschnittlich" (Davis 1995: 23).

Institutionell gesehen sind psychologische Labore, Institute für Anatomie und Pathologie, Krankenhäuser, Psychiatrien, Gefängnisse, Therapie- und Rehabilitationseinrichtungen, Schulen oder sozialpädagogische Bildungseinrichtungen die Orte, die den Körper, die Entwicklungsprozesse des Individuums, seine Sozialtauglichkeit, seine Leistungsfähigkeit usw. beobachten, vermessen, durchleuchten und rastern. Historisch gesehen spielen hierbei ohne Zweifel auch die Kirchen eine gewichtige, wenn auch „religiös getarnte" Rolle. Disziplinär gesehen sind es vor allem die Medizin, die Psychologie, die (Sonder-)Pädagogik, die Rehabilitation und die Soziale Arbeit – also angewandte Disziplinen –, die in diesem Zusammenhang an der Normierung und Normalisierung des Individuums mitwirken. Sie produzieren normativ wirksame Standards und sorgen für die Durchsetzung einer normalisierenden Logik. Auch aus diesem Grund stehen sie im Fokus der Kritik der Disability Studies. Wie die angewandten Disziplinen zu Instanzen der Herstellung von Normalität und Abweichung werden, soll daher im letzten Abschnitt dieses Beitrags beleuchtet werden.

4. Disability Studies und interventionsorientierte Disziplinen/Professionen

Disziplinen und Professionen wie die Medizin, die Psychologie, die Sonderpädagogik, die Rehabilitation oder die Soziale Arbeit organisieren sich, sofern sie sich als angewandte Wissenschaften verstehen, um andere Perspektiven und Zielstellungen als die Disability Studies. Ihre wissenschaftlich-disziplinäre Perspektive ist in erster Linie eine *Beobachter*perspektive, die ihre Beobachtungen theoretisch unterfüttert und konzeptionell eingebettete Handlungsoptionen entwickelt. Demgegenüber nehmen die Disability Studies eine *Betroffenenperspektive* ein, die zur Grundlage von Forschung und Theoriebildung wird. Erstere können „Behinderung" auf vielfältige Weise objektivieren und repräsentieren. Aus der Betroffenenperspektive hingegen ist Behinderung existenziell: eine erfahrene, erlebte und manchmal auch durchlittene subjektive Tatsache, „die das Individuum auf seinen prekären Status in der Gesellschaft verweist" (Gröschke 2007: 109). In Bezug auf die Zielstellungen stehen Heilung, Förderung, Kompensation, Eingliederung und Bildung – letztlich die normalisierende Unterstützung und Veränderung des Subjektes durch pädagogische, helfende und begleitende Maßnahmen – im Fokus der angewandten Disziplinen. Aus Sicht der Disability Studies wiederum sind die interventionsorientierten Disziplinen und Professionen nicht nur ein Produkt der gesellschaftlichen Tendenz, Behinderung als bearbeitungsbedürftiges Problem zu definieren, sondern auch (Mit-)Produzenten von Behinderung als negativ aufgeladener, bearbeitungs- und normalisierungsbedürftiger Differenz. Linton pointiert die Kritik an den interventionsorientierten Disziplinen und Professionen, die sie als „Not-Disability-Studies" (Linton 1998: 136) bezeichnet, wie folgt:

- In ihnen herrscht die Tendenz vor, Behinderung zu individualisieren, als isolierbares Phänomen zu behandeln und essentialistisch und deterministisch zu fassen;
- sie verstehen Behinderung als Problem und nicht als Streitfrage, Idee, Metapher oder Konstruktion;
- sie stützen die Verdinglichung behinderter Menschen in der Wissenschaft und die Ausklammerung sowohl der Subjektivität behinderter Menschen wie der aktiven Stimme behinderter Forscher;
- sie pathologisieren die Erfahrung behinderter Menschen durch die Verwendung diagnostischer Kategorien oder anderer Instrumente der Etikettierung;
- sie pathologisieren Differenz und teilen den betroffenen Menschen die Rolle des Patienten, Klienten oder Kunden zu;
- sie überbetonen die Intervention auf individueller Ebene und betreiben somit Menschenreparatur statt Kontextveränderung;
- sie berücksichtigen die von behinderten Menschen entwickelten Ansätze zur Veränderung medizinischer und pädagogischer Interventionen zu wenig;

- ihre Aufmerksamkeit für behinderte Menschen als Minderheit ist unzureichend; und
- sie verfügen nicht über eine „Epistemologie der Inklusion" (Linton 1998: 135).

Angesichts mancher Entwicklungen, beispielsweise innerhalb der Heil- und Sonderpädagogik oder der sozialpsychiatrischen Sozialen Arbeit, mag diese Kritik trotz ihrer historischen Richtigkeit für die Gegenwart überpointiert erscheinen. Dennoch lässt sich nicht abstreiten, dass sich die interventionsorientierten Disziplinen und Professionen in einem kaum auflösbaren Widerspruch befinden. Mit ihrem Engagement für die Erziehung und Bildung behinderter Menschen sind sie vielmehr paradigmatisch für das seit der Aufklärung postulierte Exklusionsverbot. Erst seit Ende des 18. Jh. entstand in europäischen Gesellschaften schrittweise eine Sensibilität für die Belange behinderter Menschen. Die humanitären und Bildungsideale jener Zeit führten schrittweise dazu, dass sich das Medizin- und Bildungssystem ihrer annahmen. Zugleich aber war die mit ihrer Hilfe erreichte Inklusion systemtheoretisch gesprochen fast immer eine Inklusion in Exklusionsbereiche. So schreibt der Soziologe Peter Fuchs (2002: 9): „Das Exklusionsverbot steigert die Komplexität der Gesellschaft durch die Notwendigkeit, an der Exklusionsdrift Institutionen zu installieren, die differenzierte Exklusionsbereiche aufspannen, abweichende Karrieren produzieren und dagegen wieder Vorkehrungen treffen müssen, die wiederum Differenzierungen darstellen". Nach dieser These ist es gerade das Verbot von gesellschaftlicher Exklusion, das die Dynamik einer Verbesonderung in Gang setzt und stabilisiert.

Dieses Dilemma lässt sich bis hin zur Verwendung des Begriffs der „Behinderung" – bzw. seiner funktionalen und semantischen Vorläufer und Äquivalente – nachzeichnen. Denn erst durch die begriffliche Unterscheidung „behindert – nicht behindert" konnte der Gegenstand der Heil- und Sonderpädagogik abgesteckt und die eigene Klientel zugeschnitten werden (vgl. auch dazu den Beitrag von Ralser in diesem Band). Anders gesagt: Die Konstitution der Heil- und Sonderpädagogik ist vermittels des Behinderungsbegriffs erfolgt, durch den ein spezifischer – und in sich überaus heterogener – Personenkreis semantisch markiert, abgegrenzt und vereinheitlicht werden konnte. Dieses Verfahren war so lange erfolgreich, wie eine an der Leitdifferenz „behindert – nicht behindert" orientierte Systemdifferenzierung unhinterfragt aufrechterhalten werden konnte. Auf der Grundlage der Differenzkonstruktion bestand – und besteht – die praktische Aufgabe der Heil- und Sonderpädagogik darin, die Differenzen, die „Behinderung" konstituieren, zu bearbeiten, und zwar so, dass eine Normalisierung der Lebensumstände und ein größtmögliches Maß an Teilhabe und Inklusion erreicht werden kann. Damit soll das Differenzgefälle zwischen behinderten und nicht-behinderten Menschen verringert werden. Dies aber geschieht bis in die Gegenwart hinein vermittels der vereinheitlichenden Markierung eines überaus heterogenen Personenkreises als „behindert", es geschieht immer noch häufig innerhalb von Exklusionsbereichen (z.B. Sonderschulen, Werkstätten für behinderte Menschen oder Wohnheimen) und schließlich geschieht es um den Preis der Normalisierung.

Aufgrund der unterschiedlichen Perspektiven und Wissenskontexte von interventionsorientierten Disziplinen und Disability Studies plädiert Linton dafür, die zwischen ihnen bestehenden Unterschiede nicht zu verwischen, sondern sie beizubehalten und deutlich hervorzuheben. Während die interventionsorientierten Disziplinen aus Sicht der Disability Studies „Behinderung" als spezifisches bearbeitungsbedürftiges Problem fassen, begreifen sich die Disability Studies selbst als Instanz der Reflexion und Kritik. Sie liefern die epistemologische Basis für Forschung und innovative, emanzipatorisch orientierte sozialpolitische Aktivitäten, die im Rahmen der traditionell sich um Behinderung kümmernden Wissenschaften niemals hätten entwickelt werden können (Linton 1998: 133). Die Sicherung der Grenze zwischen Disability Studies und interventionsorientierten Disziplinen soll, wie Linton betont, das Bewusstsein dafür wach halten und weiter schärfen, dass Behinderte aufgrund von Marginalisierungs- und Abwertungsprozessen zu einer sozialen Minderheit gemacht werden.

Trotz der sehr klaren Abgrenzung, die sicherlich auch dem Schutz vor Vereinnahmung und Neutralisierung der Kritik dient, besteht auf Seiten der Disability Studies die Hoffnung, auf die traditionell anwendungsorientierten Fächer und Disziplinen Einfluss zu nehmen und zu einer Veränderung der dort vorherrschenden Konzepte und Theorien beizutragen. Auf der anderen Seite kann aber auch eine Öffnung der Disability Studies gegenüber den interventionsorientierten Disziplinen und Professionen zu einem Dialog über die Perspektivität und Relativität der jeweiligen Zugänge und Positionen und hierüber zu neuen Sichtweisen und fruchtbaren Verbindungen führen.

Tatsächlich sind die Analysen, wie sie bisher im Rahmen der Disability Studies vorgelegt wurden, für die Heil- und Sonderpädagogik, aber auch Teile der Sozialen Arbeit, nicht neu. Spätestens seit den 1980er Jahren hat eine kritische – überwiegend soziologische und innerpädagogische – Auseinandersetzung mit dem Behinderungsbegriff eingesetzt. Der entscheidende Unterschied zwischen den Disability Studies und diesen interventionsorientierten Disziplinen liegt insofern nicht in erster Linie darin, dass ein neues Wissen im Entstehen ist, sondern eine neue soziale Konstellation. In Folge des Aufkommens der Behindertenbewegung und der Disability Studies verschieben sich die Gewichte und machen auf Seiten der interventionsorientierten Disziplinen ein Umdenken und Umlernen erforderlich. Gegenüber den traditionell mit paternalistischer Macht ausgestatteten Wissenschaftlern, Professionellen und Institutionen treten Betroffene nun als Experten in eigener Sache auf, fordern Gleichberechtigung und Anerkennung ein und wenden sich der Forschung und Theoriebildung zu. Damit wird die Definitions- und Gestaltungsmacht der interventionsorientierten Disziplinen radikal in Frage gestellt. Nach Weisser sind die

„Orte und Prioritäten des Wissens von Sonderpädagogik und Disability Studies (...) für sich wechselseitig unbekannt" (Weisser 2004: 28) – oder besser gesagt: unvertraut und erscheinen sich manchmal auch gegenseitig ein wenig verdächtig. Beide Seiten artikulieren sich vor dem Horizont höchst unterschiedlicher historischer Erfahrungen, gesellschaftlicher Positionen und Selbstbeschreibungen. Neben zahlreichen Spannungen und Momenten der gegenseitigen Abwehr liegt hierin aber vielleicht auch die Chance, „die gesellschaftliche, wissenschaftliche und praktische Thematisierung von Behinderung miteinander in Beziehung zu setzen und wechselseitig zu öffnen" (ebd.: 28).

Zu den höchst interessanten, bis heute aber kaum wahrgenommenen und reflektierten Verbindungslinien zwischen beiden Seiten gehört, dass sie sich als Kinder des Projektes der Moderne begreifen lassen: Trotz aller Differenzen und der manchmal unversöhnlich wirkenden Gegensätzlichkeit der jeweiligen Interessen, Forschungsperspektiven und Wissensformen bewegen sie sich damit letztlich auf einem gemeinsamen Boden – zumindest dann, wenn man pädagogischen Instanzen, wie sie von den Disability Studies kritisch befruchtet werden könnten, nicht nur gesellschaftliche Reproduktionsfunktionen zuweist, sondern ihren Bildungsauftrag auch als einen emanzipatorischen begreift.

Literatur

Bruner, Claudia Franziska/Dannenbeck, Clemens (2002): Disability Studies in Deutschland. Zur Formierung eines Diskurses. In: Diskurs 12. Jg., Heft 2: 69-73

Cloerkes, Günther (1997): Soziologie der Behinderten. Eine Einführung. Heidelberg: Universitätsverlag C. Winter

Dederich, Markus (2007): Körper, Kultur und Behinderung. Eine Einführung in die Disability Studies. Bielefeld: Transcript

Dederich, Markus (2009): Behinderung als sozial- und kulturwissenschaftliche Kategorie. In: Dederich/Jantzen (2009): 15-40

Dederich, Markus/Jantzen, Wolfgang (Hrsg.) (2009): Behinderung und Anerkennung. Enzyklopädisches Handbuch der Behindertenpädagogik Bd. 2. Stuttgart: Kohlhammer

Foucault, Michel (1977): Überwachen und Strafen. Die Geburt des Gefängnisses. Frankfurt a.M.: Suhrkamp

Foucault, Michel: (2003): Die Anormalen. Vorlesungen am Collège de France (1974-1975). Frankfurt a.M.: Suhrkamp

Fuchs, Peter (2002): Behinderung und soziale Systeme. Anmerkungen zu einem schier unlösbaren Problem. Das gepfefferte Ferkel, http://www.ibs-network. de/altesferkel/fuchs-behinderungen.shtml [Stand: 10.8.2005]

Garland Thomson, Rosemary (1997): Extraordinary Bodies. Figuring physical disability in American culture and literature. New York: Columbia University Press

Greving, Heinrich (Hrsg.) (2007): Kompendium der Heilpädagogik, Bd. 1. Troisdorf: Bildungsverlag EINS

Gröschke, Dieter (2007): Behinderung. In: Greving (2007): 97-109

Hermes, Gisela/Rohrmann, Eckhard (Hrsg.) (2006): Nicht über uns – ohne uns! Disability Studies als neuer Ansatz emanzipatorischer und interdisziplinärer Forschung über Behinderung. Neu-Ulm: AG SPAK

Link, Jürgen (1997): Versuch über den Normalismus. Wie Normalität produziert wird. Wiesbaden: Westdeutscher Verlag

Linton, Simi (1998): Claiming Disability. Knowledge and Identity. New York: New York University Press

Lutz, Petra/Macho, Thomas/Staupe, Gisela (Hrsg.) (2003): Der [im]perfekte Mensch. Metamorphosen von Normalität und Abweichung. Köln: Böhlau

Miles-Paul, Ottmar (2006): Selbstbestimmung behinderter Menschen – eine Grundlage der Disability Studies. In: Hermes/Rohrmann (2006): 31-41

Mitchell, David T./Snyder, Sharon L. (2000): Narrative Prosthesis. Disability and the Dependencies of Discourse. Ann Arbor: The University of Michigan Press.

Schönwiese, Volker (2005): Perspektiven der Disability Studies. In: Behindert(e) in Familie, Schule und Gesellschaft 28. Jg. Heft 4: 16-21

Sierck, Udo (1989): Das Risiko, nichtbehinderte Eltern zu bekommen. Kritik aus Sicht eines Behinderten. München: AG SPAK

Shakespeare, Tom (2003): Betrachtungen zu den britischen Disability Studies. In: Lutz et al. (2003): 426-434

Thomas, Carol (2004): Theorien der Behinderung. Schlüsselkonzepte, Themen und Personen. In: Weisser/Renggli (2004): 31-56

Tremain, Shelley (Hrsg.) (2005): Foucault and the Government of Disability. Ann Arbor: The University of Michigan Press

Waldschmidt, Anne (2003): „Behinderung" neu denken: Kulturwissenschaftliche Perspektiven der Disability Studies. In: Waldschmidt (2003): 11-22

Waldschmidt, Anne (Hrsg.) (2003): Kulturwissenschaftliche Perspektiven der Disability Studies. Tagungsdokumentation. Kassel: Bifos Schriftenreihe

Waldschmidt, Anne (2005): Disability Studies: Individuelles, soziales und/oder kulturelles Modell von Behinderung? In: Psychologie und Gesellschaftskritik, 29. Jg., Heft 1: 9-31

Waldschmidt, Anne (2009): Disability Studies. In: Dederich/Jantzen (2009): 125-133

Weisser, Jan (2005): Wie macht man Disability Studies? In: Behindert(e) in Familie, Schule und Gesellschaft 28 Jg., Heft 4: 22-31

Weisser, Jan (2007): Rassismusanalyse und Behinderung. In: Behinderte Menschen. In: Familie, Schule und Gesellschaft 30, 3/4: 38-47

Weisser, Jan/Renggli, Cornelia (Hrsg.) (2004): Disability Studies. Ein Lesebuch. Luzern: SZH/CSPS Edition

IV. Perspektiven für den Umgang Sozialer Arbeit mit Andersheit

Anerkennung von Differenz in der Sozialen Arbeit. Zur professionellen Konstruktion des Anderen

Catrin Heite

Abstract

„Differenz, Anerkennung, Soziale Arbeit" – begrifflich ist mit dieser Reihung die Frage markiert, wie pädagogisch und politisch angemessen, also professionell, mit Unterschieden zwischen Personen und Personengruppen umzugehen ist.

Mit welchen Formen von Differenz hat Soziale Arbeit es zu tun? Wie werden diese Differenzen thematisiert? Welche Relevanz haben unterschiedliche Differenzierungen und welche Differenzierungspraktiken werden in Sozialer Arbeit selbst ausgeübt? Wie ist Andersheit in Sozialer Arbeit zu repräsentieren? Diesen Aspekten wird im Folgenden aus der Perspektive nachgegangen, welche Möglichkeiten anerkennungstheoretische Überlegungen für einen reflexiven und selbstreflexiven Umgang mit Differenzierungen in Sozialer Arbeit bieten.

1. Differenz

Differenz, Heterogenität, Vielfalt, Verschiedenheit – diverse bedeutungsähnliche Bezeichnungen kursieren in der Debatte um jene Fragen nach Umgangsweisen mit Differenz und Differenzkonstruktion in und durch Soziale Arbeit. Diese Begriffe verweisen auf, vor allem feministisch, queertheoretisch und postkolonial induzierte, Auseinandersetzungen mit ökonomistischen Engführungen klassenstruktureller Perspektiven und die entsprechende Ausweitung von Ungleichheitsanalysen auf Kategorien wie Geschlecht, „Rasse", Ethnizität, Weiß-Sein, Körper, Nationalität, Sexualität. Nicht nur unter dem aktuellen Label Intersektionalität oder Interdependenz (vgl. u. a. Anderson 2005; Klinger/Knapp 2008; McCall 2005; Walgenbach et al. 2007) wurden und werden insbesondere auch die Zusammenhänge zwischen den Kategorien – wie etwa Geschlecht und Klasse (vgl. u. a. Beer 1987; Frerichs/ Steinrücke 1993; Frerichs 1997; Gottschall 1995, 2000) oder Geschlecht und „Rasse" (vgl. u. a. Andersen/Hill Collins 2004; Eggers et al. 2005; Frye 1983; Fuchs/ Habinger 1996; Glenn 2002; hooks 2000) bearbeitet. Vor dem Hintergrund postmoderner und dekonstruktivistischer Perspektiven hat sich in der Untersuchung dieser Themenstellungen vor allem auch verändert, dass die Kategorien nicht mehr als naturgegeben, sondern als gesellschaftliche Ordnungsformate betrachtet werden, deren ungleichheitsgenerierende Wirkung aufzuheben ist. Gesellschaftliche Ordnungsformate meint, dass es sich um sozial hergestellte Differenzkategorien handelt, kraft derer Macht- und Herrschaftsverhältnisse – wie etwa die geschlechterhierarchische Arbeitsteilung – aufrecht erhalten werden. In der auch jenseits dieser explizit kritischen Analyse und Theoriebildung stattfindenden konjunkturellen akademischen, politisch-programmatischen, betriebswirtschaftlichen und medialen Verwendung der Begriffe Differenz, Vielfalt oder Verschiedenheit ist nun auffällig, dass ein Begriff fehlt. Zusehends weniger Verwendung findet der Begriff „Ungleichheit". Dieser wird in wachsendem Maße ersetzt durch jene positiv belegten, Zustimmung provozierenden, anerkennenswert erscheinenden Begriffe der „Differenz" oder „Heterogenität". Durch diese – nur scheinbar synonyme – Ersetzung verschwindet hinter einem „Alles schön bunt hier" (Widersprüche 2007) auch der Widerspruch auslösende und auf Überwindung zielende Bedeutungsgehalt von mit Ungerechtigkeit assoziierter „Ungleichheit": Die Verständigung über strukturelle Ungleichheiten, Benachteiligungen und Diskriminierungen ist systematisch verbunden mit Überlegungen, wie dem am besten entgegengewirkt werden kann, wie mit unterschiedlichsten sozialpolitischen Maßnahmen ein mehr an Gerechtigkeit herzustellen ist. Im Gegensatz dazu wird Gerechtigkeit zurzeit einhergehend mit jener Veränderung des Vokabulars von Ungleichheit hin zu Differenz neu bestimmt.

Denn wenn statt von „abzuschaffender Ungleichheit" von „anerkennenswerter Differenz" die Rede ist, wird damit weniger strukturelle Benachteiligung, sondern per se wertvoll erscheinende gruppenspezifische und individuelle Andersheit diskutiert. Damit verändert sich die gerechtigkeitspolitische Denk- und Interventionsperspektive wesentlich. Gemeint ist dann nämlich weniger die Aufhebung von (sozialstruktureller) Ungleichheit und die Gegenmaßnahme materieller Umverteilung, weniger die skeptische Frage, warum welche Differenzen hergestellt werden und weniger deren Abschaffung als Abschaffung von Ungleichheit. Stattdessen wird die aufwertende Anerkennung kollektiver und subjektiver Andersheit betont und die Bestätigung vermeintlich gegebener kultureller Differenz betrieben. So werden beispielsweise in der Debatte um eine so genannte „neue Unterschicht", die sich durch eine „Kultur der Armut" auszeichne, Klassengegensätze kulturalisiert (kritisch vgl. Groh/Keller 2001) oder in der Rede von „Multikulturalismus" differenzierte Zugehörigkeiten substanzialisiert, Personen auf diese verpflichtet, als Repräsentat_innen des Anderen adressiert und die Verantwortlichkeit der jeweiligen subjektiven und kollektiven Akteure – für sich selbst in ihrer jeweiligen Differenz – akzentuiert (kritisch vgl. Bienfait 2006).

In dieser antonymen Modulation bleiben zwar die Kategorien, die behandelt werden, prinzipiell gleich – in beiden Thematisierungsweisen werden u. a. Geschlecht, Klasse, Ethnizität, Lebensstil und Sexualität behandelt. Allerdings werden diese Kategorien unter veränderten Vorzeichen, nämlich nicht mehr als abzuschaffende Ungleichheiten, sondern als aufzuwertende Differenzen verhandelt. In diesem Sinne werden sie mit veränderten, geradezu gegensätzlichen Bedeutungen versehen, die nunmehr den Wert der Unterschiede, statt deren Ungerechtigkeitsdimension pointieren – also Anerkennung von Differenz statt Aufhebung von Ungleichheit. Was damit gemeint ist, lässt sich am Beispiel der Kategorie Klasse besonders deutlich zeigen. Anerkennungspolitiken mit ihrer kulturalisierenden und entdramatisierenden Konnotation sind als Politiken der Herstellung von mehr Gerechtigkeit unter Umständen völlig unangebracht, wenn sie Klassenwidersprüche – genauso wie andere Differenzlinien – *aufwerten (*anstatt sie *aufzulösen)* als sei es per se gut, einer spezifischen Klasse anzugehören. Mit einer solchen Positivierung wird dann eben nicht erwähnt, welche materiellen Benachteiligungen beispielsweise mit dieser Zugehörigkeit verbunden sind, was wiederum mit entsprechenden Umverteilungsmaßnahmen verbunden wäre. In anderen Worten: „the last thing the working class needs is recognition of their difference" (Sayer 2005: 176).

Mit einer solchen Analyse der ungleichheitslegitimierenden Wirkung der variierten Benennungen ist jedoch *nicht* auf eine prinzipielle Negation von Differenz zu schlussfolgern. Vielmehr gilt es, die vor allem im cultural turn aufgezeigten Relevanzen, die mit Begriffen wie Differenz, Vielfalt oder Verschiedenheit zu besprechen sind – wie etwa die Modi der Konstruktion von Differenzkategorien und deren ungleichheitsgenerierende Kraft – analytisch, theoretisch und professionell-praktisch zu realisieren. Angemessen ist weder die differenzblinde Thematisierung ökonomischer Ungleichheit, noch die ungleichheitsblinde Idealisierung kulturalisierter Differenz. „Jenseits von Kulturalismus und Ökonomismus" (Fraser 2003: 72) stellt sich stattdessen die Aufgabe, beide Aspekte ungleichheitsanalytisch zusammen zudenken und Differenzanerkennung mit der Abschaffung von Ungleichheit zu assoziieren.

Die so umrissene Aufgabenstellung verweist wesentlich auf die Annahme, dass eine irreduzible Vielfalt menschlicher Selbst- und Weltverhältnisse – ihre Nicht-Homogenität – gesellschaftliche Normalität ist. Empirisch ist es also schlicht falsch, vor allem aber auch politisch riskant, die Realität von Andersheit zu ignorieren. Personen und Personengruppen haben unterschiedlichste Vorstellungen vom guten Leben und verwirklichen diese. Dementsprechend bestehen heterogene von Formen der Lebensführung sowie differente Bedürfnisse und Wünsche. Der Bestand an unterschiedlichsten, auch gegensätzlichen und strittigen Formen der Lebensführung, Vorstellungen und Willensbekundungen stellt auch Soziale Arbeit vor die Frage nach pädagogisch und politisch angemessenen Formen des Umgangs mit Differenz. Diese Herausforderung ist umso größer für eine Soziale Arbeit, die ihren Normalisierungsauftrag kritisch reflektiert und die Differenzen nicht unhinterfragt anerkennen, sondern erkunden will, also danach fragt, wie und warum diese Differenzen relevant gemacht werden, was sie bedeuten und welche Wirkungen sie entfalten.

Dem Begriff der Differenz kommt in der Ausrichtung und Denkweise einer solchen ungleichheits- und struktursensiblen Sozialen Arbeit die Bedeutung zu, dass sich die Vielfalt, Diversity und Heterogenität von Adressat_innen(gruppen) vor allem und insbesondere aus deren Betroffenheit von unterschiedlichsten Formen der Benachteiligung ergibt.

Differenzen können und müssen analytisch damit weniger als anerkennenswerte Qualitäten an sich, sondern zutreffender als machtvolle Zuschreibungspraxen und Benachteiligungsmuster ungleichheits(re)produzierender Strukturen betrachtet werden. Kategorien der Differenz, wie etwa Geschlecht oder Ethnizität, liegen also nicht naturhaft oder kulturell essenziell und damit quasi-naturhaft vor. Sie sind vielmehr das Ergebnis entsprechender Praxen der Differenzierung, wie der Vergeschlechtlichung oder der Ethnisierung. Mithin ist den Kategorien selbst ebenso wie den Differenzierungspraktiken mit Skepsis zu begegnen, anstatt sie in ihrem Vorhandensein als gegeben, unantastbar und unveränderlich zu begreifen.

Eine solche Perspektive steht im Widerspruch zu jener beschriebenen Praxis, statt zu beseitigender Ungleichheiten aufzuwertende Differenzen zu thematisieren. Der Wandel von Analysen und Politiken der Gleichheit und Umverteilung hin zu Analysen und Politiken der Differenz und Anerkennung geht mit jener begrifflichen und repräsentativen Verschiebung einher, der mit Blick auf die Frage nach einem angemessenen pädagogischen Umgang mit Differenz eine professionell legitimierte Absage erteilt werden kann. Professionell am Leitmotiv der Gerechtigkeit orientiert gilt es vielmehr erneut und weiterhin, Homogenitäten und Dichotomisierungen eines „Wir-und-die-Anderen" sowie diesbezügliche Normalitäts- und Abweichungsannahmen anzuzweifeln. Insbesondere der Rekurs auf eine explizit kritische Wissenschaft, wie sie etwa in feministischer, postkolonialer und queerer Theoriebildung stattfindet (vgl. u. a. Gutiérrez-Rodriguez/Steyerl 2003; Eggers et. al; 2005; Tißberger et al. 2006; Walgenbach et al. 2007; vgl. dazu den Beitrag von Castro-Varela in diesem Band), ist für einen differenzierten Umgang mit Differenz(en) in einer sich ebenfalls kritisch verstehenden Sozialen Arbeit hilfreich. Eine solche Ausrichtung Sozialer Arbeit macht jene Fragen nach den Bedeutsamkeiten der einzelnen Differenzlinien, deren Verhältnissen zueinander und den von jenen aufgeladenen Differenzen formierten Lebenswirklichkeiten von Menschen ungleichheitsanalytisch und anti-essenzialistisch bearbeitbar.

In einer solchen Herangehensweise ist es begründungsfähig, Personen(gruppen), die aufgrund von Differenzzuschreibungen Benachteiligungen erfahren, besondere Rechte zukommen zu lassen und besondere Politiken, wie etwa aktive Gleichstellungspolitiken, zu implementieren, wenn dabei nicht die Differenz „an sich" stabilisiert werden soll, das heißt, nicht suggeriert werden soll, diese sei quasi naturgegeben. Eine solche Perspektive nimmt Differenzen eben gerade nicht als vorgängig und unveränderlich vorhanden an, sondern als *sowohl* sozialstrukturell verursacht *wie auch* als sich aus den Wahlmöglichkeiten subjektiver und kollektiver Akteure bezüglich ihrer Zugehörigkeiten und spezifischer Formen der Lebensführung ergebende Unterschiede. Daraus wiederum resultiert die Forderung, Differenz in der komplizierten Verhältnissetzung von Struktur und Akteur, in der diffizilen Verwiesenheit von gesellschaftsordnender Makro- und individueller Mikroebene nicht nur als machtvollen Unterwerfungsmechanismus, sondern *auch* als Ergebnis autonomer, revidierbarer Entscheidungen subjektiver und kollektiver Akteure anzuerkennen.

An dieser Stelle bietet sich nun der Begriff Anerkennung in einer auf den Status von Akteuren bezogenen Konzeption an, die einen kategorialen Rahmen bereitstellt, innerhalb dessen die Position(ierung), die Teilhabe- und Teilnahmemöglichkeiten unterschiedlichster Personen(gruppen) in den Blick genommen werden können.

2. Anerkennung

Anerkennung – dieser Begriff steht vor dem Hintergrund vielfältiger Benachteiligungs- und Ausschlussverhältnisse für politische und theoretische Auseinandersetzungen um Fragen sozialer Gerechtigkeit. So drückt der Begriff „Anerkennung" eine Haltung der Achtung gegenüber „den Anderen" aus, die zu verstehen, schätzen, akzeptieren, tolerieren und ernst zu nehmen sind. Dabei gilt Anerkennung sowohl den allgemeinen, als auch den konkreten Anderen, also sowohl einzelnen Personen als auch Gruppen. Es geht also um spezifische Aspekte der Umgehensweisen von Gruppen und Personen miteinander, von Rechten und Pflichten, Diskriminierung, Benachteiligung, Parteilichkeit und Gerechtigkeit. Vor dem Hintergrund einer identitäts- und subjekttheoretischen Problematisierung, die festschreibende Effekte von Differenzzuschreibungen hinterfragt, zielt eine *statusorientierte* Konzeption hierbei darauf, Anerkennung von Gruppen und Personen als „non-identitarian politics of recognition" (Fraser 2000: 120) zu betreiben. Auf diese Weise lasse sich die Reifizierung von Differenz ebenso wie eine semantische und materielle Dethematisierung von Umverteilungspolitiken vermeiden und eine Vorstellung von Anerkennung fundieren, die Differenz nicht als wesentliche Konstituente gelungener Identitätsbildung, sondern als strukturierenden Faktor ungleicher Lebensgestaltungsmöglichkeiten versteht. Damit stellt sich auch für Soziale Arbeit die Frage, wie solche nicht-identitären, nicht-zuschreibenden und nicht-festlegenden Formen des Umgangs mit Differenz professionell zu implementieren sind, um der Heterogenität der Adressat_innen tatsächlich gerecht werden zu können.

Das „Statusmodell der Anerkennung" sowie das Konzept „partizipatorischer Parität" (Fraser 2003: 45ff.; dies. 2000) ermöglichen solche nicht-identitären, nicht-festschreibenden Umgehensweisen mit Differenz, da sie inhaltlich (nicht) gleichberechtigte Teilhabe- und Teilnahmemöglichkeiten fokussieren. Sie gestatten damit, strukturelle Ungleichheiten sowie die damit verbundenen ungerecht verteilten Partizipationsmöglichkeiten in den Blick zu nehmen. Außerdem wird es mit ihnen möglich, diese hinsichtlich der Erweiterung von Möglichkeiten der Lebensgestaltung zu bearbeiten, indem sie mit dem Abbau von Ausschluss- und Benachteiligungssituationen darauf zielen, jene Situation „partizipatorischer Parität" herzustellen. Ungleichheit ist in dieser Sichtweise somit definiert als Situation, in der differenzkategoriale Zuschreibungen an Akteure es diesen erschweren oder unmöglich machen, gleichberechtigt an Gütern und Formen der Lebensführung zu partizipieren. Wesentliches Element der normativen Ausrichtung einer solchen anerkennungstheoretischen Sichtweise ist es, keine inhaltlichen Vorgaben für bestimmte – als besser oder richtig vorgestellte – Formen der Lebensführung zu machen. Stattdessen ist – im Sinne einer Ausweitung und Ent-Grenzung von Lebensgestaltungsoptionen – dafür zu sorgen, dass Personen(gruppen) je für sich bestimmen können, wie sie ihr Leben gestalten wollen und als solches auch realisieren können.

Die politische Aufgabe besteht damit darin, das „Anders-Sein" subjektiver und kollektiver Akteure anzuerkennen, so dass je spezifische, zueinander auch widersprüchliche Entwürfe von Seins- und Denkweisen lebbar sind bzw. lebbar gemacht werden. Zugleich beinhaltet eine solche anerkennungstheoretische Perspektive auf Differenz das Bemühen darum, die ungleichheitsgenerierende Wirkung der Differenzkategorien außer Kraft zu setzen. Dies erfordert, die Bedeutung der Differenzkategorien als Ungleichheitsgeneratoren, also als Mittel, kraft derer Ungleichheiten produziert und reproduziert werden, anhand derer Personen(gruppen) in der gesellschaftlichen Statushierarchie der Anerkennung positioniert werden, sozialstrukturell zu analysieren und zu kritisieren. Mit diesem Verständnis von Statuspositionierungen subjektiver und kollektiver Akteure qua Differenzzuschreibungen gilt es nicht nur, „Differenz" im Sinne unterschiedlicher und auch gegenläufiger Vorstellungen über Inhalt und Form eines „guten Lebens" sowie deren lebenspraktische Verwirklichung anzuerkennen, sondern diese auch von gesellschaftlich dominierenden Wertungen zu entkoppeln, die beispielsweise eine heterosexuelle Lebensführung als „normal", eine homosexuelle hingegen als Abweichung betrachten. Diese letztlich liberale Entkopplung wird nötig, wenn es politisch und professionell darum gehen soll, differenzbasierte Diskriminierungen der Adressat_innen als „Andere", welche die Verantwortung für die von ihnen gelebte Differenz zu tragen haben, zu vermeiden. Damit geht es erstens um jene nicht-essenzialisierende, nicht-identitäre Anerkennung von Differenz in Form der Schaffung von Alternativen der Lebensgestaltung, wobei sich Differenz aus der Möglichkeit ergibt, dass Personen und Personengruppen ihre jeweiligen unterschiedlichen Lebensgestaltungspläne umsetzen. Zweitens sind Differenzen so auch weiterhin als Kategorien sozialer Ungleichheit zu betrachten, deren ungleichheitsgenerierende Wirkung aufzuheben ist. In diesem Kontext ist es möglich, die Reformulierung von Ungleichheit als Differenz und die damit implizit vorgenommene entdramatisierende Anerkennung von Ungleichheit zu vermeiden und statt dessen mit Bezug auf eine statusorientierte Anerkennungstheorie wohlfahrtsproduktiv in Benachteiligungsverhältnisse zu intervenieren. Eben dies stellt sich als Aufgabe einer anerkennungstheoretisch informierten, status- und differenzsensiblen Sozialen Arbeit.

3. Soziale Arbeit

Soziale Arbeit – in diesem Feld professioneller und theoriebildender Praxen treffen sich die drei Thematisierungen von Ungleichheit, Differenz und Anerkennung: Hier finden – auf mehreren Ebenen – Auseinandersetzungen über die Repräsentation von und den Umgang mit menschlicher Vielfalt statt. Insbesondere eine Fassung des Begriffs Anerkennung, mit der der *Status* von Akteuren fokussiert wird, bietet sich in der sozialarbeiterischen Frage nach angemessenen Formen der Anerkennung von Differenz an. Diese Frage betrifft Soziale Arbeit sowohl in der theoretischen und analytischen als auch in der professionellen Praxis. Differenz und Umgang mit Differenz wird sowohl aufgrund des sozialarbeiterischen Bezugs auf Gerechtigkeit, Klassenlage und gesellschaftliche Teilhabe- und Teilnahmemöglichkeiten von Gruppen als auch in den professionellen Interaktionen und deren Anteilen „diffuser Sozialbeziehungen" (Oevermann 1996) bedeutsam. Dieser Aspekt verweist darauf, dass die Interaktion zwischen Professioneller und Adressat_in als Beziehung von „Person zu Person" (Honneth/Rössler 2008) zwar keine private, aber eben doch eine professionell gerahmte *personale* Beziehung ist und sich mithin Fragen der Reziprozität, der gegenseitigen Erwartungshaltungen, der Rechte und Pflichten sowie der Gerechtigkeit innerhalb dieser Beziehung stellen, die anerkennungstheoretisch zu bearbeiten sind.

Besonders aufschlussreich für die Präzisierung der komplexen Problemstellung *im* sozialpädagogischen Umgang mit Differenz und der Frage nach der professionellen Konstruktion von Differenzen erweist sich die Repräsentation des Anderen im Kontext der Kritik an der so genannten Ausländerpädagogik und der daran anschließenden Entwicklung hin zur Interkulturellen Pädagogik (vgl. dazu den Beitrag von Eppenstein in diesem Band). Auch das Paradigma „Interkulturalität" knüpft letztlich an die Ethnisierung gesellschaftlicher Gruppen an, deren interne Differenzen – zum Beispiel bezüglich Bildungsgrad, Zugang zu Erwerbsarbeit, Möglichkeiten politischer Partizipation, Zugang zu Wohnraum – in der homogenisierenden Adressierung als „Migrant_innen" oder „Menschen mit Migrationshintergrund" zunächst keine Rolle mehr spielen. Vielmehr konstruieren Pädagogik und Soziale Arbeit sich in Theorie und Praxis jene mit dem Begriff Migration kodierte Adressat_innengruppe ohne differenzierenden Bezug auf weitere Adressat_innengruppen, wie Wohnungslose, sozial benachteiligte Personen, Schulverweigerer oder Drogenkonsument_innen. Im Gegenteil: Es wird als notwendig erachtet, „Migrant_innen" als Repräsentant_innen des Anderen *an sich* pädagogisch und sozialarbeiterisch anzusprechen, was auch die Implementation „interkultureller Kompetenzen" nötig mache. Die Steigerung der „interkulturellen Kompetenzen" des pädagogischen Personals gilt dabei als reflektiert einzusetzende antidiskriminatorische und nutzer_innorientierte Professionalisierungsmaßnahme, deren Differenz reifizierendes Potenzial zu problematisieren und deren Kulturbegriff kritisch zu reflektieren sei (vgl. u. a. Gaitanidis 2004; Griese 2004; Otto/Schrödter 2006). Verweist doch die pädagogische Annahme, zur Verständigung mit den Repräsentant_innen des Anderen wären spezifische, nämlich „interkulturelle Kompetenzen" zu entwickeln, auf jenen in der öffentlichen Debatte dominanten Kulturbegriff, der „das Zusammenleben der Kulturen" – sowohl heterophil wie auch heterophob – als prinzipiell prekär vorstellt (vgl. Terkessidis 2002). In diesem Zusammenhang ist (sozial)pädagogisch zum einen die *Konstruktion des professionellen Anderen* in der Figur des/der „Sozialarbeiter_in mit Migrationshintergrund", der ein leichterer Zugang zu der „Adressat_innengruppe Migrant_innen" zugeschrieben wird, feststellbar (vgl. Heite 2008). Zum anderen besteht jene *professionelle Konstruktion des Anderen* in Gestalt der ethnisierenden Benennung einer spezifischen Adressat_innengruppe: den „Migrant_innen".

Diese dichotom homogenisierende Repräsentation von Andersheit ist gegenzulesen mit der These, dass die Adressat_innen Sozialer Arbeit sich in Herrschaftsverhältnissen bewegen, in denen sie kraft Ungleichheitskategorien wie Ethnizität, „Rasse", Klasse, Kultur, Geschlecht, Gesundheit, Sexualität, Staatsbürgerschaft und Behinderung über ungleiche Möglichkeiten der materiellen, sozialen und politischen Teilhabe und Teilnahme verfügen. Einer Sozialen Arbeit, deren normatives Leitmotiv Gerechtigkeit ist – richtungweisend sind hier die Überlegungen einer Fundierung Sozialer Arbeit als „Gerechtigkeitsprofession" (vgl. Schrödter 2007) – geht es professionstheoretisch und professionspolitisch um eine kritische Analyse dieser auf Differenzkonstruktionen beruhenden benachteiligenden Statuspositionierungen. Dies lässt sich dahingehend konkretisieren, dass Soziale Arbeit Personengruppen in deren vielfältiger Betroffenheit von klassenbezogener Benachteiligung, Rassismus, Sexismus oder Homophobie adressiert und damit kritisch und verhindernd an der Wirklichkeit dieser Benachteiligungen, am Ernstfall von Gewalt und Missachtung ansetzt. Diese Interventionen gegen Diskriminierungen beinhalten eine anerkennungstheoretische Dimension, mit der sich die Forderung nach Unterlassung von Geringschätzung und Benachteiligung und folglich nach der Ermöglichung bisher diskreditierter, nicht anerkannter Formen der Lebensführung begründen lässt. Daraus resultiert jedoch nicht nur die affirmativ, sondern auch die transformativ ausgerichtete Anerkennung vergeschlechtlichter, rassifizierter oder kulturalisierter Differenz, also das Bemühen darum, nicht „nur" den aus jenen Kategorien resultierenden spezifischen strukturellen Einschränkungen entgegen zu wirken – wie etwa geschlechterhierarchischen Benachteiligungen durch aktive Gleichstellungspolitiken zu begegnen, sondern auch die Kategorien selbst abzuschaffen. Bestehen kann eine solche Strategie beispielsweise darin, darauf zu insistieren, dass es „Rassen" oder „zwei Geschlechter" nicht gibt, Rassismus und Sexismus und den daraus resultierenden Interventionsbedarf allerdings sehr wohl.

Dabei reicht es jedoch nicht aus, gruppenspezifische Betroffenheiten von Diskriminierungen lediglich mit Blick auf die gesellschaftlichen Verhältnisse als sozialarbeits*extern* zu analysieren. Die Statuspositionierungen resp. Abwertungen der Adressat_innen drücken sich nicht nur in gesellschaftlichen, außer-professionellen Kontexten, sondern ebenso in der professionellen Statushierarchie, in der Form der Gestaltung des Erbringungsverhältnisses und des Erbringungskontextes aus. Damit stellt sich eine anerkennungstheoretische Perspektive für Soziale Arbeit als eine doppelte dar: als eine Perspektive auf Gesellschaft und eine Perspektive auf sich selbst. In beiden Hinsichten relevant ist erstens die Ausweitung der Lebensgestaltungsmöglichkeiten der Adressat_innen in den gegebenen gesellschaftlichen Bedingungen. Zweitens erfordert sie professionelle (Selbst)Reflexion sowie Realisierungen sozialarbeiterischer Praxis, die den Statuspositionen und Bedürfnissen der Adressat_innen gerecht wird und die sich als demokratisch, gleichwertig und partizipativ beschreiben lässt. Folglich ist der Blick auch auf das Differenzverhältnis zwischen Professionellen und Adressat_innen zu richten.

Dieser Zusammenhang ist professionstheoretisch als systematisch hierarchisches Verhältnis beschrieben, das bisher zahlreichen, zum Beispiel expertokratie- und hierarchiekritischen, dienstleistungsorientierten oder reflexivitätstheoretischen Analysen und Reformulierungen unterzogen wurde (vgl. u. a. Dewe/Otto 2005; Olk 1986; Schaarschuch 2003). So wird von dieser kritisch-professionellen Seite her betont, zur Stärkung der Position der Adressat_innen gegenüber den Professionellen sozialarbeiterische Interaktionen offen, diskursiv und hierarchiereflexiv zu gestalten. Nun erschöpft sich jedoch die Hierarchie im Erbringungsverhältnis nicht lediglich in einem fachlich-theoretischen Wissensvorsprung der Professionellen oder mangelnder Anerkennung der Sichtweisen, Bedürfnisse und Wissensformen der Adressat_innen. Darüber hinaus – und hier besteht ein theoretisch-analytisches Desiderat ebenso wie Professionalisierungsbedarf – wiederholen sich Differenzlinien entlang von Klasse, Geschlecht, Sexualität oder Ethnizität in der Beziehung zwischen konkreten Professionellen und Adressat_innen. Diese Durchwobenheit der professionellen Situation von Dominanzverhältnissen ist zu erkennen und entsprechende rassistische, sexistische und klassenspezifische Herrschaftsverhältnisse sind in der professionellen Situation zu reflektieren und weitestmöglich aufzuheben. Im Sinne partizipatorischer Parität sind die Adressat_innen im Erbringungsverhältnis als gleichberechtigte Interaktionspartner_innen anzuerkennen, auch um Professionalität als „Vollzug einer lebendigen, zukunftsoffenen Beziehung in einem Arbeitsbündnis zwischen ganzen Menschen" (Oevermann 1996: 122) zu erfüllen. Dies ist als Prozess unabschließbar und erfordert in Analyse und Theoriebildung eine gesteigerte (Selbst)Reflexionsfähigkeit der einzelnen Professionellen ebenso wie der Sozialen Arbeit als Kollektivakteur. Bedeutsam ist sowohl die Fähigkeit der disziplinären und professionellen Sozialarbeitsakteure, die eigenen Differenzierungs- und Zuschreibungspraxen zu erkennen und zu verändern, als auch die eigene Eingebundenheit in Herrschaftsverhältnisse zu bedenken. Eine Absicht solcher differenz- und herrschaftskritisch reflektierter professioneller Interventionen sowie disziplinärer Analyse und Theoriebildung besteht dann vor dem Hintergrund der Infragestellung der eigenen Zugehörigkeiten zur Profession und zu kulturellen, sozialen, ethnisierten, vergeschlechtlichten und religiösen Gruppen und entsprechender Werthaltungen unter anderem darin, diese eigenen Zugehörigkeiten und Werthaltungen im professionellen Sinne nicht auf die Adressat_innen zu übertragen, sondern diesen mit Rekurs auf eine – ebenfalls im genannten Sinne zu überprüfende – professionelle Ethik Möglichkeiten zu schaffen, ihre eigenen Zugehörigkeiten zu hinterfragen, neu zu wählen und ihr Leben von nun an anders oder aber auch so wie bisher zu gestalten.

Soziale Arbeit hat also die Adressat_innen – in jener introspektiv-selbstreflexiven Perspektive auf die eigene Profession und die eigene Position als Theoretiker_in, Forscher_in und Sozialarbeiter_in – als Freie und Gleiche anzuerkennen und deren Möglichkeiten zu partizipatorischer Parität zu gewährleisten. Mithin gilt es für disziplinäre und professionelle Praxen der Theoriebildung, Analyse, Deutung und Intervention in der doppelten Perspektive selbstreflexiver und gesellschaftsanalytischer Überlegungen eine – nur paradoxal *erscheinende* – Bewegung von Anerkennung und Anzweifelung zu realisieren: Diese anerkennt die Andersheit auf eine Weise, die Differenz nicht essenzialisiert, sondern „andere" Formen der Weltdeutung und Lebensführung – als aus guten Gründen getroffene Entscheidungen der jeweiligen Akteure – nicht-wertend zulässt, Adressat_innen zu solchen autonomen Entscheidungen befähigt sowie spezifische Lebenslagen ebenso wie Wünsche und Bedürfnisse ungleichheitsanalytisch erfasst, gerechtigkeitstheoretisch prüft und demgemäß relationiert.

Soziale Arbeit als Profession und Disziplin beabsichtigt damit auch die Abschaffung von Ungerechtigkeit und die Verbesserung der Lebenschancen ihrer Adressat_innen. Die anerkennungstheoretische Idee stellvertretender Repräsentation zeigt sich dabei als instruktiv für die Idee „advokatorischer Ethik" (Brumlik 1992). Eine solche sichert die individuelle Integrität und die Rechte der Adressat_innen im Sinne deren „körperlicher Unversehrtheit, psychischer Anerkennung als handlungs- und verantwortungsfähige Person sowie dem Respekt vor der kulturellen Zugehörigkeit der Person" (Brumlik 2000: 281). In der direkten ebenso wie in der indirekten Interaktion zwischen Professionellen und Adressat_innen erlaubt anerkennungstheoretisch fundierte Professionalität, vielfältige Differenzverhältnisse zu repräsentieren, für die Möglichkeit zu Differenz und ebenso für die Abschaffung von Ungleichheit und Benachteiligung einzutreten. In professioneller Fallarbeit, in der Gestaltung von deren organisatorischen Rahmenbedingungen und in der Theoriebildung Sozialer Arbeit sind Analysen, Deutungen, Konzepte und Handlungsmodelle zu entwickeln und stetig auf ihre Angemessenheit zu überprüfen, die den strukturellen Lebenswirklichkeiten ebenso wie den individuell geäußerten Bedürfnissen unterschiedlichster Adressat_innengruppen gerecht werden.

Anerkennungstheoretisch informierte fallbezogene, analytische und theoriebildende Deutungen haben also die diversen Lebensrealitäten, Selbstdeutungen, Präferenzen und Dispositionen der Adressat_innen ernst zu nehmen, sie in ihrer Andersheit anzuerkennen und gleichzeitig Differenzverhältnisse und Praxen der Differenzierung in Frage zu stellen. Die statusbezogene anerkennungstheoretische Informiertheit bietet Möglichkeiten, sowohl die Adressat_innenperspektive als auch professionelle Praxen der Konstruktion von Differenz kritisch aufzuarbeiten, gegebenenfalls zu dekonstruieren und theoretisch sowie feldbezogen zu relationieren. Zu vermeiden ist so Differenzeuphorie ebenso wie Differenzblindheit, wenn nach ungleichen Partizipationsmöglichkeiten und benachteiligenden Statuspositionierungen gefragt wird. Eine solche analytische, theoretische und professionelle Fragerichtung zieht vielmehr in Erwägung, dass die Anerkennung subjektiver und kollektiver Differenz einerseits gerechtigkeitstheoretisch begründungsfähig, aber andererseits als Teil aktueller Legitimation von Ungleichheit zu kritisieren ist. Mithin kann Anerkennung in einer reflexiven, skeptischen Anwendung für die Zielperspektive Sozialer Arbeit implementiert werden, die die (Wieder)Herstellung von Autonomie der Lebenspraxis der Adressat_innen intendiert, welche maßgeblich von jenen Differenzierungslinien beeinflusst werden. In diesem Sinne erscheint es möglich, nicht-affirmativ, nicht-identitär und nicht-essenzialisierend differenzsensibel und differenziert nach Einschränkungen der Möglichkeiten autonomer Lebensführung und gesellschaftlichen Partizipationsmöglichkeiten zu fragen.

Der Blick ist also zu richten auf die Wirkung von Differenz als Mechanismus struktureller Benachteiligung und diskriminierender Statuspositionierung. Umgekehrt lässt sich die Zielperspektive „Autonomie der Adressat_innen" anerkennungsanalytisch als „partizipatorische Parität" definieren, also als Möglichkeit zu gleichberechtigter Teilhabe und Teilnahme an Sozialer Arbeit und Gesellschaft und der Möglichkeit von Personen und Gruppen „as full member of society, capable of participating on a par with the rest" (Fraser 2000: 113) die Form eines Lebens zu leben, die ihnen jeweils lebenswert erscheint, ohne dass diese Form der Lebensgestaltung zu Diskriminierung oder Missachtung führt. In dieser anerkennungstheoretischen Bestimmung kann Differenz ohne Aufgabe eines ungleichheitsanalytischen Blicks zugunsten der Ermöglichung spezifischer Seins- und Lebensweisen anerkannt werden, kann diesen differenten Vorstellungen Realisierungsraum verschafft werden und ist es gangbar, sich zugleich kritisch gegenüber der Essenzialisierung und Kulturalisierung der Differenz zu verhalten, indem Differenz als resultierend aus den Entscheidungen subjektiver und kollektiver Akteure für oder gegen spezifische Seins- und Lebensführungsweisen resultierend betrachtet wird. Akteuren steht es in einem nicht-kommunitaristischen Verständnis sozialer oder kultureller Zugehörigkeiten dann frei, sich für oder gegen diese zu entscheiden, sie zu kombinieren, aus ihnen auszuscheiden oder neue Zugehörigkeiten zu entwickeln. Für solche Potenzialitäten hat Soziale Arbeit theoretisch und praktisch zu sprechen. So ist es Aufgabe Sozialer Arbeit, die Anzahl der Alternativen zu vergrößern und gleichzeitig dafür einzutreten, dass keinerlei Verpflichtung besteht, diese auch wahrnehmen zu müssen. Ein solches Verständnis Sozialer Arbeit als Verfechterin der Option zur Differenz bedingt zugleich die spezifische Ethik einer advokatorischen Professionalität. Dies auch in Form von angemessenen Repräsentationen von Differenz, Differenzierungen und entsprechenden Benachteiligungsstrukturen in Absprache mit und im Namen der Betroffenen öffentlich zu vertreten und den als „anders" konstruierten erfahrenen Benachteiligungen und Ungerechtigkeiten zu widersprechen, bildet sich dabei als Aufgabe einer differenzanerkennenden und differenzkritischen Sozialen Arbeit ab. Im Zentrum dieser Gleichzeitigkeit von Differenzanerkennung und Differenzkritik steht die Analyse eingeschränkter Handlungsmöglichkeiten der Akteure in und außerhalb ihrer jeweiligen Differenz. Ausgeschlossen ist damit eine unreflektierte Differenzanerkennung, die eine Infragestellung der Differenz(en) selbst und deren gerechtigkeitstheoretisch relevante Relationierung verunmöglicht.

Literatur

Andersen, Margaret L. (2005): Thinking about Women. A Quarter Century's View. In: Gender & Society, Vol 19, August 2005: 437-455
Andersen, Margaret L./Collins, Patricia Hill (Eds.) (2004): Race, class, and gender: An anthology. 5th ed. Belmont: Wadsworth
Beer, Ursula (Hrsg.) (1987): Klasse Geschlecht. Feministische Gesellschaftsanalyse und Wissenschaftskritik. Bielefeld: AJZ
Bienfait, Agathe 2006: Im Gehäuse der Zugehörigkeit. Eine kritische Bestandsaufnahme des Mainstream-Kulturalismus. Wiesbaden: VS
Böllert, Karin/Karsunky, Silke (Hrsg.) (2008): Genderkompetenz in der Sozialen Arbeit, Wiesbaden: VS
Brunkhorst, Hauke (1996): Solidarität unter Fremden. In: Combe/Helsper (1996): 340-367
Brumlik, Micha (1992): Advokatorische Ethik. Zur Legitimation pädagogischer Eingriffe, Bielefeld: KT
Brumlik, Micha (2000): Advokatorische Ethik und sozialpädagogische Kompetenz. In: Müller et al. (Hrsg.): 279-287
Combe, Arno/Helsper, Werner (Hrsg.) (1996): Pädagogische Professionalität: Untersuchungen zum Typus pädagogischen Handelns. Frankfurt a.M.: Suhrkamp
Dewe, Bernd/Otto, Hans-Uwe (2005): Reflexive Sozialpädagogik. Grundstrukturen eines neuen Typs dienstleistungsorientierten Professionshandelns. In: Thole (2005): 179-198

Eggers, Maureen Maisha/Kilomba, Grada/Piesche, Peggy/Arndt, Susan (Hrsg.) (2005): Mythen, Masken und Subjekte. Kritische Weißseinsforschung in Deutschland. Münster: Unrast

Fraser, Nancy (2000): Rethinking Recognition. In: new left review. 3/2000: 107-120

Fraser, Nancy (2003): Soziale Gerechtigkeit im Zeitalter der Identitätspolitik. Umverteilung, Anerkennung und Beteiligung. In: Fraser/Honneth (2003): 13-128

Fraser, Nancy/Honneth, Axel (2003): Umverteilung oder Anerkennung? Eine politisch-philosophische Kontroverse. Frankfurt a.M.: Suhrkamp

Frerichs, Petra (1997): Klasse und Geschlecht 1. Arbeit. Macht. Anerkennung. Interessen. Opladen: Leske und Budrich

Frerichs, Petra/Steinrücke, Margareta (Hrsg.) (1993): Soziale Ungleichheit und Geschlechterverhältnisse. Opladen: Leske und Budrich

Frye, Marilyn (1983): On Being White: Thinking toward a Feminist Understanding of Race and Race Supremacy. In: dies. (1983): 110-127

Frye, Marilyn (ed.) (1983): The Politics of Reality: essays in feminist theory. Freedom: The Crossing Press

Fuchs, Brigitte/Habinger, Gabriele (Hrsg.) (1996): Rassismen und Feminismen. Differenzen, Machtverhältnisse und Solidarität zwischen Frauen. Wien: ProMedia

Gottschall, Karin (2000): Soziale Ungleichheit und Geschlecht. Kontinuitäten und Brüche, Sackgassen und Erkenntnispotentiale im deutschen soziologischen Diskurs. Opladen: Leske und Budrich

Gottschall, Karin (1995): „Geschlecht" und „Klasse" als Dimensionen des sozialen Raums. Neuere Beiträge zum Verhältnis von Geschlechterhierarchie und sozialer Ungleichheit. In: Wetterer (1995): 33-50

Gutiérrez-Rodriguez, Encarnación/Steyerl, Hito (Hrsg.) (2003): Spricht die Subalterne deutsch? Migration und postkoloniale Kritik. Münster: Unrast

Groh, Olaf; Keller Carsten (2001): Armut und symbolische Gewalt. In: Rademacher/Wiechens (2001): 177-200

Heite, Catrin (2008): Ungleichheit, Differenz und ‚Diversity'. Zur Konstruktion des professionellen Anderen. In: Böllert/Karsunky (2008): 77-87

Honneth, Axel/Rössler, Beate (Hrsg.) (2008): Von Person zu Person. Zur Moralität persönlicher Beziehungen. Frankfurt a.M.: Suhrkamp

hooks, bell (2000): Where We Stand: Class Matters. New York: Routledge

Klinger, Cornelia/Knapp, Gudrun-Axeli (2008): Über-Kreuzungen: Fremdheit, Ungleichheit, Differenz. Münster: Westfälisches Dampfboot

McCall, Leslie (2005): Managing the Complexity of Intersectionality. In: Signs. Journal of Women in Culture and Society, Vol. 30, Issue 3: 1771-1800

Müller, Siegfried/Sünker, Heinz/Olk, Thomas/Böllert, Karin (Hrsg.) (2000): Soziale Arbeit. Gesellschaftliche Bedingungen und professionelle Perspektiven. Neuwied/Kriftel: Luchterhand

Olk, Thomas (1986): Abschied vom Experten: Sozialarbeit auf dem Weg zu einer alternativen Professionalität. Weinheim/München: Juventa

Olk, Thomas/Otto, Hans-Uwe (Hrsg.) (2003): Soziale Arbeit als Dienstleistung. Grundlegungen, Entwürfe und Modelle. München: Reinhardt

Rademacher, Claudia; Wiechens, Peter (Hrsg.) (2001): Geschlecht – Ethnizität – Klasse. Zur sozialen Konstruktion von Hierarchie und Differenz. Opladen: VS

Schaarschuch, Andreas (2003): Die Privilegierung des Nutzers. Zur theoretischen Begründung sozialer Dienstleistung. In: Olk/Otto (2003): 150-169

Terkessidis, Mark (2002): Der lange Abschied von der Fremdheit. Kulturelle Globalisierung und Migration. In: APuZ 12/2002: 31-38

Thole, Werner (Hrsg.) (2005): Grundriss Soziale Arbeit. Ein einführendes Handbuch. Wiesbaden: VS

Tißberger, Martina/Dietze, Gabriele/Hrzán, Daniela/Husmann-Kastein, Jana (Hrsg.) (2006): Weiß – Weißsein – Whiteness. Kritische Studien zu Gender und Rassismus. Critical Studies on Gender and Racism. Frankfurt a.M.: Peter Lang

Walgenbach, Katharina/Dietze, Gabriele/Hornscheidt, Antje/Hrzán, Daniela/Palm, Kerstin (Hrsg.) (2007): Gender als interdependente Kategorie. Neue Perspektiven auf Intersektionalität, Diversität und Heterogenität. Opladen: Barbara Budrich

Wetterer, Angelika (Hrsg.) (1995): Die soziale Konstruktion von Geschlecht in Professionalisierungsprozessen. Frankfurt/New York: Campus

Widersprüche (2007): „Alles schön bunt hier!" Zur Kritik kulturalistischer Praxen der Differenz, 28. Jg., Heft 104

Differenzsensible Soziale Arbeit –
Differenz als Ausgangspunkt sozialpädagogischer Fallbetrachtung

Fabian Lamp

Abstract
Ausgehend von einer gerechtigkeitstheoretischen Fundierung wird im folgenden Beitrag der Versuch unternommen, Differenz systematisch in die sozialpädagogische Fallbetrachtung einzubeziehen. Auf den vier Ebenen Strukturdimension, Subjektdimension, interaktive Dimension und Zeit- bzw. Prozessdimension wird dabei Differenzsensibilität als wesentliches Merkmal einer Sozialen Arbeit qualifiziert, die Individuen bei der Suche nach Zugängen zu Ressourcen der Lebensgestaltung unterstützt und dabei kritisch den Umgang mit Differenz in Sozialpädagogik und Gesellschaft reflektiert.

1. Einleitung

Die Perspektive der Differenz als pädagogische Bearbeitung von Unterschieden zwischen Menschen ist implizit schon immer ein Thema der Sozialen Arbeit gewesen.

Für die Soziale Arbeit ist Differenz schon deshalb von elementarer Bedeutung, weil mit der Unterschiedlichkeit von Menschen häufig auch unterschiedliche Zugänge zu Bildung, materiellen und sozialen Ressourcen einhergehen. Seit dem Anfang des 20. Jahrhunderts hat es allerdings immer wieder wesentliche Verschiebungen der Perspektiven auf dieses Phänomen gegeben (vgl. Lamp 2007).

In jüngster Zeit wird das Thema Differenz unter verschiedenen Überschriften verhandelt: Bezeichnungen wie „Pädagogik der Vielfalt", „Diversity Education", „Differenzsensibilität", „Diversitätsbewusstsein" oder das „Diversity Management" markieren eine programmatische Relevanz von Differenz in Erziehungskontexten (vgl. Hormel 2008; Leiprecht 2008, 2008a; Maurer 2008).

Diese Konzepte nehmen, bei aller Unterschiedlichkeit, insofern eine gemeinsame Perspektive ein, als sie für die Anerkennung der je individuellen Lebensentwürfe von Individuen eintreten – eine Perspektive, die der Sozialen Arbeit nicht fremd ist. Bereits mit ihrem Paradigma der Lebensweltorientierung (vgl. etwa Grunwald/Thiersch 2004) versucht die Soziale Arbeit dem Eigensinn der KlientInnen und damit der im sozialen Feld vorfindbaren Vielfalt gerecht zu werden. Denn mit der Perspektive der Lebensweltorientierung wird gerade betont, dass sich die Aufgaben der Sozialen Arbeit aus der Rekonstruktion der lebensweltlichen Besonderheiten der jeweiligen Adressaten ergeben (Grunwald/Thiersch 2001: 1139f.). Insofern berücksichtigt Soziale Arbeit bereits Differenz und ist in diesem Sinne auch auf die Heterogenität heutiger Verhältnisse des Aufwachsens – zumindest konzeptionell – vorbereitet. Eine systematische Auseinandersetzung mit dem Thema Differenz erfolgte in der Lebensweltorientierung allerdings höchstens implizit. Was genau die Berücksichtigung von Differenz im sozialpädagogischen Handeln bedeutet, ist hier, wie in den Diskussionen um Soziale Arbeit insgesamt, weitgehend unklar geblieben.

Um dieses Defizit auszugleichen, wäre eine methodisch kontrollierte Praxisreflexion notwendig, die das Thema Differenz systematisch in die Analyse sozialpädagogischer Fälle einbezieht. Ein solches Konzept, das den Versuch unternimmt, sozialpädagogische Praxis methodisch kontrolliert zu reflektieren, findet sich in den Diskussionen um eine *Rekonstruktive Sozialpädagogik* (Jakob/Wensierski 1997). Diese „zielt auf den Zusammenhang all jener methodischen Bemühungen im Bereich der Sozialen Arbeit, denen es um das Verstehen und die Interpretation der Wirklichkeit als einer von handelnden Subjekten sinnhaft konstruierten und intersubjektiv vermittelten Wirklichkeit geht" (ebd.: 9). Die Perspektive der rekonstruktiven Sozialpädagogik verspricht durch ihren Gegenstand – die Mikroanalyse von sozialen Interaktionsprozessen – eine methodische Konkretisierung der auch in der Lebensweltorientierung geforderten Rekonstruktion der Lebenswelt: „Methodisches Handeln wird (…) zum sozialen Ort des Verstehens und der Auseinandersetzung mit der Lebenswelt des Klienten zum einen, und zum sozialen Ort der Selbstreflexion und der Selbstkontrolle des professionellen Sozialarbeiters zum anderen" (ebd.: 11).

Allerdings wird auch hier, im Kontext der Rekonstruktiven Soziapädagogik, das Thema Differenz bislang kaum explizit thematisiert. Gegenstand der folgenden Ausführungen ist somit der Versuch, eine Perspektive der Differenz und die Betrachtung von sozialpädagogischen Fällen aus der rekonstruktiven Sozialpädagogik zusammen zu fügen.

In der Folge wird dazu zunächst eine gerechtigkeitstheoretische Fundierung differenzsensibler Sozialer Arbeit angeboten. Hintergrund dieser Vorgehensweise ist die in Anschluss an Fraser (vgl. Fraser/Honneth 2003) formulierte These, dass eine differenzsensible Soziale Arbeit einer zweidimensionalen Konzeption der Gerechtigkeit bedarf, die sowohl sozialstrukturelle wie auch interaktionstheoretische Aspekte der Gerechtigkeit umfasst. In Anschluss daran wird anhand der vier Dimensionen „Strukturdimension", „Subjektdimension", „interaktive Dimension" sowie

"Zeit- bzw. Prozessdimension" (Schweppe/Graßhoff 2006: 186f.) genauer beschrieben, was Differenzsensibilität in der Sozialen Arbeit bedeuten kann.

2. Soziale Arbeit als Arbeit an der Schaffung von Zugangsgerechtigkeit

Böhnisch, Schröer und Thiersch (2005: 251) schlagen vor, das Ziel Sozialer Arbeit „als Arbeit an der Schaffung gerechter Zugänge zu Ressourcen der Lebensgestaltung wie zur Erreichung gesellschaftlich anerkannter Ziele und Integrationswege" zu konzipieren. In diesem Vorschlag stecken zwei wesentliche Dimensionen von Gerechtigkeit, die im Kontext der Sozialen Arbeit von Relevanz sind: erstens eine sozialstrukturell geprägte Verteilungsgerechtigkeit, die darauf zielt, allen Menschen einer Gesellschaft ausreichende physische und psychische Ressourcen zur Lebensgestaltung zu garantieren. Zum zweiten eine interaktionstheoretische Dimension, die eine Gesellschaft fordert, in der niemand strukturell, kulturell oder individuell diskriminiert wird, sondern Möglichkeiten der Partizipation für alle bietet (Czollek 2008).

Schon immer war Soziale Arbeit in erheblichem Ausmaß mit der Kompensation der aus ökonomischer Ungleichheit erwachsenen psychosozialen Probleme beschäftigt – psychosoziale Probleme also, die aus Phänomenen der Benachteiligung in Bezug auf Unterhalt, sicherer und dauerhafter Beschäftigung, Eigentum, Einkommen, Kredit, Grund und Boden, Unterkunft, Bildung und Konsum, oder kurz: aus der „Klassenzugehörigkeit" resultieren. Unterbelichtet blieb in dieser Dimension der Verteilungsgerechtigkeit nicht selten die Dimension der Anerkennungsgerechtigkeit, also die Reproduktion von strukturellen, kulturellen bzw. individuellen Diskriminierungen in sozialen Beziehungen (vgl. dazu den Beitrag von Heite in diesem Band). Diese verweigerte Anerkennung kann sich etwa aus der Zugehörigkeit zu einem bestimmten Geschlecht, einer bestimmten sexuellen Orientierung, einer bestimmten Nationalität oder Ethnie aber auch einer Zugehörigkeit zu einer bestimmten Alterskohorte ergeben und ist für die Praxis der Sozialen Arbeit schon deshalb wichtig, weil die Subjekte sich tagtäglich in Situationen befinden, in denen sie bestehende Diskriminierungen fortführen – oder eben nicht.

Beide Dimensionen, die Verteilungsgerechtigkeit und die Anerkennungsgerechtigkeit, sollten in einer umfassenden gerechtigkeitstheoretisch fundierten Sozialpädagogik, nicht auseinander dividiert werden (vgl. auch Fraser 2004; Fraser/Honneth 2002). Fragen der gerechten Verteilung und Anerkennungsfragen stellen im Leben der Individuen Herausforderungen dar, die bearbeitet werden müssen. Dabei benötigen Menschen, die unter real existierender Verteilungsungerechtigkeit leiden, unter Umständen ebenso sozialpädagogische Begleitung und Unterstützung wie Menschen, die aus Gründen der Zugehörigkeit zu einer bestimmten Bevölkerungsgruppe benachteiligt sind. Eine differenzsensible Sozialpädagogik muss daher genau hier, also bei den Bewältigungsbemühungen der Subjekte, in ihren Lebenswelten, ansetzen. Es gilt somit zu verstehen, wie Subjekte die Wirklichkeit, mit der sie konfrontiert sind, auffassen und diese bewältigen. Hilfreich kann der rekonstruktive Blick auf sozialpädagogische Fälle hierbei deshalb sein, weil sich in der Berücksichtigung der subjektiven Wahrheit der KlientInnen der in der Sozialpädagogik formulierte Anspruch der Subjektorientierung (Scherr 1997) und Lebensweltorientierung selbst erfüllt.

Die folgenden Ausführungen orientieren sich an den von Schweppe/Graßhoff (2006: 185f.) im Kontext der rekonstruktiven Sozialpädagogik formulierten Dimensionen sozialpädagogischer Fälle (Strukturdimension, Subjektdimension, Zeit- bzw. Prozessdimension und interaktive Dimension). Ziel der Ausführungen ist es, einen differenzsensiblen Blick auf sozialpädagogische Fälle zu qualifizieren, der sowohl die Verteilungsgerechtigkeit als auch die Anerkennungsgerechtigkeit angemessen berücksichtigt.

3. Die Strukturdimension des Falls

Individuelle Probleme haben immer auch eine strukturelle Dimension, zugespitzt formuliert könnte man sagen, dass sozialpädagogische Fälle vor dem Hintergrund bestehender gesellschaftlicher Normalität und ungleicher Machtverhältnisse erst produziert werden. Eine Problemlage hat keinen Wesenskern, der diese zum Fall macht, sondern relevant ist die Bedeutung, die ihr einem bestimmten Kontext zugewiesen wird: So kann das gewaltförmige Auftreten eines Jungen, mit dem er auf der Straße einige Anerkennung erlangt hat, in anderen Kontexten (etwa in der Schule) zu einem Fall von Gewalttätigkeit werden, dem nachgegangen wird.

Diese Einsichten sind für die Soziale Arbeit nicht grundsätzlich neu. Die Frage etwa, welche Rolle die Soziale Arbeit als Repräsentantin staatlicher Macht bei der Unterdrückung unterprivilegierter gesellschaftlicher Gruppen spielt, wurde bereits in den 1970er Jahren im Kontext der Labeling-Theorien diskutiert (vgl. Keckeisen 1976). Dabei konnte gezeigt werden, durch wen und auf welche Weise Attribute wie „kriminell" oder „abweichend" an bestimmte Personen(-gruppen) herangetragen werden und welche Bedeutung dieses für den (weiteren) Verlauf einer kriminellen Karriere hat. Der Begriff der Macht wird in diesem Zusammenhang eher makrosoziologisch verwendet, wenn auf die Definitions- und Selektionsmacht der Kontrollinstanzen, wie der Polizei oder der Justiz, hingewiesen wird. Mikrosoziologisch wird mit der Erfahrung von „Etikettierung" und „Stigmatisierung" als Ursache für die Verfestigung devianter Verhaltensmuster argumentiert (vgl. Goffman 2003).

Die Labeling-Theorien waren für die Soziale Arbeit deswegen von besonderem Interesse, weil mit ihnen gezeigt werden konnte, dass abweichendes Verhalten nicht etwas objektiv Feststellbares ist, sondern das Ergebnis eines dynamischen Gesellschaftsprozesses. Nur unzureichend in den Blick bekommt man mit den Labeling-Theorien allerdings, wie diese postulierte Macht im Alltag das individuelle Handeln beeinflusst. Die soziologischen Labeling-Theorien konstruieren letztlich homogene Einheiten („die" – zum Beispiel durch die Soziale Arbeit etikettierten – Abweichenden einerseits und „die" Mächtigen – beispielsweise politische Entscheidungsträger – andererseits) und weisen in diesem Sinne den dergestalt Etikettierten eine machtlose Stellung zu. Demgegenüber bedarf es im Kontext einer differenzsensiblen Sozialen Arbeit auch einer Perspektive, die danach fragt, wie in den Lebenswelten der Menschen machtvolle Strukturen wirken und welche Möglichkeiten der Emanzipation sich bieten. Für die Frage nach der Wirkung machtvoller Strukturen bietet sich dazu der Begriff der *Hegemonie* an, mit dem verdeutlicht werden kann, dass in der gegenwärtigen Gesellschaft Herrschaft nicht allein durch Zwang ausgeübt wird. Vielmehr gründet sich Herrschaft nach hegemonietheoretischen Überzeugungen darin, dass die Bürger die Herrschaftsverhältnisse verinnerlichen und so in gewisser Weise ein Konsens hergestellt wird. Dieser Konsens ist nicht als harmonischer Zustand anzusehen. Allerdings werden institutionalisierte, asymmetrische Kompromisse geschlossen, die durch Medien, Verbände, Bildungsinstitutionen oder Erziehung reproduziert werden.

Ein solcher Begriff der Hegemonie bezieht sich vor allem auf die Arbeiten Antonio Gramscis (2004), der eine nicht-deterministische und nicht-ökonomistische politische Theorie formuliert, „die das Feld der Kultur als wesentlichen Austragungsort politischer Kämpfe um Hegemonie konzipiert" (Marchart 2008: 76). In Anschluss an Gramsci formulieren Laclau und Mouffe (1991) ihre Theorie der radikalen Demokratie, die für eine differenzsensible Soziale Arbeit vor allem deswegen von Interesse ist, weil mit ihr verdeutlicht werden kann, dass sozialpädagogische Fälle vor dem Hintergrund und unter dem Einfluss von vielfältigen hegemonialen Strukturen konstruiert werden: Das Individuum lebt also in einem Netz vielfältiger hegemonialer Diskurse. Individuen stehen diesen hegemonialen Diskursen, wenigstens zum Teil, relativ ohnmächtig gegenüber: So hat es ein Hauptschüler vor dem Hintergrund eines hegemonialen Konsenses, dass die Hauptschule keine ausreichende Qualifizierung für einen Ausbildungsberuf mehr darstelle, heute relativ schwer, einen Ausbildungsplatz zu finden. Andererseits verfügen Individuen aber über eigene Bewältigungsmechanismen, die es von der Sozialen Arbeit anzuerkennen und nutzbar zu machen gilt, um Individuen teilhaben zu lassen, ihnen Mitsprache zu ermöglichen, ihnen dabei zu helfen, zu einer eigenen Sprache zu kommen und diese auch einzusetzen (vgl. etwa Sturzenhecker 2008).

Abgesehen von dieser konkreten sozialpädagogischen Arbeit mit den Individuen lassen sich weitere sozialpädagogische Aufgaben formulieren, die sich aus der hegemonialen Verfasstheit „des Sozialen" ergeben (zur Theorie des Sozialen nach Laclau und Mouffe vgl. Angermüller 2007). Laclau und Mouffe etwa betonen, dass das Soziale hegemonial zu „diskursiven Formationen" artikuliert ist (Marchart 2008:

183f.). Diskurse sind als gesellschaftliche Praktiken in einer Vielzahl gesellschaftlicher Interaktionen vertreten: Sie spiegeln sich in den Normen und Werten einer Gesellschaft, sind sowohl Teil der Kultur wie auch der Struktur und werden immer aufs Neue, beispielsweise in den Medien, repräsentiert. Diskurse in diesem Sinne dürfen dabei nicht missverstanden werden als Redebeiträge, wie sie etwa aus dem Habermasschen (1981) Diskurstheorie bekannt sind. Vielmehr stellen diese in dem hier verwendeten Diskurskonzept sowohl abstrakte Komplexe von Gesetzen, Konzepten, wissenschaftlichen und alltagssprachlichen Aussagen und Handlungen dar als auch – und das ist für die Soziale Arbeit wichtig – soziale Realität. So geht es im Diskurs über Integration etwa auch um Gesetze, die über den Aufenthaltsstatus („Legal oder illegal?") von Menschen entscheiden, um die Behandlung von Antragsstellern mit Migrationshintergrund in Behörden oder auch um wissenschaftliche und alltagssprachliche Aussagen, in denen sich die Haltung zu Migrantinnen und Migranten ausdrückt (z.b. im Konzept einer „deutschen Leitkultur").

Durch diskursive Artikulationsprozesse werden soziale und kulturelle Identitäten hergestellt. Dabei werden Identitäten in Abgrenzung zu anderen Identitäten geformt: Durch den negativen Bezug auf das, was die Identität nicht ist – Frauen sind nicht Männer, Migranten sind nicht Deutsche, abweichend ist nicht normal, Muslime sind keine Christen – werden die in der sozialen Realität vorhandenen inneren Differenzen (beispielsweise innerhalb der Gruppe der Frauen, der Migranten, der Devianten oder der Gläubigen) homogenisiert. Damit erstarrt der Diskurs allerdings nicht, sondern es entsteht in der sozialen Realität ein Kampf um Bedeutungen, die sich in bestimmten bestimmenden diskursiven Mustern manifestieren. Die einzelnen Teilnehmer am Diskurs versuchen innerhalb der diskursiven Auseinandersetzungen interessengeleitet, den jeweiligen Diskurs in ihrem Sinne zu beeinflussen, ihm neue Bedeutungen zu verleihen und hegemoniale Wirkmächtigkeit und Stabilisierung zu erlangen.

Hegemoniale Diskurse – etwa der lange Zeit hegemoniale Diskurs, Deutschland sei kein Einwanderungsland – sind beispielsweise erfolgreich, weil eine große Zahl von Akteuren potenziell ihre Zustimmung bekunden kann. Zugleich evoziert diese Mehrheitskonstruktion aber wieder Ausschließung, denn alle Elemente, die nicht in die Äquivalenzkette dieses Diskursmusters passen, bilden dann dessen Äußeres, fungieren als das Andere oder auch das Fremde. An dem Beispiel des hegemonialen Diskurses „Deutschland ist kein Einwanderungsland" lässt sich eine solche Äquivalenzkette kenntlich machen, da sie aus Elementen einer deutschen Staatsangehörigkeit konstruiert ist. Das antagonistische Außen wird konsequenterweise von all denjenigen gebildet, die keine deutsche Staatsangehörigkeit besitzen. Diese werden in ein Außerhalb versetzt, ihnen wird die Identität „deutsch" und die damit verbundenen Eigenschaften abgesprochen und sie werden als – vom hegemonialen Diskurs Abweichende – konstruiert. Hegemonial strukturierte Diskurse produzieren in diesem Sinne Subjektpositionen und Identitäten und damit zugleich Ordnungen der Dominanz und der Subordination (vgl. Nonhoff 2005).

Vor dem Hintergrund dieser Überlegungen sollte deutlich werden, wie wichtig es für die Soziale Arbeit ist, sich immer auch als sozialpolitische Akteurin, das heißt als interessengeleitete Akteurin im Kampf um Deutungshoheiten zu verstehen. Auf der Ebene der Organisationen, der Netzwerke und der Individuen kann dann daran gearbeitet werden, die Logik hegemonialer Diskurse und deren Ausschließungen zu durchbrechen bzw. zu verändern.

Zusammenfassend lässt sich somit an dieser Stelle feststellen, dass sozialpädagogische Fälle von zahlreichen, sich überschneidenden, auch widersprüchlichen Diskursen begleitet sind. Die Situation eines Klienten ist nie ausschließlich durch materielle Ungleichheit oder ausschließlich durch die Benachteiligung aufgrund der Zugehörigkeit zu einer bestimmten Ethnie strukturiert. Vielmehr sind verschiedene Differenzdiskurse – etwa in Bezug auf soziale Ungleichheit und Ausgrenzung, Fragen von Abweichung und Normalität, Geschlechterfragen oder interkulturelle Fragen – zu identifizieren. Auf „das Soziale" angewendet zeigt sich dadurch, dass vielfältig sich überlagernde Differenzverhältnisse in den Blick genommen werden müssen, damit die konstruierten Differenzen als solche kenntlich werden können. In Anerkennung der Wirkmächtigkeit dieser Konstruktionen lassen sich entsprechende Effekte auf das Individuum reflektieren und institutionelles Handeln bedenken[1].

Neben der Berücksichtigung der Bedeutung gesellschaftlicher Diskurse für das subjektive Handeln, ist aus Sicht der Sozialpädagogik im Blick auf „den Fall" noch eine weitere Frage von zentraler Bedeutung, nämlich die Frage, inwiefern Diskurse Einfluss nehmen auf das Verhalten von Individuen. Auf diese Subjektdimension wird im folgenden Punkt eingegangen.

4. Die Subjektdimension des Falls

Während in der Strukturdimension der Frage nachgegangen wurde, wie der soziale Kontext auf den Fall wirkt, bedeutet die Subjektdimension des Falls die Berücksichtigung der subjektiven Erfahrungen, die subjektive Gestaltung sozialer Wirklichkeit und die subjektiven Deutungen und Erfahrungen der je spezifischen Lebensrealität der AdressatInnen (vgl. Schweppe/Graßhoff 2006: 187). Diese Herausforderung wird hier entlang mehrerer Hypothesen skizziert: Zunächst wird dargestellt, dass Diskurse Handlungs- und Ordnungswissen generieren und als Wissensreservoir für die eigene Wahrnehmung gelten können. Darüber hinaus wird skizziert, wie vor die-

---

[1] Gegenwärtig werden solche Versuche vor allem im Kontext von Intersektionalitätsforschungen unternommen (vgl. Degele/Winker 2007, 2009; den Beitrag von Groß in diesem Band; Viehmann o.J.).

sem Hintergrund Identität hergestellt wird und welche Herausforderungen sich für eine differenzsensible Soziale Arbeit ergeben.

Die oben angesprochenen Diskurse, die das Soziale strukturieren, wirken auf das Individuum in spezifischer Weise. Wissen (über Migration, das Geschlechterverhältnis, Behinderung oder Soziale Ungleichheit) wirkt als Handlungs- und Ordnungswissen. Menschen orientieren sich an ihren „Wissensordnungen", verhalten sich entsprechend und reproduzieren dieses Wissen, indem sie es in soziale Situationen einbringen. Indem Diskurse auf die Handlungs- und Wahrnehmungsmöglichkeiten des Individuums einwirken, beeinflussen sie insbesondere die kognitiven Grundlagen des Individuums, die im Verlauf der Sozialisation erworben werden. Sozialisation kann in diesem Zusammenhang mit Berger und Luckmann (vgl. 1999: 83) verstanden werden als ontogenetischer Prozess der Internalisierung von Sinnwelten, in deren Prozess sich das Kind zunächst eine Konzeption des Selbst, der Umwelt und der Sprache mit ihren Bedeutungsinhalten konstruiert. Im weiteren Verlauf erwirbt das Kind rollenspezifisches Wissen, das aus Diskursen generiert wird, mit denen das Kind in seinem sozialen Umfeld konfrontiert wird: Wie verhält sich ein Mann oder eine Frau in welchem Kontext, wie verhalten sich Männer und Frauen nicht? Welche Rolle spielt die eigene Nationalität oder Ethnie im Leben, wie wird über andere Ethnien gesprochen? Wie wird über Behinderung gesprochen?

Diskurse stellen im Weiteren ein Wissensreservoir für die Deutung der eigenen Wahrnehmung, für die Einschätzung des eigenen Sprechens und Handelns dar. Sozialisation vollzieht sich in und durch sozialisatorische Interaktionen, wobei sich die beteiligten Akteure in ihrem Verhalten wechselseitig aufeinander beziehen. Allerdings geschieht das im sozialisatorischen Kontext in der Regel nicht als Interaktion zwischen Gleichen, sondern vor allem in Generationenbeziehungen, das heißt, zwischen Alt und Jung. So kommt es schließlich, weitgehend unbewusst, zur Inkorporation (vgl. Bourdieu 1982) von hegemonialen Werten und Normen der generationalen Bezugspersonen und der Bezugsgruppe. Insofern wird deutlich, dass das Individuum wesentlich von jenen Diskursen beeinflusst ist, die in spezifischen Milieus wirken. Denn das in der Kindheit und Jugend erlernte „Wissen" wird die Wahrnehmung, die Deutung der Wahrnehmung, das Sprechen und Handeln von Individuen in spezifischer Weise limitieren. Allerdings ist davon auszugehen, dass dieses erworbene „Wissen" die Handlungen und Einstellungen des Individuums nicht in bestimmter, vorbestimmter Weise determiniert, sondern dass Individuen sich weiter entwickeln und neues Wissen in die eigenen Einstellungen und Handlungen integrieren können.

Was bedeutet unter diesen Voraussetzungen nun Identität? Eine differenzsensible Sichtweise würde die Sichtweise präferieren, wonach Identität plural, kollektiv und umkämpft ist (vgl. Marchart 2008: 169ff.), weil mit dieser Sichtweise die Ambivalenzen und Kontingenzen sichtbar gemacht werden können, die heute mit einer alltäglichen Identitätsarbeit (vgl. Keupp 2002) verbunden sind.

Identität ist plural, weil das Individuum von einer Vielzahl von Identitätsachsen durchkreuzt ist. Diese Vielzahl von Identitätsachsen bildet sich beispielsweise entlang von Gruppenzugehörigkeiten, also in Bezug auf die Zugehörigkeit des Einzelnen zu bestimmten Ethnien, Nationen, Geschlechtern, sexuellen Orientierungen oder Religionen. Einzelne Identitätsachsen und daraus resultierende Erwartungen an das Individuum können sich dabei auch durchaus widersprechen. Dies bedeutet für das Individuum dann die Herausforderung, divergierende Erwartungen miteinander in Einklang bringen zu müssen oder gegebenenfalls die sich ergebende Spannung auszuhalten. Heiner Keupp (2002) hat hierfür die Bezeichnung der „alltäglichen Identitätsarbeit" gefunden.

Identität ist darüber hinaus immer kollektiv, insofern, als sich die personale Identität in Auseinandersetzung mit kollektiven Identitäten (etwa Geschlecht oder Ethnie) und den in einer Gesellschaft existierenden hegemonialen Diskursen bildet.

Identität ist drittens umkämpft, weil jede Identität sich erst in Abgrenzung zu anderen Identitäten bildet und sich stabilisieren muss, was zwangsläufig zu Ausschluss, Macht und Widerstand führt[2].

Auf der Basis dieser sozialisationstheoretischen Annahmen gilt es für die Soziale Arbeit, ein Wissen darüber zu entwickeln, wie identitäre Selbstverortungen an den Schnittstellen etwa von Gender, Klasse und Ethnie „funktionieren" (vgl. Boos-Nünning/Karakaşoğlu 2007). Dieser Frage wird im Folgenden vor dem Hintergrund der drei bereits eingeführten Hypothesen nachgegangen, wonach Identität plural, kollektiv und umkämpft ist. Die Hypothese, wonach Identität plural ist, weist auf die Notwendigkeit hin, sozialpädagogische Fälle nicht nur unter einer Perspektive – beispielsweise der Gender-Perspektive, der interkulturellen Perspektive oder der Klassenperspektive – zu bedenken. Vielmehr ist deutlicher zu fragen, wie die Betroffenen die pluralen Identitätsachsen, ethnifizierte Zuschreibungen, Deutungen in Bezug auf Männlichkeit oder Weiblichkeit, schichtspezifische Privilegien bzw. Ausgrenzungserfahrungen (Klassenherkunft) bewältigen. Weiter wäre zu klären, wie entsprechende Risiko- oder Schutzfaktoren subjektiv bewältigt oder erworben werden und in welchen Kontexten die Konfrontation mit Stereotypen wirksam wird (vgl. Munsch/Gemende/Weber-Unger Rotino 2007).

Wird weiter konstatiert, Identität sei kollektiv und damit die Auseinandersetzung mit kollektiven Identitäten als wesentlich gefasst, wird die Tatsache einer parallelen Koexistenz von individueller und kollektiver Identität deutlich (vgl. Straub 1998; Hastedt 1998). Dieser These liegt die Annahme zugrunde, dass Menschen einerseits das Bedürfnis haben, sich anderen Menschen in Gruppen zugehörig zu fühlen (kollektive Identitäten). Sie wollen beispielsweise in Bezug auf nationale Herkunft, Ethnie, Religion, Geschlecht oder anderen sozialen Gruppenmerkmalen

---

[2] Dies gilt sowohl für die personale Identität, in der verschiedene Identitätsanteile in einer Person integriert werden müssen, als auch für die Ebene kollektiver Identitäten, die, wie oben gezeigt, auf gesellschaftlicher Ebene um Hegemonie kämpfen.

„ähnlich" sein und formen in Auseinandersetzung mit diesen kollektiven Identitäten ihr Selbstverständnis. Gleichzeitig wirkt sich, wie oben dargestellt, die Inklusion in eine bestimmte Gruppe dahingehend aus, dass diese Zugehörigkeit zugleich Exklusionseffekte produziert, denn Gruppen grenzen sich durch ihre Einschließung von anderen Gruppen ab und stehen damit immer in der Gefahr, diese anderen Gruppen als solche abzuwerten. Dieser Wunsch nach Zugehörigkeit, nach Ähnlichkeit neben anderen, steht aber einem anderen fundamentalen Bedürfnis von Subjekten entgegen: dem Bedürfnis nach Individualität, nach Unverwechselbarkeit der eigenen Person. Personale Identität und kollektive Identität sind also zwei Facetten, die sich im Selbstbild des Individuums verschränken. Das gleichzeitige Wirken von individueller und kollektiver Identität im Selbstbild des Individuums evoziert nun die professionelle Herausforderung der gleichzeitigen Berücksichtigung der individuellen und der kollektiven Perspektive. Denn mit Blick auf den sozialpädagogischen Fall wird gefordert, zum einen das Besondere – das Individuelle der Identität – zu sehen und zugleich wird deutlich, dass dies nur gelingt, wenn darin das Allgemeine – die gleichzeitige Orientierung an kollektiven Identitäten – kritisch bedacht wird (vgl. Eickelpasch/Rademacher 2004).

Im Wissen darum, dass eine Orientierung an kollektiven Identitäten dazu verleitet, Stereotype und Vorurteile zu produzieren und zu reproduzieren, ergibt sich die professionelle Herausforderung, diese einerseits zu hinterfragen, andererseits aber anzuerkennen, dass diese Stereotype auch für Verhaltenssicherheit auf Seiten der Akteure sorgen. Denn immer dann, wenn in Diskursen Formulierungen getroffen werden, die sich auf „die Männer", „die Frauen", „die Türken" oder „die Unterschicht" beziehen, werden darin stereotype Sichtweisen oder Verhaltensweisen reproduziert. Wir befinden uns auf der Ebene der kollektiven Identität, mit der einerseits vereinfacht und homogenisiert wird, die aber andererseits so wichtig für die Identitätsbildung von Individuen ist. Gerade vor dem Hintergrund der Tatsache, dass dem Individuum in der Multioptionsgesellschaft zahlreiche Möglichkeiten offen stehen, wird die Orientierung an kollektiven Identitäten wichtig, weil dies Ähnlichkeit und damit Verhaltenssicherheit verspricht. Insofern wird die Arbeit mit und an Stereotypen zur Herausforderung für eine differenzsensible Soziale Arbeit, und zwar in einer zweifachen Hinsicht: In Bezug auf die eigene Person müssen sich professionell Tätige immer wieder kritisch befragen, welchen Stereotypen und Vorurteilen sie aufgrund ihrer eigenen spezifischen Sozialisation verhaftet sind und welche Folgen diese spezifische Haltung (beispielsweise zu sozialen Phänomenen wie Migration, Behinderung, Geschlecht, aber auch Gewalt oder Armut) auf ihre sozialpädagogische Arbeit haben kann. Zum zweiten geht es um eine Arbeit mit und an den Stereotypen und Vorurteilen der Klientinnen und Klienten. Wenn beispielsweise Jungen Männlichkeit ausschließlich mit „stark sein", „überlegen sein", „kein Opfer sein" verbinden, wird deutlich, dass sich hieraus u.U. problematische

Verhaltensweisen in ihrem sozialen Umfeld ergeben, zu denen im Rahmen der sozialpädagogischen Arbeit Alternativen entwickelt werden können. Die dritte Hypothese, wonach Identität umkämpft ist, wurde oben bereits im Kontext der strukturellen Ebene deutlich. Dort wurde gezeigt, dass Diskurse umkämpft sind und hegemonial verfestigt werden. Diese Tatsache ist aber nicht nur für die *strukturelle* Dimension sozialpädagogischer Fälle relevant. Denn in der *subjektiven* Dimension wird deutlich, dass die Gestaltung einer eigenen Identität mit Konflikten einhergehen kann. Zwar bedeutet es einen Zugewinn an Freiheit, wenn es immer weniger einengende Vorgaben eines „guten" oder „richtigen" Lebens gibt. Gleichzeitig droht aber diese Freiheit in Orientierungslosigkeit umzuschlagen. Vor diesem Hintergrund wird deutlich, dass Identität von Wahlentscheidungen des Individuums abhängig wird. Das Identitätsprojekt wird damit ambivalent und kontingent. Es wird zur beständigen Suche nach Identifikationsmöglichkeiten im Kontext hegemonialer Diskurse bestimmter Milieus, die die individuelle Suche nach Identität begleiten.

So wird deutlich, dass es in Bezug auf die Subjektdimension von sozialpädagogischen Fällen darum geht, die Pluralität, Kollektivität und Umkämpftheit von Identität als Herausforderung und als Möglichkeit für die sozialpädagogische Arbeit anzuerkennen. Es gilt darum, das Spannungsfeld auszuloten zwischen den Chancen und Risiken, die die Identitätsarbeit in ihrer Vielgestaltigkeit und in der Gegenwart mit ihren verlorenen Sicherheiten und gewonnenen Freiheiten bedeuten. Letztlich geht es darum, die subjektiven Logiken zu erörtern, die hinter bestimmten Handlungsstrategien in der Lebens- und Bildungsgeschichte von Individuen stehen und gemeinsam zu bewerten, ob diese Handlungsstrategien weiterhin als funktional bewertet und beibehalten oder ob alternative Handlungsmöglichkeiten erarbeitet werden sollten.

5. Die interaktive Dimension des Falls

Nach der Frage der gesellschaftlichen Konstellationen, die den Fall beeinflussen und der Frage, auf welche Weise das Individuum diese soziale Realität bewältigt, folgt nun die dritte Perspektive, in der die Frage der interaktiven Dimension sozialpädagogischer Fälle aufgeworfen wird. Den Schwerpunkt hierbei bildet die Frage, inwiefern die Interaktionen zwischen SozialpädagogIn und KlientIn den Fall selbst (die Sicht auf den Fall und die Handhabe desselben) prägen. In dieser Dimension der direkten Interaktion zwischen SozialpädagogIn und KlientIn wird der institutionell-organisatorische Aspekt der Sozialen Arbeit relevant, der mehr ist als das doppelte Mandat (die Ambivalenz zwischen Hilfe und Kontrolle). Im Rahmen einer differenzsensiblen Sozialen Arbeit gilt es, die helfende Person nicht nur als Person, sondern auch als RepräsentantIn wahrzunehmen, die im Interesse bzw. im Auftrag des helfenden bzw. kontrollierenden Systems Soziale Arbeit agiert.

In Bezug auf die interaktive Dimension von sozialpädagogischen Fällen wäre in diesem Sinne ein „Selbstbeobachtungshabitus" (Kade/Seitter 2004) auszubilden. Dieser fokussiert auf das Phänomen der Übertragung und Gegenübertragung, also auf die Tatsache, dass zwischenmenschliche Beziehungen bzw. Kontakte auch von Gefühlen und Normen beeinflusst sind, die mit der eigenen Geschichte zu tun haben. Notwendig ist somit die Fähigkeit, die eigene Gewordenheit, die eigene Identität und die eigenen Lebensbewältigungsmechanismen zu reflektieren. Diese Selbstreflexionsarbeit kann entlang der bereits angesprochenen Differenzlinien vollzogen werden: So wäre beispielsweise eine Reflexion der eigenen geschlechtsspezifischen Sozialisation, der eigenen sexuellen Identität bzw. Eingebundenheit in bestimmte (sub-)kulturelle Wertesysteme (die eigene soziale Herkunft oder die eigenen Konstruktionen von Abweichung und Normalität) bedeutsam. Eine Auseinandersetzung mit Vorurteilen und Stereotypen, die selbstverständlich auch Teil einer Ausbildung von (Sozial-)PädagogInnen sein sollte (vgl. Sielert/Jaeneke/Lamp/Selle 2009), nähme diese Qualifikation in besonderer Weise in den Blick.

Im Anschluss an die oben angebotene Perspektive, wonach das Soziale durch hegemoniale Diskurse strukturiert ist, wäre es relevant, dass SozialpädagogInnen sich immer wieder konkret fragen, welchen Diskursen sie (unhinterfragt) verhaftet sind, welchen dieser (hegemonialen) Diskurse sie sich selbst zuordnen und so spezifische Machtkonstellationen reifizieren. Die pädagogische Beziehung, die auf der Basis dieser professionellen differenzsensiblen Identität zustande kommt und als solche reflektiert wird, wird dann verstanden als eine, die unausweichlich gekennzeichnet ist von der Tatsache, dass sich zwei fremde Individuen mit zumindest in Teilen unterschiedlichen Zielen und unterschiedlichen Lebenswegen begegnen (Lamp 2007: 168ff.). Pädagogisches Handeln wird in diesem Sinne gesehen als Begegnung, die Unsicherheit provoziert und die Individuen, die aufeinandertreffen, beeinflusst. Auch wenn es ihnen gelingt, die je eigene Realität vor dem Hintergrund ihrer bisherigen Sozialisationserfahrungen, Lerngeschichten, Lebensverhältnisse und Zukunftsperspektiven zu bedenken und diese als jeweils konstruierte zu verstehen, ist noch lange nicht sichergestellt, dass beide InteraktionspartnerInnen eine tragfähige (Arbeits-)Beziehung aufbauen können. Erfasst wäre erst einmal der Einfluss der jeweiligen Verunsicherung, womit eine Grundlage für das gemeinsame Aushandeln gegeben wäre.

Neben dieser Frage der persönlichen Begegnung von SozialpädagogIn und KlientIn hat die interaktive Dimension des Falls auch eine organisationale Komponente. So wäre zu fragen, inwiefern Differenz in der eigenen Organisation berücksichtigt wird bzw. inwiefern die Berücksichtigung von Differenz in der Organisation funktional sein kann, etwa wenn es um die geschlechtsparitätische oder interkulturelle Zusammensetzung von Teams geht (ISM 2007). Die im Sozialen vorzufindende Heterogenität zu gestalten bedeutet in dieser organisationalen Dimension, mit Hilfe von Strategien, Instrumenten und Erfahrungen aus der Organisations- und Qualitätsentwicklung den Versuch eines systematischen Entwicklungsprozesses zu unternehmen. Die organisationale Gestaltung von Heterogenität hätte somit den Charakter eines Querschnittsansatzes, der Gender Mainstreaming, Interkulturelle Orientierung und Öffnung, die Inklusion gehandicapter Menschen, die Berücksichtigung von Alter und Anerkennung unterschiedlicher sexueller Orientierungen vereint. Eine solche differenzsensible organisationale Ausrichtung darf allerdings nicht auf Kosten der jeweils bestehenden und sich erfolgreich ergänzenden Einzelstrategien erfolgen, sondern es bedarf der kritischen Nachfrage, von wem und mit welchen Zielen ein „Diversity Mainstreaming" implementiert wird.

6. Zeit- und Prozessdimension des Falls

Eine letzte Dimension in der Betrachtung sozialpädagogischer Fälle ist die Zeit- und Prozessdimension des Falls. Diese zeitliche Dimension kann von der Ebene der individuell-biografischen Identitätsbildung bis zu komplexen Formen der Koordinierung kollektiver Praxen in den Blick genommen werden. Auch hier gilt, dass sich beide Dimensionen, die individuelle Identitätsbildung und kollektive Praxen, in der Bewältigungsdimension für die Individuen verdichten.

Die gesellschaftliche Seite der Biografie, die mit dem Begriff des Lebenslaufs beschrieben wird, trägt dabei bestimmte stereotype gesellschaftliche Erwartungen an bestimmte Lebensalter heran (etwa: „Die Jugend ist die Zeit der Freiheit, aber auch des Lernens, im Erwachsenenalter wird gearbeitet, im Alter geruht"). Diese gesellschaftlichen Erwartungen gehorchen dabei den oben skizzierten Prinzipien hegemonialer Diskurse: Bestimmte Lebensalter sind somit mit allgemeinen Definitionen der Lebensführung, mit gesellschaftlichen Statuserwartungen und der Zubilligung oder Vorenthaltung sozialen Spielraums aufgeladen (Böhnisch 2001: 40). Die subjektiv-biografische Seite kann mit dem Konstrukt der Generation gefasst werden, das darauf hinweist, dass verschiedene Generationen gleiche Tat- oder Wissensbestände unterschiedlich werten und sich unterschiedlich zu ihnen verhalten. Je nach Generationenzugehörigkeit wird die Gegenwart vor allem ohne Rücksicht auf das Vergangene (überwiegend in Kindheit und Jugend) oder gerade vor dem Hintergrund des Erlebten (ältere Generationen) interpretiert.

Aus dieser kurzen Beschreibung des Zusammenhangs der gesellschaftlichen Seite der Zeitdimension (Lebenslauf) und der subjektiven Seite (Generation) entstehen für das Thema Differenzsensibilität wichtige Fragen: Zunächst einmal ist zu konstatieren, dass die gesellschaftlich vorhandenen Stereotype in Bezug auf die Lebensalter so viel hegemoniale Macht entfalten, dass sie sich in den Lebenswelten der Individuen niederschlagen. Die hegemonialen Konstrukte der männlichen oder weiblichen Normalbiografie existieren zwar noch, werden aber zunehmend von flexibleren Vorstellungen von Lebensläufen abgelöst. Diese flexibleren Vorstellungen vervielfältigen sozusagen die Normalität von Lebensverläufen, etwa bezogen auf bestimmte Geburtskohorten (z.b. vor der Wende geboren, oder nach der Wende geboren), auf unterschiedliche soziale Gruppen, auf Frauen und Männer, von unterschiedlichen Kulturen. Letztlich ist in der sozialpädagogischen Fallperspektive vor allem die Frage relevant, ob die gesellschaftlich hegemonialen Diskurse zum Lebenslauf, also die Erwartungen, die an bestimmte Lebensalter herangetragen werden, mit dem subjektiven Empfinden der Individuen korrespondieren. Der sozialpädagogische Blick richtet sich dann vor allem auf die Frage, welche Begleitung etwa Jugendliche brauchen, um sich in der jeweiligen Gegenwart ihrer Gleichaltrigenkultur, ihres Lebensstils und ihrer Möglichkeiten und Grenzen zu vergewissern. Immer geht es auch um eine Vermittlung der Gegenwart mit der Zukunft, etwa wenn es im Kontext der Jugendberufshilfe darum geht, Heranwachsende auf die auf sie zukommende Offenheit und Prekarität von Arbeitsverhältnissen vorzubereiten.

Die Zeit- und Prozessdimension betont somit die Notwendigkeit des Blicks auf die Vergangenheit, die Gegenwart und die Zukunft. Es ist zum einen die Vergangenheit der KlientInnen mit einzubeziehen, also die Frage nach den spezifischen, individuellen Sozialisationsbedingungen und dem lebensweltlichen Wissen, das sich die Personen in diesem Prozess angeeignet haben. Zum anderen geht es um den Blick in die Gegenwart, um die Fragen der momentanen Situation, dem momentanen Begleitungsbedarf, aber auch um einen Blick in die Zukunft und die Entwicklung von individuellen Plänen und Zielen.

7. Differenzsensibilität: kein neues Paradigma, aber eine hilfreiche Perspektive in der Fallbetrachtung der Sozialen Arbeit

Was sind schließlich die Erkenntnisse aus dem vorgelegten Versuch, den Blick auf sozialpädagogische Fälle differenzsensibel zu qualifizieren?

Auf der Basis einer gerechtigkeitstheoretischen Grundlage wurde unter Berücksichtigung der beiden Dimensionen von Verteilungs- und Anerkennungsgerechtigkeit ein differenzsensibler Zugang zu sozialpädagogischen Fällen skizziert. Damit wird die Frage in den Vordergrund gerückt, wie es Menschen gelingt, mit den in ihren Lebenswelten vorgefundenen Handlungsrationalitäten und -optionen umzugehen und wie die Soziale Arbeit diesen individuellen Entwicklungsprozess jeweils begleiten kann. Differenzsensibilität ist im selbstreflexiven Blick also die Qualifizierung einer Haltung, die die Heterogenität in der eigenen Identität sensibel erkennt und anerkennt, mit Blick auf die Adressaten der Versuch, genauer hinzuschauen, was der Fall ist und daraus adressaten- und zielgruppenspezifische pädagogische Angebote zu formulieren. Die Differenzsensibilität ist dabei als eine wertvolle Ergänzung, nicht als Ersatz für sozialpädagogische, genderpädagogische oder interkulturelle Wissensbestände zu sehen. Vielmehr gilt es, eine Balance zu entwickeln, die sowohl das Spezialwissen, das im Kontext der historisch gewachsenen Bereiche der Pädagogik – etwa der Gender-Pädagogik, der interkulturellen Pädagogik oder der integrativen Pädagogik – gewachsen ist, berücksichtigt, als auch eine Perspektive einzunehmen, die die verschiedenen Achsen der Differenz in ihren vielschichtigen Wirkungen auf das Individuum integrativ einbezieht.

Literatur

Ader, Sabine (2006). Was leitet den Blick? Wahrnehmung, Deutung und Intervention in der Jugendhilfe. Weinheim und München: Juventa

Angermüller, Johannes (2007). Was fordert die Hegemonietheorie? Zu den Möglichkeiten und Grenzen ihrer methodischen Umsetzung. In: Nonhoff (2007): 159-172

Assmann, Aleida/ Friese, Heidrun (Hrsg.) (1998): Identitäten. Frankfurt a.M.: Suhrkamp

Badawia, Tarek/Luckas, Helga/Müller, Heinz (Hrsg.) (2006): Das Soziale gestalten. Über Mögliches und Unmögliches der Sozialpädagogik, Wiesbaden: VS

Beerhorst, Joachim/Demirovic, Alex/Guggemos, Michael (Hrsg.) (2004): Kritische Theorie im gesellschaftlichen Strukturwandel. Frankfurt a.M.: Suhrkamp

Berger, Peter L./Luckmann, Thomas (1972). Die gesellschaftliche Konstruktion der Wirklichkeit. Eine Theorie der Wissenssoziologie. Frankfurt a.M.: Suhrkamp

Böhnisch, Lothar (2001): Sozialpädagogik der Lebensalter: Eine Einführung. Weinheim/München: Juventa

Böhnisch, Lothar/Schöer, Wolfgang/Thiersch, Hans (2005): Sozialpädagogisches Denken. Wege zu einer Neubestimmung. Weinheim/München: Juventa

Boos-Nünning, Ursula/ Karakaşoğlu, Yasemin (2007): Lebensbewältigung von jungen Frauen mit Migrationshintergrund im Schnittpunkt von Ethnizität und psychischer Stabilität. In: Munsch et al. (2007): 102-121

Bourdieu, Pierre (1982): Die feinen Unterschiede. Kritik der gesellschaftlichen Urteilskraft. Frankfurt a.M.: Suhrkamp

Degele, Nina/Winker, Gabriele Winker (2007): Intersektionalität als Mehrebenenanalyse. http://www.tu-harburg.de/agentec/winker/pdf/Intersektionalitaet_Mehrebenen.pdf [Stand: 04.02.2009]

Degele, Nina/Winker, Gabriele Winker (2009): Intersektionalität. Zur Analyse sozialer Ungleichheiten. Bielefeld: Transcript

Dollinger, Bernd (2006): Klassiker der Pädagogik. Die Bildung der modernen Gesellschaft. Wiesbaden: VS

Eickelpasch, Rolf/Rademacher, Claudia (2004): Identität. Bielefeld: Transcript

Fraser, Nancy (2004): Feministische Politik im Zeitalter der Anerkennung: Ein zweidimensionaler Ansatz für Geschlechtergerechtigkeit. In: Beerhorst et al. (Hrsg.) (2004): 453-474

Fraser, Nancy/Honneth, Axel (2003): Umverteilung oder Anerkennung? Eine politisch-philosophische Kontroverse. Frankfurt a. M.: Suhrkamp

Goffman, Erving (2003): Stigma: Über Techniken der Bewältigung beschädigter Identität. Frankfurt a.M.: Suhrkamp

Gramsci, Antonio (2004): Erziehung und Bildung. Gramsci-Reader. Herausgegeben im Auftrag des Instituts für kritische Theorie von Andreas Merkens. Hamburg: Argument

Grunwald, Klaus/Thiersch, Hans (2001): Lebensweltorientierung. In: Otto/Thiersch (2001): 1136-1148

Grunwald, Klaus/Thiersch, Hans (Hrsg.) (2004): Praxis Lebensweltorientierter Sozialer Arbeit. Handlungszugänge und Methoden in unterschiedlichen Arbeitsfeldern. Weinheim/München: Juventa

Habermas, Jürgen (1981): Theorie des kommunikativen Handelns. 2 Bände. Frankfurt a.M.: Suhrkamp

Hastedt, Claudia (1998): Selbstkomplexität, Individualität und soziale Kategorisierung. Münster: Waxmann.

Hormel, Ulrike (2008): Diversity und Diskriminierung. In: Sozial Extra, 32. Jg., Heft 11/12: 20-23

ISM (Institut für Sozialpädagogische Forschung Mainz e.V.) (2007): DiversiTeams. Erfahrungen und Empfehlungen aus der Arbeit in interkulturell zusammengesetzten Teams. Mainz, http://www.agarp.de/cms/images/diversiteams_final.pdf [Stand: 11.02.09]

Jakob, Gisela/Wensierski, Hans-Jürgen von (Hrsg.) (1997): Rekonstruktive Sozialpädagogik. Konzepte und Methoden sozialpädagogischen Verstehens in Forschung und Praxis. Weinheim/München: Juventa

Kade, Jochen/Seitter, Wolfgang (2004): Selbstbeobachtung: Professionalität lebenslangen Lernens. In: Zeitschrift für Pädagogik, 50. Jg. 2004, Heft 3: 326- 341

Keckeisen, Wolfgang (1976): Die gesellschaftliche Definition abweichenden Verhaltens: Perspektiven und Grenzen des labeling approach. München: Juventa

Keupp, Heiner (2002): Identitätskonstruktionen. Das Patchwork der Identitäten in der Spätmoderne. Hamburg: Rowohlt

Laclau, Ernesto/Mouffe, Chantal (1991): Hegemonie und radikale Demokratie: Zur Dekonstruktion des Marxismus. Wien: Passagen

Lamp, Fabian (2007): Soziale Arbeit zwischen Umverteilung und Anerkennung. Der Umgang mit Differenz in der sozialpädagogischen Theorie und Praxis. Bielefeld: Transcript

Leiprecht, Rudolf (2008). Eine diversitätsbewusste und subjektorientierte Sozialpädagogik. In: Neue Praxis 38 Jg., Heft 4: 426-438.

Leiprecht, Rudolf (2008a). Diversity Education und Interkulturalität in der Sozialen Arbeit. In: Sozial Extra, 32. Jg., Heft 11/12: 15-19

Marchart, Oliver (2008): Cultural Studies. Konstanz: UTB

Maurer, Susanne (2008): Sich verlieren im unendlich Verschiedenen? Ungleichheit – Differenz – Diversity. In: Sozial Extra, 32. Jg., Heft 11/12: 13-14

Messerschmidt, Astrid (2006): Michel Foucault (1926-1984). Den Befreiungen misstrauen – Foucaults Rekonstruktionen moderner Macht und der Aufstieg kontrollierter Subjekte. In: Dollinger (2006): 289-310

Munsch, Chantal/Gemende, Marion/Weber-Unger Rotino, Steffi (2007): Eva ist emanzipiert, Mehmet ist ein Macho: Zuschreibung, Ausgrenzung, Lebensbewältigung und Handlungsansätze im Kontext von Migration und Geschlecht. Weinheim/München: Juventa

Nonhoff, Martin (2005): Soziale Marktwirtschaft als hegemoniales Projekt. Eine Übung in funktionalistischer Diskursanalyse, http://www.johannes-angermueller.de/deutsch/ADFA/nonhoff.pdf [Stand: 03.03.09]

Nonhoff, Martin (Hrsg.) (2007): Diskurs – radikale Demokratie – Hegemonie. Zum politischen Denken von Ernesto Laclau und Chantal Mouffe. Bielefeld: Transcript

Otto, Hans-Uwe/Thiersch, Hans (2001): Handbuch Sozialarbeit Sozialpädagogik. Neuwied/Kriftel: Luchterhand

Scherr, Albert (1997): Subjektorientierte Jugendarbeit: Eine Einführung in die Grundlagen emanzipatorischer Jugendpädagogik. Weinheim/München: Juventa

Schweppe, Cornelia/Graßhoff, Gunther (2006): Rekonstruktive Sozialpädagogik und sozialpädagogisches Handeln. In: Badawia et al. (2006): 185-197

Sielert, Uwe/Jaeneke, Katrin/Lamp, Fabian/Selle, Uli (2009): Kompetenztraining „Pädagogik der Vielfalt": Grundlagen und Praxismaterialien zu Differenzverhältnissen, Selbstreflexion und Anerkennung, Weinheim/München: Juventa

Straub, Jürgen (1998): Personale und kollektive Identität. Zur Analyse eines theoretischen Begriffs. In: Assmann/Friese (1998): 73-104

Sturzenhecker, Benedikt (2008): Die Stimme erheben und mitbestimmen. Politische Bildung in der offenen Kinder- und Jugendarbeit. In: Deutsche Jugend, 56. Jahrgang, Heft 7-8: 308-315

Viehmann, Klaus (u.a.) (o.J.): Drei zu Eins. Klassenwiderspruch, Rassismus und Sexismus, http://www.nadir.org/nadir/initiativ/id-Verlag/BuchTexte/DreiZuEins/DreiZu Eins Viehmann.html [Stand: 04.02.2009]

Wensierski, Hans Jürgen von/Jakob, Gisela (1997): Rekonstruktive Sozialpädagogik. Weinheim/München: Juventa

Differenz performativ gedacht. Dekonstruktive Perspektiven auf und für den Umgang mit Differenzen

Melanie Plößer

Abstract
Soziale Arbeit wird vielfach als eine Disziplin und Praxis verstanden, die auf soziale Unterscheidungen reagiert und diese zu bearbeiten und zu verringern sucht. Im Rahmen des folgenden Beitrags soll im Rückgriff auf performative Theorien deutlich gemacht werden, dass Soziale Arbeit nicht allein als Reaktion auf Differenz und als Bearbeitung von Differenzverhältnissen, sondern auch als an der Erzeugung von Differenzen und damit auch als an der (Re-)Produktion von Normen und Ausschlüssen aktiv beteiligt verstanden werden kann. Dazu wird in einem ersten Schritt anhand einer Sequenz aus der Jugendarbeit ein performatives Verständnis von Differenz entfaltet. Daran anschließend werden zwei machtvolle Effekte diskutiert, die mit dem (sozialarbeiterischen) Bezug auf Differenz einhergehen können: die Erzeugung von sozialen Unterscheidungen entlang vorgängiger Normen sowie die hierarchisch und binär organisierte Ausblendung von Subjektpositionen. Die performativen Ansätze eröffnen eine Perspektive, um die ambivalenten Effekte des für die Soziale Arbeit konstitutiven Bezugs auf soziale Differenzen zu verdeutlichen: In dieser erweist sich die Fokussierung von Differenzen auf der einen Seite als notwendige Voraussetzung für die Bearbeitung differenzbedingter Benachteiligungen und zum anderen als problematischer Bezugsrahmen, durch den Andersheiten und Normierungen immer auch erst (re-)produziert werden. In einem abschließenden Schritt werden Möglichkeiten eines dekonstruktiven, das heißt eines die normierenden und ausschließenden Effekte der performativen Erzeugung von Differenz bedenkenden Umgangs mit Differenz in der Sozialen Arbeit vorgestellt.

1. Ein Fallbeispiel aus der Sozialen Arbeit

In einem Jugendzentrum, einer offenen Einrichtung für Jugendliche im Alter zwischen 12 und 20 Jahren, tragen die dort tätigen Sozialarbeiter und Sozialarbeiterinnen seit Ende der 1980er Jahre täglich die Namen aller Besucher und Besucherinnen in eine Liste ein. Diese Praxis soll dazu dienen, einen Überblick über die Besucherzahlen zu bekommen und Anhaltspunkte darüber zu gewinnen, von wem die Angebote wahrgenommen werden. Werden die Namen der Jugendlichen anfangs noch ohne weitere Differenzierung notiert, setzt sich ab Mitte der 1990er Jahre eine

Unterteilung der Jugendlichen in die Kategorien Mädchen und Jungen durch. Angeregt durch feministische Konzepte soll mit Hilfe dieser Differenzierung Aufschluss darüber gewonnen werden, ob die Angebote auch den Bedürfnissen und Interessen von Mädchen gerecht werden. Ende der 1990er Jahre wird die Liste um eine weitere Differenzierung ergänzt. Motiviert durch interkulturelle Debatten unterscheiden die Mitarbeiter und Mitarbeiterinnen nun auch zwischen „einheimischen" und „ausländischen" Jungen und Mädchen. Die Szene, anhand derer im Folgenden die Produktion von Differenzen, wie auch deren Effekte skizziert werden sollen, ereignet sich im Eingangsflur des Jugendzentrums: Moustafa, der 16 Jahre alte Sohn marokkanischer Einwanderer betritt das Jugendzentrum und begrüßt vom Eingangsflur aus den an seinem Schreibtisch sitzenden Sozialarbeiter. Dieser heißt Moustafa ebenfalls willkommen und trägt ihn mit den Worten „Moustafa... männlich, ausländisch" in die betreffende Spalte der aktuellen Besucher- und Besucherinnenliste ein. Moustafa zückt daraufhin seinen deutschen Ausweis, hält diesen hoch und entgegnet grinsend: „Falsch eingetragen. Ich bin stolz, ein Deutscher zu sein."

2. Die performative Erzeugung von Differenz

Das Fallbeispiel macht zunächst deutlich, wie soziale Differenzierungen in der alltäglichen Praxis Sozialer Arbeit genutzt werden. Durch die sprachliche Anrede als „männlich" und, „ausländisch", sowie später auch durch die entsprechende schriftliche Markierung, wird eine soziale Unterscheidung vorgenommen: Moustafa wird durch die Anrede des Sozialarbeiters als „ausländischer Junge" eingeordnet und platziert. Gleichzeitig wird damit eine Differenz – nämlich die zwischen männlich und weiblich, zwischen einheimisch und ausländisch aber auch die zwischen Adressaten Sozialer Arbeit und Fachkräften – (re-)produziert.

Die damit einhergehende festschreibende Kategorisierung Moustafas ist Effekt einer sprachlichen Handlung. Sie wird in der Anrede des Jugendlichen durch den Sozialarbeiter mit Rückgriff auf eine bereits bestehende Differenzordnung konstruiert.

Die These, dass Sprache etwas tun, nämlich soziale Tatsachen produzieren kann, wurde erstmalig von John L. Austin im Rahmen seiner Vorlesungsreihe *How to Do Things with Words* (dt. *Zur Theorie der Sprechakte* 1972) aufgestellt und mit dem Begriff „Performativität" (*to perform: etwas tun, etwas vollbringen*) beschrieben. Mit diesem Begriff verweist der Sprachphilosoph Austin (1972: 26f.) auf die soziale Wirksamkeit sprachlicher Handlungen und Diskurse, das heißt auf deren Fähigkeit, soziale Bedeutungen – wie eben hier eine Differenz – zu erzeugen. Performativität bezeichnet somit ein Sprechen, das das herstellt, was es bezeichnet, so dass das Gesprochene zur sozialen Tatsache wird und wirklichkeitserzeugend wirkt.

Ihre performative Kraft und Wirksamkeit entfalten Äußerungen – das macht Austin (ebd.) im Rahmen seiner weiteren Ausführungen deutlich – allerdings weniger durch die Autorität oder die Intention des jeweiligen Sprechers bzw. der jeweiligen Sprecherin als vielmehr dadurch, dass sie an soziale Konventionen und gesellschaftliche Normen anschließen. Diese Konventionen (z.b. darüber wie man ein Versprechen gibt, ein Schiff tauft oder jemandem gratuliert), die mit der Äußerung aktiviert werden, sichern die soziale Wirksamkeit von sprachlichen Äußerungen. In der Weiterentwicklung der Performativitätstheorie durch die US-amerikanische Sprachphilosophin Judith Butler sind die Bedingungen, die dazu führen, dass Sprache produktiv ist und soziale Effekte entfalten kann, näher bestimmt und am Beispiel der Erzeugung von Geschlechteridentitäten konkretisiert worden. Sprachliche Äußerungen zeitigen demnach deshalb eine soziale Wirkung, weil diese durch unablässige Wiederholungen zu sozialen Normen sedimentiert sind (Butler 1993a: 123). Das heißt, dass die Äußerung „Moustafa... männlich, ausländisch" deshalb wirkungsvoll ist, weil mit dieser eine Kette von Wiederholungen mobilisiert wird, die sich zu gesellschaftlichen Normen (z. B. darüber wie ein „Einheimischer" aussieht) verdichtet hat. Für performative Ansätze sind Differenzkategorien wie „weiblich", „ausländisch" oder „behindert" den Individuen nicht inhärent, sie sind keine „natürlichen" und „selbstverständlichen" Merkmale, sondern Ergebnisse sprachlicher Unterscheidungen, die ihre Kraft aus vorangegangenen, sich zu Normen, Regeln und Gesetzen verdichtenden Wiederholungspraxen ziehen. Differenzen werden damit erst in sozialen Interaktionen, das heißt in der Beziehung zu Anderen (so z.B. in der Interaktion mit dem Sozialarbeiter) erzeugt, indem Normen (re-)zitiert und die Subjekte entlang dieser Normen eingeordnet werden. Die in dem Prinzip der Performativität wirksam werdenden Regulierungen und Normierungen erweisen sich damit als die Bedingungen durch die Individuen eine soziale Position erhalten. Zugleich sind diese Normen und Regeln, die in der sprachlichen Äußerung wirken, den Einzelnen immer schon vorgängig. Den Normen (Wer gilt als „ausländisch" oder wer als „einheimisch"?), die in der sprachlichen Äußerung des Sozialarbeiters aktiviert werden und die positionierend und identitätsbildend wirken, können sich die Subjekte nicht entziehen. Stuart Hall (1994a: 73) macht diese vorgängige, subjektbildende Macht sprachlicher Äußerungen mit Bezug auf die Erinnerungen des Philosophen Frantz Fanons (1952) deutlich, der in seinem Buch *Schwarze Haut weiße Masken* beschreibt, wie er als junger Antillaner entlang einer gewaltvollen Differenzordnung als „Schwarzer" angerufen, dieser gewaltvollen Benennung ausgesetzt und als „anders" bestimmt wurde. Fanons Erinnerungen machen die in performativen Ansätzen betonten machtvollen Effekte der sprachlichen Erzeugung von Differenz durch die zwangsläufige Einordnung der Subjekte entlang ihnen vorgängiger Differenzordnungen und Normen deutlich. So ist auch Moustafas Selbstverständnis durch vorgängige Wiederholungen, im Rahmen derer unablässig zwischen einheimisch und ausländisch unterschieden wird, mitbestimmt. Die soziale Produziertheit von Differenz, ihre Kontingenz und Konstruiertheit wird aber – auch dieses ist ein Effekt der normativen Kraft des Performativitätsprinzips – verdrängt bzw. als natürlich ausgegeben. Differenz wird damit nicht als Effekt der Äußerung, sondern als deren Ursache imaginiert (Butler 1997: 311).

Darüber hinaus arbeitet die „normative Kraft der Performativität – ihre Macht zu etablieren, was sich als 'Sein' qualifiziert – (...) nicht nur mit der ständigen Wiederholung, sondern ebenso mit dem Ausschluß" (Butler 1997: 260). Das heißt, eine Äußerung erweist sich auch als machtvoll, weil neben der Rezitation gesellschaftlicher Normen gleichzeitig ein Bereich des absolut Anderen entworfen wird. So wird die Wirksamkeit der sprachlichen Markierung von Moustafa als „ausländisch" auch darüber gestärkt, dass diese in eine binäre Differenzordnung eingelassen ist, die eine eindeutige Zuordnung fordert und zugleich einen Bereich markiert, der von dem Jugendlichen nicht eingenommen werden darf (z.B. „Mädchen-Sein", „Deutsch-Sein" oder „Sozialpädagoge-Sein"). Erst diese binär und ausschließend organisierte sprachliche Ordnung sichert, so Butler (1997: 23), die Differenzierung und Identifizierung der Subjekte. Gleichzeitig ist damit aber auch das ausgeschlossene „Andere" genau das Prinzip, das die eigene Position und eigene Identität stützt (vgl. dazu den Beitrag von Lamp in diesem Band). Die performative Erzeugung von Differenz muss also als in einer „Entweder-Oder-Ordnung" erfolgend verstanden werden – einer Ordnung, in der die Subjekte entweder männlich oder weiblich, entweder hetero- oder homosexuell, entweder gesund oder behindert zu sein haben und gemäß dieser ausschließenden Logik eindeutig zugeordnet bzw. eindeutige Selbstpositionierungen erwartet werden. Zugleich ist diese Ordnung hierarchisch strukturiert: Während der eine Pol („deutsch"/„männlich") die Norm verkörpert, ist die andere Seite („weiblich"/„ausländisch") damit als das Supplement oder das „Andere" markiert. Abweichungen von dieser Ordnung (z.B. wie in dem Fall von Moustafa, der die in der Äußerung anklingende Norm darüber, wie ein einheimischer Jugendlicher, ein Deutscher auszusehen hat, in Frage stellt) können zu Irritationen, zu Versuchen, eine eindeutige Ordnung (wieder)herzustellen oder auch zu Sanktionen führen. Neben der subjektkonstituierenden Normierung ist das Prinzip des Ausschlusses also die zweite machtvolle Bedingung der performativen Erzeugung von Differenz. Allerdings: Dadurch, dass die Herstellung einer Identitätsposition immer auch auf die Konstituierung von Ausschlüssen angewiesen ist, auf das was nicht sein darf oder ganz anders ist, entpuppen sich vermeintliche Gegensätzlichkeiten in einer unauflöslichen Beziehung stehend begriffen. In einem performativen Verständnis von Differenz erweisen sich „Eigenes" und „Fremdes", „Identität" und „Andersheit" als voneinander abhängig und miteinander verwoben. Das Andere, das Außen, ist immer auch Teil des Selben, des Innen.

Performative Ansätze verstehen Differenzen als sprachlich (und damit immer auch als sozial) erzeugt. Ihre subjektkonstituierende Kraft erhalten diese Differenzierungen dadurch, dass in diesen auf durch vorgängige Wiederholungen erzeugte soziale Normen Bezug genommen wird, die in einer ausschließenden Logik organisiert sind. Dadurch, dass die Herstellung von Differenz durch die Wiederholung sozialer Normen und durch Ausschlüsse gekennzeichnet ist, muss die performative Erzeugung von Differenz als machtvoller Prozess verstanden werden, insofern hier Identitäten entlang vorgängiger Normen produziert und hierarchische und eindeutige Positionierungen vorgenommen werden.

Daher stellt die performative Produktion von Differenz auch „keine radikale Wahl und kein radikales Projekt dar, das auf eine bloß individuelle Entscheidung zurückgeht" (Butler 2002: 313), sondern weist immer auch „zeitliche und kollektive Dimensionen" (ebd.) auf. Vor diesem Hintergrund muss auch jeder – epistemische, praktische oder normative – Rekurs auf Differenz nicht als bloße Repräsentation von etwas bereits Bestehendem, sondern als produktive, gewaltförmige und bestätigende Praxis verstanden werden, im Rahmen derer Bedeutungen durch die Aktivierung vorgängiger Normen wie auch durch Ausschließungen und Hierarchien (re-)produziert werden. Umgekehrt können diese Normen aber über die Analyse der performativen Akte als „soziale Gesetze explizit" (ebd.) sichtbar gemacht, ihre normierenden, ausschließenden und disziplinierenden Wirkungen also offen gelegt werden. In dem skizzierten Fall wird die Sichtbarmachung dieser sozialen Gesetze von Moustafa selbst geleistet. Mit seiner Antwort legt er das heimliche Gesetz offen, entlang derer die Differenzierung in „ausländische" und „einheimische" Jugendliche reguliert wird – nämlich die Norm, aufgrund eines Namens oder eines bestimmten Aussehens nicht als „einheimisch" zu gelten und aus der Kategorie „einheimisch" ausgeschlossen zu werden. Von den Potenzialen und Möglichkeiten eines solchen von Moustafa praktizierten Vorgehens wird im weiteren Text noch einmal die Rede sein und ihre Relevanz für die Soziale Arbeit wird diskutiert.

3. Soziale Arbeit als performative Praxis

Das hier skizzierte performative Verständnis von Differenz kann für die Soziale Arbeit gewinnbringend aufgegriffen werden. Zunächst kann diese sich – als Disziplin und Profession – als an der performativen (Re-)Produktion von Differenz und damit an der Herstellung und Bestätigung von sozialen Normen wie auch an der Erzeugung von Ausschlüssen und Hierarchien beteiligt begreifen. Insofern nämlich die Wahrnehmung und Bearbeitung von Differenzverhältnissen (z.B. in Form von

Abweichung, Armut oder Arbeitslosigkeit oder sozialer Desintegration) als konstitutive Momente der Entwicklung der Sozialen Arbeit verstanden werden können (vgl. Kleve 2002; Lamp 2007; Müller 1995; Rommelspacher 1993), wird deutlich, dass durch die damit unweigerlich einhergehenden performativen Bezüge auf Differenz machtvolle Effekte entfaltet, Identitätspositionen erzeugt, auf vorgängige Gesetze Bezug genommen, hierarchische Einordnungen vorgenommen werden und den Subjekten abverlangt wird, sich in eindeutigen Schemata (z.b. als „Hilfebedürftige", „Behinderte", „Arbeitslose", „Deviante" usw.) einzuordnen. Der Ansatz der Performativität öffnet damit den Blick sowohl auf die Zwänge und Normierungen, die mit dem Bezug auf Differenz zwangsläufig einhergehen, als auch auf die Gestaltungsmöglichkeiten Sozialer Arbeit, diese machtvollen Effekte thematisieren, reflektieren und verringern zu können – zum einen die (Re-)Produktion und Bestätigung solcher Normen, die die ungleichen und benachteiligten Positionen der Subjekte erst mitbedingen und zum anderen die Erzeugung von Ausschlüssen, Homogenisierungen und Hierarchisierungen.

3.1 Soziale Arbeit als Normierungsmacht und Normierungskritik

Mit der Orientierung auf Differenz und der Bearbeitung dieser Differenz in der Sozialen Arbeit werden soziale Normen erzeugt und bestätigt. Mehr noch: Soziale Arbeit erweist sich unter performativer Perspektive selber als „Normalisierungsmacht" (Maurer 2001: 125), die Differenzierungen der Subjekte entlang von Normalitätsmodellen vornimmt, die Intelligibilität von Subjekten an- oder aberkennt und diese zu integrieren und normalisieren sucht. Insofern also „Soziale Arbeit (...) organisierte Prozesse einer aktiven Unterstützung von Subjektivierungsweisen, die als sozial problematisch markiert werden" (Kessl/Otto 2010: 1079) beschreibt, kommt ihr immer auch die Aufgabe zu, die als „anders" oder als „problematisch" markierten Subjekte anzupassen und zu einer Normalisierung und Homogenisierung der Bevölkerung beizutragen. Soziale Arbeit kann damit als eine Instanz verstanden werden, die durch den gleichsam doppelten Bezug auf Differenz – im Sinne einer epistemischen Grundorientierung auf Andersheit und im Sinne eines praktischen Umgangs mit dieser Andersheit – subjektivierend wirkt, Adressaten und Adressatinnen differenzierend ordnet, diese als normal oder als anders konstruiert (vgl. Maurer 2001). Die „Aktivierung" von arbeitslosen Menschen im Rahmen von Beschäftigungsmaßnahmen oder die Durchführung von Sozialen Trainingskursen mit jugendlichen Straftätern und Straftäterinnen können als Beispiele für diese Normalisierungsfunktion Sozialer Arbeit gelesen werden. Innerhalb deren Vollzugs werden Differenzen markiert und im Hinblick auf eine Norm hin verändert, gleichzeitig aber in der performativen Orientierung die Normen wie auch die vermeintliche Andersheit der Adressaten und Adressatinnen (re-)produziert. Allerdings dienen diese Klassifizierungen und Markierungen nicht allein der Normierung der Adressaten und Adressatinnen, sondern sie stellen auch den notwendigen Rahmen dar, um fehlende Ressourcen, Diskriminierungen und Benachteiligungen problematisieren zu können. Der Bezug auf die gesellschaftliche Differenzierungspraxis „ausländisch-einheimisch" ist für die Soziale Arbeit mithin nicht unverzichtbar, will sie Moustafa die Möglichkeit geben, Ausschlusserfahrungen und Benachteiligungen thematisieren zu können und sich – wie es in der Sozialen Arbeit eben auch der Fall ist – für die Bearbeitung und Minderung der Auswirkungen gesellschaftlicher Differenzierungspraxen einsetzen.

Performative Verständnisse von Differenz können daher als eine Erweiterung der Perspektive auf gesellschaftliche Normen und Machtverhältnisse, wie auf die Position und Funktion der Sozialen Arbeit innerhalb dieser Verhältnisse verstanden werden. In einem performativen Differenzverständnis erweisen sich nämlich nicht erst die ungleichen Lebensbedingungen von Subjekten, die ungleichen Verteilungen von Ressourcen und Partizipationsmöglichkeiten als problematisch und veränderungsbedürftig, sondern auch die diese Verteilungen und Platzierungen immer auch bedingenden Differenzordnungen. Eine kritisch-reflexive Soziale Arbeit würde sich dann nicht allein als Bearbeitung von bestehenden Ungleichheiten, Benachteiligungen, sondern auch als Teil dieser normierenden Differenzordnungen begreifen, einer Ordnung, die Normierungen, Ausschlüsse und Diskriminierungen von Subjekten immer auch erst bedingt. Vor diesem Hintergrund erweisen sich Moustafas lebensweltliche Zusammenhänge, sein Selbstverständnis, seine Erfahrungen und Bedürfnisse nicht als Ergebnisse des „Ausländer-Seins", sondern als Ausdruck eines hierarchisch und binär organisierten als „Ausländer-Konstruiert-Werdens" – und zwar auch durch die Soziale Arbeit. Eine machtkritische Soziale Arbeit könnte deshalb bedenken, inwiefern sie mit dem Bezug auf Differenzen die soziale Produziertheit dieser Differenz – eben gerade auch durch die eigene Disziplin und Profession – zu vernachlässigen droht, das heißt die Vorstellung, diese Differenzen seien „gegeben" zementiert und damit auch die „Normalität" derjenigen, die nicht zu ihrem Klientel gehört, festigt. Diese Effekte treten insbesondere dann leicht ein, wenn die Bearbeitung von Problemlagen an die Vorstellung einer homogenen Gruppe der „Anderen" – beispielsweise die einer angeblichen „neuen Unterschicht" (vgl. Kessl/Reutlinger/Ziegler 2007) oder die einer „gewalttätigen Jugend" (vgl. dazu den Beitrag von Groß in diesem Band) – gekoppelt wird und diese Gruppen nicht mehr als Effekte einer performativen Praxis der Produktion von Differenz, sondern als eindeutige Ursachen des Bezugs auf die konstatierten Probleme verstanden werden.

3.2 Soziale Arbeit als Produzentin von Ausschlüssen und Einschlüssen

Neben dem Verweis auf die normierenden Effekte im Umgang mit Differenz machen performative Ansätze auch deutlich, dass jede Differenzsetzung zwangsläufig mit Ausschlüssen, Hierarchisierungen und „Entweder-Oder"-Einordnungen einhergeht. So werden zum einen mit jedem Bezug auf eine Differenzkategorie (z.B.

Alter) andere Kategorien (z.b. Geschlecht, Gesundheit, Klasse) ausgeklammert. Der Effekt der Ausblendung der Vielfältigkeit und Verwobenheit von Differenzlinien zeigt sich mithin auch in der Sozialen Arbeit. Hier drohen mit der konzeptionellen Orientierung auf eine Differenz (z.b. die Differenz „Jugend" oder die Differenz „Behinderung") Subjektpositionen sowohl eingeschlossen wie auch ausgeschlossen zu werden. Neben der möglichen Integration und Anerkennung von Subjekten durch den Bezug auf soziale Unterscheidungen drohen immer auch Differenzen aus dem Blick zu geraten – insbesondere solche, die mit der je fokussierten Differenzordnung nicht in einem binären Verhältnis stehen, die jeweiligen Lebenswelten der Subjekte aber maßgeblich mit beeinflussen: zum Beispiel die Differenzlinien „Geschlecht", „Migration" oder „Sexualität". Die Berücksichtigung, dass Subjekte „unterschiedlich verschieden" (Lutz/Wenning 2001) sind, sei dagegen notwendig – so der Einwand aus der Migrations- und Genderforschung und den Queer Studies, um einer Homogenisierung der Adressaten und Adressatinnen vorzubeugen und eine Bestätigung solcher Normalitätsordnungen, durch die bestehende Ungleichheiten immer auch erst produziert werden, zu vermeiden. Durch die feministische Mädchenarbeit konnte beispielsweise in den 1980er Jahren deutlich gemacht werden, dass sich die Offene Jugendarbeit am Normalitätsmodell des weißen, heterosexuellen Jungen orientiert hat, während demgegenüber jugendkulturelle Praxen von Mädchen, ihre Bedürfnisse und Problemlagen zwangsläufig als Abweichung verstanden oder gar nicht erst thematisiert wurden.

Zum anderen werden mit dem Bezug auf Differenz eindeutige und ausschließende Zuordnungen vorgenommen. Moustafa wird in ein Schema platziert, das einer „Entweder-Oder"-Logik folgt und keinen Platz für Mehrdeutigkeiten, für vielfältige oder prozesshafte Identitäten lässt. Nicht nur, dass weitere Differenzkategorien ausgeklammert werden – mit dem Bezug auf Differenz werden auch die vielfältigen und veränderlichen Positionierungen innerhalb einer Subjektposition abgeschnitten.

4. Umgangsweisen mit Differenz

Eine Soziale Arbeit, die sich dieser machtvollen Wirkungsweisen im Bezug auf Differenzen bewusst ist und diese Wirkungen, wenn sie sie auch nicht einfach abschaffen kann, so doch zumindest mindern will, hat dementsprechend ihre Umgangsweisen mit Differenz zu überdenken bzw. Umgangsweisen zu entwickeln, die für die Adressaten und Adressatinnen weniger normierend, weniger eingrenzend, weniger machtvoll sind. Denn „(s)obald wir verstanden haben, daß Subjekte durch Ausschließungsverfahren gebildet werden, ist es politisch notwendig, die Verfahren dieser Konstruktion und Auslöschung nachzuzeichnen" (Butler 1993b: 47). Zwar finden sich inzwischen eine Reihe von Beiträgen, innerhalb derer die Soziale Arbeit als an der Konstruktion von Differenz und Andersheit und damit auch an der (Re-) Produktion von Ausschlüssen und Normierungen aktiv beteiligt verstanden wird. Von einer hinreichenden Reflexion ihrer machtvollen Differenzierungspraxis kann aber dennoch bislang nicht die Rede sein. Durch ihre Fokussierung auf soziale Probleme bleiben die Differenzverhältnisse, die mit den sozialen Problemlagen aufs engste verknüpft sind, noch häufig unhinterfragt bzw. werden als unveränderliche und natürliche Ursachen der zu bearbeitenden Probleme bestätigt.

Diese Praxis der Nicht-Beachtung von Differenz erweist sich allerdings im Hinblick auf die Frage, welche Umgangsweisen und Verfahren geeignet sind, die Verfahren der Produktion von Differenzen und Ausschlüssen zu reflektieren und auch zu minimieren, als wenig überzeugend. Denn zum einen werden mit einem Ausblenden von Differenzen auch solche Normen vernachlässigt und ausgeblendet, die die jeweiligen Benachteiligungen überhaupt erst mit bedingen (z.B. als „ausländisch" eingeordnet zu werden) und die durch den unreflektierten Bezug zwangsläufig aktualisiert werden. Zum anderen droht bei einer „differenzblinden" Herangehensweise auch die Frage aus dem Blick zu geraten, welche normierenden, homogenisierenden und ausschließenden Effekte durch die Soziale Arbeit selbst gezeitigt werden. Die Liste des Jugendzentrums kann deshalb auch als Ausdruck einer zunehmenden Differenzsensibilität, eines zunehmenden Heterogenitätsbewusstseins in der Sozialen Arbeit verstanden werden, im Zuge derer Differenzen als machtvoll thematisiert und eine Ausblendung der Unterschiedlichkeit von Lebenswelten kritisiert wird (vgl. Hahn 2007). Mit dem Versuch der Anerkennung der Vielfalt der Differenzen innerhalb der jeweiligen Adresssatengruppe – das macht auch die Erweiterung der Liste um die Differenzlinien Geschlecht und Nationalität deutlich – soll den unterschiedlichen Lebenswelten der Adressaten und Adressatinnen Rechnung getragen und die Angebote stärker auf die unterschiedlichen Bedürfnisse und Probleme der Zielgruppe angepasst werden. Eine solche Anerkennungspraxis zielt also darauf ab, den jeweiligen Besonderheiten von Subjekten, ihren unterschiedlichen Voraussetzungen und Dispositionen und ihren je unterschiedlichen Lebenswelten zu entsprechen (vgl. Heite 2008). So haben z.B. die geschlechtsspezifische Sozialisationsforschung oder die Migrationsforschung deutlich gemacht, dass die Produktion von Differenzen mit der Herstellung von Ungleichheiten und Benachteiligungen, mit unterschiedlichen Bedürfnissen und Dispositionen einhergeht. Insofern also Differenz als Machtphänomen in den Blick rückt, sieht sich die Soziale Arbeit einer zunehmenden Erkennung und Anerkennung von Differenzen im Plural verpflichtet, um auch die mit diesen unterschiedlichen Differenzpositionen verknüpften sozialen Positionierungen und die damit verbundenen je konkreten Ungleichheiten und Bedürfnisse bearbeiten wie auch Homogenisierungen und Normierungen vermeiden zu können.

Dass dieser anerkennende Bezug auf die Differenz notwendig, aber eben dennoch nicht unproblematisch ist, zeigt die in dem Fallbeispiel beschriebene Reaktion von Moustafa: Moustafas Antwort macht die performative Gewalt deutlich, die auch mit einem machtkritischen, anerkennenden Bezug auf Differenz einhergehen kann. Schließlich reproduziert im geschilderten Fall der Versuch der Anerkennung von Differenzen erneut die Idee einer binären Differenzordnung, gemäß derer klar und eindeutig aufgrund einer Norm zwischen „Ausländern" und „Einheimischen" unterschieden wird. Moustafa bleibt durch die in der Äußerung anklingende Norm als anders, als „ausländisch" markiert. Zugleich wird damit eine Einordnung und Platzierung vorgenommen, die keinen Platz für Mehrdeutigkeiten oder Mehrfachzugehörigkeiten lässt. So leistet der Versuch, die Unterschiede aber auch die bestehenden Ungleichheiten zwischen den Adressaten und Adressatinnen in der Jugendarbeit anzuerkennen auch eine Anerkennung der Differenzordnung, entlang derer die Differenzierungen und Ungleichheiten überhaupt erst vorgenommen werden. Das heißt, die Anerkennung von Subjekten als Ausländer, Mädchen, Schwule, Behinderte oder Arbeitslose aktualisiert und bestätigt die hierarchische Differenzordnung, die „Dominanzkultur" (Rommelspacher 1995), innerhalb derer diese Identitätspositionen performativ erzeugt werden. Anerkennen von nicht dominanten Positionen und Gruppen, von bisher eher marginalisierten Identitäten heißt damit auch immer, die symbolische Ordnung anzuerkennen und zu bestärken, die die binäre Unterscheidung und die ihr zugeordneten Ungleichheiten erst hervorbringt. Vor der Folie performativer Differenzverständnisse wird deshalb auch für einen – das Konzept der Anerkennung nicht ablösenden sondern ergänzenden – *dekonstruktiven Umgang mit Differenzen* plädiert.

Das Konzept der Dekonstruktion geht auf den französischen Philosophen Jacques Derrida (1974) zurück und kann übersetzt werden als ein kritisches Wi(e)derlesen von Diskursen, Texten und Praxen mit dem Ziel, die performativ erzeugten Normen und Ausschlüsse sichtbar zu machen und in Frage zu stellen. In dem angeführten Fallbeispiel wird ein solcher dekonstruktiver Umgang mit Differenz nicht von den Sozialarbeitern oder Sozialarbeiterinnen, sondern von Moustafa vorgeführt. Und zwar enthüllt Moustafa mit seiner Antwort die implizite Norm, durch die anhand eines äußeren Erscheinungsbildes oder eines Namens zwischen „einheimischen" und „ausländischen" Jugendlichen unterschieden wird. In dieser Norm klingt die ausschließende Logik des „ius sanguinis", des Abstammungsprinzips an, nach dem Subjekte nur dann als (deutsche) Staatsbürger gelten, wenn mindestens ein Elternteil die (deutsche) Staatsbürgerschaft besitzt. Genau diese Ordnungslogik, die in der Differenzierungspraxis des Sozialarbeiters bestätigt wird und mit der zugleich rassistische Vorstellungen transportiert werden (z.B. darüber, „wie ein Deutscher aussieht" oder „wie ein Deutscher heißt" und wer dementsprechend vom Status des „Einheimischen" ausgeschlossen wird), wird nun von Moustafa offen gelegt. Zugleich deckt er mit dem ironischen Bezug auf den (neo-)faschistischen Ausspruch: „Ich bin stolz ein Deutscher zu sein", die in dieser Ordnung anklingenden Normen einer vermeintlichen „Natürlichkeit" und Eindeutigkeit, einer „Reinheit" von Nationalitäten auf und kritisiert damit die rigiden und ausschließenden Effekte dieser Ordnung (vgl. Mecheril/Plößer 2008). Die Möglichkeit einer solchen kritischen Offenlegung eröffnet sich dabei in der Wiederholung selbst. Genau dadurch, dass in der performativen Äußerung gesellschaftliche Normen zitiert werden, gibt es die Möglichkeit, diese aufzudecken, ihren Zwang offen zu legen oder diese zu verändern (vgl. Butler 1998). Die Wiederholung von Normen ist damit sowohl ein unumgängliches Zwangsmoment im Umgang mit Differenz als auch der Ort, an dem Widerstand möglich wird. Da nämlich in der performativen Äußerung immer Normen zitiert werden, deren Geschichtlichkeit und Kontingenz aber verborgen bleibt, erweist sich die Rezitation dann als kritisch, wenn durch diese die Zwänge und Ausschlüsse dieser Normen wie auch deren Kontingenz z.B. durch Ironie, durch nicht-autorisiertes Sprechen oder durch Wiederholungen in anderen Kontexten sichtbar gemacht werden (vgl. Butler 1998: 28). Der performative Prozess der Differenzkonstruktion bietet also neben der Konstituierung von Subjektpositionen auch die Möglichkeit, die Normen in Frage zu stellen oder zu verändern. Die performative Äußerung konstituiert und erzeugt eine Subjektposition. Umgekehrt können gesellschaftliche Strukturen durch die Wiederholungen der Subjekte aber auch de-konstruiert und versetzt werden.

Dekonstruktive Ansätze zielen also darauf ab, die impliziten Normen offen zu legen und Bezüge auf Differenzen auf ihre machtvollen Effekte, ihre Ausschlüsse und Hierarchisierungen hin zu befragen. Sie verfolgen die Vervielfältigung von Identitäten und die Herausführung von Identitätspositionen aus oppositionell strukturierten Differenzschemata. Zugleich sensibilisieren sie für die mit jeder Differenzsetzung zwangsläufig einhergehenden Festschreibungen, Ausschlüsse und Homogenisierungen (vgl. Mecheril/Plößer 2009). Dekonstruktive Strategien nehmen somit genauso wie anerkennungsorientierte Umgangsweisen eine kritische Perspektive auf Differenz ein. Gleichzeitig unterscheiden sich beide in ihren Foki und ihren Anliegen. Während erstere vor allem der Frage „In the face of what is, what shall we do?" (Zalewski 2000: 122) nachgehen und damit bestehende Ungleichheiten durch den affirmativen Bezug auf Differenz zu erkennen und zu minimieren suchen, gehe es – so Marysia Zalewski – bei einem dekonstruktiven Umgang mit Differenz vor allem um die Fragen: „In the face of what we do, what becomes? Or to put it another way, what are the effects of the practices?" (ebd.). Das heißt, dekonstruktiven Ansätzen geht es nicht allein darum, die ungleichen Lebenswelten, die Problemlagen und Bedürfnisse der Anderen (also der Obdachlosen, Frauen, Migranten oder Suchtkranken) zu thematisieren und Konzepte zu entwerfen, die diesen gerecht werden. Vielmehr geht es ihnen darum, solche Ordnungen und Regulierungen zu problematisieren und zu hinterfragen, entlang derer Subjekte überhaupt erst als die jeweiligen Anderen produziert werden und die Effekte zu hinterfragen, die aus dem Engagement für die Anderen wiederum resultieren.

5. Dekonstruktion und Soziale Arbeit

Die vor dem performativen Ansatz von Differenz entwickelte Strategie der Dekonstruktion kann für die Soziale Arbeit auf unterschiedlichen Ebenen als bedeutsam verstanden werden (vgl. zur Bedeutung der Dekonstruktion für die Pädagogik Fritzsche et al. 2001; vgl. zur Bedeutung des Performativen Hoffarth 2009). Zunächst eröffnet diese ein neues Verständnis von Differenz: Gegenüber einem Differenzdenken, das Differenzen als „radikale und unüberbrückbare Trennung" (Hall 1994b: 22) und als gegeben ansieht, erweisen sich Differenzen unter der performativen Perspektive als „positional, konditional und konjunkturell" (ebd.). Insofern Differenzen als performativ erzeugt angesehen werden, müssen diese auch als abhängig von je konkreten historischen Verhältnissen wie auch als veränderlich, fluide und untrennbar verbunden mit der je eigenen Identität verstanden werden.

Darüber hinaus macht die performative Perspektive auf Differenz deutlich, dass die Soziale Arbeit als Disziplin und Profession selber eine machtvolle Praxis der Unterscheidung ist, innerhalb derer ausschließende, normierende, disziplinierende Effekte produziert werden – z.B. durch Einordnungen, Markierungen, Diagnosen oder sozialräumliche Platzierungen oder Kartografisierungen (vgl. Kessl/Landhäußer/Ziegler 2006). Das performative Verständnis erweitert damit die Perspektive auf die Machtwirkungen, denen Adressaten und Adressatinnen Sozialer Arbeit durch Differenzordnungen ausgesetzt sind, und es öffnet den Blick für die Beteiligung der Sozialen Arbeit an der (Re-)Produktion dieser Ordnungen und deren Wirkungen. Dekonstruktive Ansätze motivieren die Soziale Arbeit deshalb zum einen zu einer kritischen Hinterfragung derjenigen Normen, auf die auf der Ebene der Theorie und Praxis Sozialer Arbeit, auf institutioneller Ebene, in den Handlungskonzepten aber auch in konkreten Interaktionen zwangsläufig zurückgegriffen wird, bzw. die im Bezug auf Differenz aktiviert und bestätigt werden. Ein vorsichtiger, reflexiver Umgang mit Differenzkategorien, das Einholen der Sichtweisen der betroffenen Subjekte selber und die Einsicht in die machtvollen Effekte, die mit jedem Bezug auf Differenz einhergehen, können dabei als wichtige Konsequenzen einer solchen dekonstruktiven Sicht auf die eigene sozialarbeiterische Praxis verstanden werden (vgl. Leiprecht 2008).

Weiterhin machen performative Ansätze deutlich, dass jeder Bezug auf Differenz und mithin auch jeder anerkennende Bezug auf Differenz, so etwa auf die Kategorie „Migrant" oder „Mädchen", Ausschließungen und Fixierungen produziert bzw. Differenzen innerhalb der Gruppen verdeckt. Für die Soziale Arbeit verweist dieses auf die Notwendigkeit, mögliche Ausschlüsse in der Theoriebildung, in Konzepten, institutionellen Ordnungen und Methoden aufzuspüren und die vielfältige Verwobenheit, die Veränderlichkeit und Fluidität von Differenzkategorien zu berücksichtigen. Hilfreich ist es dabei, den Blick auf solche Phänomene zu richten, die wie Moustafas Reaktion, „aus dem Rahmen (der dominanten Schemata der Unterscheidung) fallen, Phänomene der Mehrfachzugehörigkeit, des Grenzgängertums, der Hybridität und der Transkontextualität" (Mecheril 2004: 224). Eine solche Perspektive, die Differenzen als vielfältig, verwoben und veränderlich sieht, kann dazu beitragen, die eigenen Verständnisse über das, was als normal und das was als anders gilt, über das was ein Mädchen, eine Ausländerin, ein Einheimischer oder ein Behinderter ist, zu überdenken und die Definitionsmacht über die jeweiligen Kategorien stärker den Betroffenen zu überantworten. Nicht zuletzt verändert ein performatives Differenzverständnis auch den Blick auf die Adressatinnen und Adressaten Sozialer Arbeit. Deren Positionierungen und Selbstverständnisse erweisen sich nicht als „passive" Effekte gesellschaftlicher Strukturen, sondern als performative Inszenierungen, innerhalb derer Normen reproduziert aber auch – wie in dem Fall von Moustafa – in Frage gestellt und verschoben werden (vgl. dazu die Beiträge von Groß und Richter in diesem Band). Allerdings sind die Möglichkeiten für die Subjekte, „anders" zu wiederholen und Normen in Frage zu stellen, immer auch durch rigide Ordnungen begrenzt oder von dem Vorhandensein von Ressourcen abhängig. Sprechen (und Handeln) zeige sich laut Butler (1998: 228) vielfach so an die jeweiligen Normen gebunden, dass entweder gar kein Raum für veränderte Wiederholungen bestehe oder die Normen durch die Wiederholungen der Subjekte gar nicht erst erschüttert werden können. Darüber hinaus können Subjekte auch so aus dem Bereich des Intelligiblem ausgeschlossen werden, dass deren Sprechen gar nicht erst wahrgenommen wird – so beispielsweise im Fall des gesellschaftlichen Umgangs mit politischen Flüchtlingen oder psychisch Kranken. Einer performativ ausgerichteten Sozialen Arbeit würde dann die Aufgabe zukommen, einen Raum für dieses (versetzte) Sprechen zu eröffnen oder solche Verengungen, Normen und Begrenzungen aufzuspüren und zu skandalisieren, die die Handlungsfähigkeiten und Ausdrucksmöglichkeiten der Subjekte verstellen bzw. zusätzlich regulieren und erschweren. Die aktuellen Bemühungen um die Heroinvergabe für Schwerstabhängige oder die Kritik an der Kategorie „Behinderung" (vgl. dazu den Beitrag von Dederich in diesem Band) können deshalb auch als Beispiele für eine Form des Umgangs mit Differenz gelten, bei dem es nicht allein um die Anpassung der Klientel an eine gesellschaftliche Norm, nicht allein um die Anerkennung ihrer unterschiedlichen Lebenswelten, sondern auch um den Abbau solcher Diskriminierungen, Ausschlüsse und Benachteiligungen geht, die für die Betroffenen erst durch Differenzierungen (z.B. die Einteilung in legale und illegale Drogenkonsumentinnen oder die Unterscheidung zwischen Gesunden und Behinderten) und damit auch durch gesellschaftliche Normvorstellungen entstehen.

Die Fragen, die sich der Sozialen Arbeit vor dem Hintergrund performativer Differenzverständnisse stellen, lauten deshalb:
- Welche Normen und welche rigiden und ausschließenden Differenzordnungen werden durch den unhintergehbaren Bezug der Sozialen Arbeit auf Differenz bestätigt und reproduziert?

- Inwiefern handelt es sich bei diesen Ordnungen auch um Ordnungen, die die jeweiligen Problemlagen und Benachteiligungen der Adressaten und Adressatinnen überhaupt erst bedingen bzw. diese stützen?
- Und was können Sozialarbeiterinnen oder Sozialarbeiter tun, damit die Anderen durch die sozialarbeiterischen Normen nicht so verletzt werden?
- Wie können also die den Anderen und uns selbst „hervorbringenden, begrenzenden Bedingungen" (Butler 2003: 143) weniger begrenzend geformt werden?

Literatur

Albrecht, Günter/Groenemeyer, Axel (Hrsg.) (2010): Handbuch Soziale Probleme. Wiesbaden: VS (2. Aufl.)
Andresen, Sabine/Casale, Rita/Gabriel, Thomas/Horlacher, Rebekka/Larcher Klee, Sabina/Oelkers, Jürgen (Hrsg.) (2009): Handwörterbuch der Pädagogik der Gegenwart. Weinheim: Beltz
Austin, John Langshaw (1972): Zur Theorie der Sprechakte (How to do things with words). Stuttgart: Reclam.
Benhabib, Seyla/Butler, Judith/Cornell, Drucilla/Fraser, Nancy (Hrsg.) (1993): Der Streit um Differenz. Feminismus und Postmoderne in der Gegenwart. Frankfurt a.M.: Fischer
Butler, Judith (1993a): Für ein sorgfältiges Lesen. In: Benhabib et al. (1993): 122-132
Butler, Judith (1993b): Kontingente Grundlagen. Der Feminismus und die Frage der Postmoderne. In: Benhabib et al. (1993): 31-58
Butler, Judith (1997): Körper von Gewicht. Frankfurt a.M.: Suhrkamp
Butler, Judith: (1998): Haß spricht. Zur Politik des Performativen. Berlin: Berlin Verlag
Butler, Judith (2002): Performative Akte und Geschlechterkonstitution. Phänomenologie und feministische Theorie. In: Wirth (2002): 301-320
Butler, Judith (2003): Kritik der ethischen Gewalt. Frankfurt a.M.: Suhrkamp
Derrida, Jacques (1974): Grammatologie. Frankfurt a.M.: Suhrkamp
Dollinger, Bernd/Raithel, Jürgen (Hrsg.) (2006): Aktivierende Sozialpädagogik: Ein kritisches Glossar. Wiesbaden: VS
Fritzsche, Bettina/Hartmann, Jutta/Schmidt, Andrea/Tervooren, Anja (Hrsg.) (2001): Dekonstruktive Pädagogik. Erziehungswissenschaftliche Debatten unter poststrukturalistischen Perspektiven. Opladen: Leske und Budrich
Hahn, Kathrin (2007): Vielfalt und Differenz aus der Perspektive der Sozialen Arbeit. In: Sozialmagazin, 32/2007: 20-28
Hall, Stuart (2004): Rassismus und kulturelle Identität. Ausgewählte Schriften 2. Hamburg: Argument
Hall, Stuart (2004a): Alte und neue Identitäten, alte und neue Ethnizitäten. In: derselbe (2004): 66-88
Hall, Stuart (2004b): Neue Ethnizitäten. In: derselbe (2004): 15-25
Heite, Catrin (2008): Soziale Arbeit im Kampf um Anerkennung. Weinheim/München: Juventa

Hoffarth, Britta (2009): Performativität als medienpädagogische Perspektive: Wiederholung und Verschiebung von Macht und Widerstand. Bielefeld: Transcript

Kessl, Fabian/Landhäußer, Sandra/Ziegler, Holger (2006): Sozialraum. In: Dollinger/Raithel (2006): 191-216

Kessl, Fabian/Reutlinger, Christian/Ziegler, Holger (2007): Erziehung zur Armut? Soziale Arbeit und die „neue Unterschicht". Wiesbaden: VS

Kessl, Fabian/Otto, Hans-Uwe (2010): Soziale Arbeit. In: Albrecht/Groenemeyer (2010): 1079-1106

Kleve, Heiko (2002): Differenz und Soziale Arbeit. Von Wegen im Umgang mit dem Verschiedenen, in: neue praxis, 5/2002: 457-472

Kleve, Heiko/Koch, Gerd/Müller, Matthias (Hrsg.) (2003): Differenz und Soziale Arbeit. Sensibilität im Umgang mit dem Unterschiedlichen. Berlin: Schibri

Lamp, Fabian (2007): Soziale Arbeit zwischen Umverteilung und Anerkennung. Der Umgang mit Differenz in der sozialpädagogischen Theorie und Praxis. Bielefeld: Transcript

Leiprecht, Rudolf (2008): Eine diversitätsbewusste und subjektorientierte Sozialpädagogik. In: neue praxis 4/2008: 427-439

Lutz, Helma/Wenning, Norbert: (2001): Unterschiedlich verschieden. Differenz in der Erziehungswissenschaft. Opladen: Leske und Budrich

Maurer, Susanne (2001): Das Soziale und die Differenz. Zur (De-)Thematisierung von Differenz in der Sozialpädagogik. In: Lutz/Wenning (2001): 125-142

Mecheril, Paul (2004): Einführung in die Migrationspädagogik. Weinheim: Beltz

Mecheril, Paul/Plößer, Melanie (2008): Neglection – Recognition – Deconstruction. Educational Approaches to Otherness. Unveröffentlichter Vortrag im Rahmen der „Chimalpahin Conference 2008. Colonial and Postcolonial Remembering and Forgetfulness". Mexico City

Mecheril, Paul/Plößer, Melanie (2009): Differenz. In: Andresen et al. (2009): 194-208

Maurer, Susanne (2001): Das Soziale und die Differenz. Zur (De-)Thematisierung von Differenz in der Sozialpädagogik. In: Lutz/Wenning (2001): 125-142

Müller, Burkhard (1995): Sozialer Friede und Multikultur. Thesen zur Geschichte und zum Selbstverständnis sozialer Arbeit. In: Müller et al. (1995): 133-147

Müller, Siegfried/Otto, Hans-Uwe/Otto, Ulrich (Hrsg.) (1995): Fremde und Andere in Deutschland. Nachdenken über das Einverleiben, Einebnen, Ausgrenzen. Opladen: Leske und Budrich

Rommelspacher, Birgit (2003): Zum Umgang mit Differenz und Macht. Sozialarbeit als Menschenrechtsprofession. In: Kleve et al. (2003): 70-86

Rommelspacher, Birgit (1995): Dominanzkultur. Texte zu Fremdheit und Macht. Berlin: Orlanda

Wirth, Uwe (2002): Performanz. Zwischen Sprachphilosophie und Kulturwissenschaft. Frankfurt a.M.: Suhrkamp

Zalewski, Marysia (2000): Feminism after postmodernism. Theorising through practice. London/New York: Routledge

Dekonstruktion als Haltung in sozialpädagogischen Handlungszusammenhängen[1]

Susann Fegter, Karen Geipel & Janina Horstbrink

Abstract

Aktuelle Überlegungen zu Implikationen poststrukturalistischer Theorien für eine erziehungswissenschaftliche und (sozial-)pädagogische Praxis operieren häufig mit dem Begriff der Haltung, ohne ihn genauer zu explizieren. Jörg Zirfas beispielsweise, der aktuelle Identitätstheorien vor dem Hintergrund der Dekonstruktion nach Derrida beleuchtet, spricht von einer „(pädagogische[n]) Haltung der Offenheit" (Zirfas 2001: 60). Melanie Plößer, die den Parteilichkeitsbegriff der feministischen Mädchenarbeit einer dekonstruktiven Lektüre unterzieht, benennt die daran anschließenden pädagogischen Überlegungen als „alternative pädagogische Haltungen" (Plößer 2005: 211). Angeregt durch derartige Hinweise fragen wir im Folgenden nach dem Verhältnis von Dekonstruktion und Haltung. Neben Ausführungen zum Haltungsbegriff stellen wir unser Verständnis der Dekonstruktion nach Derrida dar und überführen unsere Denkbewegungen schließlich in folgende Fragen: Könnte die Dekonstruktion eine ethische Haltung normativ orientieren? Oder müsste ein ethischer Haltungsbegriff nicht zunächst selbst dekonstruiert und verschoben werden? Was spricht dafür, von einer „dekonstruktiven Haltung" zu reden? Wird dadurch eine andere Sicht auf Differenz und Andersheit möglich? Und wie könnte eine solche Haltung in sozialpädagogischen Handlungszusammenhängen schließlich konkret aussehen?

1. Haltung als ethischer Begriff

In der sozialpädagogischen und erziehungswissenschaftlichen Literatur sind explizite Auseinandersetzungen mit dem Haltungsbegriff nur selten zu finden (vgl. z.B. Mührel 2008). Allgemeine Lexika unterscheiden einen psychologischen, einen soziologischen und einen philosophischen Haltungsbegriff. Unsere Entscheidung, einen philosophischen Haltungsbegriff zum Ausgangspunkt der weiteren Überle-

---

[1] Dieser Artikel hat eine Vorgeschichte: Er ist entstanden im Anschluss an das Seminar „Dekonstruktion in der Erziehungswissenschaft und Pädagogik – Theorie und Praxis", das im SoSe 07 an der Fakultät für Erziehungswissenschaft (Bielefeld) von Claudia Machold und Susann Fegter angeboten und von einem Teil der Studierenden selbstorganisiert in einem Wochenend-Workshop vertieft wurde. Wir möchten allen Beteiligten dieses inspirierenden Prozesses danken. Im Besonderen danken wir Kathrin Wrobel, die Anfangs Mitglied unser „Artikelgruppe" war und deren Ideen in den Text eingeflossen sind.

gungen zu machen, begründet sich dadurch, dass auch die Diskussion um Dekonstruktion sich auf (sprach-)philosophischer Ebene bewegt. Zugleich erscheint uns die Normativität eines ethischen Haltungsbegriffs mit Blick auf eine sozialpädagogische Haltungskonzeption anschlussfähig, da auch Soziale Arbeit immer einen normativen Anteil hat und damit einer reflexiven Vergewisserung bedarf. Aktuelle Reflexionen zum Haltungsbegriff (vgl. Mührel 2008; Kurbacher 2006) stellen sich vor allem in eine aristotelische Tradition und schließen an die *Nikomachische Ethik* an, in der Haltung als Antwort auf die Frage nach den Möglichkeiten sittlich guten Handelns konzipiert ist. Ziel sittlichen Handelns ist bei Aristoteles das „gute Leben", verstanden als das Glück (*eudaimonia*) des Individuums[2] in der Gemeinschaft. Ihr Kernelement ist die Orientierung an einer individuell gefundenen Mitte zwischen den Extremen des Übermaßes und des Mangels: „So meidet denn jeder Kundige das Übermaß und den Mangel und sucht und wählt die Mitte, nicht die Mitte der Sache nach, sondern die Mitte für uns" (Aristoteles II, 5). Damit ein solches maßhaltendes Handeln praktisch gelingen kann, bedarf es nach Aristoteles zweierlei: einer aktiven Einübung und Gewöhnung[3] sowie einer Klugheit und Einsicht in das sittlich Gute. Diese sittliche Einsicht ist bei Aristoteles wiederum als „Fähigkeit zur richtigen Überlegung" (Aristoteles VI, 5) bezogen auf Fragen des praktischen Lebens gedacht. Der Haltungsbegriff nach Aristoteles ist somit ein auf praktisches Handeln bezogenes ethisches Konzept, das die Voraussetzungen und Bedingungen guten Handelns konkret bestimmt.

2. Dekonstruktion und Differenz

Im Folgenden steht nun die Explikation unseres Verständnisses der Dekonstruktion im Mittelpunkt. Die Dekonstruktion geht auf den französischen Sprachphilosophen Jacques Derrida (1967) zurück (vgl. dazu den Beitrag von Plößer in diesem Band) und ist theoretisch im Feld des Poststrukturalismus zu verorten. Dieser sollte jedoch nicht als ein einheitliches Theoriegebäude begriffen werden, sondern als Chiffre für heterogene (sprach-)theoretische Perspektiven (vgl. Ehrenspeck 2001: 24ff.). Derrida knüpft an strukturalistische Positionen, beispielsweise die des Sprachwissenschaftlers Ferdinand de Saussure, an und radikalisiert diese zugleich. Ein zentrales strukturalistisches Kennzeichen besteht in der Annahme einer zugrundeliegenden Sprachstruktur, innerhalb derer Zeichen in Differenz zu anderen Zeichen ihre feste Bedeutung erlangen. Derrida schließt kritisch an dieses, scheinbar

---

[2] Allerdings bleibt dieses Modell eingeschränkt auf den freien, griechischen männlichen Staatsbürger.
[3] „Denn was wir tun müssen, nachdem wir es gelernt haben, das lernen wir, indem wir es tun. So wird man durch Bauen ein Baumeister und durch Zitherspielen ein Zitherspieler. Ebenso werden wir aber auch durch gerechtes Handeln gerecht, durch Beobachtung der Mäßigkeit mäßig, durch Werke des Starkmuts starkmütig" (Aristoteles II,1)

Ehrenspeck 2001: 22). Derrida hat diesem Vorwurf explizit widersprochen (vgl. Derrida 2004b: 288ff.) – und auch seine Themenwahl zeugt von einer anderen Perspektive. So greifen beispielsweise seine Arbeiten zu Freundschaft und Rechtsprechung explizit Fragestellungen antiker und moderner Ethik auf. Gleichzeitig werden diese dabei einer erneuten Reflexion unterzogen. Dieses spezifische Verhältnis Derridas zur Moderne hat Engelmann als Versuch einer Distanznahme beschrieben, die sich „nicht gegen die Intentionen der Moderne [richtet], sondern versucht sie zu retten" (Engelmann 1999: 16). Dass sich Derrida mit seinen sprachphilosophischen Überlegungen nicht auf Sprache im engeren Sinne, sondern auf soziale Verhältnisse bezieht, markiert er unter anderem in *Unterwegs zu einer Ethik der Diskussion* in folgender Weise: „Der Satz, der für manche gleichsam zum Slogan der Dekonstruktion geworden ist und im allgemeinen völlig falsch verstanden wurde (es gibt kein außerhalb des Textes, [‚il n'y a pas de hors texte']), heißt nichts anderes als: Es gibt kein außerhalb des Kontextes ['il n'y a pas de hors contexte']" (Derrida 2004b: 290). Er stellt die Dekonstruktion zudem in einen explizit ethischen Begründungszusammenhang: „Die Dekonstruktion ist die Gerechtigkeit" (Derrida 1991: 30).

Entsprechende Überlegungen zu Gerechtigkeit entwickelt Derrida (1991) in einer dekonstruktiven Lektüre eines Gerichtsfalls. Er stellt dabei fest, dass die Rechtsanwendung immer von dem besonderen Fall ausgehen müsse und keine generelle Regel einfach anwenden dürfe. Zweitens, dass die Rechtsanwendung immer mit einer prinzipiellen Unentscheidbarkeit umzugehen habe, die aus der Singularität des Einzelfalls herrühre. Drittens, dass Gerechtigkeit nur durch die Anwendung einer (juristischen) Norm hergestellt werden kann, es somit eine Entscheidung braucht. Mit diesem Gerechtigkeitsverständnis schließt Derrida an Levinas' Ethik der Alterität an (vgl. Derrida 1991: 45), nach der wir immer schon in eine Beziehung zu „dem Anderen" gestellt sind, die sich durch einen „Anspruch des Anderen" kennzeichnet. Der Andere wird zugleich als „uneinholbarer Anderer" konzipiert, so dass der Verantwortung vor dem Anderen nie abschließend entsprochen werden kann. Gerechtigkeit nach Levinas ist damit weniger ein erreichbarer Zustand als eine permanent bestehende Gerechtigkeits*forderung*, der es immer wieder neu zu begegnen gilt.

Dekonstruktion kann nun in verschiedener Weise innerhalb einer solchen Ethik der Alterität verortet werden. Plößer (2005) beispielsweise spricht ihr die – auf Gerechtigkeit gerichtete – Funktion zu, „jede Handlung und jede Politik an die ihr inhärenten Aporien zu erinnern" (ebd.: 82), die sie in ihren Entscheidungen (notwendig) verdecken: „Das ethische Potential der Dekonstruktion zeigt sich darin, dass diese wie eine mahnende Selbsterinnerung wirkt" (ebd.: 84). Bertram (2002) dagegen fokussiert das konkrete Vorgehen einer dekonstruktiven Lektüre als sorgfältiges und detailversessenes Kommentieren von Texten: Dieses sei immer schon Ausdruck des Bemühens, das Schreiben Anderer sichtbar zu machen, auf die sich das eigene Schreiben und Sprechen bezieht und darin ein Versuch, den Gerechtigkeitsforderungen der Anderen zu entsprechen (vgl. Bertram 2002: 303ff.).

Im Anschluss an diese Lesarten der Dekonstruktion als Bestandteil einer Ethik der Alterität, lassen sich Normen formulieren, die eine *dekonstruktive* ethische Haltung orientieren könnten: War es bei Aristoteles die Norm des Maßhaltens, die als Orientierung für gutes Handeln festgehalten wurde, würde die Antwort im Anschluss an die Dekonstruktion lauten: Orientiere Dich bei Deinem Handeln an der Vorstellung einer Verantwortung, in die Du immer schon gegenüber dem Anderen, als uneinholbarem Anderen, gestellt bist. Orientiere Dich an einer Idee der Gerechtigkeit, die Gewalt in Verdeckungszusammenhängen sieht, in Vereindeutigungen und Identifikationen, mit denen wiederum der Andere weder erkannt noch der Gerechtigkeitsforderung entsprochen werden kann. Orientiere Dich an einer unabschließbaren Bewegung der Verweisungen, in die wir mit Sprache immer schon gestellt sind und die immer schon ein sowohl politisches als auch ethisches Verhältnis markieren. Orientiere Dich an einer Notwendigkeit zu handeln, weil es kein Nicht-Handeln gibt und verantworte Dich dieser – mit jedem Handeln getroffenen – Entscheidung immer wieder neu. Soziale Arbeit ist auf die_den AndereN gerichtet und kann in solchen Maximen eine differenzsensible Orientierung finden.

3.2 Dekonstruktionen des Haltungsbegriffs

Die Konzepte eines ethischen Haltungsbegriffs und der Dekonstruktion gehen keine einfache Verbindung ein. Den Haltungsbegriff, wie er oben nach Aristoteles ausgeführt wurde, kennzeichnet beispielsweise ein Moment von Identifikation sowie von Kohärenz und Kontinuität: Identifikation insofern sich Haltung im aristotelischen Sinne durch eine bewusste Entscheidung für und Einsicht in das sittlich Gute kennzeichnet, das durch wiederholte Praxis verinnerlicht und in konkreten Handlungen kohärent realisiert wird. Diese Kohärenz und Kontinuität wiederum implizieren, dass die Handlungen einer Person im zeitlichen Verlauf und kontextunabhängig derselben ethischen Ausrichtung (des Maßvollen) folgen. Solche Vorstellungen von Kohärenz und Kontinuität im Handeln befinden sich mit der *différance*-Konzeption und der Unmöglichkeit von Festlegungen in einem spannungsreichen Verhältnis, ebenso wie auch die Fähigkeit zur vernünftigen Bestimmung und willentlichen Übereinstimmung mit dem sittlich Guten der Problematisierung von Autonomie im dekonstruktiven Denken gegenüber steht. Um diesen Widersprüchen und Spannungen angemessen zu beggenen, ist daher unseres Erachtens eine Neuformulierung bzw. eine Verschiebung des Haltungsbegriffs notwendig.

Unser exemplarischer Vorschlag zu Ansätzen einer Verschiebung des Haltungsbegriffs setzt an dem Moment der Identifikation an, insofern damit sowohl das der aristotelischen Konzeption inhärente Verständnis von Subjektivität als auch das der Differenz angesprochen ist. Die Verschiebung folgt einem Lesefehler, der in unserer gemeinsamen Arbeit an diesem Aufsatz passierte. Eine von uns sprach plötzlich von „Infektion" statt von „Identifikation". Diese ungeplante sprachliche Modifikation regte Überlegungen zu einer „Infektion" durch Theorien und Philosophien an: Während bei einer Identifikation eine bewusste Entscheidung eines autonomen, souveränen Subjekts vorrangig ist, wird bei einer „Infektion" auch ein unbewusstes, nicht-intendiertes Moment wichtig, etwas, das bei der Begegnung und Beschäftigung mit einer Theorie „einfach passieren" kann. Auch wird durch eine Verschiebung zu „Infektion" von einer nahtlosen „Identifikation mit" abgerückt und eine Differenzbewegung markiert: Eine Infektion ist immer zugleich etwas von Außen und Teil des Eigenen, ein unabgeschlossenes Ringen mit Vorstellungen, die von einem kognitiv und emotional „Besitz ergreifen", die einen packen oder auch abstoßen können, ohne dass sich diese Prozesse eindeutig kontrollieren ließen. In einem solchen Sinne stellt sich die Beschäftigung mit theoretischen Perspektiven nicht als harmonisch, kontinuierlich und kohärent dar, sondern als ein spannungsvoller, produktiver Prozess, der ein ständiges Über-, Vor- und Nachdenken impliziert.

Allerdings sind mit solch einer Verschiebung von „identifiziert" zu „infiziert" wieder erneute Verkürzungen und Ausblendungen verbunden. Um einer dekonstruktiven Lektüre gerecht zu werden, ist somit die Vorläufigkeit dieser Verschiebung hervorzuheben und die Frage nach den Ausschlüssen dieser veränderten Konzeption wird zu stellen sein. Darüber hinaus gehört zur dekonstruktiven Lektüre, dass die Verschiebung von Identifikation zu Infektion nicht einer Logik des Wechsels vom Einen zum Anderen verhaftet bleibt, sondern, dass genau die Spur der Identifikation in einem dekonstruktiven Haltungsbegriff, der stärker an der Vorstellung einer Infektion ausgerichtet ist, noch enthalten ist. Wenn im Folgenden also das Konzept einer „dekonstruktiven Haltung" vorgestellt wird, ist dessen inhaltliche Bestimmung nur möglich gewesen in der Auseinandersetzung mit dem aristotelischen Haltungsbegriff und der Dekonstruktion, die als Spuren beide Teile des Konzeptes sind.

4. Dekonstruktive Haltung – zur Realisierung in sozialpädagogischen Handlungszusammenhängen

Im Anschluss an die vorangegangenen Überlegungen verstehen wir unter einer dekonstruktiven Haltung eine ethisch motivierte soziale Praxis, in der sich die entsprechenden Werte und Normen performativ vollziehen: Sie konstituiert sich aus der Anerkennung der *différance*-Bewegung als Versuch, Gerechtigkeit im Sinne einer Verantwortung gegenüber dem_der anderen (verdeckten) Anderen walten zu lassen. Demgemäß impliziert eine dekonstruktive Haltung ein ständiges Streben danach, dem_der Anderen gerecht zu werden, im gleichzeitigen Wissen, ihn_sie dabei mit jeder Benennung zu verfehlen. Eine dekonstruktive Haltung ist mit ihrer Orientierung an den Normen der Dekonstruktion keinesfalls beliebig. Sie ist gerichtet auf „gutes Handeln", reflektiert jedoch zugleich die grundsätzliche Nicht-Erreichbarkeit von Zielvorstellungen. Diese vage Zielorientierung weist noch Spuren von Kontinuität und Kohärenz auf, diese sind jedoch nur als brüchig denkbar.

Wie ist nun die Realisierung einer solchen dekonstruktiven Haltung in Praxiszusammenhängen Sozialer Arbeit denkbar? In einem ersten Schritt (4.1.) markieren wir Facetten einer *dekonstruktiven Haltung „en passant"*[5], die dazu beiträgt, Dekonstruktionen in konkreten sozialpädagogischen Handlungssituationen zu ermöglichen. Dabei fokussieren wir verschiedene *Bezugspunkte*, auf die sich Handlungen von Praktiker_innen der Sozialen Arbeit richten können und stellen hiermit konkrete Handlungsvorschläge vor. In einem zweiten Schritt (4.2.) skizzieren wir Überlegungen zur *dekonstruktiven Haltung als nachträgliche Praxis*, mit der Verdeckungen vorangegangener Handlungen offen gelegt werden können. Unser Fokus ist dabei auf reflexive Denkbewegungen gerichtet, die wir als mögliche Facetten einer solchen Haltung konkretisieren.

Zwischenreflexion:
Die im Folgenden vorgenommenen Differenzierungen begreifen wir als analytische Trennungen, die im Prozess der Auseinandersetzung mit der différance-Bewegung[6] *entstanden sind. Wir möchten jedoch darauf aufmerksam machen, dass mit der Systematik eine gewisse Losgelöstheit der Zeit- und somit auch Handlungsdimensionen voneinander nahegelegt wird. Tatsächlich konstituiert sich aus unserer Sicht eine dekonstruktive Haltung jedoch genau in dem ständigen Wechselspiel von Realisierungen in nachträglichen Handlungen und Handlungen im konkreten Vollzug („en passant"). Beide Ebenen sind notwendig ineinander verwoben, so dass auch im konkreten Handlungsvollzug reflexive Momente enthalten sein können. Eine dekonstruktive Haltung könnte demnach zum Handeln mit reflexiven Schleifen auffordern, um auf diese Weise verdeckte Bedeutungen „daneben zu setzen".*

4.1 Facetten einer dekonstruktiven Haltung „en passant"
Eine dekonstruktive Haltung ist nicht auf ein spezifisches Handlungsfeld der Sozialen Arbeit festgelegt, sondern kann im Handeln Professioneller in verschiedenen pädagogischen Praxiszusammenhängen zum Ausdruck kommen. Wir spielen an-

---

[5] Im Französischen soviel wie „nebenbei"/„beiläufig"/„im Vorübergehen". Mit „en passant" ist in diesem Text der konkrete Handlungsvollzug gemeint.
[6] Soziale Handlungen in konkreten Situationen und darauf bezogene, nachträgliche Handlungen/Denkbewegungen können, so wie Verräumlichung und Verzeitlichung in der différance, als ständiges Wechselspiel begriffen werden. Soziale Praxen in Interaktionen („en passant") können dabei als Verräumlichung gedacht werden, da Handlungen – auch wenn man gleichen Normen und pädagogischen Konzepten folgt – auf Grund der ständigen Unterschiedlichkeit der Variablen Zeit und Kontext nie identisch sind. Eine Verzeitlichung kann analog zu einer nachträglichen, reflexiven Praxis gesehen werden, mit der in Interaktionen geschehene Verfehlungen offen gelegt werden können.

hand verschiedener *Bezugspunkte* pädagogischen Handelns mögliche Facetten einer dekonstruktiven Haltung durch.

Dekonstruktive Haltung in Bezug auf ...

...pädagogisch Adressierte

Wir sehen in dem Bestreben, die im Feld Sozialer Arbeit Adressierten nicht permanent identifizieren bzw. klar bestimmen zu wollen, einen Ausdruck einer dekonstruktiven Haltung. Gemeint ist damit ein Absehen davon, ein vollständiges Wissen darüber erlangen zu wollen, wer das konkrete Gegenüber genau ist, um ihn_sie dementsprechend bestimmen bzw. kategorisieren zu können. Eine dekonstruktive Haltung von Sozialarbeiter_innen zeichnet sich vielmehr durch die Offenheit gegenüber heterogenen und auch widersprüchlichen Selbstentwürfen aus. Dies kann in einem offenen Modus der Ansprache Ausdruck finden, die den Subjekten Spielraum für multiple, in Widerspruch zueinander stehende, sich überlagernde Identitätskonstruktionen geben und diese nicht durch permanente Vereindeutigungen verdecken. So kann eine veränderte Ansprache dazu beitragen, atmosphärisch Räume zu schaffen, in denen „andere", plurale Selbstentwürfe, Erprobungen vielfältiger Selbstdarstellungen und Erfahrungen möglich werden und gleichzeitig die (individuellen) Grenzen berücksichtigt und akzeptiert werden.

... auf institutionelle Strukturen

Weiter sehen wir das Engagement für die Eröffnung neuer institutioneller Räume – die neben bereits etablierte hegemoniale Räume gesetzt werden – als Ausdruck einer dekonstruktiven Haltung. In diesen können die in hegemonialen Räumen durch vorhandene dominante Strukturen verdeckten Erfahrungen und Verletzungen Raum finden. Als konkretes Beispiel kann hier die Eröffnung von sogenannten Empowerment-Räumen[7] für Minorisierte (zum Beispiel für Menschen mit Rassismuserfahrungen) genannt werden. Sie geben den Teilnehmer_innen unter anderem die Möglichkeit, „sich in der Begegnung, im Austausch von Wissen, Erfahrungen zu und Strategien gegen Rassismus stärken [zu] können" (Yiğit/Can 2006: 169). Solche Räume, in denen hegemonial verdeckte Erfahrungen benannt[8] werden können, sind vor der Folie der Dekonstruktion als ein „Danebensetzen" bisher ausgeblendeter Bedeutungen lesbar.

---

[7] Vgl. zu „Empowerment" etwa Yiğit/Can (2006) und Rosenstreich (2006)
[8] Insofern stellen Empowerment-Räume, Räume der Artikulation dar, was zugleich auf die Verwobenheit dieser vorgestellten „Räume" aufmerksam macht.

... auf die konzeptionelle Gestaltung sozialarbeiterischer Angebote
Hinsichtlich dieses Bezugspunktes sozialarbeiterischen Handelns legen wir vor allem zwei Formen der konzeptionellen Gestaltung von Angeboten dar, in denen eine dekonstruktive Haltung zum Ausdruck kommen kann: die Eröffnung von Räumen der Artikulation sowie die Eröffnung von Räumen des Experimentierens.

Räume der Artikulation: Auf einer *inhaltlichen* Ebene zeichnen sich Räume der Artikulation durch die Thematisierung eigentlich randständiger bzw. in dominanten Zusammenhängen nicht-benannter Themen aus. Konkret ist darunter vorstellbar, dass in pädagogischen Bildungsangeboten Perspektiven thematisiert werden, die in anderen vorliegenden Curricula nicht vorgesehen sind: So könnte beispielsweise die Auseinandersetzung mit postkolonialen Perspektiven auf deutsche, koloniale Vergangenheit dazu beitragen, Spuren verdeckter Bedeutungen offen zulegen und diese neben hegemoniale Geschichtsschreibungen zu setzen. Auf *methodischer* Ebene sehen wir darüber hinaus eine Möglichkeit im Schaffen von Räumen des Sprechens und der Gespräche[9]: Gespräche können in Derridaschem Sinne als „différance- bzw. Aufschubmaschinen" verstanden werden: Gespräche ermöglichen gewissermaßen, die *différance* offen zu halten und voran zu treiben, indem sie das Verstehen und Bestimmen von Bedeutung aufschieben (vgl. Mührel 2008). Entsprechend einer dekonstruktiven Haltung läge dann ein Schwerpunkt auf dem Stellen von Fragen, der Ermöglichung von Gesprächen und Dialogizität statt auf Versuchen des abschließenden Erklärens und des ausschließlichen Vortragens. In der konzeptionellen Gestaltung sozialarbeiterischer Praxis bräuchte es daran anschließend genau die Verbindung beider Ebenen (inhaltlich und methodisch): Es reicht dann genau nicht, „verdeckte" Themen anzusprechen ohne dies auch entsprechend methodisch zu gestalten.

Räume des Experimentierens: Räume des Experimentierens konstituieren sich beispielsweise durch eine Praxis des Aufdeckens des im hegemonialen Sprachgebrauch Verdeckten, beispielsweise wenn sich Sozialarbeiter_innen dafür entscheiden, eine Zeitlang konsequent in der weiblichen Form zu sprechen. Anzunehmen sind damit verbundene Irritationen bei den pädagogisch Adressierten, die den Ausgangspunkt einer Thematisierung sprachlicher Ausschließungen bilden können. Die Entscheidung für einen solchen Sprachgebrauch kann aus der gerechtigkeitsorientierten/hegemoniebewussten Position der Sozialarbeiter_innen hervorgehen, den Adressierten etwas „zuzumuten" (im Sinne von Ausblendungen/Verdeckungen), um somit denjenigen denen Verdeckungen und Ausblendungen „angetan" werden, weniger anzutun.

---

[9] Ein weiteres Beispiel für Räume der Artikulation wären solche, die eine non-verbale Ebene einschließen. So könnte etwa der Einsatz von Theaterübungen auf Diskurse, die unsere Körper prägen, aufmerksam machen und etwas daneben setzen, zugleich aber auch sprachlich schwer Artikulierbares zum Ausdruck bringen (vgl. etwa Boal 1989/1999; vgl. Beiträge in Cohen-Cruz/Schutzmann 2006).

... die eigene Position als pädagogisch Handelnder

Im Hinblick auf den Selbst-Bezug bzw. die Einstellung von Sozialarbeiter_innen in konkreten Handlungssituationen betrachten wir es als Teil einer dekonstruktiven Haltung, sich die Unmöglichkeit, den_die AndereN und seine_ihre Bedürfnisse erkennen zu können, einzugestehen. Folglich drückt sich für uns eine dekonstruktive Haltung in dem Eingeständnis begrenzten Wissens, von Nicht-Wissen und Nicht-Erkennbarkeit aus. Denkbar ist, dass dies einerseits für Sozialarbeiter_innen mit verunsichernden Momenten verbunden ist, da damit auch Vorstellungen von „Kontrolle" aufgegeben werden. Andererseits kann dieses Eingeständnis mit neuen Ansprüchen dahingehend verbunden sein, sich prozesshaft immer wieder aufs Neue auf die Selbstentwürfe der Subjekte und deren Bedürfnisse einzustellen und die eigenen pädagogischen Zielformulierungen immer wieder zu modifizieren und zu hinterfragen. Entsprechend sehen wir eine dekonstruktive Haltung auch darin zum Ausdruck kommen, einen „gelassenen" Umgang mit Unsicherheiten, Nicht-Wissen und Nicht-Erkennbarkeit zu finden und diese Aspekte genau nicht als eigenes Defizit zu deuten, sondern vor dem Hintergrund der *différance*-Bewegung als Charakteristikum von Sozialität zu begreifen. Darin wird sichtbar, dass wir das Erkennen eines solchen Nicht-Wissens nicht als Begründung eines Handlungsabbruchs seitens der Sozialarbeiter_innen sehen, sondern im Gegenteil als Potenzial für die Entstehung von Unvorhergesehenem und als möglichen Impuls für die eigene Arbeit.

Zwischenreflexion:
Vor dem Hintergrund der bisherigen Vorschläge drängt sich die Frage auf, ob es bei einer dekonstruktiven Haltung immer um das Bemühen um eine Offenhaltung von Bedeutungen, Bezeichnungen, von pädagogischen Ansprachen oder Konzepten gehen muss: Kann – zugespitzt formuliert – gar von „Scheitern" gesprochen werden, wenn Sozialarbeiter_innen, die eine dekonstruktive Haltung einnehmen (möchten) identifizierend handeln? Dies sehen wir anders: Zum einen kann auch eine Verdeckung der différance-Bewegung im Rahmen einer dekonstruktiven Haltung situiert sein, wenn sie beispielsweise strategisch motiviert ist. Der strategische Essenzialismus der postkolonialen Theoretikerin Gayatri Spivak kann als eine solche zeit- und situationsgebundene Strategie gelesen werden (vgl. Spivak 1999, vgl. Nandi 2006). Die Entscheidung für eine essenzialisierende Rhetorik in konkreten pädagogischen Kontexten sowie die konzeptionelle Ausrichtung pädagogischer Angebote auf eine fest definierte Gruppe kann insofern in bestimmten Situationen durchaus notwendig erscheinen, zum Beispiel zur Verbesserung von Zugangsmöglichkeiten zu ökonomisch-politischen Ressourcen oder zur Eröffnung einer Sprecher_innenposition. Die Spannung zwischen festlegenden und nicht-festlegenden Handlungen wird darüber hinaus auch durch die reale Bedeutsamkeit von Identitätskategorien ins Spiel gebracht: Von jeglicher identifizierender Ansprache abzusehen bzw. eindeutige Selbstpräsentationen nicht aufzugreifen, hieße, die Spannung der différance aufzulösen. Es würde eine einseitige Festlegung auf die Dimension des Nicht-Identifizierens erfolgen, die ihrerseits auch mit Gewaltförmigkeiten verbunden ist.

Schließlich lässt auch der dekonstruktive Subjektbegriff ein ausschließlich dekonstruktives Handeln nicht zu, da Subjekte sich selbst auf Grund der différance als nie vollkommen zugänglich gelten. Zusammenfassend lässt sich sagen, dass auch identifizierendes Handeln somit nicht per se als das „Außen" einer dekonstruktiven Haltung zu verstehen ist. Worum es einer dekonstruktiven Haltung vielmehr geht, ist, das Spannungsverhältnis zwischen identifizierenden und nicht-identifizierenden Handlungen aufrecht zu erhalten und genau nicht zu einer Seite hin aufzulösen.

4.2 Reflexive Denkbewegungen als Facette einer dekonstruktiven Haltung im Modus von Nachträglichkeit

Nachdem wir bisher unseren Blick auf verschiedene Formen einer dekonstruktiven Haltung „en passant" gerichtet haben, skizzieren wir im Folgenden unsere Überlegungen zur dekonstruktiven Haltung als *nachträgliche* Praxis. Dabei steht im Mittelpunkt, inwiefern Reflexivität eine Facette dekonstruktiver Haltung in der Sozialen Arbeit sein kann. Reflexion markiert zunächst den Modus einer Denkbewegung, welche nicht automatisch machtkritisch oder sensibel gegenüber machtvollen Verdeckungen sein muss. Der Terminus Reflexivität verweist ethymologisch auf das Zurückdrehen/Biegen von etwas, ähnlich wie bei Lichtstrahlen (vgl. Kluge 2002: 751). Auf sozialarbeiterische Handlungszusammenhänge bezogen, impliziert Reflexion das Nach-Denken über *vergangene* Handlungsvollzüge. Zugleich ermöglichen reflexive Denkbewegungen auch Impulse für *zukünftige* Handlungen. Im Zusammenhang einer dekonstruktiven Haltung orientiert sich die reflexive Denkbewegung an den Normen der Dekonstruktion. Auf sozialpädagogische Handlungskontexte gewendet, heißt dies ein gezieltes Nach-Denken über und ein Befragen unterschiedlicher Dimensionen vorangegangener Situationen mit dem Ziel, dem durch dominante Deutungen Verdecktem auf die Spur zu kommen sowie dem_der Anderen Gerechtigkeit widerfahren zu lassen. Den Modus einer solchen reflexiven Denkbewegung konkretisieren wir im Folgenden anhand fünf verschiedener Bezugspunkte sozialarbeiterischen Handelns. Dabei werfen wir mögliche Fragen auf, die eine solche Denkbewegung anleiten können.

Reflexive InBlicknahme ...

... der Adressat_innen Sozialer Arbeit

Wen (und wie) spreche ich in meinen Angeboten an? Welche Teile der_des Anderen/welche Identitätspositionen kommen in meinen Adressierungen nicht vor? Welche Personen(gruppen) werden ausgeschlossen?

Welche (Identitäts-) und Differenzkategorien finden besondere Aufmerksamkeit und warum? Mit welcher Motivation werden spezifische Identitätspositionen markiert, mit welcher Legitimation bleiben andere unmarkiert (unsichtbare Norm[10])?

... des institutionellen Rahmens
Wo, in welchem, Bezirk der Stadt/des Ortes befindet sich die soziale Einrichtung?
Für wen ist die Einrichtung zugänglich, für wen nicht? Für wen ist die Einrichtung möglicherweise nicht zugänglich und warum (Barrieren durch bauliche Gestaltung, Verkehrsmittel oder öffentliche Anbindung)?
Welche Zielgruppe wird mit Werbematerial angesprochen, welche nicht: Welche Personen sind bspw. auf den Titelblättern von Infobroschüren repräsentiert; in welchen Sprachen sind die Flyer der Einrichtung erhältlich? Wo liegen diese aus?
Zu welcher Zeit finden die pädagogischen Angebote statt?
Durch welche (inhaltlichen, personellen) Positionen wird die Institution repräsentiert?
Welche übergeordneten Ziele verfolgt die Einrichtung? Welche Aspekte geraten dabei aus dem Blick?

... des strukturellen Rahmens
Wie setzt sich das Team der sozialen Einrichtung zusammen? Welche (Identitäts-) Positionen sind vertreten/nicht vertreten (bspw. Akademiker_innen; Praktikant_innen; Ein-Euro-Jobber_innen; weiß mit Migrationshintergrund; queer)?
Wer besetzt welche Position(en)?
Nach welchen Kriterien werden neue Stellen und Aufgabenbereiche vergeben und zugeteilt?
Wer gilt als Expert_in für welche Themen und Aufgabenbereiche?
Welche impliziten Machtstrukturen bestehen: Wie sind beispielsweise die Sprecher_innenanteile bei Teamsitzungen aufgeteilt? Welche Stimmen überwiegen? Wer entscheidet über was? Wer spricht für wen, wer repräsentiert wen?

... konzeptioneller Gestaltung der Angebote
Welche Zielgruppen werden durch die Angebote der Einrichtung (nicht) angesprochen, warum?
Welche Vorannahmen liegen den Konzepten bezüglich der Zielgruppen zu Grunde? Welche Ziele und Anforderungen werden innerhalb der Konzepte für die Arbeit mit den Adressierten formuliert?
Wie werden die Angebote methodisch-konzeptionell aufbereitet?
Welche Methoden bilden den Standard, welche kommen nicht zum Einsatz? Welche Themen werden durch die eingesetzten Methoden ausgeblendet?

---

[10] Diese Frage könnte sich beispielsweise auf Weißsein (whiteness) als Norm richten.

Welche (Identitäts-)Positionen werden durch die Themen- und Methodenwahl in ihrer (dominanten) Position bestärkt? Welche werden delegitimiert bzw. marginalisiert?

... der eigenen Person als sozialarbeiterisch Handelnde
Welche Position nehme ich in gesellschaftlichen Macht- und Herrschaftsstrukturen[11] ein? Inwiefern kommt mir eine privilegierte/marginalisierte Position zu? Wie trage ich in meinem Handeln zur Stabilisierung dominanter Positionen bei? Welche Identitäts(-positionen) nehme ich nicht ein?

Welche Ziele verfolge ich in meinem sozialarbeiterischen Handeln? Welche Vorannahmen und Normativitäten liegen diesen Zielen zu Grunde? Was bleibt auf Grund dessen unberücksichtigt? Welche „blinden Flecken" kennzeichnen mein Handeln?

Wie begegne ich den Adressierten in meinem Handlungsfeld?

Auch wenn die reflexiven Denkbewegungen hier systematisch entsprechend unterschiedlicher Bezugspunkte aufgefächert wurden, ist es unseres Erachtens wichtig, zu berücksichtigen, dass diese ineinander gelagert sein können und dementsprechend eine Betrachtung der (sozialpädagogischen) Gesamtsituation nicht fehlen darf. Das Repertoire an Fragen stellt zudem nur den Anfang einer Sammlung dar, die als offen und erweiterbar gedacht ist.

5. Die „dekonstruktive Haltung" als vorläufige Entscheidung

Bisher sind nur vereinzelt Übertragungen poststrukturalistischer Theorieansätze auf sozialarbeiterische Handlungszusammenhänge – insbesondere in Verbindung mit konkreten Handlungsvorschlägen – zu verzeichnen.[12] Entsprechende Theorien scheinen eher eine abschreckende Wirkung auszuüben, da ihnen häufig „Praxis-Untauglichkeit" attestiert wird (vgl. Plößer 2005: 15). Und tatsächlich scheinen Konzepte, wie das der *différance* und der Dekonstruktion in vielen Punkten unvereinbar mit der Konzeption konkreter Praxisansätze. Denn sobald eine zeit- und kontextübergreifende Festlegung – zum Beispiel in Form curricularer Einschreibungen oder konzeptioneller Handlungsanleitungen – erfolgt, wird das Offenhalten der *différance* verkannt und machtvolle Zuschreibungen und Verdeckungen finden statt. Trotz dieser Problematik scheint es uns aber möglich, eine (sozialarbeiterische) Übertragung der Dekonstruktion in Form einer „dekonstruktiven Haltung" *vorläufig* zu wagen. Aus unserer Sicht kristallisieren sich in der Beschäftigung mit der

---

[11] Da wir auch pädagogische Handlungszusammenhänge als durchzogen von gesellschaftlichen Macht- und Herrschaftsstrukturen begreifen, sehen wir die reflexive Befragung der eigenen Position darin als unumgänglich.

[12] Vgl. dazu Beiträge in: Fritzsche et al. (2001), Hartmann (2004), Plößer (2005), Schmidt (2002).

Strategie der Dekonstruktion sogar sehr vielfältige Anschlussstellen für die Praxis Sozialer Arbeit, aber auch anderer pädagogischer Felder, heraus. Deren Markierung galt unser Interesse. Gleichzeitig sind die formulierten Ansatzpunkte, die wir als Facetten einer dekonstruktiven Haltung begreifen, ihrerseits wieder einer dekonstruktiven Re-Lektüre zu unterziehen und keinesfalls als allgemeingültiges Konzept zu verstehen, das auf den Einzelfall der sozialarbeiterischen Handlung einfach übertragen und angewendet werden könnte.

Literatur

Aristoteles (2003): Nikomachische Ethik. Stuttgart: Reclam
Bertram, Georg W. (2002): Die Dekonstruktion der Normen und die Normen der Dekonstruktion. In: Kern/Menke (2002): 289-310
Boal, Augusto (1989): Theater der Unterdrückten. Übungen und Spiele für Schauspieler und Nicht-Schauspieler. Frankfurt a.m.: Suhrkamp
Cohen-Cruz, Jan/ Schutzman, Mady (eds.) (2006): A Boal companion. Dialogues on theatre and cultural politics. London/New York: Routledge
Derrida, Jacques (1967): De la grammatologie. Paris: Ed. de Minuit
Derrida, Jacques (1991): Gesetzeskraft. Der „mystische Grund der Autorität". Frankfurt a.M.: Suhrkamp
Derrida, Jacques (2004a): Die différance. In: Engelmann (2004): 110-149
Derrida, Jacques (2004b): Unterwegs zu einer Ethik der Diskussion. In: Engelmann (2004): 279-334
Ehrenspeck, Yvonne (2001): Strukturalismus und Poststrukturalismus in der Erziehungswissenschaft. Thematische, theoretische und methodische Implikationen. In: Fritzsche et al. (2001): 21-33
Elverich, Gabi/Kalpaka, Annita/Reindlmeier, Karin (Hrsg.): Spurensicherung – Reflexion von Bildungsarbeit in der Einwanderungsarbeit. Frankfurt a.M.: IKO
Engelmann, Peter (Hrsg.) (2004): Jacques Derrida. Die différance. Ausgewählte Texte. Stuttgart: Reclam
Engelmann, Peter (Hrsg.) (1999): Postmoderne und Dekonstruktion. Texte französischer Philosophen der Gegenwart. Stuttgart: Reclam
Fritzsche, Bettina/Hartmann, Jutta/Schmidt, Andrea/Tervooren, Anja (Hrsg.) (2001): Dekonstruktive Pädagogik. Erziehungswissenschaftliche Debatten unter poststrukturalistischen Perspektiven. Opladen: Leske und Budrich
Hartmann, Jutta (Hrsg.) (2004): Grenzverwischungen. Vielfältige Lebensweisen im Gender-, Sexualitäts- und Generationendiskurs. Innsbruck: Studia
Kern, Andrea/Menke, Christoph (Hrsg.): Philosophie der Dekonstruktion. Frankfurt a.M.: Suhrkamp
Kluge, Friedrich (2002): Etymologisches Wörterbuch der deutschen Sprache. Kluge. Bearb. Von Elmar Seebold. Berlin: de Gruyter (24. Aufl.)
Kurbacher, Frauke Annegret (2006): Was ist Haltung? Philosophische Verortung von Gefühlen als kritische Sondierung des Subjektbegriffs. In: Magazin für Theologie und Ästhetik 43/2006, http://www.theomag.de/43/fk6.htm [Stand: 26.04.09]

Mader, Johann (2005): Einführung in die Philosophie.Von Parmenides zur Postmoderne. Wien: WUV/UTB

Moebius, Stephan/Quadflieg, Dirk (Hrsg.) (2006): Kultur. Theorien der Gegenwart. Wiesbaden: VS

Mührel, Eric (2008): Verstehen und Achten. Philosophische Reflexionen zur professionellen Haltung in der Sozialen Arbeit. Essen: Die Blaue Eule

Nandi, Miriam (2006): Gayatri Chakravorty Spivak: Übersetzungen aus Anderen Welten. In: Moebius/Quadflieg (2006): 129-139

Plößer, M. (2005): Dekonstruktion ~ Feminismus ~ Pädagogik. Vermittlungsansätze zwischen Theorie und Praxis. Königstein/Taunus: Helmer

Rosenstreich, Gabriele (2006): Von Zugehörigkeiten, Zwischenräumen und Macht: Empowerment und Powersharing in interkulturellen und Diversity Workshops. In: Elverich et al. (2006): 195-231

Schmidt, Andrea (2002): Balanceakt Mädchenarbeit. Beiträge zu dekonstruktiver Theorie und Praxis. Frankfurt a.M.: IKO

Spivak, Gayatri Chakravorty (1993): Outside in the Teaching Machine. London/New York: Routledge

Winkler, Michael (2006): Kritik der Pädagogik. Der Sinn der Erziehung. Stuttgart: Kohlhammer

Yiğit, Nuran/Can, Halil (2006): Politische Bildungs- und Empowerment-Arbeit gegen Rassismus in People of Color-Räumen – das Beispiel der Projektinitiative HAKRA. In: Elverich et al. (2006): 167-193

Zirfas, Jörg (2001): Identitäten und Dekonstruktionen. Pädagogische Überlegungen im Anschluss an Jacques Derrida. In: Fritzsche et al. (2001): 49-64

Un-Sinn: Postkoloniale Theorie und Diversity

María do Mar Castro Varela

Abstract
Diversity ist ein in der Sozialen Arbeit viel diskutiertes Konzept. Doch was geschieht, wenn wir dieses mit einer machttheoretischen Perspektive konfrontieren? Postkoloniale Theorie deutet auf die Wirkmächtigkeit kolonialen „Wissens", welches eurozentristisch und essenzialistisch aufgeladen ist. Das Zusammenbringen dieser sehr unterschiedlichen Herangehensweisen ermöglicht eine kritische Evaluation von Diversity, von der aus es möglich wird, ein politisch-utopisches Konzept der Diversity zu entwickeln, welches Kritik im Sinne einer „Entunterwerfung" ernst nimmt.

> „Intellectually, diversity politics sits at the confluence of several currents that include liberalism, communitarianism, poststructuralism, post-Marxism, feminism, post-colonialism and queer" (Cooper 2004: 5).

1. Einleitung

Kürzlich sollte ich auf einer Diversity-Tagung einen Vortrag zu postkolonialen Perspektiven halten und war bei der Ausarbeitung des Vortrages in ständiger Sorge darüber, ob es mir gelingen würde, einen Vortrag zu schreiben, der nicht in reiner Polemik enden würde. Viele Teilnehmende, führte ich mir vor Augen, die die Tagung besuchen würden, bemühen sich ernsthaft um eine *gerechtere Welt* oder zumindest um *mehr soziale Gerechtigkeit* innerhalb von Institutionen und Organisationen. Eine bloße Verwerfung von Diversity-Ansätzen schien mir, dies reflektierend, nicht mehr möglich. So machte ich mich an eine kritische Evaluierung von Diversity-Politiken. Hierfür lenkte ich mein Wissen über Diversity durch ein Prisma postkolonialer Perspektiven. Herausgekommen ist weder eine Verwerfung noch eine Absolution der gängigen Ansätze, stattdessen eher eine Analyse, die versucht „Intention", „Methode" und „Outcome" zu trennen. Ergebnis meiner Überlegungen ist, dass Diversity nicht *per se* eine transformative Kraft zugeschrieben werden kann.

Tatsächlich verbergen sich bereits hinter dem Begriff „Diversity" unterschiedlichste Vorstellungen, die mitunter in einer bedeutungsvollen Spannung zueinander stehen (vgl. Castro Varela 2006; Rosenstreich 2009/i.E.). Etliche glauben, es ginge bei Diversity-Ansätzen lediglich um die Aufstellung einer von Vielfalt geprägten

Belegschaft[1], die es ermöglichen soll, effektiver und kreativer zu arbeiten. So lesen wir in der Diversity-Broschüre des Automobilherstellers Ford:

> „Für Ford ist Diversity weder ein Programm noch eine Initiative. *Es soll vielmehr ein Arbeitsumfeld geschaffen werden, in dem jeder zum Erfolg von Ford beitragen kann.* Das Thema Diversity bedeutet nicht nur die Integration aller Mitarbeiter ungeachtet ihrer ethnischen Herkunft, ihres Geschlechts, ihrer Religion und Weltanschauung, einer Behinderung, des Alters oder der sexuellen Identität, sondern Ford sieht diese Vielfalt gerade als Ausdruck der Unternehmenskultur und *als Chance und Potenzial für den Unternehmenserfolg*" (Hervorh. MCV)[2].

Die Intention ist unmissverständlich und konterkariert geradezu postkoloniale Politiken, die Marginalisierung und Ausbeutung über eine Analyse kapitalistischer Produktionsformen herausarbeiten.

Andere Akteure wiederum fordern gängige Gesellschaftsstrukturen heraus, die sie für soziale Ungerechtigkeiten verantwortlich machen, wie die Schule oder Universitäten. Kurzum, zuweilen stabilisiert Diversity gewaltförmige Strukturen, zuweilen unterläuft oder irritiert sie diese. Im Nachfolgenden wird es mir nur um die zweite Variante gehen. Bewusst lasse ich diejenigen Ansätze außen vor, die unter „Management" laufen – auch weil sie einer wesentlich grundsätzlicheren Kritik bedürfen. Stattdessen widme ich mich in meinen Ausführungen den kritischen Diversity-Strategien, obschon mir klar ist, dass es nicht immer einfach ist, eine klare Grenzlinie zwischen beiden Gruppen zu ziehen, da selbst kritische Ansätze Anleihen bei den Methoden des Diversity Management machen und *vice versa*. So wird Diversity Management auch in der Sozialen Arbeit als anschlussfähig beschrieben, wenngleich hervorgehoben wird, dass Machtaspekte benannt und nicht verdeckt werden sollten (vgl. Schröer 2007).

2. Irritierung und Verschiebung

Formal-juristische wie auch politisch-taktische Gründe sind mit dafür verantwortlich, dass in den letzten Jahren in Deutschland vermehrt über Möglichkeiten nachgedacht wird, antidiskriminierende Praxen in den Institutionen zu implementieren, um der Ausgrenzung von Minderheiten etwas entgegensetzen. Das im Jahre 2006 in Kraft getretene AGG (Allgemeines Gleichbehandlungsgesetz), welches in §1 als

---

[1] Besonders deutlich wird dies an den Hochglanzbroschüren multinationaler Konzerne, die ihr Diversity-Management nutzen, um unterschiedliche Marktsegmente zu erreichen. Auf dem Cover sind fast notorisch 50% Frauen, ein bis zwei schwarze Frauen und Männer und eine Person im Rollstuhl zu sehen – alle adrett gekleidet.

[2] Die Broschüre kann über die Ford-Website eingesehen werden http://www.ford.de/UeberFord/Unternehmenspolitik/Diversity [Stand: 08.08.2009].

Ziel angibt: „Benachteiligungen aus Gründen der Rasse oder wegen der ethnischen Herkunft, des Geschlechts, der Religion oder Weltanschauung, einer Behinderung, des Alters oder der sexuellen Identität zu verhindern oder zu beseitigen", hat den bereits etablierten Diversity-Ansätzen und der Antidiskriminierungsarbeit zweifelsohne enormen Aufwind gegeben. Sie erhielten durch die Gesetzeseinführung gewissermaßen eine verspätete Legitimierung. Darüber hinaus haben die aktive Antidiskriminierungsarbeit und die anhaltenden politischen Proteste Minorisierter, „die die ungerechterweise entwerteten Identitäten wieder aufwerten wollen" (Fraser/Honneth 2003: 22) dafür Sorge getragen, dass Diskriminierungen wie etwa Rassismus, Sexismus oder Heterosexismus öffentlich thematisiert wurden. Immer wieder rügten zudem internationale NGOs – etwa Amnesty International und die UNO – den *Status quo* Deutschlands bzgl. sozialer Gleichheit.[3] Und sicherlich dürfen die öffentlichen Debatten um Demokratisierung eines postnationalsozialistischen Deutschlands nicht außer Acht gelassen werden. Selbst wenn Diversity häufig mit Managementkultur assoziiert wird, so überkreuzen sich hierin doch eine Vielzahl von Debatten, sind die Diversity-Akteure durchaus unterschiedlich motiviert und in diversen Antidiskriminierungsfeldern verankert. Davina Cooper (2004) zufolge ist Diversity deswegen ein Raum, der von drei sich überschneidenden politischen Momenten bestimmt wird: „the democratic, the right and the normative" (ebd.: 5).

Das 20. Jahrhundert erwies sich als ein Jahrhundert, in dem die Kolonisierung der Welt ihren Höhepunkt erlebte, gleichzeitig massive Dekolonisierungsprozesse begannen, diktatorische Regimes in Europa dominierten und soziale Bewegungen die Rechte von so genannten Minderheiten erkämpften: Bürgerrechtsbewegung, Frauenbewegung oder Lesben- und Schwulenbewegung. All dies bestimmte die Entwicklung hin zu Diversity-Politiken, die klarlegen, wie wichtig es ist, Minderheitenrechte zu schützen. In einer kritischen Variante kann Diversity insoweit durchaus als utopiegeleitete Politik verstanden werden, die vom ethischen Gedanken der Anerkennung und Gleichheit bestimmt wird. Jedem und jeder sollen demnach dieselben Rechte zustehen und jedem und jeder sollen dieselben Möglichkeiten zur Selbstverwirklichungen und für ein gutes Leben zur Verfügung stehen. Weitergehendes Ziel ist damit die Demokratisierung der Gesellschaft, da diese ohne Achtung der *Anderen* nicht denkbar ist. Während das allgemeine Ziel – mehr Gerechtigkeit – von der liberalen Mehrheit durchweg bejaht wird, verlaufen die Auseinandersetzungen um das *Wie* und darüber, welche Kollektive als Minderheiten definiert werden können bzw. sollen, kontrovers. Darüber hinaus existiert auch keine Einigkeit darüber, welcher Zustand als gerecht empfunden wird und welche (sozialen) Kosten damit einhergehen dürfen: Was bedeutet es, wenn gesagt wird, alle sollen ein gutes

---

[3] Etwa der UN-Sonderberichterstatter für das Recht auf Bildung Vernor Muñoz, der in seinem Bericht von 2007 verschiedene Formen der Diskriminierung im deutschen Bildungssystem benennt.

Leben führen können? Was ist überhaupt ein gutes Leben? Wer bestimmt das? Reicht es, dafür zu sorgen, dass die Grundbedürfnisse aller gesättigt werden? Was gehört darüber hinaus dazu? Wo beginnt Luxus? Und in umgekehrter Richtung: Was darf nicht versagt werden? Was ist Missachtung? Was Gewalt? All dies sind Fragen, die die Soziale Arbeit im Allgemeinen beschäftigen. Doch

> „[e]rst wenn die Kritik an den Machtwirkungen von 'Diversity' ernst genommen und auf die eigene Praxis bezogen wird, wenn also die Frage gestellt wird, wer von 'Diversity' wie profitiert und wer durch den 'Diversity'-Einbezug auf Identitätspositionen festgelegt oder gar in einer eher inferioren Position bestätigt wird, kann 'Diversity' etwas anderes sein als die raffinierte Fortsetzung von Machtverhältnissen mit auf den ersten Blick 'irgendwie achtbar' wirkenden Mitteln" (Mecheril 2007: o.S.).

Normative Modelle wie das von Martha C. Nussbaum (1999) gehen, der aristotelischen Tradition folgend, nicht davon aus, dass grundlegende menschliche Fähigkeiten angeborene Fähigkeiten sind. Deswegen bleibt es eine Aufgabe des Staates, die Ressourcen bereitzustellen und Bedingungen zu schaffen, die es dem/der Einzelnen ermöglichen, ihre potenziellen Fähigkeiten zu entwickeln. „Im aristotelischen Staat", so Nussbaum, „ist alles so geregelt, dass jeder Bürger zu jedem Zeitpunkt mit den Lebensnotwendigen versorgt ist" (ebd.: 27). Wir treffen hier auf eine Form von politischer Herrschaft, für die die Produktion und Erhaltung von Bedingungen des guten Lebens elementar ist (ebd.). Es ist hier nicht der Ort auf die vielfältige Kritik, die am so genannten *Capabilities Ansatz* geäußert wurde, einzugehen (vgl. etwa Charusheela 2008). Eher möchte ich Nussbaums tugendtheoretische Überlegungen als Sprungbrett für eine Reformulierung kritischer Diversity-Strategien nutzen, die oft im Schatten normativer Modelle hergestellt wurden. Gewiss ermöglicht der deontologische Ansatz Nussbaums vergleichende Analysen, die darüber Auskunft geben, welcher Staat, wie viel für die Ermöglichung eines guten Lebens seiner Bürger_innen tut; wie viel er ausgibt und wen er schützt und wen nicht. In Konsequenz versetzt dies in die Lage, die Welt in gute, weniger gute und böse Staaten – Schurkenstaaten etwa – zu differenzieren. Allerdings wirkt der Ansatz nicht nur statisch und blutleer, sondern auch merkwürdig ahistorisch – selbst wenn Nussbaum immer wieder auf die Bedeutsamkeit historischer und kontextspezifischer Betrachtungen hinweist. Das Setzen von dem, was ein gutes Leben ist, aus der Warte der liberalen, gut verdienenden Wissenschaftlerin, die sich am Schreibtisch oder auf dem Flug unterwegs zu einer Konferenz befindet, erscheint mannigfach verdächtig. Wie Hans-Uwe Otto und Holger Ziegler (2007: 10) sehr richtig schreiben, gerät jeder „Versuch, ein gutes, geglücktes oder glückliches Leben in einer solchen Weise substanziell zu bestimmen [...] in den Verdacht eines metaphysischen-teleologischen Essentialismus". Die „lückenlose" Aufzählung von Fähigkeiten, die einem Menschen zum Menschen machen, die wohlgeordnete Auflistung der Bedingungen, die erfüllt sein müssen, um das gute Leben zu ermöglichen, erinnern nicht zufällig an das listige Vorgehen des kolonialen Staates. Wer hier postkolonial reflektiert, denkt sogleich an die koloniale Zivilisierungsmission[4], die immer beansprucht ein besseres Leben für alle – zumindest für die, die als Menschen erachtet wurden – zu ermöglichen und damit im selben Atemzug Gewalt und Ausbeutung legitimierte. Postkoloniale Theorie geht es deswegen immer auch um die Untersuchung epistemischer Gewalt und die Kontinuität derselben bis in die heutigen Tage. Denn die epistemische Gewalt, die die Kolonisierung begleitete, behindert bis zum heutigen Tage Dekolonisierungsprozesse. Nicht nur die Ideale vom Schönen und Guten wurden im imperialen Zeitalter schrittweise durchgesetzt, sondern auch was als Arbeit und was als Faulenzen, was als Unsinn und was als Leistung zu verstehen ist (vgl. Helmstetter 2002: 260f.). Es ist dies einer der Gründe dafür, warum die postkoloniale Theoretikerin Gayatri C. Spivak (2008) immer wieder darauf hinweist, dass es notwendig ist, in die Logik der Epistemologien einzusteigen, um diese zu verändern und es weniger darum gehe, eine Idee des guten Lebens zu entwerfen und sich am Hilfsbusiness zu beteiligen. „In der gegenwärtigen Weltlage", so Spivak,

> „in der Verantwortung im Süden einfach mit Rechenschaftsberichten gleichgesetzt (...) wird, ohne dass eine langfristige Ausbildung 'ohne Garantie' stattfände, reproduzieren und verstärken wir tatsächlich das, was 'Feudalismus' genannt werden muss" (ebd.: 40).

Allerdings ist Gerechtigkeit auch nicht damit zu erreichen, dass auf Selbstrepräsentation gesetzt wird, wie dies von einigen Vertreter_innen der Critical-Whiteness-Ansätze gefordert wird. Insoweit bemerkt Spivak zu Recht (1990: 63):

> „It is not a solution, the idea of the disenfranchised speaking for themselves, or the radical critics speaking for them; this question of representation, self-representation, representing others, is a problem".

Damit spricht sie *nolens volens* eine Kritik an gängigen Antidiskriminierungspraxen an, die zuweilen im deutschsprachigen Raum für sich beanspruchen, besonders radikal zu sein. Hervorgegangen aus einer Bewegung von Migrantinnen, Schwarzen und jüdischen Frauen am Ende der 1980er Jahre, inspiriert durch vergleichbare soziale Bewegungen vor allem in den Vereinigten Staaten in den 1960er und 1970er Jahren, vertreten heute einige politisierte Migrant_innen und *People of Color*, erneut – oder nach wie vor – eine klassische Identitätspolitik. Diese erhofft sich insbeson-

---

[4] Kaum zufällig beschuldigt Spivak Nussbaum, in Verteidigung von Judith Butler, die Nussbaum in einem Artikel in der *The New Republic. A Journal of Politcs and Arts* am 22. Februar 1999 als „Professor of Paradoy" bezeichnet und ihr vorwirft, dass ihr „hip quietism" mit dem Teufel kollaboriert, am 19. April im selben Journal der Fortführung der „civilizing mission". Darüber hinaus bewertet sie Nussbaums „equally hip, U.S. benevolence toward `other women'" nicht nur als uninformiert, sondern eben auch als Weiterführung einer imperialen Ausbeutung.

re über die Instrumente „Quotierung" und „Selbstrepräsentation" mehr soziale Gerechtigkeit. Diversity wird hier zu einem *Mehr an* Migrant_innen und *People of Color* reduziert. Zweifelsohne sind katachrestische Strategien unabdingbar, werden Minorisierungsprozesse doch immer dann irritiert, wenn diejenigen, die in der Gesellschaft als Minderheiten wahrgenommen werden, in Positionen gesetzt werden, in denen sie nicht sein sollen. Beispielsweise sind in Deutschland nur ca. 2% der Medienproduzent_innen Migrant_innen, was eine Forderung nach mehr Migrant_innen und People auf Color in den Medien geradezu zwingend macht. Allerdings muss diese Strategie immer in ihrer Eingeschränktheit gesehen werden. So können Migrant_innen in den Medien durchaus restriktive Migrationspolitiken fordern oder sexistische Witze nutzen, um die Zuschauerzahlen zu steigern.

An diesem konkreten Beispiel lässt sich sehr gut darlegen, wie postkoloniale Ansätze, innerhalb von Diversity-Strategien und Antidiskriminierungspolitiken eine effektive und sinnvolle Dauer-Irritierung in Gang setzen können. Auch weil sich postkoloniale Studien stark von poststrukturalistischem Denken beeinflusst zeigen, stehen sie quasi quer zu normativen Ansätzen oder Identitätspolitiken. Das bedeutet nun nicht, dass sie sich mit diesen nicht auseinandersetzen, jedoch, dass postkoloniales Denken jene klaren Ziele verschiebt; Grundannahmen eben auf den Grund geht. „Buntheit" kann nicht das Ziel sein, sondern ist eher das Problem.

3. Diversity und Dekolonisierung

Aktuell boomt im deutschsprachigen Raum die Rezeption postkolonialer Theorie. Das erfreut einerseits, denn die kritische Perspektivierung und ihre antidisziplinäre Ausrichtung ermöglichen neue kritische Bewegungen. Anderseits verwundert die verspätete Euphorie, schließlich fand die Rezeption und Produktion postkolonialer Theorie im anglophonen Raum ihren Höhepunkt bereits in den 1990er Jahren. Bereits 1991 spricht etwa Spivak von einem „postkolonialen Boom", der unter anderem zur Banalisierung einer notwendigen Imperialismuskritik geführt habe. Sie beanstandet hier einerseits den Verlust politischer Schlagkraft und greift anderseits die Produktion leicht vermarktbarer Theoriefragmente an. In der Tat verärgert die oft beobachtete Degradierung komplexer Theorien und Studien zu einem Etikett für politisch-wissenschaftliche Radikalität (vgl. Castro Varela/Dhawan 2009/i.E.). Auch dies ist ein guter Grund, die Verlinkung von postkolonialer Theorie und Diversity mit Vorsicht zu betreiben.

Wenn Postkolonialismus essenzialistische und eurozentrische Diskurse herausfordern möchte und dies ernst genommen wird, dann bedeutet dies, dass das Ziel nicht ein „multikulturelles Team" sein kann, sondern dass darüber hinaus transnationale Ausbeutungsverhältnisse in den Blick genommen werden müssen. Wenn also Nancy Fraser von Anerkennung *und* Umverteilung spricht, so wäre hier hinzuzufügen, dass es auch um epistemische Verschiebungen gehen muss. Soziale und politische Veränderungen haben im Postkolonialismus Vorrang vor kostengünstiger Symbolpolitik. Postkolonialer Theorie geht es darum, Rekolonisierungsprozesse herauszufordern, was kaum nur über eine Rekonstruktion des historischen Imperialismus zu bewerkstelligen ist. Dieser beschäftigt in ausschließlicher Form eher die Kolonialforschung. Konkret bedeutet dies, dass aktuelle Formen (internationaler) Ausbeutungsverhältnisse in den Blick genommen werden müssen und eine internationale Soziale Arbeit etwa ihre Komplizenschaft mit imperialen Strukturen hinterfragen sollte. Manches Mal ist doch die angebliche Hilfe das Problem. Susantha Goonatilake (2006: 24) zeigt am Beispiel Sri Lankas auf, wie westliche NGOs parallele Regierungsstrukturen aufgebaut haben und eine „new Western instrumentality" mit enormen Konsequenzen etabliert haben.

Deswegen muss es um die Analyse der Wirkmächtigkeit kolonialer Diskurse für heutige Vorstellungen, Ungleichheiten gehen und darum, Widerstandsmöglichkeiten auszuloten. Eines der Dilemmata besteht dabei darin, die europäischen Philosophietraditionen, die schließlich die intellektuellen Begründungen für die Etablierung einer kolonialen (Geistes-)Welt bereitgestellt haben, für die Dekolonisierung zu nutzen. Wie kann etwa, so ließe sich fragen, Kants Aufklärungsbegriff für die Zurückweisung degradierender Praktiken genutzt werden, wenn Kant selbst, rassistische Bilder zum Einsatz brachte, um seine Idee der Aufklärung zu plausibilisieren. Dabei geht es nicht darum, Kant zu exkulpieren, wie es etwa Bettina Stangneth (2001: 23) tut, die die rassistischen Zumutungen in seinen Schriften mit einer menschlichen Anfälligkeit für Vorurteile abtut, sondern eher darum herauszuschälen, welche Episteme wie zu reformulieren sind, um sie für Dekolonisierungs- und Demokratisierungsprozesse nutzbar zu machen (Dhawan 2009/i.E.). Damit wird auch ernst genommen, dass die Moderne nicht als ein Prozess zu verstehen ist, der singulär in Europa statt gefunden hat. Eher ist von einer *verflochtenen Moderne* auszugehen. Shalini Randeria spricht in diesem Zusammenhang von verflochtenen Geschichten (*entangled histories*) und bemerkt, dass es aussichtslos ist, eine Geschichte des Westens ohne die Geschichte der Kolonialländer zu schreiben und vice versa (Conrad/Randeria 2002: 17).

Koloniale Diskursanalysen können aufzeigen, wie das Normale und auch die Vorstellung des guten Lebens mit der kolonialen Beherrschung untrennbar verklammert sind. So hat etwa Edward Said (1978) in seinem Klassiker *Orientalism* mit Hilfe der Foucaultschen Diskursanalyse nachzeichnen können, dass und wie der koloniale Diskurs die kolonisierten und kolonisierenden Subjekte gleichermaßen herstellte. Die selbsternannten Orientexperten, die vorgaben den Orient zu kennen, waren es unter anderem, die diesen diskursiv hervorbrachten.

Postkoloniale Theorie zeichnet die Notwendigkeit des irrationalen *Anderen* für die Konstituierung des rationalen Selbst auf. Das von Said (1978) formulierte Konzept des *Othering* verdeutlicht dabei, dass der_die *Andere* beständig (neu) erzeugt und gleichzeitig auf der Position der Differenz festgezurrt werden muss. Das Fremd-machen (*Othering*) bedient sich der Differenz als konstitutives Außen, um Identität herzustellen. *Othering* bedarf insoweit zwangsläufig der Essenzialisierung und Homogenisierung. Innerhalb der Kolonisierungsprozesse wurde so ein klares „Wir" und die „Anderen" – „Europa" und der „Rest", wie Stuart Hall bemerkt – hergestellt.

In ähnlicher Weise sieht Homi Bhabha (1994) das Subjekt in kontinuierlicher Auseinandersetzung und Abgrenzung mit dem *Anderen*. Infolgedessen bleibt das Selbst durch eine immanente Ambivalenz gekennzeichnet, die es konstitutiv in sich trägt.

Das vermeintliche Wissen über *den* Orient hat der direkten Herrschaftsausübung gedient. Wir haben es insoweit mit einem Ensemble von Wissen und Macht zu tun. Postkoloniale Ansätze haben Macht und Wissen nie nur in seinen nationalen Varianten, sondern als globales Phänomen untersucht. So formulierte Fernando Coronil (2002) im Anschluss an Said das Konzept des Okzidentalismus und zeigt mithilfe desselben auf, wie westliche Gleichheitsvorstellungen Ausgrenzungen produzierten. Er lenkt damit die Perspektive auf „den relationalen Charakter von Repräsentation (…). Auch die Macht der Repräsentationen, ihre Genese in einem Kontext der Ungleichheit zu verschleiern und ihre historischen Verbindungen zu durchtrennen, gerät auf diese Weise in den Blick" (ebd.: 184). Postkoloniale Theorie stellt damit Konzepte zur Verfügung, die sowohl die Analyse als auch eine umfassende Kritik von Diversity-Strategien ermöglichen. Kritik sei hier im Sinne Michel Foucaults als „Kunst der Entunterwerfung" (*désassujettissement*) verstanden, die letztlich das Ziel verfolgt „nicht dermaßen regiert zu werden" (Foucault 1992) oder auch im Sinne Karl Marx als „die Selbstverständigung der Zeit über ihre Kämpfe und Wünsche" (zit. nach Fraser 1994: 10). Dafür ist es wichtig aufzuzeigen, wie die unterschiedlichen Signifikanten bei der Artikulation von Macht ineinander gleiten. Außerdem sollte zwischen einer hegemonialen Perspektive auf die Welt, die insbesondere gekennzeichnet ist durch die internationale Arbeitsteilung und den Macht- und Herrschaftsverhältnissen in den Metropolen unterschieden werden (vgl. Castro Varela/Dhawan 2005). So ist die legal in Deutschland lebende Migrantin kaum vergleichbar mit der Bäuerin, die in Peru um ihr Überleben kämpft. Beide erfahren Diskriminierungen, jedoch hat die jeweilige Verortung Konsequenzen, deren Vernachlässigung eine Schieflage in die Analyse sozialer Ungleichheiten bringt (Spivak 1990: 14). Innerhalb postkolonialer Theorie sprechen wir hier von einer „Politik der Verortung", die innerhalb von Diversity kaum rezipiert wird, weil diese zumeist nur national-gerahmte Prozesse in Angriff nimmt.

4. Diversity postkolonial-utopisch

Kommen wir also zurück zu der Anfangsfrage: Was geschieht, wenn wir kritische Diversity-Ansätze unter einer postkolonialen Perspektive untersuchen? Während klar geworden sein sollte, dass es bezogen auf die „Intention" um Transformation im Sinne einer Dekolonisierung gehen muss, ist die Frage der Akteure komplizierter. Ohne Frage sollte es darum gehen, Strukturen so zu verändern, dass Minorisierte mehr Möglichkeiten haben, in allen relevanten gesellschaftlichen Positionen Einzug zu nehmen. Wir warten also weiterhin auf die erste lesbische Bundeskanzlerin türkischer Herkunft. Allerdings, wie bemerkt, müssen Repräsentationspolitiken kritisch bedacht werden. Benötigt wird insoweit eine elaborierte Idee von „Identität", die die Risiken der Essenzialisierung ernst nimmt. Die Philosophin Judith Butler (1991: 21) hat eine solche vorgelegt und plädiert entsprechend für „eine Politik, die die veränderlichen Konstruktionen von Identität als methodische und normative Voraussetzung begreift, wenn nicht gar als politisches Ziel anstrebt". Das diese Subjektkonzeption für postkoloniale Theorie attraktiv ist, begründet Meyda Yeğenoğlu (1998: 4f.) damit, dass diese das autonome, rationale Subjekt, welches innerhalb der Masternarrative immer als weiß und männlich gesetzt wurde, dekonstruiert wird.

> „However, a deconstruction of the subject is not sufficient if it is merely limited to exposing it as a 'western white male' (…). A different sense of subjectivity, especially from the point of view of the notion of agency that an ethical position requires, can only be developed if we take the notion of otherness as constitutive" (ebd.: 5).

Das Selbst ist ohne das *Andere* nicht denkbar, weswegen es dilemmatisch bleibt, Diversity als *Raum des Anderen* zu zelebrieren, ohne die Prozesse des *Othering* selbst in Augenschein zu nehmen. Beim Versuch allerdings, *Othering* sichtbar und begreifbar zu machen, ist die kritische Stimme selber der Gefahr ausgesetzt, *Othering* zu reproduzieren. Diskurse der *kulturellen Differenz* werden deshalb im Versuch diese zu destabilisieren, schnell wieder reifiziert. Spivak (1988: 250) spricht an dieser Stelle von einer „*repetition-in-rupture*", die eine supplementierende Distanzierung vonnöten macht. „Without the supplementary distancing", so Spivak „a position and its counter-position (...) will keep legitimizing each other". Diversity-Politiken tun also gut daran, Gerechtigkeit komplexer zu denken. Das autonome, rationale Subjekt muss destabilisiert werden, während gleichsam der Prozess der Destabilisierung hinterfragt wird.

Said (1983) war es, der darauf aufmerksam gemacht hat, dass jeder Text und jede_r Kritiker_in „*in der Welt*" ist, was bedeutet, dass er/sie durch die bestehenden Verhältnisse geformt ist, eine bestimmte Position einnimmt und immer im Geflecht des Hier und Jetzt gefangen ist. Ein Heraustreten aus der Welt auf der Suche nach Wahrheit gibt es nicht und ein Heraustreten aus Geschichte ebenso wenig. Subjekte sind in sehr unterschiedlicher Weise verletzlich. Eine Frau, die über einen hohen Bildungsabschluss und/oder ökonomische Ressourcen verfügt, kann durchaus vielfältigen Diskriminierungen ausgesetzt sein, wenn sie beispielsweise schwarz ist. Dennoch hat sie mehr Möglichkeiten, sich zur Wehr zu setzen, als das etwa viele in den 1950er und 1960er Jahren angeworbenen Arbeitnehmerinnen aus den europäischen Peripherie hatten, die die deutsche Sprache nicht beherrschten, über einen nur prekären Aufenthaltsstatur verfügten und ökonomisch ausgebeutet wurden. Wenn die differenten Diskriminierungsformen und -erfahrungen in ihrer Dynamik zueinander analysiert werden, so werden Essenzialisierungsfallen greifbarer. Anne McClintock (1995: 6) zufolge sind „*race*" und *gender* nicht primär eine Frage von Hautfarbe und Sexualität, sondern eine von unterworfener Arbeit und imperialer Ausplünderung: „Because I do not believe that imperialism was organized around a single issue", so die Autorin, „I wish to avoid privileging one category over the others as the organizing trope" (ebd.: 8).

Wenn wir Diversity-Strategien also unter die postkoloniale Lupe nehmen, verkompliziert sich zwar das Anliegen, es vermag aber auch partikularistische *single-issue* Politiken zu überschreiten. Wir können dann ein Modell denken, welches nicht nur Machtungleichheiten thematisiert und fest gefahrene Strukturen erschüttert, sondern gleichsam politisch-utopisch zu verstehen ist. Freilich geht das nur dann, wenn Utopie nicht als ein naives Unterfangen verstanden wird, dessen Ziel das „Paradies auf Erden" ist. Wird Utopie gelesen als „Nicht-zu-erreichender-Ort" und eine Utopie-Agenda erdacht, die sich persistent dranmacht, das Unmögliche zu artikulieren und zu fordern, dann sieht die Sache anders aus (Castro Varela 2007a). Im Sinne Ernst Blochs (1993/1959) ist eine „konkrete Utopie" eine politische Hoffnung, die immer wieder enttäuscht werden muss. Es gehört zur Hoffnung, „daß sie enttäuscht werden muß, weil Hoffnung keine Zuversicht ist – sondern umlagert von der Gefahr und von dem, daß es auch anders sein kann" (Bloch 1975: 22). Letztlich ist das Denken der Veränderung, die Hoffnung auf ein Mehr an Gerechtigkeit das, was die utopische Fantasie in Gang hält. In diesem Sinne beschreibt die afroamerikanische feministische Bürgerrechtsaktivistin Angela Davis in ihrem Vortrag *How does change happen*?[5], warum sozialer Wandel des Glaubens an Wandel bedarf und warum dieser kein wirkliches Ende finden kann. Soziale Veränderung als ethisches Projekt bleibt notwendigerweise unabgeschlossen. Utopisches Denken verlangt deswegen nach zumindest zweierlei: erstens der „Durcharbeitung des Hier und Jetzt" und zweitens der „persistenten Kritik" – um ein Spivaksches Konzept zum Anschlag zu bringen. Während die persistente Kritik Wandel im Gang hält, ermöglicht die analytische Durcharbeitung des Hier und Jetzt die Re-Formulierung der Ziele und das Re-Arrangement politischer Bündnisse.

---

[5] Davis hielt den Vortrag *How does change happen?* an der University of California, Santa Cruz am 10. Oktober 2006. Er ist unter http://vodpod.com/watch/1005523-angela-davis-how-does-change-happen-, abrufbar [Stand: 08.08.2009].

„This is the greatest gift of deconstruction: to question the authority of the investigating subject without paralyzing him, persistently transforming conditions of impossibility into possibility" (Spivak 1996: 210).

Obschon zeitweise auch in linken politischen Positionen antiutopische Stimmen überwiegen, die akzentuieren, dass die Formulierung von Utopien nicht nur obsolet, sondern gar riskant sei, gehe ich davon aus, dass artikulierte Utopieverbote eine spezifische Form der Unterlaufung von Herrschaftskritik darstellen. Herrschaftskritik bedeutet hier soziale Widersprüche sichtbar zu machen. So decken sich die Interessen des Staates an Integration nicht mit den Interessen der Migrant_innen. Eine utopiegeleitete Diversity-Politik muss darum beispielsweise Raum schaffen, um die aktuellen Integrationsfantasien zurückzuweisen, die gewaltförmig auf bereits marginalisierte Subjekte einwirken (Castro Varela 2007b).

5. Schlussbetrachtungen

„The desire for neutrality and dialogue, even as it should not be repressed, must always mark its own failure" (Spivak 1990: 72).

Politischen Strategien und Taktiken erfordern möglichst präzise Analysen der historisch gewordenen sozialen Ungerechtigkeiten und Unfreiheiten. Diese müssen gleichzeitig kontextspezifisch und über den Kontext hinausweisend sein. Sie müssen darüber hinaus Möglichkeiten des Widerstands bereitstellen, ohne zu verbergen, dass Widerstandsformationen erneut Unfreiheiten erzeugen. Eines der theoretischen und politisch-strategischen Probleme klassischer Diversity-Ansätze liegt darin begründet, dass diese oft universalistisch argumentieren und eine klassisch-statische Identitätspolitik verfolgen. In Konsequenz kommt es bspw. innerhalb von Diversity-Trainings immer wieder zu Kulturalisierungen und Stereotypisierungen. Den Herausforderungen essenzialisierender Kultur- und Rassismusdiskurse können solche Ansätze nur wenig entgegen halten. Sie bleiben, wie Sara Ahmed (2007) feststellt, „non-performativ". Der politische Kampf verbleibt dann in der moralischen Arena gefangen, der eine Vielzahl von Sackgassen auch theoretischer Art bereithält.

Visionäre Konzeptionen von Gerechtigkeit müssen in der Lage dazu sein, kollektive Formen der Gewalterfahrung zu beschreiben und auch darzulegen, in welcher Weise deren Legitimierung diskursiv hergestellt wurde und wird. Damit einher geht die Frage, inwieweit das Denken der Alterität, wie es sich in spezifischer Weise im utopischen Visionieren präsentiert, geprägt wird durch unterschiedliche Formen von Verletzlichkeit. Und auch inwiefern utopische Diskurse Gegendiskurse zu verletzenden, ausgrenzenden, stigmatisierenden Diskurse sein können (Castro Varela 2007).

Die Artikulation eines politisch-utopischen Diversity-Ansatzes bedarf insofern eines historischen Denkens und Erinnerns, ebenso wie der Möglichkeit nichtdominante Zukünfte zu denken, in denen Minorisierte keine mehr sind, wie auch Rekolonisierung nicht mehr möglich erscheint. Methodisch erfordert dies ein Fokussieren auf die unintendierten Momente, die jene „*repetition-inrupture*" produzieren wie auch eine persistente Kritik und Selbstkritik. (Un)möglich.

Literatur

Ahmed, Sara (2007): „You end up doing the document rather than doing the doing": Diversity, race equality and the politics of documentation. In: Ethnic and Racial Studies (2007): 590–609

Bhabha, Homi (1994): The Location of Culture. New York/London: Routledge

Bloch, Ernst (1975): Hoffnung mit Trauerflor. Ein Gespräch mit Jürgen Rühle. 1964. In: Traub/Wieser (1975): 13-27

Bloch, Ernst (1993/1959): Das Prinzip Hoffnung. 3 Bände. Frankfurt a.M.: Suhrkamp

Bröckling, Ulrich/Horn, Eva (Hrsg.) (2002): Anthropologie der Arbeit, Tübingen: Narr

Bundesnetzwerks Bürgerschaftliches Engagement (2007): BBE-Newsletter: „Diversity" und Engagement 20/2007. URL http://www.b-b-e.de/index.php?id=13487#13488 [Stand: 08.08.2009]

Castro Varela, María do Mar (Hrsg.) (2009/i.E.): Soziale (Un)Gerechtigkeit. Kritische Perspektiven auf Diversity, Intersektionalität und Antidiskriminierung. Münster/ Hamburg/London: LIT

Castro Varela, María do Mar (2006): Postkoloniale feministische Theorie und soziale Gerechtigkeit. In: Degner et al. (2006): 97-114

Castro Varela, María do Mar (2007a): Unzeitgemäße Utopien. Migrantinnen zwischen Selbsterfindung und Gelehrter Hoffnung. Bielefeld: Transcript

Castro Varela, María do Mar (2007b): Aktuelle Integrationsdiskurse und ihre Folgen. In: Archiv für Wissenschaft und Praxis der sozialen Arbeit, 3/2007: 18-29

Castro Varela, María do Mar/Dhawan, Nikita (2005): Postkoloniale Theorie. Eine kritische Einführung. Bielefeld: Transcript

Castro Varela, María do Mar/Dhawan, Nikita (2009/i.E.): Europa provinzialisieren? Ja, bitte! Aber wie? In: femina politica 2/09: Feministische Postkoloniale Theorie: Politikwissenschaftliche Perspektiven

Charusheela, S (2008): Social Analysis and the Capabilities Approach: A Limit to Martha Nussbaum's Universalist Ethics. In: Cambridge Journal of Economics 9/2008. Oxford: o.S.

Conrad, Sebastian/Randeria, Shalini (Hrsg.) (2002): Jenseits des Eurozentrismus. Postkoloniale Perspektiven in den Geschichts- und Kulturwissenschaften. Frankfurt a.M.: Campus

Coronil, Fernando (2002): Jenseits des Okzidentalismus. Unterwegs zu nichtimperialen geohistorischen Kategorien. In: Conrad/Randeria (2002): 177-218.

Degner Ursula/Rosenzweig, Beate (Hrsg.) (2006): Die Neuverhandlung Sozialer Gerechtigkeit. Feministische Analysen und Perspektiven. Wiesbaden: VS

Dhawan, Nikita (2009/i.E.): Zwischen Empire und Empower: Dekolonisierung und Demokratisierung. In: femina politica 2/09: Feministische Postkoloniale Theorie: Politikwissenschaftliche Perspektiven

Ethnic and Racial Studies 4/2007, Heft 30. New York/London: Routledge

Foucault, Michel (1992): Was ist Kritik? Berlin: Merve

Fraser, Nancy (1994): Widerspenstige Praktiken. Macht, Diskurs, Geschlecht. Frankfurt a.M.: Suhrkamp

Fraser, Nancy/Honneth, Axel (2003): Umverteilung oder Anerkennung? Eine politisch-philosophische Kontroverse. Frankfurt a.M.: Suhrkamp

Goonatilake, Susantha (2006): Recolonisation. Foreign Funded NGOs in Sri Lanka. New Delhi/Thousand Oaks/London: Sage

Gronke, Horst/Meyer, Thomas/Neisser, Barbara (Hrsg.) (2001): Antisemitismus bei Kant und anderen Denkern der Aufklärung. Würzburg: Königshausen und Neumann

Heinrich-Böll-Stiftung (2007): Dossier: Managing Diversity – Alle Chancen genutzt? http://www.migration-boell.de/web/diversity/48_990.asp [Stand: 08.08.2009]

Helmstetter, Rudolf (2002): Austreibung der Faulheit, Regulierung des Müßiggangs. Arbeit und Freizeit seit der Industrialisierung. In: Bröckling et al. (2002): 259-279

Laclau, Ernesto/Mouffe, Chantal (2001/1985): Hegemony and Socialist Strategy. Towards a Radical Democratic Politics. London/New York: Verso

McClintock, Anne (1995): Imperial Leather. Race, Gender and Sexuality in the Colonial Contest. New York/London: Routledge

Mecheril, Paul (2007): Diversity. Die Macht des Einbezugs. In: Heinrich-Böll-Stiftung (2007): o.S.

Nelson, Cary/Grossberg, Larry (Hrsg.) (1988): Marxism and the Interpretation of Culture, Urbana: Illinois University Press

Nussbaum, Martha C. (1999): Gerechtigkeit oder Das gute Leben. Frankfurt a.M.: Suhrkamp

Otto, Hans-Uwe/Ziegler, Holger (Hrsg.) (2007): Capabilities – Handlungsbefähigung und Verwirklichungschancen in der Erziehungswissenschaft. Wiesbaden: VS

Otto, Hans-Uwe/Ziegler, Holger (2007): Der Capabilities-Ansatz als neue Orientierung in der Erziehungswissenschaft. In: dies. (2007): 9-13

Rosenstreich, Gabriele (2009): Antidiskriminierung und/als/trotz... Diversity Training. In: Castro Varela (i. E.)

Said, Edward (1978): Orientalism, New York: Vintage

Said, Edward (1983): The World, the Text and the Critic. Cambridge, MA: Harvard University Press

Schröer, Hubertus (2007): Diversity Management und Soziale Arbeit. In: Bundesnetzwerk Bürgerschaftliches Engagement (2007): o.S.

Spivak, Gayatri Chakravorty (1988): Can the Subaltern Speak? In: Nelson et al. (1988): 271-313

Spivak, Gayatri Chakravorty (1990): The Postcolonial Critic: Interviews, Strategies, Dialogues. New York/London: Routledge

Spivak, Gayatri Chakravorty (1991): Neocolonialism and the Secret Agent of Knowledge, Interview mit Robert Young. In: Oxford Literary Review XII: 220-251.

Spivak, Gayatri Chakravorty (1996): The Spivak Reader. Donna Landry/Gerald Maclean (Hrsg.). New York/London: Routledge

Spivak, Gayatri Chakravorty (2008): Righting Wrongs – Unrecht richten. Zürich/Berlin: diaphanes

Stangneth, Bettina (2001): „Antisemitische und Antijudaistische Motive bei Immanuel Kant? Tatsachen, Meinungen, Ursachen". In: Gronke et al. (2001): 11-124

Traub, Rainer/Wieser, Harald (Hrsg.): Gespräche mit Ernst Bloch. Frankfurt a.M.: Suhrkamp

Yeğenoğlu, Meyda (1998): Colonial Fantasies. Towards a feminist reading of Orientalism. Cambridge: Cambridge University Press

Autorinnen und Autoren

Castro Varela, María do Mar. Professorin für Gender und Queer Studies an der Alice Salomon Hochschule Berlin und Mitglied der Deutschen UNESCO-Kommission (DUK). *Arbeitsschwerpunkte:* Kritische Migrationsforschung, Postkoloniale Theorie, Gender und Queer Studies. *Letzte Veröffentlichungen:* Soziale (Un)Gerechtigkeit. Kritische Perspektiven auf Diversity, Intersektionalität und Antidiskriminierung.

Prof. Dr. *Markus Dederich.* Studium der Soziologie und Philosophie. Seit 2002 Lehrstuhl für „Theorie der Rehabilitation und Pädagogik bei Behinderung" an der Technischen Universität Dortmund. *Arbeitsschwerpunkte:* Ethik/Bioethik, Disability Studies und theoretische Grundlagen der Behindertenpädagogik. *Wichtigste Veröffentlichungen:* „Behinderung, Medizin, Ethik" (2000); „Körper, Kultur und Behinderung – Einführung in die Disability Studies" (2007); „Anerkennung und Behinderung" (Hrsg. zusammen mit Wolfgang Jantzen, 2009).

Prof. Dr. *Thomas Eppenstein* lehrt Theorien Sozialer Arbeit und Erziehungswissenschaften an der Evangelischen Fachhochschule Rheinland-Westfalen-Lippe in Bochum. Seine *Forschungsschwerpunkte* liegen im Bereich interkultureller Kompetenz und Bildung für eine nachhaltige Entwicklung in Kontexten der Migration (*Kontakt:* eppenstein@efh-bochum.de).

Susann Fegter ist wissenschaftliche Mitarbeiterin der Fakultät für Erziehungswissenschaft, Universität Bielefeld, AG 1 Allgemeine Erziehungswissenschaft. Ihre *Arbeitsschwerpunkte* sind Kindheitsforschung, Geschlechterforschung, Diskursanalyse und Dekonstruktive Pädagogik. *Aktuelle Forschungsprojekte:* Die diskursive Konstruktion der Krise der Jungen im Printmediendiskurs, Spielräume sozial benachteiligter Kinder in Hamburg und Berlin, World Vision Kinderstudie. *Kontakt:* sfegter@uni-bielefeld.de.

Karen Geipel studiert an der Universität Bielefeld Erziehungswissenschaft (Dipl.) und Soziologie. In ihrer Diplomarbeit beschäftigt sie sich mit der Identitätstheoretisierung bei Stuart Hall und fragt danach, wie diese für ein machtkritisches und differenzsensibles pädagogisches Handeln anschlussfähig gemacht werden kann. *Interessensschwerpunkte:* Dekonstruktive Pädagogik, Gender Studies, Migrations- und Rassismusforschung, Cultural Studies, Historisch-politische Bildung. *Kontakt:* karen.geipel @gmx.de.

Dr. *Melanie Groß* ist Professorin für Erziehung und Bildung mit dem Schwerpunkt Jugendarbeit an der Hochschule für Angewandte Wissenschaften in Kiel und Mitgründerin des Feministischen Instituts Hamburg (www.feministisches-institut.de). Ihr besonderes Interesse gilt den Gender und Queer-Studies sowie Jugend- und Protestkulturen und deren Analyse aus poststrukturalistischen und intersektionalen Perspektiven.

Catrin Heite ist akademische Rätin an der Westfälischen Wilhelms-Universität Münster, Institut für Erziehungswissenschaft, Abteilung Sozialpädagogik. Ihre *Arbeitsschwerpunkte* liegen im Bereich Theorie Sozialer Arbeit und Professionalisierung sowie anerkennungs- und ungleichheitstheoretischer Analysen mit besonderem Blick auf strukturelle Statuspositionierung der Akteure.

Dr. *Britta Hoffarth* lehrt und forscht an der Fakultät für Erziehungswissenschaft der Uni Bielefeld zu (Pop)Kultur und Diskurs, Cultural Studies und Ethnographie, Differenz und Subjekt. Ihre *Forschungsinteressen* gelten ästhetischen Alltagspraxen, Machtverhältnissen, Gender und Performativität.

Janina Horstbrink studiert an der Universität Bielefeld Erziehungswissenschaften (Dipl.) und Soziologie. Zurzeit beschäftigt sie sich in ihrer Diplomarbeit mit einer poststrukturalistischen Relektüre von theaterpädagogischen Selbstverständnissen. *Interessensschwerpunkte*: Gender Studies, Dekonstruktive Pädagogik, Migrations- und Rassismusforschung, Cultural Studies, Theater- und Tanzpädagogik. *Kontakt:* janina.horstbrink@uni-bielefeld.de

Inter Kultur ist eine seit 1996 existierende, interdisziplinäre Arbeitsgruppe, die vor allem methodologische und erkenntnispolitische Fragen im Feld der Migrations- und Differenzforschung bearbeitet. Gegenwärtig besteht Inter-Kultur aus einem Zusammenschluss von WissenschaftlerInnen aus Hamburg, Bielefeld, Kiel und Innsbruck.

Fabian Kessl arbeitet als Erziehungs- und Sozialwissenschaftler am Institut für Soziale Arbeit und Sozialpolitik der Universität Duisburg-Essen. Sein gegenwärtiges Forschungsinteresse gilt der Etablierung einer sozialpädagogischen Transformationsforschung als Lebensführungs-, Sozialraum- und Governanceforschung. *Jüngste Publikationen:* Soziale Arbeit ohne Wohlfahrtsstaat? 2008 (mit Hans-Uwe Otto);

Schlüsselwerke der Sozialraumforschung, 2008 (mit Christian Reutlinger). *Kontakt:* fabian.kessl@uni-due.de.

Prof. Dr. Doron Kiesel, Studium der Erziehungs- und Sozialwissenschaften in Jerusalem, Frankfurt am Main und Heidelberg. Seit 1998 Professur an der Fachhochschule Erfurt, Fachbereich Sozialwesen. *Lehrgebiete:* Interkulturelle und internationale Soziale Arbeit und Pädagogik; Migration und Integration von ethnischen Minderheiten in Deutschland. *Forschungsgebiete:* Integration jüdischer Zuwanderer aus der ehemaligen Sowjetunion in Deutschland und Israel; Fundamentalismus und religiöse Identität in der Einwanderungsgesellschaft; Projekt: Antisemitismus und Fremdenfeindlichkeit in Thüringen.

Birte Klingler, Dipl. Päd., ist zurzeit Stipendiatin an der Universität Bielefeld und promoviert zu Ansprachen und Selbstthematisierungen von Jugendlichen in Hilfeplangesprächen. Sie hat als Projektmitarbeiterin qualitativ im Bereich Sozialer Arbeit und Jugendhilfe geforscht.

Fabian Lamp, Jg. 1976, Dr.phil., Diplom-Pädagoge, ist wissenschaftlicher Mitarbeiter am Institut für Pädagogik, Abteilung Sozialpädagogik der Christian-Albrechts-Universität zu Kiel. Seine *Arbeitsschwerpunkte* sind Differenz in sozialpädagogischer Theorie und Praxis, Pädagogik der Vielfalt und Sozialpädagogik der frühen Kindheit.

Claudia Machold ist derzeit als wissenschaftliche Mitarbeiterin an der Fakultät für Erziehungswissenschaft der Universität Bielefeld in der AG Migrationspädagogik und Kulturarbeit beschäftigt. Ihre *Arbeitsschwerpunkte* liegen im Bereich der qualitativen Migrations-, Rassismus- und Kindheitsforschung sowie der differenzsensiblen und rassismuskritischen Pädagogik.

Susanne Maurer, Jg. 1958, Professorin für Erziehungswissenschaft mit dem Schwerpunkt Sozialpädagogik an der Philipps-Universität Marburg. *Arbeitet* – nicht zuletzt vor dem Hintergrund ihres langjährigen Engagements in Sozialen Bewegungen und feministischen Initiativen und Projekten – zu einer kritisch-reflexiven Historiographie gesellschaftlicher Auseinandersetzungen und als Sozialpädagogin an Möglichkeiten des Erweiterns von Handlungsspielräumen für Adressat_innen und Fachkräfte Sozialer Arbeit.

Paul Mecheril, Dr. phil., Univ.-Prof. für Interkulturelles Lernen und sozialen Wandel an der Universität Innsbruck, Leiter des Instituts für Erziehungswissenschaften. *Schwerpunkte:* Cultural Studies; Methodologie interpretative Forschung; Interkulturelle Bildung; Migrations- und Rassismusforschung. *Letzte Buchveröffentlichungen:* Rassismuskritik (2009, ed. mit C. Melter); Migration und Bildung (2009, ed. mit I. Dirim); Verstehen, Beschreiben, Interpretieren (2009, ed. mit S. Hornberg, G. Lang-Woytasik, I. Dirim).

Claus Melter, Dr. phil (1968): Universität Innsbruck. *Schwerpunkte:* Theorien, Methoden und Praxen differenzsensibler Pädagogik, Jugend-, Schul- und Sozialarbeits- sowie Rassismusforschung. *Publikationen:* Rassismuserfahrungen in der Jugendhilfe. Eine Studie zu Kommunikationspraxen in der Sozialen Arbeit (Münster u.a. 2006). Gemeinsam mit Paul Mecheril Herausgabe von: Rassismuskritik Band I: Rassismustheorie und –forschung (2009 Schwalbach/Ts.).

Dr. *Margarete Menz*, Erziehungswissenschaftlerin, derzeit wissenschaftliche Mitarbeiterin an der Helmut-Schmidt-Universität in Hamburg, hat zu biographischen Lernprozessen binationaler Paare promoviert. *Lehr- und Forschungsgebiete* sind u.a. zu Migrationsforschung, Geschlechterforschung, Qualitativer Forschung und Lern- und Bildungstheorien.

Melanie Plößer ist Professorin für Theorien der Sozialen Arbeit und Gender am Fachbereich Soziale Arbeit und Gesundheit der Fachhochschule Kiel und Direktorin des Instituts für interdisziplinäre Genderforschung und Diversity. Im Rahmen ihrer Lehr- und Forschungstätigkeiten beschäftigt sie sich *schwerpunktmäßig* mit Gender- und Queerforschung, mit Fragen des Umgangs mit Differenz und Heterogenität in der Sozialen Arbeit und Konzepten sozialpädagogischer Beratung. *Kontakt:* melanie.ploesser@fh-kiel.de.

Michaela Ralser, Dozentin am Institut für Erziehungswissenschaften der Universität Innsbruck. *Schwerpunkte* in Forschung und Lehre: Kritische Geschlechter- und Sozialforschung, Wissenschaftsgeschichte, insbesondere die bio-sozio-medizinische Wissensbildungen, ihre Allianzen zur Pädagogik und ihre Bedeutung für den Strukturwandel des Subjekts betreffend, sowie Mobilitätsforschung in den Feldern: Care und Migration, Flucht und Trauma, ethnische Zugehörigkeiten und sozial-strukturelle Gliederung. *Arbeiten* zuletzt: Das Subjekt der Normalität, Habilitationsschrift [erscheint 2010 im Wilhelm-Fink-Verlag].

Martina Richter ist Diplom-Pädagogin und wissenschaftliche Mitarbeiterin an der Fakultät für Erziehungswissenschaft der Universität Bielefeld. Sie forscht aktuell zu dem Thema „Familien als Akteure Ganztägiger Bildungssettings". Ihre wissenschaftlichen *Schwerpunkte* sind Neue Familialität, Ganztägige Bildungssettings und Gesprächspraktiken in der Sozialpädagogischen Familienhilfe.

stabile, differenzielle Zeichenkonzept an, nimmt die durch de Saussure betonte Arbitrarität (*Willkürlichkeit*) zwischen Signifikant und Signifikat auf und theoretisiert eine andauernde Transformation von Signifikanten (vgl. Derrida 2004a: 121ff.). Derridas Anliegen besteht zum einen darin, die Nicht-Fixierbarkeit von Bedeutung zu markieren und zum anderen Verdeckungen, hervorgebracht durch binäre Denkstrukturen, sichtbar zu machen. Damit wird die abendländisch metaphysische Denktradition, beruhend auf binären Denkstrukturen und stabilen Einheiten, grundlegend hinterfragt. Die stetige Bedeutungsverschiebung fasst Derrida mit dem Neologismus der *différance*, mit dem er sich auf den im Klangbild gleichen Begriff *différence* (*Differenz*) bezieht. Der Begriff verweist auf die doppelte Bedeutung des Verbs *différer* (*‚unterschiedlich sein'* > räumliche Differenz; *‚aufschieben'* > zeitliche Differenz). Mit dem Kunstwort *différance* verdeutlicht Derrida, dass mit jedem Benennen und Aussprechen eine unumgängliche Verschiebung verbunden ist, die das Gesagte verändert, verschiebt und aufschiebt. Bedeutungen können somit nie eine Präsenz erlangen. Jede Festlegung wäre eine unzulässige Fixierung des permanent dynamischen Bedeutungsflusses, da mit ihr sowohl Verkürzungen und Ausblendungen anderer Bedeutungen verbunden sind, aber auch Hierarchisierungen von Signifikaten erzeugt werden (vgl. Derrida 2004a: 128ff.; Tervooren 2001: 208).

Die philosophische Strategie der Dekonstruktion setzt an diesem Punkt an. Mit Dekonstruktionen[4] beabsichtigt Derrida, die doppelte Bewegung der différance in Texten und Aussagen zur Geltung zu bringen und die notwendige Unentschiedenheit von Begriffen durch ein Danebensetzen von Ausgeschlossenem zu markieren. Aus dieser doppelten Bewegung der différance ergibt sich, dass auch Dekonstruktionen in einer doppelten Bewegung vollzogen werden. Diese *doppelte Geste* der Dekonstruktion besteht aus zwei ständig aufeinander bezogenen Bewegungen. In der Bewegung der Destruktion geht es um ein Aufdecken der marginalisierten Position und um den Umsturz des hierarchischen Gefüges von Begriffen. Dekonstruktionen beanspruchen damit, durch Sprache entstehende Strukturen und Hierarchien offen legen und verschieben zu können. Zu diesem Prozess gehört auch eine Bewegung der Konstruktion, die als weiteres Element der doppelten Geste als ein „Daneben-Setzen" weiterer Bedeutungen vorstellbar ist. Diese Bewegung problematisiert durch den Umsturz entstandene Entweder-Oder-Begrifflichkeiten und markiert zugleich das spannungsreiche, unentscheidbare Verhältnis zwischen Begriffen (vgl. Tervooren 2001; Zirfas 2001; Plößer 2005).

---

[4] „Die Dekonstruktion in der Einzahl kann sich nicht einfach wer oder was auch immer „aneignen". Die Dekonstruktionen sind die Bewegungen dessen, was ich die „Ent-Aneignung" [ex-appropriation] nannte. Wenn man meint, sich etwas wie die Dekonstruktion in der Einzahl angeeignet zu haben oder zu sehen, wie sie angeeignet wird, täuscht man sich apriori, und es handelt sich noch um etwas anderes. Da aber die Dekonstruktion immer ‚etwas anderes' ist, ist der Irrtum niemals vollständig oder rein" (Derrida 2001: 299).

Differenz wird im Anschluss an Derrida nicht mehr ausschließlich als Abstand und Unterscheidung zwischen dichotomen Polen konzeptualisiert, sondern als doppelte Differenz: Sie meint dann sowohl die herkömmliche Bedeutung von „unterschiedlichsein", als auch die von Derrida in Spiel gebrachte Semantik eines permanenten „Auf-/Verschiebens". Zeichen sind nicht als Repräsentanten von Bedeutungen zu verstehen, vielmehr zeichnen sich Signifikant und Signifikat durch ihre Vorläufigkeit aus. Durch scheinbare Eindeutigkeiten wie die klare binäre Strukturen und deren Naturalisierung wird dieser vorläufige Charakter von Bezeichnungen und Bezeichnetem verschleiert. Die scheinbaren Eindeutigkeiten und die Präsenz von Sinn sind nur über machtvolle Bedeutungsausschlüsse möglich und werden mit Dekonstruktionen als Fiktion ausgewiesen.

Mit diesem Differenzverständnis wird auch Subjektivität anders gefasst: Die Festlegung des Eigenen auf eine kohärente Identität kann in der Perspektive der *différance* nur durch Prozesse des Ausschließens anderer Bedeutungen und des Nicht-Identischen den Schein von Einheitlichkeit erlangen. Die Vorstellung vom Selbst als etwas Mit-sich-Identischen wird damit radikal in Frage gestellt. Brüche und Widersprüchlichkeiten stellen nicht länger Abweichungen dar, sondern sind immer schon Teil von Identitäten und Identifizierungen. Die Figur des Ausschlusses weist zudem auf die Untrennbarkeit der Relation von Eigenem und Anderem hin: Der_die Andere ist immer schon ein Teil des Eigenen, da sich das Eigene nur im Verhältnis zum Anderen konstituiert. Genau dieser Zusammenhang ist verdeckt in den modernen Konzepten einheitlicher Identität und Autonomie. Was daraus folgt ist unter anderem eine limitierte Bestimmbarkeit und Zugänglichkeit eigener Handlungen, nicht zuletzt in Bezug darauf, wie andere Subjekte an die eigenen Handlungen anschließen.

3. Haltung und Dekonstruktion

Im Folgenden werden die beiden bisherigen Linien unserer Überlegungen – zum ethischen Haltungsbegriff und zur Dekonstruktion – zusammengeführt. Eine erste Form der Verbindung besteht darin, die Dekonstruktion als jenen normativen Rahmen zu diskutieren, der einer (ethischen) Haltung ihre Ausrichtung und Orientierung gibt.

3.1 Die Normen der Dekonstruktion
Poststrukturalistische Theorien sehen sich häufig mit dem Vorwurf eines ethischen Relativismus und damit einer anti-modernistischen Positionierung konfrontiert (vgl.

Nadine Rose, Diplompädagogin, Lehrbeauftragte und Doktorandin an der Universität Hamburg, Fachbereich Erziehungswissenschaft. *Arbeitsschwerpunkte*: Qualitative Methoden, Migrationspädagogik, Diskurs- und Bildungstheorie.

Christian Schütte-Bäumner, Dr. phil., Dipl. Päd., Dipl. Soz.päd. (FH), 2006 Promotion am Fachbereich Erziehungswissenschaften der Goethe-Universität Frankfurt am Main, Lehrbeauftragter am Institut für Sozialpädagogik und Erwachsenenbildung sowie der Universität des dritten Lebensalters (U3L) der Goethe-Universität Frankfurt am Main. *Forschungsschwerpunkte und -interessen* sind Professionalisierung Sozialer Arbeit, Queer Theory im Kontext von Differenz und Normalisierung, Gesundheitsbezogene Soziale Arbeit, Palliative Care, Soziale Arbeit mit älteren Menschen, qualitative Sozialforschung, ethnographische Feldforschung.

Lehrbücher Soziale Arbeit

Karl-Heinz Braun / Martin Felinger /
Konstanze Wetzel
Sozialreportage
Einführung in eine Handlungs- und Forschungsmethode der Sozialen Arbeit
2009. ca. 220 S. Br. ca. EUR 19,90
ISBN 978-3-531-16332-1

Karl August Chassé
Unterschichten in Deutschland
Materialien zu einer kritischen Debatte
2009. ca. 200 S. Br. ca. EUR 16,90
ISBN 978-3-531-16183-9

Katharina Gröning
Pädagogische Beratung
Konzepte und Positionen
2006. 166 S. Br. EUR 16,90
ISBN 978-3-531-14874-8

Christina Hölzle / Irma Jansen (Hrsg.)
Ressourcenorientierte Biografiearbeit
Einführung in Theorie und Praxis
2009. 341 S. Br. EUR 19,90
ISBN 978-3-531-16377-2

Fabian Kessl / Melanie Plößer (Hrsg.)
Differenzierung, Normalisierung, Andersheit
Soziale Arbeit als Arbeit mit den Anderen
2009. ca. 200 S. Br. ca. EUR 19,90
ISBN 978-3-531-16371-0

Erhältlich im Buchhandel oder beim Verlag.
Änderungen vorbehalten. Stand: Juli 2009.

Michael May
Aktuelle Theoriediskurse Sozialer Arbeit
Eine Einführung
2., überarb. und erw. Aufl. 2009. 321 S. Br. EUR 29,90
ISBN 978-3-531-16372-7

Brigitta Michel-Schwartze (Hrsg.)
Methodenbuch Soziale Arbeit
Basiswissen für die Praxis
2., überarb. u. erw. Aufl. 2009. 346 S. Br. EUR 19,90
ISBN 978-3-531-16163-1

Herbert Schubert (Hrsg.)
Netzwerkmanagement
Koordination von professionellen Vernetzungen – Grundlagen und Praxisbeispiele
2008. 272 S. Br. EUR 19,90
ISBN 978-3-531-15444-2

Mechthild Seithe
Engaging
Möglichkeiten Klientenzentrierter Beratung in der Sozialen Arbeit
2008. 141 S. Br. EUR 14,90
ISBN 978-3-531-15424-4

Wolfgang Widulle
Handlungsorientiert Lernen im Studium
Arbeitsbuch für sozialpädagogische Berufe
2009. 254 S. Br. EUR 24,90
ISBN 978-3-531-16578-3

www.vs-verlag.de

VS VERLAG FÜR SOZIALWISSENSCHAFTEN

Abraham-Lincoln-Straße 46
65189 Wiesbaden
Tel. 0611.7878-722
Fax 0611.7878-400

MIX
Papier aus verantwortungsvollen Quellen
Paper from responsible sources
FSC® C105338

If you have any concerns about our products,
you can contact us on
ProductSafety@springernature.com

In case Publisher is established outside the EU,
the EU authorized representative is:
**Springer Nature Customer Service Center GmbH
Europaplatz 3, 69115 Heidelberg, Germany**

Printed by Libri Plureos GmbH
in Hamburg, Germany